O DIREITO A TER CRIANÇA FORA DA SEXUALIDADE

Adoção homoparental

Psicanálise aplicada à casuística do Direito

SOBRE A AUTORA

Jurista (Universidade Federal do Paraná – UFPR), Psicóloga, Mestre (Universidade Tuiuti do Paraná – UTP) e Doutora em Psicanálise (Université Nice Sophia Antipolis – Nice, France). Professora de Direito e de Psicologia Jurídica. Membro correspondente da Fédération Européenne de Psychanalyse et École Psychanalytique de Strasbourg – FEDEPSY, designada nesta Organização Internacional Não Governamental – OING para representação junto ao Conseil de l'Europe na comissão de Direitos das Minorias. Membro do Conselho Editorial da Revista Études sur la Mort en Thanatologie. Membro ativo junto ao Centre International de Recherches et Etudes Transdisciplinaires – CIRET, Paris.

Possui livros e vários artigos publicados em diversas revistas científicas.

Na França, vários dos seus textos compõem o Dossier Psychanalyse et Droit na Revue Européenne de Psychologie et Droit, disponíveis em: <http://www.psyetdroit.eu/dossiers/#PSYD>; e, « Le suicide assisté : la nouvelle "peine de mort" induite par la société contemporaine ? Une analyse à la frontière entre droit et psychanalyse » disponível em: <http://www.cairn.info/resume.php?ID_ARTICLE=ESLM_141_0037>.

Em Portugal, seus textos estão publicados na Revista Afreudite Psicanálise Pura e Aplicada <http://revistas.ulusofona.pt/index.php/afreudite/index>: « *Les fondements de la loi et comment elle se construit chez l'individu* » no volume 6, n. 11/12 (2010); e *"A Subjetividade na teoria do Direito"*, no volume, 3 n. 5/6 (2007); disponíveis em: <http://revistas.ulusofona.pt/index.php/afreudite/article/view/1598> e <http://revistas.ulusofona.pt/index.php/afreudite/article/view/829>, respectivamente.

TESE PUBLICADA NO BRASIL E NA FRANÇA

O sujeito de direito na transferência. Uma perspectiva transdisciplinar através da Teoria Lacaniana dos Discursos. (Primeira parte da tese já publicada no Brasil, em 2010, pela Editora Juruá, Curitiba – Paraná – Brasil).

- *Le sujet du droit dans le transfert. Une perspective transdisciplinaire à travers la théorie lacanienne des Discours. La psychanalyse appliquée à la casuistique du Droit en rapport avec l'adoption homoparentale.* Thèse soutenue le 5 juillet 2012 à l'Université de Nice-Sophia Antipolis. Disponível em: <http://ciret-transdisciplinarity.org/biblio/biblio_pdfSilvane_Marchesini_these-31-08-12.pdf>.

ALGUNS DOS TEXTOS E CONFERÊNCIAS

- *« Le droit d'avoir un enfant hors sexualité ».* Texto publicado na Revue Européenne de Psychologie et de Droit, 2015. Disponível em: <http://www.psyetdroit.eu/wp-content/uploads/2015/04/SMM-Le-droit-d-avoir-un-enfant-hors-sexualite.pdf>;
- *Suicídio assistido: a nova "pena de morte" induzida pela sociedade contemporânea? Uma análise na fronteira entre direito e psicanálise"* – Texto publicado na Revista do Tribunal Regional do Trabalho da 9ª Região – Imprenta: Curitiba, TRT da 9ª Região, 1976. Referência: v. 37, n. 69, p. 495-519, jul./dez., 2012. Disponibilidade: Rede Virtual de Bibliotecas. Localização: CAM, SEN, TST.
- *« Le suicide assisté : la nouvelle "peine de mort" induite par la société contemporaine ? Une analyse à la frontière entre droit et psychanalyse ».* In: Intervention prononcée le 19.11.2011, Colloque International « Mort et médecine », Atelier : 3 Le Droit face à la fin de vie, le 19 et 20 novembre 2011 à Strasbourg-France. Texte publiée dans la revue Études sur la mort, Thanatologie (n. 141) *« La peine de mort ».* L'Esprit du Temps 2012. Disponível em: <http://www.cairn.info/resume.php?ID_ARTICLE=ESLM_141_0037>. Disponível em: <http://www.psyetdroit.eu/wp-content/uploads/2012/11/SMM-Le-suicide-assisté.pdf>.
- *« Le sujet de la science à partir de la position subjective discursive psychanalytique ».* Disponível em:<http://www.psyetdroit.eu/wp-content/uploads/2014/03/SMM-Le-sujet-de-la-science.pdf>.
- *« Le conflit : à la frontière de la subjectivité juridique et psychanalytique. Le dialogue entre le psychanalyste Jacques Lacan et le juriste Chaïm Perelman ».* In : Exposé prononcée le 23.04.2010, 2 Journée doctorale de l'Ecole Doctorale des Sciences de l'Homme et des Sociétés – 2009/2010 – ED99b, Strasbourg – France.
- *O fundamento da lei e como ela se constrói no indivíduo: *A dimensão genealógica do Direito; *A função interditora do Direito; *A faculdade de julgar na contemporaneidade; *A relativização da coisa julgada e a arte na da interpretação –* ; Palestra proferida no II Curso de Formação Inicial de Juízes, em data de 23 de junho de 2008, organizado pela Escola de Administração Judiciária do Tribunal Regional do Trabalho da 9ª Região.
- *« Fondements de la loi et comment elle se construit chez l'individu : *La dimension généalogique du Droit * La fonction interdictrice du Droit * La faculté de juger dans la contemporanéité * La relativisation de la chose jugée et l'art de l'interprétation »,* publié dans la Revue Européenne de Psychologie et de Droit, 2012. Disponível em: <http://www.psyetdroit.eu/wp-content/uploads/2012/11/SMM-Fondements-de-la-loi.pdf>.
- *Le droit d'avoir un enfant hors sexualité* Texte publié dans la revue "Etude sur la Mort, Thanatologie (n. 147), vol. "Le sexe et la mort". L'Esprit du Temps 2015.
- Novo significante de Direito? – Conferência proferida enquanto debatedora em evento intitulado *"Novos e invisíveis laços sociais"* – Direito e Psicanálise – Ciclos de Conferências de Jean-Pierre Lebrun na Universidade Federal do Paraná – Brasil, entre 06 e 21 de agosto de 2004. Publicada no livro *"Violência, paixão & discursos – o avesso dos silêncios", 2008, CMC Editora, Porto Alegre – Rio Grande do Sul – Brasil.*

Silvane Maria Marchesini

Jurista. Psicóloga. Psicanalista. Pós-Graduada, Mestra em Psicologia Clínica.
Docteur en Psychologie, mention très honorable – Université Nice Sophia Antipolis – France.
Autora e Membro do Conselho Editorial da Revista Etudes sur la Mort en Thanatologie.
Membro ativo do Centre International de Recherches et Etudes Transdisciplinaires (CIRET)

O DIREITO A TER CRIANÇA FORA DA SEXUALIDADE

Adoção homoparental

Psicanálise aplicada à casuística do Direito

LTr®

LTr®
EDITORA LTDA.

Rua Jaguaribe, 571
CEP 01224-001
São Paulo, SP — Brasil
Fone (11) 2167-1101
www.ltr.com.br
Novembro, 2015

Produção Gráfica e Editoração Eletrônica: PIETRA DIAGRAMAÇÃO
Projeto de Capa: FÁBIO GIGLIO
Impressão: PAYM

Versão impressa — LTr 5362-1— ISBN 978-85-361.8636-8
Versão digital — LTr 8828.6— ISBN 978.85.361.8649-8

Dados Internacionais de Catalogação na Publicação (CIP)
(Câmara Brasileira do Livro, SP, Brasil)

Marchesini, Silvane Maria

O direito a ter criança fora da sexualidade : adoção homoparental : psicanálise aplicada à casuística do direito/ Silvane Maria Marchesini. - São Paulo : LTr, 2015.

Bibliografia

1. Direito - Aspectos psicológicos — 2. Crianças - Psicanálise — 3. Psicanálise — 4. Psicologia I.Título.

15-08842 CDU-34:15

Índice para catálogo sistemático:

1. Direito e psicologia 34:15

A todas as crianças disponíveis à adoção,
e às crianças criadas em laboratórios.

Procriação e Adoção Homoparental. O surgimento do "direito a ter uma criança" pela procriação medical assistida força o Direito a mudar a noção de filiação e de parentesco para todos. Saindo do princípio genealógico baseado nos dois sexos naturais e nas referências geracionais, desembocamos na questão da continuidade da espécie humana, do ser de linguagem, e da adoção das crianças. Nestas mutações resta saber como o Direito, como instância simbólica que tem influência sobre a subjetividade, vai transmitir a negatividade: o Interdito.

Silvane Maria MARCHESINI

"[...] o nascimento não é somente biológico, ele é também subjetivo – e subjetivo em vários tempos" [...] "A constituição subjetiva – a construção de um sujeito dado – e a reprodução subjetiva – encadeamento de gerações sucessivas – tem por denominador comum a colocada em ação do Interdito."

(Pierre LEGENDRE)

"Os habitats institucionais são construídos sobre o vazio – um vazio a partir do qual se implanta a palavra e que porta o pensamento. No cruzamento dos caminhos históricos, uma tarefa se impõe: restaurar a dúvida, analisar o projeto das ignorâncias que fazem cortejo à Ciência contemporânea, superar a crença obscurantista de hoje. Instituir a vida: tal é a palavra mestra que resume esta tarefa. A Fabricação do homem não é uma usina a reproduzir linhagens genéticas. Nós nunca iremos ver governar uma sociedade sem os cantos e a música, sem as coreografias e os ritos, sem os grandes monumentos religiosos ou poéticos da Solitude humana."

(Pierre LEGENDRE)

Meus reconhecimentos em primeiro lugar a Deus pela inspiração.
Ao meu pai, minha mãe, minhas filhas, meus amigos, meus professores do Brasil e da França...
e a todas as pessoas que me deram a coragem para empreender e realizar este trabalho.

SUMÁRIO

PREFÁCIO JURÍDICO

Prof. Tit. Dr. Eduardo de Oliveira Leite[1]

Ao receber a tese de doutorado para prefaciar, com a qual a Doutora Silvane Maria Marchesini obteve o título de Doutora junto à Universidade de Nice Sophia Antipolis, na França, assaltou-me uma série de dúvidas, quer de ordem pessoal, quer de ordem intelectual.

As de ordem pessoal – como já tive oportunidade de afirmar – decorrem da complexidade de um tema ainda não plenamente enfrentado pela intelectualidade jurídica nacional e que, por isso mesmo, leva-me a encarar a temática com profunda desconfiança e temor. A mídia inculta procura banalizar e mediatizar um assunto extremamente delicado e preocupante que precisa ser trabalhado por intelectuais altamente habilitados e preparados ao enfrentamento das questões decorrentes da homoparentalidade. Mas, ao contrário do esperável, o assunto é discutido e argumentado com uma superficialidade desconcertante e que só tem conduzido a problemática a lugar nenhum. Em outras palavras, diz-se muito, fala-se muito e não se consegue visualizar nada de aproveitável (ao menos em sede científica e, pois, demonstrável de forma incontestável) sobre a dificílima questão que tanta polêmica tem gerado.

E se a polêmica continua acesa é porque ainda não se conseguiu trazer argumentos suficientemente válidos à elucidação da tormentosa questão. Por isso, quer em produção escrita (publicações) quer em manifestação verbal (seminários ou congressos) evito discutir a temática sob risco de fomentar desnecessários mal-entendidos que conduzem, necessariamente, àquilo que Jean-Pierre Winter chamou de "estigmatização de qualquer expressão de perplexidade, de 'reacionária', ou ainda, de 'homofóbica'".

O caráter suspeito do entusiasmo das mídias a respeito desta causa, conduz – quase sempre – a uma postura maniqueísta perigosa, na medida em que o sujeito é automaticamente rotulado de reacionário (quando não concorda com a pretendida "igualdade de direitos" entre homo e heterossexuais), ou "progressista" quando apoia os movimentos homossexuais (mesmo que não tenha a menor ideia do que está apoiando).

O terreno aqui trilhado, como se percebe, é minado e eivado de dificuldades inúmeras que podem conduzir um incauto em manifesto erro, ou equívoco, de efeitos imprevisíveis e inimagináveis.

Já as questões de ordem intelectual são bem mais graves, na medida em que uma afirmação feita em ambiente científico produz toda uma série de reações que, em cadeia, podem produzir resultados válidos ou temerários capazes de comprometer a razoabilidade e o bom-senso exigíveis na análise de problemas cruciais. Ora, é sabido que a temática da homoparentalidade está longe de se pacificar e de adentrar no terreno sereno da unanimidade.

O que se vê é a manifestação da mais escancarada ideologia, sob um verniz de cientificidade, altamente contestável porque não resiste a mais singela apreciação de cunho verdadeiramente científico. No caso brasileiro, em que as posições político-ideológicas parecem tudo comprometer, a situação agrava-se ainda mais, na medida em que certos organismos (sob a falsa roupagem de Institutos, Sociedades ou Associações) procuram resolver as questões tormentosas colocadas pelo mundo jurídico, a partir de posturas de caráter nitidamente pessoal, sem qualquer possibilidade de serem comprovadas por leis científicas, como se espera do conhecimento culto em oposição ao vulgar.

---

(1) Graduado em Direito pela Universidade Federal do Rio Grande do Sul – UFRGS (1973). Doutorado em Direito Internacional Privado – Nouvelle Sorbone (1976). Pós-doutorado em Direito de Família, pelo "Centre du Droit de la Famille", da Universidade "Jean Moulin" – Lyon, França (1996). Atualmente é professor titular da Universidade Federal do Paraná – UFPR. Advogado (OAB/PR: 10.334). Conferencista e escritor. Professor adjunto da Universidade Tuiuti do Paraná – UTP. Membro da "Internacional Society Of Family Law", Haia – Holanda. Membro do Instituto dos Advogados do Paraná e da Academia Paranaense de Letras Jurídicas. Atua na área de Direito, com ênfase em Direito Civil, principalmente nos seguintes áreas: Direito de Família e Direito das Sucessões.

A gritaria que domina a problemática (em prova inconteste de que a paixão se sobrepõe à razão) assume contornos inaceitáveis tendentes a dissimular as verdadeiras questões que subjazem ao tormentoso tema e – o que é mais grave – apresenta soluções, na maioria das vezes, completamente alheias e contrárias às premissas fundamentais erigidas pelo melhor Direito, como parâmetros determinadores de justiça e legalidade.

Por isso, quando recebi o trabalho de Silvane Marchesini vacilei em apreciá-lo temendo enfrentar mais uma proposta meramente ideológica, sem conteúdo científico. Além disso, conforme manifestação verbal da autora: "– Não houve preocupação com o estabelecimento de um plano inicial [...]" o que dificulta, numa primeira abordagem, o acompanhamento do fio condutor que deve dominar trabalhos científicos desta natureza.

Não foi isso, entretanto, o que ocorreu. Desde a leitura das primeiras páginas de sua monografia fiquei convencido que estava diante de um trabalho científico com questionamentos inéditos e permeado de grande e notável erudição.

Afirmando, *ab initio*, que "Os discursos do Direito se prendem à proteção da vida e de seus valores inerentes", Marchesini se socorre do saber da Psicanálise que pode ajudar os juristas a compreenderem quem é o sujeito de Direito. A proposta é inédita e merece reflexão na medida em que estamos habituados a enfrentar os problemas jurídicos a partir de uma visão unitária e centralizadora que exclui o aporte de outros saberes científicos, encarados pelo Direito com cautela, senão, desconfiança.

A pergunta crucial que conduz todo o raciocínio da autora parte de um questionamento incomum, porém imantado de significação:

> *Qual é a finalidade da legalização da união homossexual diante do interesse geral da humanidade (uma vez que) a opção homossexual é naturalmente estéril?*

E a partir daí, em gradação cromática que tende a alargar o campo de observação da autora, surgem novas questões, sempre mais desafiadoras. Assim, no debate bioético, quem deverá ser privilegiado: os pais de intenção ou os terceiros, a criança a nascer ou a sociedade? Ou, a homossexualidade não sendo uma *identidade* pode ser erigida em estatuto legal da pessoa? "[...] em que a teoria psicanalítica pode contribuir às reflexões jurídicas bioéticas e às políticas sociais da pós-modernidade, tempos em que a medicalização dos corpos se impõe para o viver e o morrer?".

E, como era de se esperar, a autora questiona a validade e a oportunidade da adoção que, segundo sua ótica, implica em:

> *[...] querer ser parente de uma criança que não se gerou, que foi gerada por outros, e que possui em si a riqueza que não vem dos adotantes ou dos procriantes. É preciso então distinguir entre a necessidade e o desejo de ter crianças e, também, as relações entre gerações e a questão da diferença de sexo, pois sem estes fatores a adoção, assim como a filiação em geral, será forçosamente fracassada.*

Aqui o discurso assume uma gravidade incomum porque deslocando o centro das atenções do viés adulto resgata – com intensidade – o interesse maior da criança (não questionada, muito menos ouvida) sobre um projeto estruturado fora (ou, alheio) à pretensão infantil que não é, sequer, avaliada.

"Os aspectos psicológicos" – como ressalta a autora – "conscientes e inconscientes, da ação e da procriação de uma criança são complexos e exigem um trabalho de luto do 'desejo de criança' biológica". Como o Direito avalia (se é que avalia) estas realidades metajurídicas que, certamente, acabam desaguando na ordem jurídica?

> *No caso das novas legislações sobre filiação – afirma a autora – saímos da ordem do Direito como ficção e entramos na ordem do Direito como reificador dos fatos, deixando anônimo um 'terceiro' doador ou portador, e privando radicalmente uma criança da filiação paternal e maternal originária, ou até mesmo portadora. A partir destas forçagens, tanto jurídicas como médicas, causa-se uma* capitis diminutio *ao Direito da Criança.*

A partir dessas premissas e questionamentos preliminares, Marchesini constrói sua indagação científica sem subestimar o aporte decisivo da Psicanálise, enquanto ciência lateral fundamental à compreensão e aplicação do Direito ("[...] a consideração do saber da Psicanálise pelo campo do Direito produz uma modificação da própria noção de lei. Nós tendemos, assim, a considerar a Lei, mesmo as leis jurídicas, como uma instância psíquica.").

A relação dos pais, sempre com base na proposta teórica apresentada pela autora, "[...] é estabelecida tanto pelo biológico quanto pelo psíquico". Essa forma de encarar as novas parentalidades causa surpresa e perplexidade, já que estamos habituados a apreciar a problemática de ótica meramente jurídica e que ganha, agora, uma nova contextualização geradora de inúmeros questionamentos e prováveis respostas até então não tangenciadas.

Dentre as novas parentalidades propostas pela modernidade que o Direito tem dificuldade de absorver destaca-se a adoção de crianças por parceiros homossexuais. E, a partir dessa nova realidade, a autora constata que essa forma de adoção "produz efeitos específicos sobre a subjetividade do adotado". E mais: "[...] ela produz efeitos específicos sobre suas expressões psicopatológicas, durante a fase da adolescência, com relação às dificuldades de *internalização dos interditos fundamentais de humanização?*".

Sem adentrar nas considerações puramente psicanalísticas (segundo o discurso lacaniano, ou a doutrina de Lesourd, amplamente analisadas pela autora) uma vez que na qualidade de jurista nem teríamos elementos para avaliar a dimensão e a importância destas no presente trabalho, preferimos centrar nossa apreciação do trabalho a partir de uma ótica meramente jurídica que justificou e legitimou o título aposto na presente tese, a saber, "*A adoção homoparental*"– e as implicações da Psicanálise na casuística do Direito.

A partir da análise de Nazir Hamad, a autora nos conduz na investigação de questões cruciais que ainda não foram devidamente sopesadas pelos estudiosos da matéria. Assim, "a submissão da criança ao desejo de um adulto não é específico às crianças adotadas [...]. Por outro lado, o que há de específico na criança adotada, é que a realidade de sua história já lhe infringiu esta ferida do fato de seu abandono". Ora, assim como o casal adotante tem de enfrentar o *luto* do desejo de uma criança biológica, também "as crianças adotadas devem fazer o luto de suas origens". Logo, "há dificuldades inevitáveis ligadas à adoção".

Socorrendo-se da doutrina de Hammad, a autora observa que na adoção "não há uma célula social fundada sobre o laço de sangue ou de um pequeno grupo constituído segundo as obrigações que as leis das alianças ocultam, mas de um *contrato moral* que o corpo social oficializa pela outorga do patrimônio dos parentes adotivos".

Citando Gérard Pommier, a autora acrescenta mais um dado gerador de tormenta à questão adotiva relativa aos *fantasmas da criança.* Assim, a partir deste elemento "Pommier afirma que a criança dobra automaticamente a imagem de seus parentes em duas representações. Ela pensa sempre que seus parentes não são verdadeiros e que ela é adotada. Ela foi abandonada em seguida a algumas crueldades do destino, mas que ela vai encontrá-los um dia".

A imersão na seara psicanalítica comprova, ao contrário do que se afirma com superficialidade inaceitável, que a questão da adoção é muito mais complexa do que imaginado e que as pesquisas estão comprovando a necessidade de se realizarem estudos pontuais nessas matérias de modo a minorar o risco de um procedimento ainda vulnerável.

Após tecer todas as considerações necessárias a respeito dos aspectos psicológicos e psicanalíticos que envolvem a adoção Marchesini – ainda analisando Pommier – enfrenta, então, o problema maior da adoção por homossexuais resgatando *ab initio* um dado de transcendental importância: "Um homossexual não pode ter uma criança com outro homossexual, não tanto por razões de ordem orgânica ou fisiológica [...] mas porque o desafio do amor homossexual não prevê tratamento da pulsão de morte graças à diferença de sexos nem à filiação"; concluindo, a partir desta premissa irrefutável, outro dado pouco analisado pela doutrina especializada: "[...] é doloroso não ter filhos, e os homossexuais carregam para muitos este fardo. Porém, qualquer que seja o sofrimento de ser privado de descendência, ele resulta de uma escolha que sem dúvida não foi feita conscientemente, mas que é, afinal de tudo, questão de assumir".

Assim, toda tentativa equivocada de estabelecer analogia entre o amor heterossexual e o amor homossexual caem por terra, na medida em que "As dificuldades do amor homossexual não podem se regular como se elas fossem as mesmas que aquelas do amor heterossexual". Ou seja, o mero invocar do princípio constitucional que veda o tratamento discriminatório em decorrência da opção sexual, é nada diante da realidade psicoemocional de difícil, senão impossível, negação.

Socorrendo-se da doutrina abalizada de Jean-Pierre Winter, a autora denuncia:

- a questão da homofobia, mal avaliada ("Não haveria, no entanto, nas nossas sociedades uma espécie de heterofobia, no sentido do ódio à diferença?");
- do risco de violência àqueles que vivem fora da norma ("[...] alguém que é criado fora de toda norma vive na angústia, e esta angústia transforma-se facilmente em violência");
- da lacuna impossível de preencher quando a criança adotada não tem o referencial paterno e materno ("A questão é de saber se podemos privar radical e voluntariamente uma criança da filiação paterna, ou materna");
- do estabelecimento do parentesco na adoção homossexual ("O amor e a educação são indispensáveis para a criança, mas, certamente, eles não são critérios suficientes para legitimar o parentesco");
- da discriminação legal ("Os homossexuais consideram-se vítimas de uma discriminação [...] porém ninguém é proibido de fazer crianças e, nesse caso, ninguém é questionado sobre sua orientação sexual. Não é a lei jurídica que impede os homossexuais de fazer crianças. Então, há uma confusão mantida em relação à questão das crianças criadas por um casal homossexual [...]");
- da não aceitação de uma criança adotada por homossexuais no ambiente social vivenciado por crianças oriundas de casais heterossexuais ("O forçamento que constitui para uma criança, qualquer que seja o fato de ter que se apresentar como o filho ou a filha de dois pais do mesmo sexo, é fonte de angústia para as outras crianças [...] a ansiedade se exprimirá sob a forma de agressão, de violência ou de sarcasmo. Uma criança que ironiza, que zomba ou mesmo que chega até uma certa violência [...] para com outra criança que possui 'dois pais' ou 'duas mães' manifesta mediante suas atitudes a angústia nela suscitada por causa de uma filiação que concebe como 'anormal', eis que ela não corresponde aos critérios de filiação na qual ela nasceu, ou [...] ela reproduz os ferimentos de sua genealogia [...]");
- da insuficiência da educação, como meio de conduzir as crianças à aceitação da parentalidade homossexual ("Todavia, a educação não pode nada contra estas angústias. As crianças que resistem à escola ou à educação são frequentemente crianças angustiadas");
- da inocorrência da tão invocada igualdade ("Não é a lei que interdita aos casais homossexuais o direito de ter crianças [...]. O que se tenta fazer esquecer, na reivindicação da igualdade dos casais homossexuais, é que no caso deles, não é o casal que fará a criança, mas um trio. Um trio no mínimo, um quarteto em certos casos, mas não um casal. E não há como ser diferente. A reivindicação da igualdade dos casais é, portanto, sem fundamento, e todos esses argumentos parecem bem distorcidos pois, sob o argumento do casal 'como os outros' esconde-se o apagamento do fato de que há três no assunto, três do qual um é excluído, simples instrumento a serviço dos dois outros"), ou seja, a diferença genética e simbólica, que toda a tentativa (vã) da legislação pretende desconsiderar ou minimizar revela-se insuficiente porque "os seres humanos continuam nascendo, 'colocados no mundo' pelos seus pais e mães biológicos. E mesmo quando a ciência alcança avanço prodigioso, ela o consegue graças a doadores ou a mães portadoras. Que sejam anônimos ou não, eles são ainda de carne e osso e inscritos na diferença genética e simbólica".

A tão só consideração desses questionamentos levantados por Marchesini é suficiente a garantir a extrema atualidade e validade de seu profícuo trabalho que, como afirmado pela autora, deve servir como "objeto de reflexão", sem respostas definitivas, mas como um "convite à confiança, mantendo as questões colocadas, de preferência, abertas e não fechadas com respostas ou sugestões de enquadramento legal, que podem ser precoces ou nocivas ao direito das crianças e à construção da subjetividade".

O que instiga e de certa forma nos motiva à pesquisa e à indagação mais aprofundada da problemática ainda aberta – eu diria, completamente aberta no atual estágio de investigação no qual nos encontramos – são as dimensões e as proposições apresentadas por Marchesini causadoras de perplexidade e surpresa, nos deixando em estado atônito, propício ao estudo mais profundo de uma questão que ainda mantém "aberta a problemática e os debates" com vistas à garantia não só de uma resposta legal suficiente mas, sobretudo, à fundamental construção da subjetividade.

O trabalho de Silvane Maria Marchesini que tenho o privilégio de prefaciar, certamente será um divisor de águas decisivo na continuidade dos estudos, quer sob o enfoque legal, quer psicanalítico, em prova manifesta de que o saber é ilimitado e infinito, desafiando a criatividade e a razão humanas, sempre em favor da mais elevada dignidade do Homem.

Curitiba, maio de 2015.

Prof. Tit. Dr. Eduardo de Oliveira Leite

PREFÁCIO PSICANALÍTICO

***Prof. Dr. Xavier-Serge Lesourd*[1]**

O DIREITO A TER CRIANÇA FORA DA SEXUALIDADE[2]

O próprio título do livro de Silvane Marchesini, *o direito de ter uma criança fora da sexualidade*, é um paradoxo que vem sublinhar a complexidade das questões que se colocam hoje em seguida ao progresso das tecnologias medicais que separaram o ato sexual da procriação, o ato do desejo da criação de uma nova vida humana.

Para tentar esclarecer este paradoxo nós precisamos desenvolver um pouco o que está no coração das questões fundamentais que coloca este livro para nossa pós-modernidade em situando os termos do debate: a questão da origem, o laço entre sexualidade e procriação, a organização dessas questões por essa forma particular de narrativa que é o Direito.

Em primeiro lugar, este livro vem tentar questionar esse "mistério da origem" nas coordenadas atuais da Ciência Médica e da governança do mundo pela economia que tentam criar novos direitos para os indivíduos de nossa pós-modernidade. Esse mistério da origem é de todos os tempos, de toda sociedade e de toda idade. "Onde eu estava antes de ser no mundo" esta questão que as crianças sempre colocaram a seus parentes, é uma questão sem resposta. E é porque a origem é um mistério, *"o homem é aquele a quem uma imagem falta*[3]*"* que, desde que o homem fala, ele inventou os mitos, as narrativas, para tentar dar conta e organizar um senso face a este "impensável". A Teogonia de Hesíodo, como a Gênese e a teoria científica de homúnculos espermáticos ou aquela da penetração do óvulo pelo espermatozoide, são narrativas dessa criação do sujeito que colocam em forma as relações dos humanos à sua origem. Certamente essas narrativas não têm o mesmo valor científico, mas elas têm, entretanto, a mesma função: elas vêm dar conta, para uma época dada, da origem dos laços que fundam um ser humano, dos laços que unem uma criança a seus pai e mãe, genitores ou não.

Em seu fundo, todas as concepções da filiação, que o Direito leva em conta na sua formalização lógica, restam narrativas que colocam em forma a sucessão das gerações, a reprodução sexual e a diferença dos sexos para uma época dada.

De fato, nenhuma época ignorou que precisaria que tivessem relações sexuais genitais entre um homem e uma mulher para que aparecesse, primeiro uma parada do fluxo sanguíneo da menstruação, em seguida uma nova vida no ventre da mulher tornada mãe. A maneira, cujas narrativas dão conta dessa aparição da criança, são múltiplas e variadas, e constituem as particularidades culturais e jurídicas de uma época dada. Nenhuma época, ignorou jamais que certas relações sexuais eram infecundas e cada sociedade inventou os modos particulares de remediar essa esterilidade. Desde os amantes das mães até o casal mãe-pai das sociedades da África Central passando pelas concubinas dos reis e as adoções diversas, todas as soluções imagináveis forão inventadas, para que a esterilidade das relações sexuais pudesse ser compensada por uma prática que permite dar a vida a um descendente. A filiação, de fato, torna-se para o ser humano a única das condições que permite afrontar o outro mistério da vida humana: *"o que serei-eu após minha morte?"*[4] A filiação é, assim, para o ser humano o único lugar que trata em conjunto

(1) Psicanalista. Professor de psicologia clínica e psicopatologia da Université Nice-Sophia Antipolis. Doutor e HDR (Habilitação em Dirigir Pesquisas).

(2) Tradução livre feita pela autora. O original em francês encontra-se logo após o texto traduzido.

(3) QUIGNARD, P. *Le sexe et l'effroi*. Paris : Ed de Minut, 1987.

(4) Outros tipos de narrativas, aquelas do paraíso ou da reencarnação vêm também dar conta desse segundo enigma, mas não é nosso propósito tratá-las aqui.

os mistérios do antes e do depois da vida, que tão bem "eterniza" a vida individual em construindo um antes (a sequência dos ancestrais) e um depois (a sucessão dos descendentes) para além da "presença no mundo" do indivíduo. Nisto a filiação, a qual faz traço do desejo dos genitores e perpetua o desejo subjetivo na criança, se inscreve no coração da *psyché* humana, na mais íntima, aquela do inconsciente, o lugar do desejo subjetivo que ignora a morte. Ela permite assim ao sujeito, na sua mais estrita intimidade, de ser desde sempre e para sempre, atenuando assim o peso angustiante da finitude.

Outras vias são abertas para essa "sobrevivência" como o mostram bem os caminhos da arte, da criação ou da educação. Mas, essas vias sublimatórias que tranformam o desejo de realização de si e de gozo individual em bens culturais e sociais não são sempre abertas ao indivíduo, não por enfraquecimento individual, mas porque as condições reais da vida de um indivíduo podem se opor a isso. Precariedade, miséria, perigo de guerra, insegurança, todos esses fatores, quando eles dominam a vida individual, centrando-a sobre uma sobrevivência imediata, impedem a realização de si pelas obras culturais, e infelizmente é o lote de uma grande parte da humanidade. A filiação se torna então o único meio de sobrevivência do indivíduo.[5]

Outra coisa na nossa sociedade moderna é o direito a ter uma criança que reinvindicam esses que colocam em obra uma sexualidade não procriativa, quer essa seja homo ou heterossexuada. Esse Direito a ter uma criança veio originalmente dos parentes heterossexuais que, por diversas razões medicais[6] não podiam ter crianças. O progresso tecnocientífico permitindo remediar, por meios reais e não simbólicos, a ausência de fecundação se colocou a serviço das demandas parentais, relegando os procedimentos simbólicos antigos (Kafala, amante procriador etc.) à categoria de enganos perversos. A concepção tornou-se um negócio médico, uma ciência que a técnica vem tornar eficaz. A procriação, de ser rebaixada pela técnica real, não pode mais usar dos artifícios simbólicos que subsidiavam sua realização nos laços de casais estéreis. É a esterilidade, sempre possível, da relação sexual que é desafiada pelos avanços tecnobiológicos medicais. De repente, e seguindo uma lógica que ninguém pode contestar, isso se verifica somente graças aos progressos científicos, agora nenhuma relação sexual é mais estéril, deve ser do mesmo modo para as relações homossexuais, e não há aí razão, portanto, para que os casais homossexuais não possam procriar com a ajuda da tecnologia médica. Uma única questão se coloca, à qual este livro se atrela, é que se a PMA ou a GPA[7] foram inventadas para remediar as situações de uma impossível procriação, potencialmente possível, quando elas são aplicadas para os casais homossexuais elas vêm remediar a uma procriação realmente impossível, elas são uma negação do Real, uma recusa do impossível. Não se trata aqui de dizer que os parentes homossexuais são menos bons parentes que os parentes heterossexuais, todos os estudos um pouco sérios demonstram o contrário, trata-se simplesmente de sublinhar que a procriação homossexual é, no real, impossível, salvo em certas espécies bissexuais ou nas procriações por partenogênese. Essa negação do real da sexuação vem minar um dos pontos centrais dos mitos das origens e da organização simbólica das relações humanas, e especialmente aquele que funda a origem, sempre bissexuada de todo ser humano, de todo mamífero vivente.

O que, no seu fundo, vem a se colocar como questão nesses debates, é o direito de ter uma criança fora da sexualidade, e é esta questão, tão urgente, que vem trabalhar a obra de Silvane Marchesini, de maneira rigorosa. Sua dupla formação de jurista e de psicanalista a coloca no coração deste debate social cujos riscos são capitais, e lhe permitem trabalhar isto, não somente do lado da construção subjetiva, o que nós podemos esperar de uma psicanalista, mas também do lado jurídico da igualidade de todos perante a lei que, como o prova o Direito às armas da Constituição americana, pode conduzir ao pior.

É com fineza, mas também rigor, que Silvane Marchesini se aventura nesse debate em que cada passo é antecipadamente retido, a defesa do real sendo desigual do fato (de que um homem não é uma

(5) A diminuição da natalidade em toda parte onde as condições de vida econômica se tornam estáveis demonstra, não poderia ser melhor, este laço entre filiação e sobrevivência individual.

(6) Ainda precisaria tomar em conta aqui os numerosos casos de casais ditos estéreis que procriam naturalmente desde os processos de adoção ou de fecundação médica bem sucedidos.

(7) N.T.: PMA = Procriação Medicamente Assistida. GPA = Gestação por Outra – gestação substitutiva, vulgo mãe de aluguel.

mulher), e, a defesa da igualdade vinda de o Direito negar o real da cisão sexual (homossexualidade e heterossexualidade são equivalentes). Esta tensão entre Direito, bem percebida por ela como um puro fenômeno de discurso, e tecnociência, bem concebida como pura modelagem discursiva do mundo, faz toda a pertinência desta obra na qual o debate societal se concebe como uma oposição entre dois discursos. Para o dizer em outros termos, o que nos demonstra maravilhosamente bem Silvane Marchesini, é que o debate em torno *do direito de ter uma criança fora da sexualidade* não é uma querela no Direito em torno da igualdade dos direitos, mas bem uma querela de discurso, uma querela sobre a maneira cujo o *parlêtre* (ser de linguagem) se acomoda do impossível na ocorrência sexual.

Este livro, assim, participa da antropologia, e particularmente desse tronco especial, inaugurado por Claude Levi-Strauss que estuda as relações do humano ao limite, ao impossível e ao real. A leitura psicanalítica desses discursos que constituem o laço social é neste campo bem vinda no tratamento que ela faz desta particularidade do humano, ser que recusa o limite do real, que recusa de ser afetado por esta "doença humana": a castração.

Nice, julho de 2015.

Prof. Xavier-Serge Lesourd

Le droit d'avoir un enfant hors sexualité

Le titre même du livre de Silvane Marchesini, le droit d'avoir un enfant hors sexualité, est un paradoxe qui vient souligner la compléxité des questions qui se posent aujourd'hui suite aux progrès des technologies médicales qui ont séparé l'acte sexuel de la procréation, l'acte de désir de la création d'une nouvelle vie humaine.

Pour tenter d'éclairer ce paradoxe il nous faut développer quelques peu ce qui est au coeur des questions fondamentales que pose ce livre pour notre postmodernité en situant les termes du débat : la question de l'origine, le lien entre sexualité et procréation, la mise en forme de ces questions par cette forme particulière du récit qu'est le Droit.

En premier lieu ce livre vient tenter de questionner ce "mystère de l'origine" dans les coordonnées actuelles de la Science médicale et de la gouvernance du monde par l'économie qui tentent de créer des nouveaux droits pour les individus de notre postmodernité. Ce mystère de l'origine est de tout temps, de toute société et de tout âge. "Où étais je avant d'être au monde" cette question que les enfants ont toujours posée à leurs parents, est une question sans réponse. Et c'est parce que l'origine est un mystère, "l'homme est celui a qui une image manque[(8)]" que, depuis que l'homme parle, il a inventé des mythes, des récits, pour tenter de rendre compte et d'organiser un sens face à cet "impensable". La Théogonie d'Hésiode, comme la Genèse et la théorie scientifique de l'homoculus spermatique ou celle de la pénétration de l'ovule par le spermatozoïde, sont des récits de cette création du sujet qui mettent en forme les rapports des humains à leur origine. Certes ces récits n'ont pas la même valeur scientifique, mais ils ont pourtant même fonction : ils viennent rendre compte pour une époque donnée de l'origine des liens qui fondent un être humain, des liens qui unissent un enfant à ses parents, géniteur ou non.

En leur fond, toutes ses conceptions de la filiation, que le Droit reprend à son compte dans sa formalisation logique, restent des récits qui mettent en forme la succession des générations, la reproduction sexuée et la différence des sexes pour une époque donnée.

En effet, nulle époque n'a ignoré qu'il fallait qu'il y ait des rapports sexuels génitaux entre un homme et une femme pour qu'apparaisse, d'abord un arrêt de l'écoulement sanguin des mens-

(8) QUIGNARD, P. Le sexe et l'effroi. Paris : Ed de Minut, 1987.

truations, ensuite une nouvelle vie dans le ventre de la femme devenue mère. La façon, dont les récits rendent compte de cette apparition de l'enfant sont, eux, multiples et variés, et constituent les particularités culturelles et juridiques d'une époque donnée. Nulle époque, non plus n'a ignoré que certains rapports sexuels étaient inféconds et chaque société a inventé des façons particulières de pallier à cette stérilité. Depuis les amants des mères jusqu'au mère-père des sociétés de l'afrique centrale en passant par les concubines des rois et les adoptions diverses, toutes les solutions imaginables ont été inventées, pour que la stérilté des rapports sexuels puisse être compensée par une pratique qui permette de donner la vie à une descendance. La filiation, en effet, devient pour l'être humain être une des conditions qui permet d'affronter l'autre mystère de la vie humaine : que serai-je après ma mort[(9)]?
La filiation est ainsi, pour l'être humain le seul lieu qui traite ensemble des mystères de l'avant et l'après la vie, qui donc ainsi "éternise" la vie individuelle en construisant un avant (la suite des ancêtres) et un après (la succession des descendants) au dela la "présence au monde" de l'individu. En cela la filiation, qui fait trace du désir des géniteurs et perpétue le désir subjectif dans les enfants, s'inscrit au coeur de la psyché humaine la plus intime, celle de l'inconscient le lieu du désir subjectif qui ignore la mort. Elle permet ainsi au sujet, dans sa plus stricte intimité d'être de toujours et pour toujours, atténuant ainsi le poids angoissant de la finitude.

D'autres voies sont ouvertes pour cette "survie" comme le montre bien les chemins de l'art, de la création ou de l'enseignement. Mais ces voies sublimatoires qui tranforment le désir de réalisation de soi et de jouissance individuelle en bien culturels et sociaux ne sont pas toujours ouvertes à l'individu, non par défaillance individuelle, mais parce que les conditions réelles de la vie d'un individu peuvent s'y opposer. Précarité, misère, danger de guerre, insécurité, tous ces facteurs quand ils dominent la vie individuelle en centrant celle-ci sur une survie immédiate, empêchent la réalisation de soi par les oeuvres culturelles, et malheureusement c'est le lot d'une grande part de l'humanité. La filiation redevient alors l'unique moyen de survie de l'individu[(10)]

Autre chose dans notre société moderne est le Droit à l'enfant que revendiquent ceux qui mettent en oeuvre une sexualité non procrétrice, que celle-ci soit homo ou hétéro sexuée. Ce Droit à l'enfant est venu à l'origine des parents hétéroséxués qui, pour diverses raisons médicales[(11)] , ne pouvaient pas avoir d'enfant. Le progrès technoscientifique permettant de pallier, par des moyens réels et non plus symboliques, à l'abscence de fécondation s'est mis au service des demandes parentales, reléguant les procédures symboliques anciennes (Kafala, amant procréateur, etc.) au rang des tromperies perverses. La conception est devenue une affaire médicale, une science que la technique vient rendre efficace, la procréation d'être rabattue sur la technique réelle ne peut plus user des artifices symboliques qui subvenaient à sa réalisation dans les liens de couples stériles. C'est la stérilité même, toujours possible, du rapport sexuel qui est remise en cause par les avancées technobiologiques médicales. Du coup, et selon un logique que nul ne peut contester, s'il s'avère que grâce aux progrès scientifiques aucun rapport sexuel n'est stérile, il doit en être de même pour les rapports homosexués, et il n'y a donc pas de raison que les couples homosexuels ne puissent pas procréer avec l'aide de la technologie médicale. Une seule question se pose, à laquelle se livre s'attèle, c'est que si les PMA ou GPa ont été inventées pour pallier à des situations d'une impossible procréation, potentiellement possible, quand elles sont appliquées pour les couples homosexuels elles viennent pallier à une procréation réellement impossible, elles sont un déni du Réel, un efus de l'impossible. Il ne s'agit pas ici de dire que les parents homosexuels sont de moins bons parents que les parents hétérosexuels, toutes les ÉTUDES un peu sérieuses démontrent le contraire, il s'agit simplement de souligner que la procréation homosexuelles est, dans le réel, impossible, sauf chez certaines espèces bisexuelles ou dans les procréations par parthénogénèse. Ce déni du réel de la

(9) D'autres type de récits ceux du paradis où de la réincarnation viennent aussi rendre compte de cette deuxième énigme, mais il n'est pas de notre propos de les traiter ici.

(10) La diminution de la natalité partout où les conditions de vie économique deviennent stables démontre, on ne peut mieux, ce lien entre filiation et survie individuelle.

(11) Encore faudrait-il tenir compte ici des très nombreux cas de couples dits stériles qui procréent naturellement dès le processus d'adoption ou de fécondation médicale réussi.

sexuation vient mettre à mal un des points centraux des mythes des origines et de l'organisation symbolique des rapports humains, et spécialement celui qui fonde l'origine, toujours bisexuée de tout être humain, de tout mamifère vivant.

Ce qui, en son fond, vient à se poser comme question dans ces débats, c'est *le droit d'avoir un enfant hors sexualité*, et c'est cette question, au combien pressante, que vient travailler l'ouvrage de Silvane Marchesini, de manière rigoureuse. Sa double formation de jursite et de psychanalyste la porte au coeur de ce débat social dont les enjeux sont capitaux, et lui permet de travailler celui-ci, non seulement du côté de la construction subjective ce que nous pouvons attendre d'une psychanalyste, mais aussi du côté juridique de l'égalité de tous devant la loi qui, comme le prouve le droit aux armes de la constitution américaine, peut conduire au pire.

C'est avec finesse, mais aussi rigueur, que Silvane Marchesini s'aventure dans ce débat où chaque pas est d'avance piégé, la défense du réel étant inégalitaire de fait (un homme n'est pas un femme), la défense de l'égalité venant de Droit nier le réel de partition sexuelle (homosexualité et hétérosexualité sont équivelentes). Cette tension entre Droit, bien perçu par elle comme un pur phénomène de discours, et technoscience, bien conçu comme pure modélisation discursive du monde, fait toute la pertinence de cet ouvrage dans lequel ce débat sociétal se conçoit comme une opposition entre deux discours. Pour le dire en d'autres termes, ce que nous démontre merveilleusement bien Silvane Marchesini, c'est que le débat autour du *droit d'avoir un enfant hors sexualité* n'est pas une querelle dans le droit autour de l'égalité des droits, mais bien une querelle de discours, une querelle sur la façon dont le parlêtre s'accomode de l'impossible en l'occurrence sexuel.

Ce livre, ainsi, participe de l'anthropologie, et particulièrement de cette branche spéciale, inaugurée par C. Levi-Strauss qui étudie les rapports de l'humain à la limite, à l'impossible et au réel. La lecture psychanalytique de ces discours qui consituent le lien social est dans ce champ bienvenue dans le traitement qu'elle fait de cette particularité de l'humain, être celui qui refuse la limite du réel, qui refuse d'être affecté par de cette « maladie humaine » : la castration.

Nice, julho de 2015.

Prof. Xavier-Serge Lesourd

PRÓLOGO

O DIREITO A TER UMA CRIANÇA FORA DA SEXUALIDADE

"O homem vem ao mundo
para assemelhar-se ao homem."
Pierre LEGENDRE

As profundas mutações sociais em relação às tradições que tocam a intimidade das pessoas e o desenvolvimento da tecnologia médica para a procriação humana conduzem a uma transformação da noção de família e, portanto, a refletir sobre:

"O que é uma família atualmente?"

A pesquisa sobre os direitos concernentes ao início da vida, numa visão transdisciplinar[(1)] entre a Psicanálise e o Direito, busca compreender "as estruturas elementares do parentesco" e sua relação ao fato que "a escolha do desejo inconsciente" é ligada pelo campo da linguagem à sua subdeterminação discursiva e seus laços sociais. Portanto, nós tomaremos um tempo de reflexão sobre a subjetividade para termos um parecer sobre um suposto direito a ter uma criança fora da sexualidade.

1 . O DIREITO AO INÍCIO DA VIDA

Os discursos do Direito se prendem à proteção da vida e de seus valores inerentes. Porém nas legislações bioéticas são numerosas as exceções que permitem a violação da integridade do corpo humano. Assim, a questão de um novo direito a ter uma criança se inscreve nesta missão confiada ao Direito de reparar o nomadismo das fronteiras entre os atos lícitos e ilícitos em relação ao valor supremo da vida.

A aproximação entre a teoria lacaniana dos discursos e a retórica do Direito amplifica a noção de sujeito em o concebendo, tanto ao nível consciente quanto ao nível inconsciente, como efeito da *metáfora do Nome--do-Pai*. Ela apresenta como pedra angular dessas pesquisas o diálogo estabelecido entre o jurista Chaïm Perelman e o psicanalista Jacques Lacan no texto *"A metáfora do sujeito"*[(2)], em que este último demonstra a influência da *lógica do inconsciente* sobre a *razão prática*. Essa visão destaca o sistema do Direito como uma *instância simbólica* que reparte o que diz respeito ao gozo tolerável na Sociedade, sustentada por um trabalho cultural de interdição pulsional, por meio de certa coerência de linguagem aos *interditos fundamentais de humanização.*[(3)]

É preciso ter leis, ou seja, é preciso interiorização das constrições pulsionais ao nível da constituição subjetiva, durante os processos de identificações com os pais para vir a ser humano e sociável. Estas leis se constroem, principalmente, nos níveis inconscientes da Lei da linguagem – designada *Lei do Nome--do-Pai*, ou Complexo de Castração pela Psicanálise – e se caracterizam como *constrições de estrutura*

(1) NICOLESCU, Basarab. La transdisciplinarité : manifeste. Paris : Éditions du Rocher, 1996.

(2) LACAN, Jacques. A metáfora do sujeito. In: *Escritos* (p. 337-342). Tradução de Vera Ribeiro. Rio de Janeiro: Jorge Zahar, 1998.

(3) LACAN, Jacques. La métaphore du sujet (1961). In : *Écrits II*. Appendice II. Paris : Éditions du Seuil, 1999.

para todos. Este imperativo estrutural que emerge de uma *negação primordial* ao gozo ilimitado (de uma falta-a-ser originária), estabelece o limite sempre representado pela Interdição do incesto e dos crimes fundamentais: o parricídio, o matricídio, o infanticídio... Existem, também, níveis conscientes de construção da *instância simbólica* das leis, tais como as leis jurídicas, e ainda que elas sejam herdeiras da lógica arcaica, elas seguem *contingências históricas* de cada sociedade concreta. Portanto, sem um desenvolvimento infantil em condições de *transferências positivas* para a subjetividade, o indivíduo não vai reconhecer as leis jurídicas.

Desde a teoria freudiana das pulsões de vida e de morte, as condições de humanização na Sociedade se apresentam sobre a base do princípio de prazer que deve ser substituído pelo princípio de realidade. O "Eu" tenta firmar soluções de compromisso entre as exigências pulsionais do "Isto", as quais reclamam satisfação, e as interdições do "Supereu". Este último é a instância psíquica herdeira do Complexo de Édipo e da interiorização dos interditos, dos ideais, das leis e das normas sociais. O "Supereu" é a instância de nossa personalidade cuja função é de julgar o "Eu". Ele inibe nossos atos ou produz remorso, portanto, ele é a instância judiciária de nosso psiquismo que tem por função a Interdição. Ele se forma não sobre o modelo de uma toda-potência ilusória egóica, mas sobre os superegos e os ideais do pai e da mãe. A função interditora desta consciência moral é inicialmente exercida por uma potência exterior, mais especificamente, é a introjeção da autoridade paternal que forma o núcleo do "Supereu".

Por seu lado, o sistema do Direito exerce uma influência externa sobre o "Supereu" no curso das gerações. O Direito, enquanto sistema de construções institucionais da humanidade é, portanto, uma escala simbólica indispensável na construção da subjetividade, pois ele salvaguarda as interdições fundamentais, as quais constituem os limites necessários à linguagem enquanto fenômeno psicossomático humano. Dito de outro modo, a escala institucional do Direito exerce influência sobre o "Supereu", individual e social, e, portanto, ela salvaguarda o "Interdito", a separação e a diferença entre o sujeito e si mesmo, e entre ele e o objeto exterior. O Direito exerce função de mediação na economia psíquica da Referência simbólica ao Pai que amalgama o vazio entre o sujeito e o objeto, e funciona inconscientemente como um terceiro oculto na lógica triádica da linguagem. De fato, o Direito Civil estabelece as categorias de filiação e os níveis de hierarquia das gerações que não são puras construções convencionadas e estranhas aos sexos.

Neste sistema universal o laço de filiação que une uma criança a seus pais é tido como bilateral, compreensível numa lógica de procriação sexuada. Ele destaca, assim, a importância da genealogia patriarcal na espécie humana. Segundo o jurista e psicanalista Pierre Legendre, o Direito institui vida em instituindo a subjetividade por meio da arte de interpretação dos interditos construídos nas sociedades. É o representante lógico transcendental, divino (*Imago Dei*), paternal ou estatal, que sustenta no sujeito a aceitação da interdição edipiana e de suas nuances, gerando assim a capacidade de julgamento singular.

A partir de uma interrogação imemorial: em nome de que podemos viver? Legendre, no texto "A fábrica do homem ocidental[(4)]", afirma que as vitórias tecnocientíficas fizeram o animal falante deixar o mundo das genealogias e o mistério foi destruído. Que iremos nós fazer desta desilusão, diz ele, e teremos nós o dever de nos interrogarmos sobre o ponto de poder e de fraqueza que é "a dor de ser nascido e de dever morrer"? É no estatuto de indivíduo perecível que nós podemos admitir que a morte tem um senso. Ela faz viver a construção humana da qual somos a expressão passageira. Os habitantes institucionais são construídos sobre um vazio a partir do qual se desenvolve a palavra, e o qual porta o pensamento. E preciso então restaurar a dúvida para analisar as ignorâncias que fazem cortejo à Ciência contemporânea. "A Fabricação do homem não é uma usina a reproduzir linhagens genéticas". Nós nunca veremos uma sociedade sem as narrativas simbólicas da Solitude humana.

O recém-nascido chega ao mundo dos "porquês" e da busca de uma razão de viver. por meio da fala a humanidade busca preencher pela Referência simbólica o Abismo indizível que a separa da natureza. A linguagem, através da metáfora, separa o homem de si mesmo e de seu semelhante. Lá onde a palavra

(4) LEGENDRE, Pierre. La fabrique de l'homme occidental, suivi de L'Homme en meurtrier. Paris : Arte Éditions, 1996, p. 7-9. [tradução livre da autora]

não tem mais vazio, isto é, algo de indizível, existe uma tendência de retorno ao real do corpo na sua concretude imediata. Contudo, o mistério do nascimento e da morte não é mais encenado, e as crianças chegam ao mundo num teatro cirurgical. A linguagem se desmorona para tornar-se consumação metonímica de signos e de corpos. Ele afirma, então, que não é o suficiente produzir carne humana. Antes de tudo, é a Referência que fabrica o homem. A razão de viver nos vem da linguagem em relação a nossa origem, nossos valores, nossas identificações. Assim sendo, o nascimento de um ser humano não é somente biológico, ele é também subjetivo em três tempos de identificação.

Segundo Legendre(5)"fabricar o homem, é lhe dizer o limite. Fabricar o limite, é colocar em cena a ideia do Pai, endereçar ao filho, de um e de outro sexo, o *Interdito*". Fabricar o homem para que ele se assemelhe ao homem, isto será, então, exercer o poder de saber o que é a Lei do desejo, de dizer o que é justo. O ideal da justiça faz a balança entre o homem e a natureza, em lhe protegendo do *Abismo originário* do vivente. Contudo, o homem quer experimentar o mistério, a morte, e, portanto, ele transgride. O ideal da justiça busca o justo equilíbrio nas relações humanas em submetendo a transgressão à palavra. "Assim se organizam o direito e a moral".

Contudo, a eficacidade científica reinventa o sacrifício humano e bane o mistério das narrativas mitológicas. O justo e o injusto são ditos agora pela ciência criando a ilusão que não existe mais mistério, nem morte, no coração da sexualidade e da subjetividade. O que aparece é o poder do homem sobre o homem, guerra de sexos e romance das novas modalidades de família. O pensamento ocidental separa o corpo e o espírito, o somático e o psíquico, e se torna governado pela indústria. Num mundo gerido por políticas que se tornaram técnicas "*tiveram lugar os prodígios: a biologia e a medicina industriais, e o indivíduo colocado a nu*(6)". A tecnocracia médica destruindo a metáfora em relação ao corpo humano nos faz experimentar um mundo que não é mais confrontado ao *Abismo* que funda o pensamento. A humanização "é confrontada à necessidade de civilizar esta força desconhecida: a Ciência ultramoderna" que aparece como um retorno burlesco do politeísmo ameaçando a representação do homem. As propagandas exaltam a esperança de não morrer e de poder tudo fazer. Não obstante, o homem sonha, ainda, a imortalidade, e se interroga: o que é uma vida? Ele continua a ter necessidade de celebrações para criar a metáfora que organiza os laços sociais e para refletir sobre seus "porquês?" viver. Ele continua a buscar um espelho para fazer tela contra sua *falta-a-ser originária*. O homem interroga, então, o mistério de ser nascido e de dever morrer. Ele chega num mundo de emblemas e se inventa outros, para amalgamar o mistério de estar lá. Assim, "O mundo é genealogicamente organizado e a genealogia é um saber que permite ao homem de habitar o *Abismo*. Nós damos figura humana ao *Abismo*, em lhe designando nascer e morrer".(7)

2. A SUBJETIVIDADE COMO EFEITO DE DISCURSO E SEUS IMPASSES

Distinta da noção de indivíduo, a existência do sujeito do desejo é ligada à castração da mãe (à incompletude de seu ser), isto é, ao reconhecimento da falta de um *significante primordial* como garantidor da subjetivação. O *princípio do vazio* (a negatividade) que caracteriza o sistema simbólico da linguagem, em Lacan, está no coração da subjetividade e da relação do sujeito ao objeto. Portanto, o sujeito de Direito é, antes de tudo, um produto de um jogo posicional de significantes discursivos. Primeiramente, ele aparece como *efeito* de uma colocada em ato da *Lei do Nome-do-Pai*. Isto é, o sujeito *clivado*, antes de ser um indivíduo, aparece como efeito lógico de uma "Referência Terceira paternal ao Outro sexo", pela via da transmissão superegóica das constrições da castração aos crimes de homicídio e de incesto. Em segundo lugar, a emergência do sujeito sofre também a influência dos ideais da Sociedade e da normatividade do Direito. O *efeito-sujeito*, o qual se produz nos discursos tomados como laços sociais, é representado pelos significantes, assim, ele é efeito de linguagem.

O saber da Psicanálise pode ajudar os juristas a compreenderem quem é o sujeito de Direito. Ela informa que há dois regimes logicamente distintos, inconsciente e consciente, contraditórios, mas também complementares, que organizam o sujeito. O *primeiro regime* responde, num primeiro tempo, à lógica singular

(5) LEGENDRE, Pierre. La fabrique de l'homme occidental..., p. 28-30 [tradução livre da autora].

(6) LEGENDRE, Pierre. La fabrique de l'homme occidental..., p. 28-30 [tradução livre da autora].

(7) LEGENDRE, Pierre. La fabrique de l'homme occidental..., p. 28-30 [tradução livre da autora].

inconsciente (das identificações primárias: "designada lógica do *nem-tudo-fálico*", portanto, mais narcísica, e em referência à mãe). E, num segundo tempo, este *primeiro regime* ainda corresponde a uma lógica *inconsciente* de singularidades subjetivas, porem, secundárias (lógica das identificações secundárias: "designada lógica do *tudo fálico*", pelo efeito da *castração*, ou seja, do *limite* efetuado pela função do pai).

O *segundo regime lógico*, no nível consciente, desde Kant, segue uma lógica universal da "lei do ato moral" válida para todo ser razoável. Esta lógica universal complexa entre o indivíduo e a espécie encontra suas raízes na *lógica fálica* de cada sujeito. Contudo, ela se institui sobre a rejeição da *clivagem* subjetiva, isto é, sobre o *recalcamento* da patologia do tempo arcaico singular. No nível consciente há uma lógica que universaliza a *ficção* como princípio.

Portanto, a construção subjetiva como *efeito* de discurso e seus impasses não pode ser concebida independentemente do lugar psíquico que o sujeito ocupa na sua família, instituição cujo operador é a filiação. Na família os lugares não são intercambiáveis ainda que o proponham algumas novas modalidades de famílias. As modificações das formas de aliança e da filiação influem sobre a subjetividade das crianças e sobre o modo que estas representam os laços relacionais.

Todo sujeito, homem ou mulher, "tem a conquistar a concordância entre sua identidade sexual psíquica e sua identidade sexual biológica"[(8)]. Para tornar-se homem ou mulher, é preciso realizar, a golpes de *recalcamentos* e de arranjos do *fantasma*, o trabalho subjetivo de apropriação do sexo biológico. Esta apropriação é subordinada, para os dois sexos, ao princípio simbólico do falo. Em caso contrário, saímos do nível da representação e ficamos no nível do corpo real. Após Lacan, podemos dizer que as relações dos indivíduos com o Direito dependem desta interiorização designada *Lei do Nome-do-Pai*. Esta metáfora do Pai, por meio dos discursos, afirma o primado do *gozo* sexual contra os *gozos* mortíferos fora das normas.

Para compreender como essa Lei da *castração simbólica*, ligada à função paterna, constitutiva de toda economia subjetiva, se transmite nos discursos sociais, assim como, sua relação à psicopatologia, recorremos ao texto "*Impasses da construção subjetiva em crianças e adolescentes*"[(9)], no qual o psicanalista Serge Lesourd explica que cada sociedade organiza os seus limites ao gozo. "Isso implica que toda educação é um aprendizado que limita os modos de satisfação pulsional pela interiorização dos códigos do 'bem gozar' que têm curso na sociedade de origem da criança". As psicopatologias estão em laço com a sociedade na qual elas se desenvolvem. Elas testemunham de uma recusa aos interditos culturais impostos aos gozos. Diante do aumento dos distúrbios narcísicos, ele se questiona "o que mudou: a construção subjetiva ou a organização do mundo, isto é, a cultura?".

A partir da noção de cultura como organização dos mitos[(10)], Lesourd diz que é a organização do coletivo que mudou pelo destaque das trocas entre os Homens, isto é, a mundialização e o liberalismo. Nesse movimento o mundo é dominado pela tecnociência e isso tem consequências sobre as relações humanas. "Isso muda nossa concepção, por exemplo, de identidade sexual que agora é uma identidade de gênero definida pelos comportamentos do indivíduo e não mais uma identidade ligada ao corpo do sujeito"[(11)].

A lógica fálica, concernente ao sistema patriarcal que organizou a comunicação até aqui, segundo as Quatro Estruturas Lacanianas de Discurso[(12)] – Discurso do Mestre, Discurso da Histérica, Discurso da Universidade, Discurso do Analista –, sofreu uma deriva pelas mudanças das coordenadas simbólicas fundamentais de humanização. Há uma inversão dos termos móveis (S_1 e $) que aparecem no Discurso do Mestre, e que muda o funcionamento do aparelho de comunicação segundo a quinta fórmula lacaniana de Discurso do Capitalista. Essa báscula das coordenadas muda o paradigma mínimo de linguagem

---

(8) LEGENDRE, Pierre. Filiation: fondement généalogique de la psychanalyse. (Leçons IV, suite 2). Paris : Éditions Fayard, 2005, p. 167 [tradução livre da autora].

(9) LESOURD, Serge. Impasses de la construction subjective chez l'enfant et l'adolescent. L'Information Psychiatrique, v. 84, n. 1, p. 29-34, janvier 2008, troubles de la personnalité. DOI : 10.1684/ipe.2008.0276. Disponible sur : <http://www.cairn.info/revue-l-information-psychiatrique--2008-1-page-29.htm>. Accès : 09 mar. 2012.

(10) ÉLIADE, Mircea. Le sacré et le profane. (Collection Folio essais, n. 82). Paris : Éditions Gallimard, 1965, p. 84-87

(11) LESOURD, Serge. Impasses de la construction subjective chez l'enfant et l'adolescent..., p. 31 [tradução livre da autora].

(12) Vide o Esquema dos Discursos, no final desta obra.

($S_1 \leftrightarrow S_2$), e produz efeitos de metonimização nos discursos. Em consequência, a subjetivação e as psicopatologias, atualmente, estão em relação com os discursos de estilo capitalista. O gozo aparece ilimitado e fora do campo da realização edipiana. Os discursos liberais produzem a ilusão de que podemos nos liberar da *Representação Terceira* em referência ao Pai, que destaca o *processo identificatório*. Esses discursos produzem um imaginário de gozos plenos e, também, de indiferença dos sexos.

Contudo, diante do risco de impasse na construção subjetiva, segundo Legendre(13), é preciso compreender que a montagem da filiação e do parentesco supõe, "que sejam reconhecidos a especificidade do humano como ser de linguagem, a alteridade como fundada sobre uma lógica das identificações, e a normatividade ela-mesma como assujeitada ao imperativo de uma reprodução" do *Interdito*.

3. A MUDANÇA SIMBÓLICA DIANTE DA PROCRIAÇÃO FORA DA SEXUALIDADE

Num mundo onde o laço social torna-se cada vez mais fundado sobre o fraternal que sobre o geracional, perante a mudança de uma coordenada simbólica fundamental de humanização: a interdição do homicídio como crime de referência que basculou do parricídio ao genocídio, Lesourd(14), fazendo apelo a Legendre, denuncia ainda o abalo das relações sociais, por causa da técnica médica. Ele fala do surgimento de outra coordenada diante da separação do sexual da procriação. As técnicas procriativas desencadearam consequências importantes nas relações subjetivas. De uma parte o humano parece poder controlar a vida nos seus aspectos criadores por meio das Procriações Medicais Assistidas, Fecundações em Vidro, Gestações por Substituição etc. Entretanto, na psicopatologia, isto resulta na recusa da morte que aparece no rejuvenescimento moderno, e recusa da diferença sexual que aparece nas exigências de ter criança por meio da demanda de homoparentalidade. Vemos, portanto, que uma parte desse imaginário coletivo de toda-potência infiltra o sujeito que pensa dever fazer tudo o que está em seu poder.

As narrativas organizadoras do laço social prometem a realização da felicidade. Segundo Lesourd(15), essas narrativas que organizam nossa relação aos outros no social-liberalismo têm consequências sobre os impasses da construção da subjetividade. Ele destaca três narrativas:

- A primeira narrativa, "Permanecer no tornar-se" que provoca a eternização adolescente e a pane da Referência. Os efeitos dessa narrativa fundadora são o enfraquecimento da diferença geracional, com a exigência da imediatidade da realização do prazer.
- A segunda narrativa, "Eu existo, pois eu gozo do objeto de consumação", aparece como a versão social do liberalismo. De fato, ele coloca no centro das relações humanas o objeto que chega a determinar o ser do sujeito. Essa consumação vivida como existência do sujeito coloca na dianteira a ação, ou seja, a prova de sua existência pelo ato. Nenhum campo científico ou político escapa a essa lógica resultada da sociedade de mercado.
- A terceira narrativa, "Não mais precisa ser dois para fazer uma criança", transporta com ela a não submissão do sujeito ao real de seu corpo, como mostra o exemplo das "procriações homossexuais". De fato, esta narrativa constitui um sujeito não dependente de seu real e de sua história, porém, capaz de se autocriar.

Nessa organização social não existe mais diferença entre o saber e o *gozo*. O Discurso do Capitalista repousando sobre a livre concorrência "propõe um sujeito organizado pelo *Eu-ideal* e a colocada em destaque do narcisismo na economia psíquica e social". O "Supereu" da criança se edifica a partir do "Supereu" parental e tem uma relação muito estreita com a cultura. Contudo, essa instância enquanto significante de referência paternal e vetor de alteridade sexual, resta, atualmente, uma proteção menos eficiente ao modo como o sujeito acessa a linguagem e atravessa a adolescência para atingir a autonomia psíquica e a responsabilidade por seus atos.

---

(13) LEGENDRE, Pierre. *Filiation*: fondement généalogique de la psychanalyse..., p. 170 [tradução livre da autora].

(14) LESOURD, Serge. Impasses de la construction subjective chez l'enfant et l'adolescent..., p. 31.

(15) LESOURD, Serge. Impasses de la construction subjective chez l'enfant et l'adolescent..., p. 32.

4. O DESEJO DE CRIANÇA NAS NOVAS PARENTALIDADES

Segundo a Psicanálise o desejo de criança, para além da procriação, passa pela prova do *luto do objeto ideal*, isto é, da criança idealizada. O desejo é ligado às identificações inconscientes. Existe uma relação com a dívida causada pela transmissão simbólica familial, portanto, com a *falta-a-ser originária*. Podemos dizer que o desejo passa pela prova de ter uma inscrição no inconsciente do *Abismo* da diferença sexual e da morte. Mais do que uma necessidade física, a dimensão do desejo passa pela função do pai, isto é, ele depende da referência simbólica ao Outro sexo a qual garante a passagem do biológico ao etimológico. A categoria do *vazio* está no coração do desejo.

Portanto, para refletir sobre a legitimidade do desejo de criança nas novas parentalidades estimuladas pela procriação assistida recorremos ao livro "Homoparenté"(16), em que o psicanalista Jean-Pierre Winter se interroga sobre as consequências para todo mundo do projeto de apagar a diferença dos sexos da filiação, em legalizando a homoparentalidade. Ele começa por refletir sobre o conceito de parentalidade, que se substitui àquele de parentesco o qual porta sobre a estrutura dos laços entre as gerações. Ele afirma que a confrontação entre estes dois termos revela um deslocamento de senso entre as formas convencionais de parentesco. "A introdução do termo de parentalidade anuncia uma transformação, senão uma deformação da noção de parentesco".(17)

Ela significa uma negação nesses novos discursos sobre a família.

O parentesco é um sistema de lugares centrado sobre a diferença de gerações, isto é, sobre o reconhecimento do fato da *procriação sexuada*. O parentesco significa, portanto, que existiu desejo e acoplamento, e se desse ato dos corpos resulta uma procriação, estes dois seres se tornarão pais. Contrariamente, a deformação introduzida pelo termo parentalidade coloca um destaque sobre a função educativa e o amor.(18) Essa mudança de vocábulos esconde uma malversação de significação, fingindo reforçar o valor de uso. Isto constitui um oximoro linguístico que pode nos projetar numa confusão de raciocínio. Da mesma maneira, o termo homoparentalidade é utilizado para designar realidades novas, entretanto os problemas levantados pelo seu emprego são numerosos e complexos. Essa substituição linguageira desencadeia consequências políticas, legais e educativas para todos, qualquer que seja a conduta sexual, por exemplo, ter que se despojar dos termos de pai e de mãe ao proveito de uma noção indiferenciada de parentes reduzindo o parentesco a intenções.

Uma segunda consequência, bastante problemática juridicamente, consiste em mudar a noção de estado civil. Até os dias de hoje, os critérios de identificação das pessoas físicas se operam de quatro maneiras: nome, nacionalidade, domicílio e registro de estado civil(19). O registro de nascimento e os outros registros civis são os meios pelos quais o Estado exerce o controle civil dos cidadãos. Mas, não esqueçamos, esses são também os meios identificadores dos ascendentes, dos descendentes, dos laços familiares e da identidade dos sexos, masculino ou feminino, elementos importantes na articulação subjetiva.

As normas relativas ao nome são de ordem pública, formam um direito pessoal que tem a lei como fonte, e o registro como um meio de prova. O nome patronímico é uma consequência da filiação e ele é comum a todos os membros da família. E ainda, com a legalização da homoparentalidade a conduta sexual dos parentes será visível sobre a ficha de estado civil. Das questões relativas ao estado da pessoa, à família e aos direitos da criança, as mais acrobáticas a resolver estão ligadas aos casos em que a cirurgia de redefinição sexual ocorreu. Assim, as consequências do apagamento dos traços identificatórios são imprevisíveis.

Essas mutações linguísticas e identificatórias, acobertadas pelo liberalismo ou pelo argumento do reconhecimento do direito à diferença, interveem sobre a cena onde se joga a transmissão da vida, tanto

---

(16) WINTER, Jean-Pierre. *Homoparenté*. Paris : Éditions Albin Michel, 2010.

(17) WINTER, Jean-Pierre. *Homoparenté*... [tradução livre da autora].

(18) WINTER, Jean-Pierre. *Homoparenté*..., p. 12.

(19) WINTER, Jean-Pierre. *Homoparenté*... [tradução livre da autora].

física quanto psíquica: a cena das filiações reais e simbólicas. Legendre[20] nos adverte que na homoparentalidade a criança é tomada como objeto e utilizada como meio de complementação narcísica para além da interdição fálica. É preciso compreender que a sexualidade é um fato de representação e de linguagem e, sobretudo que "Antes de ser criança de nossos pais de carne ou adotivos, nós somos crianças de Texto". A homoparentalidade tem efeitos sobre a subjetividade da criança, pois, ela transforma a ordem geracional e remete em causa os interditos de humanização. Quando a criança é considerada objeto e a dimensão do equívoco linguístico é excluída, o acesso à metáfora arrisca de ser fechado. Assim sendo permanecem as questões: o desejo de criança no quadro da homoparentalidade é suficientemente autêntico e enigmático? Será que a realização de alguns fantasmas psíquicos por meio da tecnologia é um avanço igualitário, suficiente para transformá-los em um desejo legítimo e legal?

5. EXISTE UM DIREITO A TER CRIANÇA?

A filiação e o parentesco têm sido desde o início dos tempos natural e cultural. Jamais existiu um direito específico de ter uma criança. Ao contrário, esse fenômeno humano foi sempre considerado quase de maneira instintiva como uma liberdade fundamental. O argumento tirado de uma violação do princípio de igualdade, um princípio de valor constitucional, entre os heterossexuais e os homossexuais para uma permissão de procriação medicamente assistida para todas e todos, é inaceitável. Para os casais heterossexuais a procriação assistida não é senão um paliativo a uma doença, ou seja, à esterilidade.

Na concretude da fabricação de crianças, saímos da organização jurídica e social fundada sobre a ficção simbólica, e entramos num sistema regulamentado pelo fato real imposto pela moral científica. Trata-se, então, de mudar de sistema de parentesco para todos, e de fazer a aposta numa sociedade submissa ao procriativo artificial, liberada do impossível do amor e do mistério inapreensível que habita o *Abismo* entre a vida e a morte.

A legalização do casamento para os homossexuais coloca à luz do dia suas sexualidades e suas particularidades na relação ao objeto. De seu lado, a sexualidade heterossexual, sua legitimidade graças à diferença dos sexos, sua obrigação e seu uso no objetivo da procriação, é imposta na instituição do matrimônio civil, em se estabelecendo a ausência de relação sexual como um dos casos possíveis de divórcio ou de anulação do matrimônio. Questionamos, então, se a lei que legaliza a união homossexual impõe a obrigação de suas sexualidades como dever conjugal. Qual é, então, sua finalidade diante do *interesse geral* da humanidade, pois a opção homossexual é naturalmente estéril?

Essas questões se impõem visto que estamos vivendo uma subversão simbólica nos discursos e, portanto, na norma jurídica. Na indiferença dos sexos, outra violência que a diferença aparece: uma sociedade de mortos que não legitimaria mais a procriação por meio de um laço amoroso e carnal na reprodução humana. Isso seria uma sociedade baseada num fantasma de eternidade, aqui embaixo, e não mais em um imaginário de imortalidade. Segundo o psicanalista Thierry Vincent[21],

> *[...] é pouco provável que algum ideal social possa impedir a procriação e a filiação, nem as promover e as legitimar como norma. É nisso que a questão da gestação, da produção de novas gerações, não pode ser totalmente separada daquela do exercício da sexualidade, e que a união homossexual legitimada desemboca inevitavelmente na questão da adoção de crianças e na questão da filiação.*

O caso de filiação fora da sexualidade resulta, inevitavelmente, na questão da adoção das crianças, se queremos manter o sistema de parentesco sem ocultar os *lugares dos terceiros* que participam desses novos projetos familiais. Após a legalização do casamento entre pessoas do mesmo sexo, segundo a filósofa Sylviane Agacinski[22], resta saber se a filiação deve continuar a inscrever cada um na ordem de uma humanidade sexuada, "ou bem se queremos romper com este modelo no qual se articulam a geração, a diferença dos sexos e aquela das gerações"[23]. É a partir dessa tomada de posição social que poderemos

---

(20) LEGENDRE, Pierre. Filiation : fondement généalogique de la psychanalyse..., p. 187 [tradução livre da autora].

(21) AGACINSKI, Sylviane. *L'homoparentalité en question, par Sylviane Agacinski.* Le Monde, 21.06.2007. Disponible sur : <http://www.lemonde.fr/idees/article/2007/06/21/l-homoparentalite-en-question-par-sylviane-agacinski_926550_3232.html>. Accès : 09 mar. 2012 [tradução livre da autora].

(22) Op.cit.

(23) AGACINSKI, Sylviane. *L'homoparentalité en question...* [tradução livre da autora].

orientar o enquadramento jurídico do laço de filiação, e dos diferentes lugares que cada protagonista das novas famílias poderá ocupar.

O Direito é um relé simbólico não evacuável do determinismo subjetivo, ele exerce uma influência na inserção de cada sujeito nos campos, individual e social. Por exemplo, qual laço de filiação, qual nome e qual *lugar* reservará a lei jurídica ao *terceiro*, o doador de gametas ou a mãe de aluguel? Portanto, na demanda de um direito a ter criança fora da sexualidade, uma reflexão se impõe com relação à coerência do laço entre o *real* do corpo e o *real* do simbólico. A existência e os atos dos terceiros serão inscritos nos corpos dos parentes de intenção ou no corpo da criança que disto é produto. Para nenhum dentre eles esse fato real se apagará nas suas histórias e suas razões de viver[24].

Para regulamentar essas situações, as correntes de pensamentos jurídicos deverão fazer a escolha de organizar a genealogia, seja em priorizando o laço da criança com suas origens primeiras seguidas de um procedimento de adoção, seja em dando a prioridade, desde o início, ao laço entre a criança e os parentes de intenção. O segundo modelo que tenta driblar a adoção se apoia sobre uma ocultação ou sobre uma *negação* inconsciente, das figuras dos terceiros e de suas funções nessas relações sociojurídicas. Portanto, no debate bioético sobre o suposto *direito a ter criança* trata-se de avaliar quem deverá ser privilegiado: os pais de intenção ou os terceiros, a criança a nascer, ou a sociedade.

A questão primeira com relação ao *direito da criança* é de saber se podemos privar radicalmente uma criança de sua filiação de origem. Winter[25] afirma que o fato de criar uma criança na dimensão de terceiro excluído, que seja o pai ou a mãe, que foi a condição para sua concepção, confrontará a criança a um desenraizamento voluntário, e legitimado pela lei jurídica, e esse tipo de *negação* pode ir até uma *forclusão* psíquica.

A bioética força o Direito a uma nova tomada de posição com relação aos manejos da espécie humana e da subjetividade: "manejos tendo traços à reprodução do Interdito, condição da reprodução do animal falante"[26]. Nessas reconstruções institucionais resta saber como o Direito contemporâneo vai traduzir a noção do Interdito, e como, sob pena de se abolir ele-mesmo enquanto função, pode ele se submeter a esse imperativo estrutural e o transmitir nas suas casuísticas? Nesse trabalho é preciso compreender, segundo Legendre[27], que "A constituição subjetiva – a construção de um sujeito dado –, e a reprodução subjetiva – a sequência das gerações sucessivas –, têm por denominador comum a colocada em obra do Interdito".

Contudo, nessa inversão discursiva, o sistema do Direito, como instância que reparte o gozo, aparece mais ao serviço do liberalismo que ao serviço dos Interditos de humanização. Assim, a angústia aumenta num mundo onde tudo é possível, onde o Direito não coloca mais o *Limite*. A Psicanálise aplicada à casuística do Direito em relação com a procriação e a adoção homoparental demonstra que pode aí ter um risco de desmetaforização na linguagem para as futuras gerações. A homossexualidade não sendo uma *identidade*, ela não pode então ser erigida em estatuto legal da pessoa. Finalmente, o *princípio da precaução* é indicado para fazer frente aos riscos da mudança do sistema simbólico de parentesco e da filiação para todos. Esse sistema tem uma relação *real* ao *Outro Sexo*. A mudança normativa pode, então, causar uma *capitis diminutio* aos "Direitos da Criança". Finalmente, num mundo onde o *gozo ilimitado* é erigido em imperativo categórico pelo Discurso do Capitalista, nos resta forçar os espíritos a enfrentar os enigmas humanos.

---

(24) WINTER, Jean-Pierre. *Homoparenté...*, p. 145.
(25) WINTER, Jean-Pierre. *Homoparenté...*
(26) LEGENDRE, Pierre. *Filiation* : fondement généalogique de la psychanalyse..., p. 148 [tradução livre da autora].
(27) LEGENDRE, Pierre. *Filiation* : fondement généalogique de la psychanalyse..., p. 35 [tradução livre da autora].

CAPÍTULO I

CONTEXTUALIZAÇÃO DO SURGIMENTO DA HOMOPARENTALIDADE

Antes de abordarmos o tema específico da adoção por parceiros homossexuais, gostaríamos de esclarecer o leitor sobre algumas questões gerais filosóficas e psicanalíticas que situam o tema específico da "Homoparentalidade" no contexto atual das *novas parentalidades*, e das mudanças de ideias e valores quanto ao *uso do corpo humano* pela tecnociência em nome do progresso. Estas pesquisas de vanguarda mostram uma mutação profunda de valores no que diz respeito aos direitos relativos ao *início* e ao *fim* da *vida* humana. Elas trazem resultados surpreendentes quanto às *condições de humanização* e de subjetivação como "efeito" de discursos. E, por vezes, ao contrário de encaminhar ao acolhimento do modernismo de certas reivindicações minoritárias, elas indicam o *princípio jurídico da precaução* e reforçam a importância de valores tradicionais sociofamiliares.

É importante compreender que nossa pesquisa transdisciplinar contribui, em sentido *lato*, com uma reflexão sobre o *sujeito* dito *metafísico*, ampliando sua noção para além do nível consciente e racional. Incluindo os conhecimentos sobre o *sujeito clivado* (entre os significantes linguísticos) no nível inconsciente, ou seja, sobre o sujeito do "Supereu", essas pesquisas trazem contribuições críticas do aporte teórico-clínico da Psicanálise à epistemologia e à prática científica, de modo geral.

Inúmeras são as questões filosófico-jurídicas e psicanalíticas que se apresentam na pós-modernidade com relação à subjetividade humana, diante das descobertas científicas e práticas medicais. Visto que toda teoria ética pressupõe um sujeito, autor de uma ação consciente e voluntária, e que a Psicanálise coloca a questão das *forças inconscientes* que influenciam as ações e escolhas, e ainda, diante da complexidade de dificílima temática, sintetizo aqui em três itens introdutórios as vertentes teóricas e o contexto sociojurídico no qual situamos o surgimento da "Homoparentalidade" como um dos componentes das diferentes famílias da atualidade:

1. As subjetividades numa visão transdisciplinar juspsicanalítica.

2. O progresso da tecnociência à luz da Psicanálise. A Lei como instância simbólica.

3. Os limites da Bioética e os novos direitos nas questões do início e do fim da vida humana. Uma nova prática científica a partir de outro nível ético.

1. AS SUBJETIVIDADES NUMA VISÃO TRANSDISCIPLINAR JUSPSICANALÍTICA

Não é por Acordo que, dentre as desconstruções da metafísica e da subjetividade, a Psicanálise passou a ocupar um lugar não negligenciável. Com muitas nuances a respeito dos três *tempos* de construção da subjetividade, a Psicanálise nos mostra então que o sujeito da ação não existe de modo uno, como vínhamos tematizando nas tradições filosóficas e científicas dominantes até nossos dias.

A Psicanálise nos apresenta outra noção de sujeito, um "sujeito sempre *clivado*" entre o "Eu" e o "Isso". Um sujeito, então, do "Supereu" que desaparece e se torna impessoal no "Si" da linguagem (a gente, a gente é, a gente tem, a gente faz... a *si mesmo*). Característica esta do ser falante que faz com que a fala e a *verdade subjetiva* estejam sempre veladas e equívocas. Esta clivagem, este *Abismo* inicial entre o ser e as coisas do mundo é que permite pensar e dar senso às coisas e a si-próprio. Este primeiro corte (separação, perda, ponto de negatividade, limite) que produz uma descontinuidade entre o campo *real* e os campos *simbólico* e *imaginário* do psiquismo, faz com que não exista nem completude subjetiva nem teoria absoluta.

A partir de tais constatações o saber psicanalítico pode ajudar os juristas assim como os profissionais da saúde a melhor compreender "quem é o sujeito dos novos direitos e das novas tecnologias medicais".

A Psicanálise nos explica, em suma, que existem *dois regimes lógicos* distintos, inconsciente e consciente, contraditórios, mas também complementares, os quais organizam o sujeito desde a mais tenra infância.

O *primeiro regime lógico* corresponde, no nível *inconsciente*, num primeiro tempo, à lógica singular primária de cada sujeito (lógica das *identificações* primárias, dita "lógica do *nem-tudo-fálico*", e, portanto mais narcísica, referida ao dom da mãe). E, num segundo tempo, este *primeiro regime* ainda corresponde a uma lógica de singularidade subjetiva inconsciente, porém, secundária (lógica das *identificações* secundárias dita "lógica do *tudo-fálico*", pelo efeito da *castração*, ou seja, do *limite* efetuado pela função do pai).

O *segundo regime lógico* que organiza a subjetividade, no nível *consciente*, num terceiro tempo, vai no sentido de uma lógica universal cuja ficção é compartilhada pela espécie humana. Ou seja, uma lógica da "lei do ato moral", que, segundo Kant, é válida para todo ser racional e razoável. Esta lógica universal consciente entre o indivíduo e a espécie, num complexo antagonismo/complementário, encontra suas raízes na *lógica fálica singular*. Esta universalidade é sempre herdeira de toda a complexidade do período arcaico de cada sujeito, assim como, da espécie, por meio dos discursos.

No entanto, esta lógica universal consciente se institui sobre o *recalcamento* da "*clivagem* subjetiva" do *primeiro regime lógico inconsciente*, isto é, sobre a rejeição da "patologia" típica do tempo arcaico singular. Assim, ainda que sob a base deste recalcamento, ao nível consciente, na interseção entre o individual e o coletivo, há uma lógica referida ao *Phallus*, que universaliza a realidade "imaginarizando-a" como princípio, ou seja, uma lógica que universaliza a ficção. E, para fazer retorno aos termos freudianos, esta lógica universal se instaura da rejeição do *princípio do prazer*.

Entretanto, esta aproximação transdisciplinar, nos mostra a dificuldade de diálogo entre estes duplicados sujeitos linguísticos, da enunciação (intenção implícita e inconsciente), e do enunciado (gramatical formal e consciente). Ela nos faz compreender a dificuldade de dar um estatuto legal ao sujeito de Direito e das Ciências em geral, a partir de *elementos estruturais inconscientes* da constituição da subjetividade, em termos psicanalíticos.

Dificuldade que se amplifica depois das "inversões" discursivas produzidas pelo liberalismo e seus efeitos discursivos de "metonimização" na linguagem, que vem sendo uma tendência sobre a subjetividade.

Assim, tendo-se em vista o abandono da subjetividade, sobretudo nas ciências modernas, devemos nos afrontar ao menos com dois problemas fundamentais, quais sejam:

- Se existe um conceito mínimo de subjetividade na Psicanálise;
- Se é possível a radicalização da crítica do sujeito metafísico, e qual a utilização na prática científica?

O sujeito clivado aparece como um ser que sofre e tem dificuldades de tomar consciência de suas limitações e *identificações inconscientes*. É a partir deste conflito experimentado entre as forças normativas inconscientes e conscientes, que podemos pressupor um conceito mínimo de sujeito na Psicanálise. Trata-se de um conflito de *autonomia* e *heteronomia* que se instala a partir das *identificações* com os primeiros outros que acolhem a criança num processo de aceitação ou não da "interiorização dos *interditos fundamentais* de assassinato e de incesto", conforme os valores dominantes na família, mas também na cultura.

Entretanto, refletir sobre o "estrangeiro" no sujeito, digamos, sobre o *Das Ding*, porém no nível inconsciente, nos leva a outro estilo de Filosofia e de Ciência, os quais passam a conceber o *sujeito como "in-*

cluído" no discurso. Isto significa que nós devemos passar a considerar tanto a lógica quântica do *"terceiro incluído"*, quanto a lógica clássica do "*terceiro excluído*" a qual vem regendo as ciências em geral.

Brevemente, a subjetividade, segundo Jacques Lacan, se concebe a partir de três campos – real, simbólico, imaginário – que se enodam uns aos outros e formam o chamado nó borromeano. O sujeito emerge do *real* por um "corte simbólico" que no mesmo movimento é imaginarizado. O sujeito é então um "produto de um jogo posicional de significantes". Ele aparece como efeito da colocação em ato de dois significantes na cadeia linguística. Ele "ex-siste", entre dois significantes, ou seja, no hiato entre os significantes: S_1 e S_2.

Esta operação que estabelece a constituição subjetiva, denominada "Lei da Castração" ou "Lei do Nome-do-Pai", o "Complexo de Édipo" segundo Freud, se realiza como um corte *sincrônico* na diacronia falante. A queda de uma parcela do real (designada objeto *a*, ou objeto idealizado perdido), pelo entrelaçamento com os campos simbólico e imaginário, coloca o sujeito na continuidade *diacrônica* de sua fala e de sua história.

Lacan propõe uma imagem, a bolha, para explicar esta operação complexa do sujeito de linguagem:

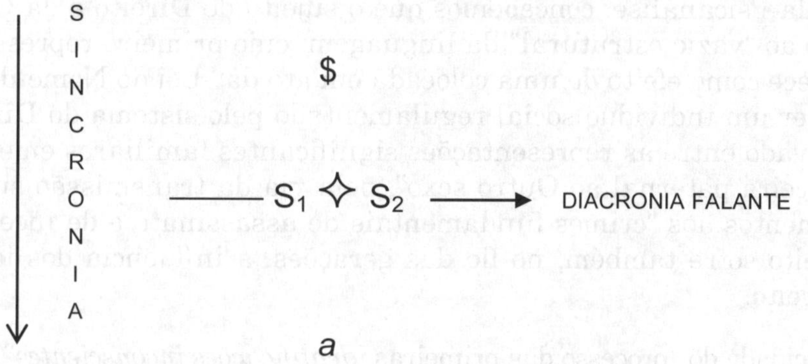

Distinto da concepção de indivíduo biológico, o sujeito é um efeito da imersão do filho do homem na linguagem. O sujeito é clivado entre significantes, e justamente por isto, desejante e submisso às leis da linguagem que o constituem. Cada sujeito aparece e ao mesmo tempo se mantém velado na cadeia significante, ao preço de uma *perda* de Ideal, de completude e potência, causada pela *castração simbólica* ao *gozo* anteriormente *ilimitado.*

Portanto, a Psicanálise apresenta como conceito mínimo de sujeito, o Sujeito como "*efeito* de linguagem", o sujeito que emerge entre dois significantes e circula na hiância entre os significantes da cadeia linguageira. Então, a linguagem humana é concebida como produto do psicossoma. E, o atravessamento desta concepção de sujeito nos demais discursos sobre o Ser, tem por efeito abrir novos "pontos de conectabilidade" entre as disciplinas, deslocando e criando novos objetos e finalidades de estudos transdisciplinares. Em considerando o "sujeito do inconsciente", o pesquisador passa a integrar o objeto de seu estudo, e a trabalhar em níveis diversos de percepção e de realidade.

A segunda problemática que devemos afrontar quanto à possibilidade da crítica ao sujeito metafísico, e utilização na prática científica, decorre logicamente da primeira. Após a rejeição do sujeito metafísico, sobretudo da concepção que dominou a filosofia de Descartes a Kant, e que culminou no idealismo alemão (onde já se disseminam certas inflexões), toda forma de terapia deve poder clarificar esta *noção mínima* de *subjetividade* para sustentar uma nova perspectiva de pensamento.

O Direito e as ciências medicais constituem os grandes eixos disciplinares responsáveis pela inserção dos indivíduos nas famílias e nas sociedades concretas. Portanto, para continuarmos a afrontar tais complexidades, epistemológicas e fenomenológicas na pós-modernidade, será preciso um trabalho transdisciplinar para reintroduzir o sujeito transcendente e clivado nas práticas científicas, a partir de uma ética mais relativa que considere o fenômeno humano da "*transferência*" (modo de *deslocamento de afeto* de uma representação a uma outra na linguagem, ou podemos dizer ainda, deslocamento de referenciais de amor e ódio de uma pessoa à outra) como uma experiência dialética inconsciente.

Nesta ética mais singular, a existência do "sujeito do desejo inconsciente" é ligada à castração da mãe. Isto significa que a mãe deve ser marcada de incompletude no seu ser. Em outros termos, o desejo inconsciente emerge do reconhecimento da "*falta* originária" no ser, falta esta amalgamada, a partir do pai, por um significante primeiro S_1 do Outro sexo. O reconhecimento desta "falta-a-ser", pela percepção da mortalidade e da diferença, significa, portanto, em cada sujeito, que não há na Cultura um significante único totalizante e garantidor para todos, da vida e da subjetivação. A instância cultural, isto é, do "grande Outro", existe antes mesmo dos discursos dos indivíduos. Esta instância é então, em sentido *lato*, a linguagem nas suas várias dimensões.

A partir desta "falta-a-ser", desta carência primordial subjetiva, o "princípio do *vazio*" (a negatividade, a morte, o mistério) caracterizante do sistema de linguagem, após Lacan, encontra-se no coração das noções de "constituição subjetiva", e da "relação do sujeito com si mesmo e com os objetos". Uma clivagem irredutível, que ultrapassa a lógica aristotélica, apresenta-se então como princípio de causalidade subjetiva e de possibilidade de reflexividade.

Assim, a partir da Psicanálise, concebemos que o sujeito de Direito e da Ciência emerge, antes de tudo, na identificação ao "vazio estrutural" da linguagem, cujo primeiro representante é a mãe. Inicialmente, o sujeito aparece como efeito de uma colocada em ato da "Lei do Nome-do-Pai", ou seja, do limite simbólico. Antes de ser um indivíduo social regulamentado pelo sistema do Direito e classificado pelas Ciências, o sujeito clivado entre as representações significantes familiares emerge como *efeito* lógico de uma "Referência Terceira paternal ao Outro sexo", pela via da transmissão superegóica dos tabus, ou seja, dos constrangimentos aos "crimes fundamentais de assassinato e de incesto". Em segundo lugar, a emergência do sujeito sofre também, no fio das gerações, a influência dos ideais da Sociedade e da normatividade do Direito.

Mas, é na especificidade do "processo das primeiras *identificações inconscientes*" que se define a *alteridade* do sujeito quando na entrada da linguagem. O sujeito emerge clivado entre o significante S_1 referido ao pai, e o significante S_2 que lhe representa aos outros significantes da cadeia linguística, num movimento de retroação.

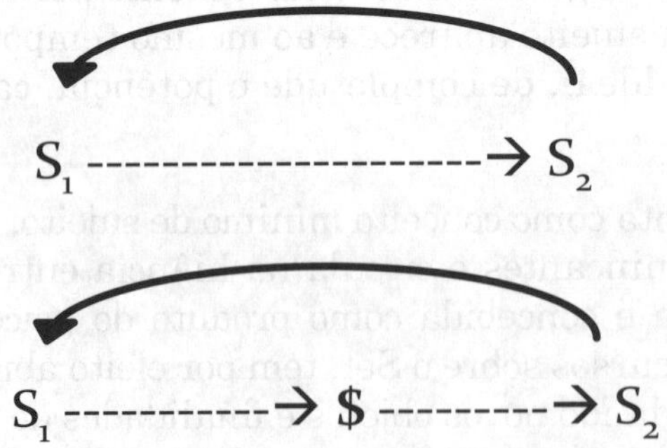

Esta ordem de funcionamento mínimo trinário nas fornituras da linguagem capaz de fazer emergir o sujeito na sua singularidade, *autônoma* e *heterônoma*, radicaliza a crítica filosófica do *sujeito metafísico consciente*. A aplicação desta visão crítica na prática científica remete em causa os motivos de certas ações e opções que utilizam as novas tecnologias medicais em nome do progresso. Portanto, este des-*recalcamento* da subjetividade no discurso científico reabre a discussão sobre o deslocamento de tabus e a necessidade de se estabelecer novos limites, por exemplo, à doação e/ou a comercialização de gametas humanos para "procriação assistida", ou ainda, à utilização de medicamentos na "assistência ao suicídio", já autorizada em alguns países ainda que não se trate de pessoa em fim de vida em decorrência de doença incurável.

2. O PROGRESSO DA TECNOCIÊNCIA À LUZ DA PSICANÁLISE. A LEI COMO INSTÂNCIA SIMBÓLICA

Herbert Marcuse no texto: *"A noção de progresso à luz da psicanálise"*, refletindo sobre o desenvolvimento da civilização a qual visa dominação do meio ambiente, esclarece o quanto o Progresso depende do recalcamento das pulsões, assim como, do excedente da "pulsão de morte" jamais totalmente controlado pelo "processo de *recalque* inconsciente" e colocado assim a serviço da produtividade, numa relação capital-trabalho.

Numa análise da dominação dos indivíduos pela tecnociência a serviço do capital, inspirada na Psicanálise, Marcuse define o Progresso e, para isso, introduz na filosofia geral a teoria freudiana "das pulsões de vida e de morte", com base no "princípio de prazer que deve ser equilibrado pelo princípio de realidade", como condição de humanização. Marcuse chega até mesmo a prospectar a superação última deste princípio civilizatório freudiano sustentado no recalcamento das pulsões, para idealizar uma Civilização "sem repressões".

A partir desta crítica ao sujeito metafísico, a visão transdisciplinar Direito/Psicanálise/Medicina segue ampliando o conceito de pessoa e, consequentemente, de paciente, partindo da consideração do *inconsciente*, do estudo das "*estruturas psíquicas* subjetivas" e da noção de "sujeito *clivado*" entre o "Ego" e o "Isso", ou seja, o sujeito do "Superego" pelo efeito dos significantes discursivos. Porém, nem o Direito clássico nem as Ciências da Saúde levam em consideração os "conflitos intrapsíquicos" e os "fantasmas" partilhados no espaço onde se articulam o individual e o coletivo. A epistemologia tradicional segue a lógica da física clássica e, predominantemente, tem uma visão orgânica e biológica da vida, adotando o método analítico das ciências exatas. Assim o desenvolvimento de uma nova ética mais *relativa* que respeite as *singularidades* subjetivas será então necessário para a compreensão dos comportamentos contemporâneos e para o estabelecimento dos diferentes níveis de consentimento, de capacidade e responsabilidade jurídica.

Nesta linha o Direito vem evoluindo num novo estilo. Ele se apresenta, segundo o jurista e psicanalista Pierre Legendre, como uma escala institucional indispensável à instauração "da vida e da subjetividade" graças a uma ética menos universalista. Esta tomada em conta de lógicas distintas da subjetividade torna mais fácil a escuta e a compreensão das reivindicações dos direitos das minorias, por exemplo, dos que reclamam o direito de "fazer filiação", assim como, o direito à "eutanásia". Ela permite também o aperfeiçoamento do sistema jurídico e o aprofundamento do debate sobre a revisão e aplicação das leis de Bioética.

Diante da crise do Direito com relação a uma nova concepção de "corpo humano medicalizado" e às modificações discursivas que isto desencadeia, é preciso refletir, numa visão mais complexa sobre a legitimidade e as possibilidades de acolhimento de certas reivindicações. Isto a fim de não confundir normas jurídicas com práticas científicas, as quais podem ser benéficas ou nocivas à natureza e à humanidade. Na verdade, as exceções aos princípios da inviolabilidade e da integridade do corpo humano são numerosas nas legislações bioéticas internacionais. Leis infraconstitucionais começam a despenalizar a eutanásia, ou a utilização de partes do corpo humano, mas sem descriminalizar em nível constitucional, penal ou mesmo supraconstitucional, o atentado à vida física e psíquica humana e ao corpo humano.

Esta constatação mostra que não somente os progressos tecnocientíficos, mas também as transformações dos costumes e dos discursos contemporâneos forçam o Direito a uma nova tomada de posição com relação ao seu lugar e à sua função. Ela indica a necessidade de reconstrução de um sistema legal que leve em conta os fatores de contingência e tenha por objetivo a "constituição, reparação e proteção da subjetividade". As transformações tecnomedicais e bioéticas levarão à reconstrução das organizações jurídicas, nas quais as relações de poder serão sustentadas por outros princípios fundadores e não unicamente pela "culpabilidade, traçabilidade e responsabilidade".

Esta reflexão sobre os "**interditos fundamentais da civilização**", ou seja, sobre a concepção freudiana de cultura como horizonte institucional que produz no psiquismo humano "um *determinismo inconsciente* de subjetividade *disciplinada*" abre, com efeito, na contemporaneidade, horizontes inesperados. Ela ajuda a compreender que a "realidade psíquica" é comumente *oposta* à "realidade e à demanda material". Contudo, a questão permanece: Como será poss*ível* tornar a norma jurídica independente da ordem científica, sem a deixar vazia de seus polos factuais e axiomáticos?

Buscando encontrar solução para esta questão normativa e institucional, o discurso juspsicanalítico passa a conceber a Lei como uma **instância simbólica** construída em várias dimensões pela disputa das forças normativas socioindividuais.

Assim, este novo eixo de pesquisas abre raciocínios sobre as diferentes dimensões, consciente e inconsciente, das leis e de suas interpretações, graças ao instrumento da neolinguística. O essencial nesta interação disciplinar é compreender a noção de "significante", vinda da retórica antiga, por meio do estruturalismo. Ela nos ajuda a *reintroduzir o sujeito nos discursos* pelo estudo das fornituras da linguagem. Isto é conseguido por meio da utilização persuasiva da *metáfora* e da *metonímia*, dos efeitos dos processos inconscientes sobre a substituição e a combinação dos "significantes" nas dimensões respectivamente *sincrônica* e *diacrônica* na cadeia linguística.

Estes estudos discursivos nos esclarecem sobre a "capacidade de julgamento *singular* e *razoável* nos processos de argumentação científica".

Jacques Lacan por meio do texto "*O sujeito da metáfora*", dialoga com o jurista Chaïm Perelman informando ao campo científico que os *efeitos dos significantes (inconscientes) são distintos dos significados (conscientes)* nos discursos. Ele justifica a metáfora (essência de toda linguagem) incluindo a lógica do inconsciente. Igualmente, ele parte da influência das forças inconscientes para a interpretação dos conflitos em geral, e, para a compreensão da ***Lei como uma instância superegóica*** do inconsciente humano e social.

Em suma, a Lei é um trabalho da Cultura de "interditar" o gozo e desenvolver condições de subjetividade. Segundo o psicanalista Jean-Pierre Lebrun, este trabalho se faz em cinco níveis: o nível que Lacan denomina de *humus humain*, o nível do *social humano*, o nível da *sociedade concreta*, o nível da *família* e o nível da *realidade psíquica* do sujeito. Então, nesta nova concepção de Lei resultante de um trabalho da cultura, não se trata da *qualidade* das leis jurídicas, mas da natureza e da *legitimação cultural* de uma *instância* simbólica que funciona na própria estrutura da linguagem.

Assim sendo, a compreensão da lei jurídica como *instância simbólica* – que tem raízes mais profundas e que funciona em cadeia nas categorias linguísticas (metáfora e metonímia), nos diferentes níveis, consciente e inconsciente –, permite refletir de uma nova maneira sobre o poder do Direito e da tecnologia médica, em termos de respeito à subjetividade e ao desenvolvimento de uma vida e de uma morte mais humanas.

Esta abordagem coloca a questão do emprego retórico dos discursos e das modificações consequentes nas transmissões de referenciais alusivos à *Interdição* dos crimes fundamentais de homicídio e de incesto em todas as suas nuances. Produz cisões nos debates sobre "procriação medicamente assistida" assim como, sobre o "suicídio assistido" e "consentimento", a fim de analisar e de ressignificar o princípio ético, pedra angular do sistema jurídico universal: "*Tu não matarás*" (Êxodo, 20,13)(1).

Portanto, esta abordagem sustentada mais na ética que na estética, visa contribuir para a criação artística de novos limites para os excessos do liberalismo progressista sobre o corpo e a vida.

Buscamos, então, compreender o porquê da acentuada evacuação do sujeito nos discursos sociais e científicos.

Segundo a teoria lacaniana das Quatro Estruturas dos Discursos (Discurso do Mestre, do Universitário, do Histérico e do Analista), existe uma estrutura mínima significante ($S_1 \rightarrow S_2$) na linguagem, e por seus efeitos esta estrutura produz o sujeito sempre *separado* do objeto. Isto significa que não há aí possibilidades de gozar plenamente do objeto qualquer que ele seja. Mas, acontece que **a ordem de funcionamento desta *estrutura significante* foi invertida**, como podemos observar, na *quinta fórmula algébrica* proposta por Lacan para explicar o "**Discurso do Capitalista**".

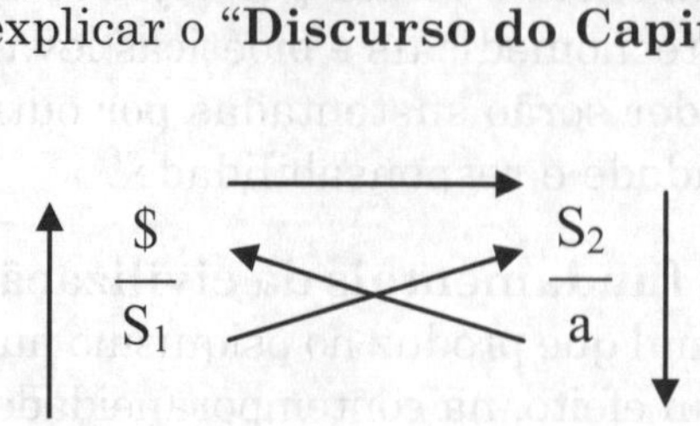

(1) BÍBLIA ONLINE. Êxodo, 20,13. Disponível em: <http://www.bibliaonline.com.br/acf/ex/20>. Acesso em: 09 mar. 2012.

Esta *inversão estrutural* nos discursos muda as relações do sujeito aos significantes de referência e aos objetos da vida. Ela apaga a diferença entre "objeto de desejo inconsciente" e os objetos de consumação. Este desvio lógico produz, nos discursos correntes de nossos dias, *armadilhas cognitivas discursivas* prometendo a todos a satisfação de todos os seus desejos, e sem dúvida produz controvérsias científicas. Esta *inversão* da ***"lógica fálica fundamental"*** (lógica demonstrada na Estrutura dos Quatro Discursos) produz, segundo o psicanalista Serge Lesourd, a evacuação do sujeito nos discursos que organizam os laços sociais. As relações entre o sujeito e os objetos de consumação se estabelecem agora, graças à *inversão discursiva*, "sem limites ao gozo mortífero". Isto se faz sentir também nos discursos tecnomedicais que, a serviço do liberalismo, prometem de uma maneira totalmente sutil modalidades perversas de *gozo ilimitado*. Constata-se, assim, que existe uma relação entre as regulagens da perda de gozo (as quais estão na essência do Direito), as loucuras ordinárias e os discursos pós-modernos.

Pelo que vimos até aqui, todos os indivíduos sociais regulamentados como sujeitos de direitos, se considerados um a um, segundo a Psicanálise, são *sujeitos de linguagem*, isto é, cada um é "sujeito desde sua *metáfora paternal*". Cada sujeito é *efeito* dos discursos sustentados sobre a base do *recalcamento* inconsciente, ou seja, do limite às pulsões libidinais. Este "sujeito da metáfora" é recoberto pela *lógica fálica* referida à diferença dos sexos e à morte.

Portanto, podemos concluir que a ***inversão lógica*** indicada na ordem do circuito dos Quatro Discursos – anteriormente caracterizados por uma ruptura no laço entre o *sujeito clivado* $ e o *objeto a*, no nível inconsciente, estabelecendo uma impossibilidade de ligação entre o saber e o gozo –, **produzida pelo desvio do Discurso do Capitalista**, causa mutações de referências sociofamiliares ao sujeito. Os sujeitos pós-modernos são cada vez mais efeitos de "palavras vazias", diacrônicas, metonímicas. Eles estão deixando de ser constituídos por significações, valores morais e ideais. Os sujeitos de hoje são "efeitos de meros enunciados" cada vez mais distantes da *metáfora fálica*, isto é, eles são distanciados do nível *sincrônico* do sistema linguageiro. Em consequência, eles são mais facilmente identificados aos produtos de mercado e crentes em palavras plenas de promessas eficazes.

3. A BIOÉTICA E OS NOVOS DIREITOS NAS QUESTÕES DO INÍCIO E DO FIM DA VIDA HUMANA. UMA NOVA PRÁTICA CIENTÍFICA A PARTIR DE OUTRO NÍVEL ÉTICO

A partir de conceitos teóricos e clínicos que tocam a intimidade dos seres humanos, indagamos então nas nossas pesquisas em que a teoria psicanalítica pode contribuir às reflexões jurídicas bioéticas e às políticas sociais da pós-modernidade, tempos em que a *medicalização dos corpos* se impõe para o viver e o morrer.

Antes de abordarmos ambas as questões quanto aos novos direitos alusivos ao *início* e ao *fim* da vida humana neste primeiro capítulo introdutório, para contextualizar o surgimento da "Homoparentalidade" como uma das *novas modalidades de família*, ressaltamos sucintamente que apesar das recentes legislações em alguns países da Comunidade Europeia e da forte pressão midiática que gira em torno de diversos fatos de sociedade, até o momento as leis francesas resistem a certas liberalizações.

Ainda que a França tenha aprovado recentemente o casamento civil homossexual por meio da Lei nº. 2013-404, de 17 de maio de 2013, em decorrência de forças políticas associativas, mesmo a despeito de fortes opiniões científicas e sociais contrárias, ela ainda não normatizou as complexas questões decorrentes das demandas de lésbicas pela *Procriação Assistida Medicamente*. Esta técnica médica, desde 1994, somente é autorizada para casais heterossexuais, por tratar-se de problema decorrente de esterilidade de origem médica, e não de impossibilidade de procriar decorrente de preferência ou opção sexual.

Tendo-se em vista que há alguns anos a "Adoção" na França foi aberta para pessoas solteiras heterossexuais, estendendo-se implicitamente para homossexuais declarados celibatários, consequentemente, a atual lei que autorizou o casamento homossexual autorizou, também, a "Adoção de criança" pelos dois "esposos(as)" do mesmo sexo, assim como a "Adoção" de filho de um dos cônjuges.

Contudo, a nosso ver, apesar de esta lei ter determinado a retirada, em alguns textos de leis ordinárias, das palavras "pai e mãe" substituindo-as por "parentes" ou "pais", ou ainda, "marido e mulher" substituindo-as por "esposos" no plural, ela não conseguiu excluir a referência à relação natural e coerente à bissexualidade macho-fêmea na procriação.

Esta questão é complexa, pois se trata de discurso e de níveis de construção de linguagem. O *lugar* e a *função* simbólica de cada pessoa numa família **têm sempre um ponto de relação com o** *real* do corpo físico. A mãe é uma mulher e o pai é um homem, assim como a avó é uma mulher e o avô é um homem e assim por diante, e dentro dessa coerência é então possível a tradução de termos em várias línguas. Justamente por ser assim para os seres falantes, seguindo-se a coerência necessária da linguagem com os corpos aos quais ela se refere, a **ordem genealógica** apresentada no Direito Civil *não é pura convenção*, ela é determinada pela profunda e coerente relação da *condição sexuada* e *heterogênea* (bissexual) da existência humana que ainda diz respeito à maioria a qual ainda é gerada pela sexualidade natural bissexuada. Dito de outra forma, esta lei francesa omitiu palavras (pai/mãe, marido/mulher), mas **não conseguiu resolver as complexas questões de parentesco** e **filiação** decorrentes de relações homossexuais. Tanto é assim que tais modificações nominativas, somente em leis ordinárias, não concernem aos Atos de Estado Civil e nem ao Livro de Nascimento genealógico de cada cidadão francês.

Além do mais, a demanda de casais estéreis heterossexuais, assim como de casais homens homossexuais, a proceder pela (GPA) "gestação por outrem" (mãe de aluguel) continua não sendo permitida na França, e, para os casais que a fazem em outros países e que retornaram com suas crianças, continuam os sérios problemas alusivos aos respectivos registros civis, cujas soluções notariais são obscuras tanto na legislação como na jurisprudência. A França não libera certificados de nacionalidade francesa para as crianças nascidas de mãe portadora no estrangeiro. O movimento feminista, por sua vez, critica a GPA afirmando que ela dá aos homens a possibilidade de dispor do corpo das mulheres, tratando-se de uma indústria de ventres femininos.

O casamento entre pessoas do mesmo sexo, apelidado de "casamento para todos" foi autorizado na França pela recente Lei nº. 2013-404 de 2013, mas desde 1999 os casais homossexuais, assim como os heterossexuais têm também a possibilidade, ao invés de se casar, de assinar o *Pacte Civil de Solidarité* (*PACS* = Pacto Civil de Solidariedade), diante de um tribunal de instância ou de uma embaixada. Ou ainda, de se estabelecer em concubinato (uma união de fato entre duas pessoas maiores, desprovida de todo estatuto) perante a prefeitura, ato este que praticamente não tem efeitos civis, quando muito autoriza encargos junto ao sistema de saúde.

O *Pacto* é proibido entre pessoas já casadas ou pactuadas, entre ascendentes, descendentes ligados em linha direta ou colateral até terceiro grau. Ele não permite, também, a "adoção de criança" conjunta entre os parceiros. Apesar de ele dar um statul de casal aos parceiros, seja qual for a orientação sexual, ele não cria relações familiares com efeitos de filiação e autoridade parental. Assim sendo, nenhum desses enquadramentos, o concubinato administrativo ou o pacto jurídico (o qual oferece mais leveza que o instituto do casamento), oferece as mesmas garantias jurídico-administrativas, sucessórias e tributárias, que o casamento regulado pelo Código Civil.

Observamos que essas transformações institucionais vêm surgindo na França desde a década de 1980, com a *descriminalização* da homossexualidade e depois com a sua *despatologização* pela Organização Mundial de Saúde. E, ainda que a batalha política e social pelo reconhecimento do casal homossexual já tivesse encontrado uma saída legal por meio do *PACS* – uma das duas formas de união civil na França, Lei nº. 99-944, de 15 de novembro de 1999 – esta lei, concomitantemente ainda em vigor com o casamento civil, regulamenta a **união estável** tanto para pessoas com práticas homossexuais como heterossexuais, mantendo, porém, a *diferença* com relação ao instituto do **casamento** previsto no Código Civil. Apesar de esta lei do *PACS* enquadrar juridicamente as uniões estáveis em geral, ela não satisfaz as reivindicações de constituir família de parte de certas minorias homossexuais. Essas minorias visavam – e de modo implícito conseguiram por meio da recente Lei nº. 2013-404, de 2013, que autorizou o casamento também para pessoas do mesmo sexo –, uma ***modificação simbólica normativa*** mais profunda, jamais vista na história do Direito Civil, que viesse a **instituir suas práticas sexuais homossexuais como legais** e, ouso dizer, até mesmo **obrigatórias no matrimônio**.

Afirmamos, então, que o *PACS*, em vigor desde 1999, representa no Direito Francês uma das primeiras expressões de uma *lógica relativa menos universalista*. Esta lei regra os direitos dos parceiros tanto homossexuais como heterossexuais, e garante a liberdade dos que não pretendem se casar nos moldes tradicionais. Mantendo a *diferença* entre os institutos do casamento e da união estável esta lei, a nosso ver, abre um novo caminho jurídico para a subjetividade *singular*, e acertadamente, ainda dentro dos limites da licitude do respeito à **procriação natural** e **bissexuada** como base da genealogia e da família.

Da mesma forma, no que diz respeito aos *direitos dos pacientes em fim de vida*, a Lei francesa nº. 2005-370, de 22 de abril de 2005, apesar de acolher a vontade dos pacientes mediante "diretivas antecipadas" abrindo um espaço para análise concreta, caso a caso, da "interrupção da *insistência* de tratamento" médico, ela mantém o *limite legal* que constitui o "homicídio" sem descriminalizar ou despenalizar a eutanásia por meio do *suicídio assistido* consentido. Assim, o direito francês não autoriza a eutanásia, mas se volta, antes de mais nada, a uma aproximação dos "cuidados paliativos" dos pacientes em *fim de vida*. Esta lei busca um equilíbrio da relação médico-paciente através da "colegialidade e traçabilidade" da decisão médica.

Ainda que esta lei francesa concernente aos direitos dos pacientes em *final de vida* também represente, a nosso ver, uma das primeiras expressões de uma *ética menos universalista*, acolhendo a vontade dos pacientes e abrindo um novo caminho jurídico para a subjetividade, dentro dos limites da licitude do respeito à vida, o governo francês vem sofrendo, igualmente, pressões de grupos minoritários e da mídia para legalizar o "suicídio assistido" medicamente.

Portanto, tais complexidades sociais e políticas reforçadas pelas novas tecnologias medicais – aplicadas sobre o corpo humano, tanto para o *início da vida* como para o *fim da vida*, a serviço do progresso e do capital –, vêm forçando o sistema do Direito a novas tomadas de posição quanto à Bioética.

Nesse contexto de liberalismo generalizado, nossos estudos transdisciplinares, a nível internacional, em Direito Médico demonstram que é necessário aprofundar as reflexões sobre "**o que é a Lei** enquanto ***instância simbólica***", visto que ela se constrói num processo profundo de busca de equilíbrio entre as tensões e os conflitos individuais e coletivos, em níveis conscientes, mas, também, inconscientes. Nossas pesquisas destacam que é a partir da consideração da *lógica inconsciente*, ou seja, de outro nível ético de *alteridade* que poderá surgir uma *nova prática* científica.

Então, nesta busca de novos fundamentos para o arejamento e equilíbrio entre "ciência da moral" e "moral das práticas científicas", cabe aos profissionais tanto do Direito como das áreas médicas se interrogarem: a quais interesses as regras jurídicas e as práticas médicas devem servir, sem perder de vista o "justo equilíbrio" proposto por Aristóteles para as razões práticas?

3.1. BIOÉTICA: TERMINALIDADE NO HOSPITAL. MORRER NUM CERTO CONFORTO HOSPITALAR OU VIVER O PROCESSO DE FIM DE VIDA NO SEIO DOS CUIDADOS PALIATIVOS E DO AMOR FAMILIAR?

Constata-se nos discursos jurídicos mais técnicos da atualidade também uma "inversão discursiva" que modifica o sistema de Direito propriamente dito e apresenta como lícitas as novas práticas decorrentes da tecnociência médica com relação ao corpo humano. Surgem então questões complexas na bioética quanto à *medicalização do corpo* tanto para o *início* como para o *fim* da vida humana. Disseminam-se as práticas de *procriação medicamente assistidas*, para o *início da vida*, com venda de gametas humanos, forjando a *procriação natural bissexual* macho-fêmea, e, para o *fim da vida*, a tendência à despenalização em alguns países, das práticas medicais do crime de eutanásia agora fantasiado da nova vestimenta linguística denominada: "suicídio assistido consentido".

O estudo comparado das legislações internacionais nos mostra uma tendência à despenalização, ou às soluções intermediárias, tanto da venda e utilização de partes do corpo humano (gametas), assim como da venda de medicamentos para a prática da eutanásia, fazendo prevalecer a autonomia da vontade de cada um mediante da intervenção dos profissionais da saúde ou de um terceiro. Estas leis internacionais, mesmo se apoiando em valores essenciais de liberdade do indivíduo – em escolher para o *início* da vida o "**direito de fabricar uma criança**", e para o *fim* da vida o recente "**direito de morrer**", utilizando o instrumento do "**consentimento**" informado –, caracterizam um **desvio discursivo derivado do Discurso do Capitalista** desenfreado, o qual transforma o ser humano em um produto de mercado "não pensante e consumidor" tanto de medicamentos, como de partes do corpo humano. Nesta mutação discursiva, o sujeito aparece cada vez mais orientado pelos "processos narcísicos e pela *pulsão de morte*" indo em direção à dessubjetivação.

Assim sendo, por força do dito progresso por meio da *medicalização do corpo*, por um lado, quanto ao *início da vida*, a procriação medicamente assistida abriu uma nova via para a "**Homoparentalidade**" a qual passa a aparecer como integrante das *novas modalidades* de *parentalidade* na pós-modernidade. Surge assim neste contexto científico e de transformações de costumes e discursos sociais o novo "**direito de procriar**", ou seja, o "**direito a ter criança**", fato que até então era, e ainda é para a grande maioria das pessoas, natural e bissexuado. Ao Estado não competia regrar a procriação humana, pois ela, por ser natural, dizia respeito à vida privada. Neste contexto de ampliação das *novas formas de família*, monoparentais, homoparentais, pluriparentais, vêm-se exigindo também dos Estados novas regulamentações quanto à "**adoção** de crianças". E, a nova expressão "Homo-parent-*alidade*" surge de um desvio da palavra "*parent*"(2), ou seja, desviando o aspecto da consanguinidade que une o descendente aos seus respectivos ascendentes. A nova expressão forjada refere-se somente à *função* de pai e de mãe. Ou seja, a palavra *parentalidade* (paternidade/maternidade) toma em conta e valoriza somete a posição dos adultos na relação, ou seja, o lugar e a função exercida a partir da *posição dos pais*. Ao passo que a palavra "*parenté*" (parentesco/parental) refere-se à relação consanguínea a *partir dos descendentes* em relação aos ascendentes, e os laços de família em geral.

E, por outro lado, quanto ao *fim da vida*, o "suicídio assistido" começa a se inscrever nas sociedades e nas legislações de alguns países desenvolvidos, sob o pretexto de "liberalismo" ou de reconhecimento do "**direito a morrer**" com "**dignidade**", abrindo assim uma via à eutanásia e ao eugenismo.

Nessas novas expressões, não se trata simplesmente de desviar o senso comum das palavras, mas se trata de *invisíveis modificações discursivas*, de desviamentos da significação jurídica. Por um lado, tais modificações linguísticas, levam ao apagamento de *termos genealógicos* (mãe/pai, avó/avô, tia/tio) que dizem respeito no Direito Civil à organização da família e do parentesco. E, por outro lado, tais modificações linguísticas levam à modificação da tipicidade no Direito Penal, por exemplo, do crime de eutanásia, fingindo-se reforçar o valor de uso. Tratam-se de malversações que procedem por associações surpreendentes, forçadas ao extremo, e que opõem finalidades incompatíveis a termos como: "homo-*parent*-alidade", "procriação assistida", "suicídio assistido", expressões que constituem verdadeiros oximoros.

Com efeito, algumas novas práticas medicalizantes, tidas como legítimas e, ou legais, vem conduzindo as novas gerações, por meio de uma banalização discursiva mediada, a um modo de mimetização estética entre indivíduos, e a um processo de dessubjetivação de massa, cada vez mais distantes de valores e virtudes que dizem respeito à tolerância e à diferença.

Afigura-se ainda, que o discurso do Direito, também a serviço do liberalismo, não toma em consideração a angústia e a depressão do sujeito ou o fato de que ele sofre as influências dos discursos correntes na sociedade, a qual vem utilizando a *medicalização do corpo* como uma forma mercantilizada de controle e de poder. Nesse funcionamento social liberal observa-se então uma tendência, por um lado, à desestruturação do núcleo familiar, e por outro, o desembaraçar-se dos inúteis e deprimidos, velhos, ou "não conformes" ao politicamente correto.

Os discursos contemporâneos forjam novas expressões na linguística jurídica como "homoparentalidade" para o *início da vida* e "suicídio assistido" ou "assistência ao suicídio" para o *fim da vida* humana, por um raciocínio *a contrário sensu* das leis constitucionais, civis e penais. Autoriza-se a manipulação da procriação humana ou o assassinato, em nome da liberdade, da igualdade ou da dignidade, tudo isto para

(2) Conforme o dicionário Larouse da língua francesa, *Parent, (é) n.f. (latim, parens,-entis, de parere, parir, colocar no mundo uma criança). Toda pessoa com quem se tem um laço de parentesco. – n.m. O pai ou a mãe. – pl. 1. O pai e a mãe. LITER. Os ancestrais. Parentalité n.f. Função de parentes, pai e mãe, notadamente sobre o plano jurídico, moral, e sociocultural. Parenté n.f. 1. Relação de consanguinidade que une as pessoas entre elas. 2. DR. Laço jurídico que une as pessoas descendentes uma da outra. (parentes diretos ou em linha direta) ou que descendem de um ancestral comum (parente colateral ou em linha colateral). 3. ANTROPO. Sistema de parentesco: conjunto coerente de relações existente entre os parentes de uma mesma família, de um mesmo grupo, segundo um dos modos possíveis de tomada em conta e de valorização do lugar que eles ocupam uns em relação aos outros. (São a considerar os sistemas de filiação ou de descendência, os sistemas de aliança ou de casamento, os sistemas de relações colaterais e os sistemas cognáticos fundados mais seguidamente sobre a relação irmão-irmã.) Conjunto de parentes pelo sangue e pela aliança* (LAROUSSE. Le Petit Larousse Grand Format. Paris : Larousse, 2001 [tradução livre da autora]).

mudar sutilmente, ao longo de gerações, o ***ponto de Interdição*** ao **incesto** e ao **homicídio** sob pretexto de um "**consentimento**" **questionável**. Estes desvios persuasivos amplificam a noção de "consentimento" lhes empurrando até à ilegalidade, para justificar e "autorizar" tanto a "manipulação e comercialização" do gene humano, quanto o "homicídio".

Essas novas regras que autorizam a *medicalização do corpo* humano, com a despenalização ou a descriminalização de determinadas práticas por meio do "consentimento" poderão criar no mínimo, a curto prazo, a neutralização tanto do Direito Penal como do Civil. Portanto, a noção de "consentimento" não pode ser amplificada até à ilegalidade, para justificar e autorizar os comportamentos transgressivos, perversos, ou mesmo a procriação "ilimitada" de seres humanos em laboratórios, ou seu "homicídio" em clínicas especializadas. Será preciso então analisar a natureza e os *modos* de *consentimento* de cada sujeito no seu contexto e na sua *estrutura psíquica*. O "**consentimento informado**" não pode ser utilizado de modo indiscriminado, como um instrumento válido, se ele for contrário ao sistema do Direito e aos princípios éticos da existência humana. O homem e a ciência não podem tudo fazer, tudo controlar, deixando livres as "*pulsões de morte*" dominarem a vida, seja ela física ou psíquica. A civilização e a liberdade existem a partir do estabelecimento de tabus e do *recalcamento* pulsional em direção à *sublimação*. É o equilíbrio do "princípio de prazer pelo princípio de realidade" que determina os gozos toleráveis numa sociedade, assim como as condições de humanização.

As consequências destas malversações discursivas nos levam à modificação da "*Interdição fundamental* do incesto e do assassinato". Ela poderá desencadear, a longo prazo, uma entropia ou uma anomia do sistema jurídico em si mesmo.

As decisões concernentes à utilização de certas técnicas medicais tanto para auxiliar na procriação ou na morte de um ser humano dependem sempre do bom-senso. Elas dependem, igualmente, de uma apreciação global da dimensão biopsicossocial e espiritual desses pacientes. A *capacidade de julgamento* razoável e *singular* depende dos modos de constituição da "**identificação primária**" *inconsciente*, e da "**resolução edipiana**" de cada ser humano concernido na tomada de decisão. A *capacidade de julgamento* depende então da concepção que cada um tem do que são "a vida e a morte", "o corpo e a alma", "o sagrado e o profano", "o amor e o ódio", "a humanização e a desumanização".

Então, questionamos se existe liberdade, igualdade e dignidade, ou ausência dessas virtudes no "direito de fazer ou adotar crianças" mediante da procriação assistida, e também no dito "direito a morrer" por meio do suicídio assistido? Ou será que nós somos testemunhas de mutações sociais aprofundadas que estão colocando em risco a "**Lei da linguagem**", e a continuidade da cultura humana? Dito de outro modo, relembrando Legendre, será que o controle do capital simbólico está escapando da humanidade? Esta reflexão é importante porque estamos sendo atravessados por mutações estruturais inéditas, no funcionamento coletivo e individual, as quais *invertem* a estrutura mínima dos significantes ($S_1 \rightarrow S_2$) no nível *inconsciente* da linguagem, criando a ilusão de que o sujeito não precisa se separar do objeto para pensar com *alteridade*.

As representações nos discursos sociais não são mais um resultado de um trabalho cultural de "restrição ao ódio", segundo o psicanalista Jean-Pierre Lebrun, isto é, de restrição à *pulsão homicida*, capaz de produzir o *recalcamento inconsciente* a partir de um *ponto de negatividade* (Limite). O discurso e a prática desses que militam pela *teoria do gênero* e, em consequência, pela "homoparentalidade", assim como dos que militam pela *eutanásia,* atestam a persistência e o enigma da pulsão ao incesto e ao homicídio na civilização.

Nesse sentido Lebrun destaca o sintoma de uma negatividade deslocada, pulverizada, que anuncia a supressão da *categoria do impossível* nas sociedades. Isso significa o desaparecimento do *Limite* que impõe um "*menos-de-gozo*" na relação sujeito/objeto. O fim de um laço social organizado em um sistema a partir de uma posição de exterioridade, de um "*lugar de exceção*", o que nos leva ao descrédito da diferença de lugares geracionais, e da *transcendência* como uma lógica aceitável. Segundo Lebrun, estamos chegando ao fim de um regime simbólico da vida coletiva que era sustentado pela *Incompletude* e *Consistência*. Atualmente, nós estamos vivendo, ao mesmo tempo, a emergência da construção de *outro tipo de laço social* que acentua a *Completude* e a *Inconsistência*, uma vez que o sistema simbólico e os discursos correntes não parecem mais considerar a *categoria do impossível*. Na verdade, os discursos correntes parecem não mais trabalhar – por meio dos constrangimentos e da *castração* –, a *"pulsão de morte"* em cada sujeito para produzir o *recalcamento* das representações fálicas capazes de conduzi-lo em direção à vida e à subjetivação. Assim constatamos um sintoma na interseção subjetiva e social, justo no ponto entre o privado e o público, de um retorno da morte e do incesto como um espetáculo na qual os indivíduos não são mais os espectadores, mas sim os atores.

Nós ousamos dizer que nesta sublevação assistimos a uma sorte de "condenação à morte" como um retorno ao trabalho da "pulsão de morte", que não é mais simbolizada ao preço de uma dívida contratada na árvore genealógica. Uma "pulsão de morte" que não se ameniza mais pelo Nome-do-Pai, ou seja, que não se limita mais pela fé e a perenidade do Ancestral que reina em Seu trono nas alturas (Imago Dei), no lugar da exceção e da transcendência, desde a noite dos tempos. Nós participamos de uma sociedade em que as condições humanas retornam antropologicamente a um processo psicossocial de condenação e de autoculpabilidade. Nós habitamos em uma sociedade em que as "realidades psíquicas" têm dificuldade em considerar o impossível do amor, isto é, as representações da morte e do incesto têm dificuldade a se dialetizar em "desejo de viver" com respeito à alteridade. Então, questionamos ainda sobre quais serão os caminhos para as sociedades laicas, quando não existirá mais o recalcamento, o interdito moral maior: Tu não matarás!? (nem física, nem psiquicamente).

Em consequência deste desvio discursivo que toca de muito próximo à estrutura topológica que funda a relação entre o real, o simbólico e o imaginário da subjetividade, os indivíduos não têm mais muitas escolhas. É preciso ser útil, estar em boa forma, e realizando todas as vontades sem limitações, ou, será preciso "consentir" em autorrealizar as *"pulsões incestuosas"*, nas relações mais íntimas, ou as *"pulsões mortíferas"* sobre seu próprio corpo quando "a anatomia é o único destino possível".

3.2. A BIOÉTICA E AS QUESTÕES DO "INÍCIO DA VIDA HUMANA" POR MEIO DA "PROCRIAÇÃO ASSISTIDA" MEDICAMENTE, EXCLUINDO-SE O SEXO E A SEXUALIDADE, E GERANDO-SE PARENTALIDADE LIBERADA DA DIFERENÇA SEXUAL E DE GERAÇÕES

Na mesma linha de pensamento supraexposta, sustentada na constatação de uma mutação inédita nos laços familiares e sociais, e na "inversão discursiva" produzida pelo liberalismo nas sociedades pós-modernas, se filiam os nossos argumentos com relação às técnicas de "procriação médica assistida".

A constituição da família, no sentido social ou jurídico, é, sobretudo, a filiação, até mesmo a adoção. Com o surgimento das novas modalidades de famílias, em grande parte estimulada pelos progressos da procriação medicamente assistida (PMA), elevou-se um questionamento no meio científico sobre **"O que é hoje em dia uma família?"**.

Assim, nós gostaríamos, visando ao *Direito da Criança*, de contra-argumentar certas ideias, e, notadamente, aquela de "que temos sempre o direito a fabricar ou a adotar uma criança". Em pesquisa científica aprofundada em doutorado sobre o tema na França, verificamos que certas *falhas* em relação à *castração simbólica* – isto é, à "Lei do Nome-do-Pai", metáfora constituída na história pessoal de cada um –, não vem permitindo às mães ou aos pais da atualidade de se inscreverem como *Referência* no inconsciente de suas crianças. Esta problemática, então, faz parte também da discussão sobre a adoção e procriação das crianças nas novas modalidades de famílias, e mais especificamente sobre a homoparentalidade.

A Adoção (ainda que em decorrência das técnicas de PMA com doação de material do corpo humano) muda a **filiação**, e depende de três coisas: do desejo, da biologia, e da lei em suas várias dimensões. A Adoção é uma antiga instituição jurídica que varia de um país ao outro, e, os países mais pobres, que possuem crianças disponíveis, começam a estabelecer critérios mais rígidos para este processo de filiação. A Adoção é uma resposta cultural às **necessidades de uma criança**, mas também às necessidades daqueles que postulam ser parentes adotantes. Estes se fazem prazer, não somente se oferecendo uma criança geralmente por causa de uma esterilidade (ou uma impossibilidade de procriar em razão da sua opção sexual), mas, sobretudo em se oferecendo uma família. A questão crucial, então, é de querer ser parentes de uma criança que não se gerou, que foi gerada por outros, e que possui em si uma riqueza que não vem dos adotantes ou dos procriantes. É preciso então distinguir entre a *necessidade* e o *desejo* de ter crianças e, também, as relações entre gerações e a questão da *diferença de sexo*, pois sem estes fatores a adoção, assim como a filiação em geral, será forçosamente fracassada.

Filósofos, antropólogos, psicanalistas cruzam olhares sobre as mudanças no parentesco promovidas pelos avanços da ciência e a evolução da sociedade. Eles se questionam sobre essas novas "**socialidades**", sob as modalidades de famílias monoparentais ou recompostas, as novas crianças oriundas de procriações medicamente assistidas (PMA), e se elas iniciam a chegada de um companheirismo generalizado, feito de casais unissexuais, de [co]mães e de [co]pais, a dois ou a quatro, em que a relação ao outro se faz primeiramente sobre o mesmo, e não mais sobre a *diferença*.

Eles analisam essas *novas parentalidades* em função da civilização, das épocas e da história individual do sujeito. Observam que a **criança adquiriu** um **valor novo** que **valoriza também seus parentes**, a partir do século XIX, contexto no qual surge a "Declaração Universal dos Direitos da Criança". Outro fator cultural e social foi a "despatologização" da homossexualidade em meados do século XX. Com a "democratização" das sociedades ocidentais, as minorias buscam direitos particulares, como o direito de criar crianças constituindo família homoparental.

Nesse contexto de debate político para normatização da moral e dos novos direitos e deveres, em que surge o alargamento do **parentesco social**, os psicanalistas remarcam a importância do *lugar* e da *função* entre parente *real*, *imaginário* e *simbólico*, para a constituição subjetiva da criança, e emitem a hipótese de **retorno do matriarcado** e de **afastamento do sexual** nos novos discursos sobre as parentalidades.

Na Revista Internacional *"A clínica lacaniana"*, consagrada ao tema *"Parentalidades de hoje em dia... e de alhures"*, o psicanalista Charles Melman(3), no texto intitulado: *"A qual santo se consagrar?"* questiona a possibilidade de volta do matriarcado como *modo de transmissão da identidade* e da sexualidade. O que significa um parentesco diferente do **patriarcado**. Ele diz que a chave do matriarcado, é constituída pelo mecanismo do dom e da identidade sexual pela *posição da mãe*. Ao contrário, no parentesco do sistema patriarcal, trata-se de um processo complexo e doloroso de dar à criança acesso à *"falta* constitutiva psíquica", ou seja, ao *vazio interno* (carência) que é *constitutivo da subjetividade*, tanto no que concerne à realização da própria pessoa, e às escolhas de objeto.

Segundo Melman(4) o processo do parentesco se funda num *desejo* partilhado e tem um sentido muito preciso que não significa, simplesmente, cuidar, educar, entreter, tratar da criança. O papel dos parentes deve ir bem além, transmitindo um "espírito sutil" de *alteridade inconsciente* que a criança por sua vez poderá *aceitar* ou recusar. Ele comenta que nesta inédita organização humana cada vez menos estruturada na instituição familiar os jovens são construídos diferentemente do que poderiam ter sido as *marcas constitutivas* das gerações precedentes. Assim, eles se encontram confrontados a outros tipos de problemas, e nós precisamos observar as consequências.

Da mesma forma, outros psicanalistas questionam "**O que é ser parente?**". "O que é ser pai ou mãe?". Considerando que esta *função parental* no ser humano não se encontra fixada pelo instinto, eles observam que não é somente a qualidade dos tratamentos parentais que são aí determinantes, mas sim "a pessoa em si mesma" em razão do seu laço *simbólico* e *real* com a criança. Eles analisam a influência destas novas famílias sobre as crianças, suas dificuldades, e suscetibilidade de serem ou não "marcadas pela *carência subjetiva*" *inconsciente* quando criadas por um único parente, por parentes adotivos, parentes procriadores, ou vivem em instituição. Eles acompanham essas novas crianças para verificar se elas apresentam mais frequentemente patologias mentais, ou perfis psíquicos particulares em razão do definhamento do patriarcado ou ainda a "**desmaterialização**" do pai.

Na Revista Internacional *"A clínica lacaniana"*, no texto publicado *"Parentalidades de hoje em dia: para um pai aparente?"*, Hervé Bentata(5) , formulou questões cruciais acerca das atuais parentalidades. Ele reflete sobre as *consequências identificatórias* para a criança do "**desejo homoparental**", e se as *funções* parentais, de mãe e de pai, podem ser exercidas **sem correspondência ao sexo do corpo real**. Em outros termos, se o pai, *suporte das identificações* e raiz do *"Supereu"*, é um ser psíquico necessaria-

---

(3) MELMAN, Charles. À quel saint se vouer? La clinique lacanienne, 2007, vol. 1, n. 12, p. 21-25, Paris : Éditions Érès. Disponible sur : DOI : 10.3917/cla.012.0021. URL : <www.cairn.info/revue-la-clinique-lacanienne-2007-1-page-21.htm>. Accès : 09 mar. 2012 [tradução livre da autora].

(4) MELMAN, Charles. À quel saint se vouer?...

(5) BENTATA, Hervé. Parentalités d'aujourd'hui : vers un père semblant? La Clinique Lacanienne, 2007, vol. 1, n. 12, p. 101-109, Paris : Éditions Érès. DOI : 10.3917/cla.012.0101. Disponible sur : <www.cairn.info/revue-la-clinique-lacanienne-2007-1-page-101.htm>. Accès : 09 mar. 2012.

mente masculino ou a sua consistência advém somente do fato de ser o *Outro* da mãe, aquele ou aquela que regula seu desejo? Do mesmo modo, se a *função materna* de transmitir o *Dom* é específica da mãe *real* ou de uma mulher, ou os homens podem assumi-la totalmente? Pois, a própria *função terceira significante* e sua eficácia é justamente de fundar-se como o *Outro diferente* do casal mãe/criança.

Em suma, Bentata[(6)] reflete sobre a importância da *função* do pai *real* no processo de dar à criança o acesso à "*falta* constitutiva psíquica", pois ele é o agente da *castração simbólica.* Na tríade *real/simbólica/imaginária* Lacan define o pai *real*, como sendo aquele que "trepa" com a mãe, de modo menos trivial, aquele que com ela vive. Então, **para a criança, ter uma mulher no lugar do pai ou um homem no lugar da mãe, causaria uma certa dificuldade no sentimento próprio de seu gênero?** Isso geraria sofrimento psíquico diferente de outrora? E as novas *economias psíquicas* seriam aptas para passar adiante as neuroses, psicoses e perversão que estruturam os seres humanos?

Para responder a estas complexas questões ele[(7)] nos explica com base no texto freudiano "*Totem e tabu*"[(8)], que um pai é uma pessoa que, "pelo seu *lugar*, suporta *votos de morte* e que, na sua *função*, vem **interditar o incesto**". O pai representa a Lei, a autoridade que interdita a endogamia, assim, sua figura é ao mesmo tempo temida, odiada e amada. Este *lugar* do pai, que funciona como vetor do desejo materno, possibilita a **separação psíquica da criança de sua mãe**. Ele preenche o papel de um *terceiro exterior* e *diferente*, estabelecendo o reconhecimento da *alteridade* ao casal mãe/filho, e permite assim uma boa estruturação psíquica à criança.

Portanto, a *função* do pai é de tornar simbólica a *castração* (a Lei, o limite, a internalização das interdições edípicas). Após Lacan, o pai aparece como um significante maior, como a metáfora do Nome-do-Pai. Esta metáfora constitui a pedra angular da significação e a possibilidade para um Sujeito se fornecer sentido. Eis porque, no caso de *forclusão* do Nome-do-Pai, abre-se, no inconsciente infantil, a possibilidade de uma rasgadura que vai até a psicose, até o delírio. Isso significa, neste caso, que há ***forclusão* do significante paterno**, e, portanto da **diferença sexual no discurso da mãe**. Alguma coisa do pai não tem curso, não existe, não corresponde a um pai, ele figura como ausente na realidade. Eis porque os psicanalistas atentam-se ao *nome* na filiação.

A partir de dois fragmentos clínicos de novas parentalidades, Bentata[(9)] aborda essas questões com o prisma do novo "**desejo *de* criança**". No primeiro ele relata um caso de homoparentalidade feminina por meio de inseminação por doação de material de um amigo também homossexual, pai real que se comporta como uma segunda mãe. No segundo ele relata um caso de procriação medicamente assistida (PMA) *in vitro* de casal estéril por causa de anticorpos que impossibilitam suas relações. A mãe queixa-se de sintomas obsessivos e diz não se sentir mulher e ter o sentimento de ter feito sozinha sua criança.

Nos dois casos, a partir das especificidades das histórias pessoais, Bentata[(10)] analisa as **consequências psíquicas** para estas crianças devido à falta de relações e desejos sexuais entre a mãe e o pai *real.*

Então, diante dos sintomas que se apresentam nestas novas famílias auxiliadas pela tecnologia médica, Bentata[(11)] questiona "se há um *defeito simbólico* na concepção destas crianças?", concebidas sem as manchas da copulação, sem a marca *real* do *Outro* no corpo da mãe. Pois, do lado dos parente, é "a estrutura trinária *real/simbólica/imaginária* do significante que coloca o pai em posição de fazer existir ou não a mãe". E, do lado da criança, "para a sua *autonomia simbólica* e construção psíquica *trinária*", ela necessita desta referência de sua mãe a um pai que seja estruturalmente coerente.

Bentata[(12)] conclui em constatando que estas transparentalidades apresentam dificuldades próprias, apesar de nem todas específicas. Pois "fazer o pai", para que sua criança cresça bem, é a tarefa a

(6) BENTATA, Hervé. Parentalités d'aujourd'hui : vers un père semblant?...
(7) BENTATA, Hervé. Parentalités d'aujourd'hui : vers un père semblant?...
(8) FREUD, Sigmund. *Totem e tabu e outros trabalhos*. Obras Psicológicas Completas de Sigmund Freud. 2. ed. Rio de Janeiro: Imago, 1987, vol. XIII.
(9) BENTATA, Hervé. Parentalités d'aujourd'hui : vers un père semblant?...
(10) BENTATA, Hervé. Parentalités d'aujourd'hui : vers un père semblant?...
(11) BENTATA, Hervé. Parentalités d'aujourd'hui : vers un père semblant?... [tradução livre da autora].
(12) BENTATA, Hervé. Parentalités d'aujourd'hui : vers un père semblant?...

qual toda mãe se aplica. E quando nisso ela falha, é preciso saber que muitas crianças pegam o comando de sua mãe e fazem de si mesmas o pai, de modo a se retirar desta situação impossível. Assim, a psicose infantil é um duplo fracasso e o signo que em último recurso, o pai, pelas suas manifestações reais, não aí alcançou a "fazer o pai". Ele faz um *pai semblante*.

Com efeito, os projetos de adoção e de procriação, na atualidade, principalmente em países desenvolvidos, parecem sobrevir após o dito "**direito a uma criança**" eis que a tecnologia médica permite a cada um fabricar suas crianças, até mesmo indo alugar úteros em países de terceiro mundo. Mas os aspectos psicológicos, conscientes e inconscientes, da adoção e da procriação de uma criança são complexos e exigem um trabalho de *luto* do "**desejo *de* criança**" biológica.

É preciso indagar então até que ponto as novas subjetividades e as novas modalidades de família são estruturadas a partir de um ponto ético de *impossibilidades* e de *diferenças*. Ou seja, indagar até que ponto as mães são marcadas em seu ser pela "**carência originária**" amalgamada pela função do Pai, e até que ponto os pais são devedores de uma *dívida simbólica* referida ao patriarcado na sequência de gerações.

Portanto, neste trabalho da cultura de fundar um *Limite Simbólico* de diferença subjetiva, o qual tem relação com os aspectos fenotípicos de difícil verificação para os cientistas, a *escuta psicanalítica* do sujeito como "*efeito do traço de identificação*" e a elaboração do "*vazio* central no íntimo do ser", figura como possibilidade de novos caminhos para reencontrar o próximo. Este "*real último* da organização psíquica" está na origem de toda criação significante e por isto se afigura como categoria importante a uma perspectiva mais ética para os discursos – científico e jurídico –, principalmente no campo da bioética.

É a partir desses argumentos fundamentais que pensamos ser possível produzir, como na técnica psicanalítica, *cisões* nos significantes que circulam nos debates científicos e políticos, para melhor compreender as novas subjetividades e as novas modalidades de famílias e parentalidades, e encontrar novos caminhos e "soluções paliativas" para as mais profundas dores que são "a impossibilidade de procriar, a perda, o luto, o abandono, enfim, a angústia". Nessa linha ética será então necessário um trabalho cultural que vise transformar o desespero ou o gozo diante da vida e da morte, do "sujeito excessivamente clivado" e mais narcísico de hoje, em *aceitação* dos limites impostos para o "início da vida" e, em esperança de imortalidade para o após "fim da vida"; virtudes estas que brotam no "impossível" do amor.

O tempo do "início da vida" e do "fim da vida" humana está cada vez mais sujeito aos "mecanismos de controle e de poder" por meio da tecnologia e da medicalização dos corpos e dos gozos. O movimento de liberação sexual e de pensamentos atirou no que viu e acertou no que não viu. Os dispositivos de poder continuam a utilizar a tecnologia, agora não mais para *construir identidades sexuais*, mas ao contrário, para *desconstruir identidades* indo rumo à *humanização da máquina* e *maquinização do humano*. Critérios cada vez mais materiais e fáticos, baseados em dados genéticos e de sexo, são descritos num nível *diacrônico* (metonímico) de linguagem, tanto científica como politicamente. Assim os ***critérios de identificação*** dos sujeitos para o Direito e para a Ciência são cada vez menos subjetivos. No Direito as *identificações* nos registros notariais das características dos sujeitos são formuladas cada vez mais na forma de registro de patrimônio e de bens móveis materiais, e, na área Médica os *códigos de classificação de doenças* seguem um estilo de catálogos fenomenológicos. Assim sendo, a **ordem genealógica** e a **filiação** perdem sua correspondência coerente ao corpo e à **reprodução bissexuada**. O significante Pai não é mais correspondente ao companheiro desejado pela Mãe, e a Mãe pode não ser mais aquela que coloca o ser no mundo. As palavras Pai e Mãe passam a significar aquele ou aquela que a ciência lhe enunciar em tais funções.

No caso das novas legislações sobre filiação saímos da ordem do Direito como *ficção* e entramos na ordem do Direito como *reificador dos fatos*, deixando anônimo um "terceiro" doador ou portador, privando assim radicalmente uma criança da filiação paternal e maternal originária, ou até mesmo portadora. A partir dessas forçagens, tanto jurídicas como medicais, causa-se uma *capitis diminutio* ao **Direito da Criança**.

O psicanalista Jean-Pierre Winter[13] publicou recentemente na França o livro *Homoparenté*, no qual ele questiona qual "*fantasma*" é subjacente nas novas parentalidades? E, se a sua realização é suficiente para transformá-lo em um *desejo legítimo* e *enigmático*? Ele ressalta que, nos casos em que o Direito não interdita determinadas situações de fato, ele passa a instituir **formas de incesto legalizadas**.

Winter[14] sugere que para analisarmos as novas problemáticas da "**Adoção legal das crianças**", é preciso separar o debate entre "direito da criança", "direito a ter criança", "novas parentalidades de hoje", "homoparentalidades" e "homossexualidades".

Levanta-se, assim, a questão ética quanto à possibilidade de recepção de todas as demandas individuais e sociais ao nível do Direito e das Ciências Medicais, pois, segundo Winter[15], uma vez que o sujeito é o "**sujeito da metáfora**", a qual institui a *alteridade*, as novas parentalidades apresentam risco psicopatológico de "**desmetaforização**" para as futuras gerações.

Portanto, a Psicanálise indica, ao campo jurídico e científico, o "**princípio da precaução**" para fazer frente aos riscos de modificação do "**sistema normativo**" simbólico de parentesco e de filiação para todos.

Ainda que as leis estejam se atualizando neste sentido, urge um trabalho transdisciplinar para encontrar fundamentos mais subjetivantes, para uma nova prática científica que escape das astúcias da razão, não colocando em causa as escolhas sexuais das pessoas por preconceitos morais ou religiosos, mas questionando eventuais consequências do projeto de **apagar da filiação a diferença *real* dos sexos**. Faz-se necessária, portanto, uma práxis científica sustentada não somente na materialidade da racionalidade consciente, mas, também, num outro nível ético de *alteridade inconsciente*.

Neste tempo de dessubjetivação de massa é preciso encontrar um estatuto para as novas subjetividades, porém sem perder o prumo, pois os comportamentos continuam a ter um laço estreito com as *dificuldades* de "**interiorização dos interditos fundamentais de humanização**", indispensáveis para a linguagem.

Entre um significante e outro significante, Pai e Mãe, o sujeito se institui como o último a emergir. Se, segundo Lacan, "**não há linguagem senão metafórica**", e todo sujeito é um ser de linguagem, eu ouso dizer que: "**não existe sujeito senão da metáfora**".

Após esta contextualização transdisciplinar do surgimento da "homoparentalidade" nas sociedades ocidentais, passamos então a apresentar de modo mais aprofundado, nos próximos capítulos, contribuições teórico-práticas da ética psicanalítica à bioética jurídica, e aos desafios contemporâneos com relação às *novas modalidades de famílias*, em especial, aos "**Direitos *da* criança**" na "Homoparentalidade".

(13) WINTER, Jean-Pierre. Homoparenté...
(14) WINTER, Jean-Pierre. Homoparenté...
(15) WINTER, Jean-Pierre. Homoparenté...

CAPÍTULO II

BASE TEÓRICA
O EFEITO-SUJEITO E O DISCURSO DO CAPITALISMO

1. A LEI COMO INSTÂNCIA SIGNIFICANTE

Ao buscarmos entender os fundamentos da Lei como *instância significante* construída a partir dos vários níveis da sociedade humana, segundo a Psicanálise, vimos que, desde Freud, a *Lei da Castração*, atualmente chamada de "Lei do Nome-do-Pai", se revela no âmbito familiar como uma *Interdição* não somente destinada à criança, mas também à Mãe a qual capta seu filho em seu *desejo* por meio do imperativo: "Tu não reintegrarás teu produto!".

Esta *Lei da Castração* surge do desdobramento de outra lei, pois ela é o reflexo do *Interdito* cultural ao canibalismo e ao assassinato. A *Lei da Castração* é, também, a emanação de uma proposição de *Ideal*, notadamente sexual, imposta ao filho do homem no que diz respeito às alianças: "Tu gozarás mais tarde, como eu, com uma mulher de outra família!". Esta Lei do *inconsciente* está na origem da instância denominada "Supereu", e quando ela é introjetada pelo sujeito ela institui a singularidade do "Ideal-do-Eu". Assim, neste processo de *normatividade institucional subjetiva*, observa-se que: "*O recalcamento das pulsões, sua repressão e sua sublimação, são os principais resultados do conflito que as liga,* as pulsões, *estruturalmente a esta Lei*"(16) maior. Porém, nota-se que a presença real de um pai no núcleo familiar não é a mais segura das garantias da realização desta Lei do inconsciente. Há casos em que um pai morto ou ausente pode ser, igualmente, ou ainda mais, o agente adequado desta normatização subjetiva.

Lacan, ultrapassando Freud graças ao surgimento dos aportes da linguística, demonstra como esta *Lei do Nome-do-Pai* é de fato a "Lei da Linguagem", da qual, no curso de gerações, porta no seu amago o *princípio do vazio* (ponto de negatividade, de nada, de separação, de corte) e, justamente por isto, estabelece a separação da criança em relação à mãe, instituindo a *alteridade* subjetiva. Ele demostra, ainda, que esta *Lei de Interdição* do incesto e do assassinato, ou seja, o limite simbólico que humaniza, é uma condição indispensável à existência do *desejo*, pois somente se deseja aquilo que não se tem e que resta para sempre insaciável. Neste processo normativo subjetivo, cada sujeito se estrutura psiquicamente pela especificidade de sua *resposta inconsciente* a esta Lei transmitida pela Cultura, assim, como à interdição de seus desejos incestuosos no âmbito familiar. A especificidade dos modos de *aceitação* ou *não* da *Interdição* por cada sujeito, aparece sob as formas de estruturas psíquicas: *recalcamento* dos desejos incestuosos (nas estruturas neuróticas), *negação* da Lei (nas estruturas perversas), ou *forclusão* da Lei (nas estruturas psicóticas). É importante então, segundo a Psicanálise, distinguir nas três dimensões da Lei do Nome-do-Pai: o pai real, o pai imaginário e o pai simbólico, cujas explicações apresentaremos mais adiante.

Por outro lado, segundo a disciplina do Direito, vimos que os nomes da Lei, nas palavras do jurista Gérard Timsit(17), podem fazer crer a sua existência concreta, e a seus modos de exercício do poder. Mas:

> *O poder reside em outro lugar que não na lei. Ele reside nos nomes, também, que ela se arroga com arrogância – ou naqueles que a gente lhe concede com toda a inocência. Nomear a lei não é, contudo inocente. Nomear a lei é dizer*

---

(16) MIJOLLA, Alain de (sous la dir. de -). *Dictionnaire international de la psychanalyse* : concepts, notions, biographies, œuvres, événements, institutions. Comité éditorial : Bernard Golse, Editeur (scientifique); Sophie de Mijolla-Mellor, Editeur (scientifique); Roger Perron, Editeur (scientifique). Paris : Hachette Littératures, 2005, (P. de Neuter), p. 992-993 [tradução livre da autora].

(17) TIMSIT, Gérard. *Les noms de la loi*. Paris : Presses Universitaires de France, 1991.

a sua majestade e alcance, é enunciar a sua influência e a obediência que lhe é devida. A lei se nomeia de Deus ou de natureza, lei do Estado, do Príncipe ou da Sociedade. Em todos os casos, ela recebe sua potência de seu nome e da referência à qual ela remete. Os nomes da lei impõem a lei do seu nome, e nomear a lei é forjar e definir, para além do visível e do formal, a rede de restrições indefiníveis e invisíveis às quais o sujeito obedece e é submisso à lei.

É neste esforço de nomear a lei de um nome apenas que, por muito tempo, nos enrijecemos e os nomes que ela arvora hoje ainda são aqueles com os quais a batizamos nos tempos remotos, em que o poder revestia outras máscaras e portava outras marcas. Hoje, nós sabemos os nomes da lei. Quero dizê-los. E já não é mais a um só nome, que precisamos reduzi-la, ou com o qual devemos magnificá-la. Seria mesmo o nome de Deus. É entre dois infinitos que ela se instala e implanta a sua existência. Ela é lei humana e, às vezes, se arroga – ou se encanta – pela palavra de Deus. Mas Deus silenciou-se por ter – disse Jabès – uma vez falado na língua de Deus. Os homens pensaram que no seu silêncio poderiam se alojar. Também o Estado, que é criação dos homens. E suas leis. Toda uma parte da história da política e do direito reside nesta apropriação pelos homens do nome divino da lei. E no progressivo desencantamento do mundo que fala Weber. Desde a revelação carismática do direito pelos profetas até o surgimento dos juristas profissionais e da burocracia, um processo de formação do Estado moderno se desenvolveu. Acompanhado da elaboração sistemática e especializada do direito, e da emergência de jurisdições diferenciadas, construindo e raciocinando sobre bases lógicas[18].

1.1. LEI DO NOME-DO-PAI

Conforme teoriza a Psicanálise lacaniana, é *a função paterna* que separa, normatiza e institui o ser biológico numa *posição simbólica subjetiva* estabelecida na Cultura. A *metáfora do Nome-do-Pai* é que possibilita a espécie humana de sair do caos do grande *Outro absoluto* onde não há diferença, não há alteridade, não há impossibilidades e proibições. Para que o Homem possa se assegurar de seu ser ele precisa separar-se de si mesmo e do mundo. A identidade, a alteridade e a reprodução tanto da subjetividade como da sociedade, dependem sempre da relação especular (de imagens) entre os semelhantes e da transmissão desta *Lei do Interdito*.

Neste processo de montagem da identidade é a *função paterna* que produz um *corte simbólico* na relação primeva de alienação imaginária entre a criança e a mãe. É a *Referência* ao pai que estabelece limitações e institui a *singularidade* subjetiva e a pertença da criança a uma ordem de filiação e parentesco. Nesta relação entre o plano da representação e o nível subjetivo do imaginário, trata-se de uma lógica de construção normativa, ou seja, do princípio da *institucionalidade*. Assim sendo, a vida subjetiva está sempre em relação a este corte simbólico referido ao outro sexo e, também, à proximidade da loucura: ou seja, a busca do outro em si.

O agente dessa operação de corte, ou seja, da *"castração"* que se refere ao falo como um objeto não real, mas imaginário – como conjunto de consequências subjetivas, principalmente inconscientes, por serem determinadas pela submissão do sujeito ao *significante* –, é em geral o pai, que representa a Lei da *Interdição do incesto*. Trata-se do ato que cinde e dissocia o vínculo imaginário e narcísico entre mãe e filho. Ato que castra o Outro materno de ter o filho no lugar de *falo* imaginário, e castra a criança de "ser o falo" (significante particular que tem por função designar tudo que depende da dimensão sexual), ou seja, de identificar-se com esta *posição ideal de falo* para preencher o desejo materno.

O *corte produzido pelo ato da castração* é obra da Lei. Assim sendo, o limite produzido pela metáfora paterna – designando o que a religião nos ensinou a evocar – atribui à função do pai o efeito simbólico de um *puro significante*. Esta *Interdição* rege toda a dinâmica subjetiva, *em seu poder proíbe o incesto*. Neste processo normativo, o pai também está submetido, em sua própria subjetividade, a esta Lei simbólica.

A instauração da ordem simbólica – sob os efeitos do *recalcamento originário* do significante fálico e da castração simbólica – *institui a palavra* no ser de linguagem, e atribui um *lugar* definido a cada um na descendência, por impor um limite ao gozo absoluto.

O *falo na sua acepção simbólica*, por ser significante do desejo, *assemelha-se à própria Lei de proibição do incesto*. E a força do limite simbólico se reatualiza nos desafios da vida cotidiana, pois rompe com a ilusão de cada ser humano de se acreditar possuidor de uma onipotência imaginária.

(18) TIMSIT, Gérard. Les noms de la loi..., p. 9-10 [tradução livre da autora].

Poderíamos dizer então que, para que surja no ente, no corpo natural, um sujeito do inconsciente, é preciso que *se funde a Lei na sua acepção de falo simbólico*, a qual advém da função da palavra paterna, que "*realiza a elisão do desejo da mãe*", conduzido pelo apelo que ela mesma faz ao Nome-do-Pai, e pela retirada do "*sujeito para fora do campo do desejo*"[19] materno.

Introduz-se, assim, uma série de operadores e normas que nos distanciam dos animais, e que servem para a proteção do ser humano diante da natureza e para a regulação dos vínculos recíprocos entre os homens, num processo denominado sociocultural.

1.2. LEI JURÍDICA

Partindo-se da concepção psicanalítica do conceito de *Lei* que rege a dinâmica subjetiva, e da perspectiva de que a teoria do Direito permite ao jurista compreender a sociedade normativamente, captando-a como uma ordem social, podemos pensar, então, que a *lei jurídica* como reguladora das ações e relações humanas, seja do sujeito consigo mesmo, seja com seus semelhantes, moral jurisdicizada[20], institucionalizada oficialmente por um grupo ou nação, é instrumento independentizador, castrador, limitador, que, embora situado num *outro nível de realidade*, faz corte na livre e absoluta satisfação comportamental, estabelecendo normas prescritivas[21] de normalidades, individuais e coletivas.

Tal normatividade advém dos fenômenos sociais, que têm como núcleo identificador unidades como, por exemplo, a família, a empresa, a administração pública, manifestando-se como fenômeno jurídico, num conjunto de delimitações que conferem durabilidade às expectativas dos seus agentes, os quais desempenham papéis (pai, mãe, filho, empregador, empregado) que configuram responsabilidades, deveres, faculdades, poderes etc.

Fenômeno complexo que se expressa por meio de proposições de dever-ser (permitido, proibido, facultado) numa abordagem jurídico-lógica, e que conforme o teor político, o faz de tal modo que o "dever-ser" deriva do "ser" numa abordagem jurídico-sociológica. Estabelece, assim, relações sociais institucionalizadas de autoridade e sujeito, com conteúdo descritivo generalizável de ações.

Por conseguinte, tendo-se em vista a característica transdisciplinar dessa abordagem, o aspecto

---

(19) No dicionário, o sentido de "Nome-do-Pai" [Vide o Glossário, no final desta obra].

(20) Concluindo sobre "Direito e Moral", Ferraz Junior diz:

[...] podemos dizer que as sanções morais nunca são conteúdo de seus preceitos, ao passo que normas jurídicas são caracterizadas por prescreverem expressamente suas sanções. A isso se acrescente outro aspecto: enquanto o direito admite as chamadas normas permissivas de conteúdo próprio, a permissão moral é sempre a contrario sensu, ou seja, permitido é o que não é moralmente proibido ou obrigatório. O Direito e só o direito permite expressamente. Isto tem uma consequência importante. Os sistemas normativos jurídicos podem ser autossuficientes, pois contêm normas sobre o reconhecimento, a mudança e a aplicação do próprio direito. A moral não tem normas secundárias, salvo se a jurisdicizarmos. [...] nas relações entre direito e justiça. A justiça enquanto código doador de sentido ao direito é um princípio regulativo do direito, mas não constitutivo. Ou seja, embora o direito imoral seja destituído de sentido, isto não quer dizer que ele não exista concretamente. A imoralidade faz com que a obrigação jurídica perca sentido, mas não torna a obrigação jurídica juridicamente inválida. A distinção é sutil, mas muito importante. O exemplo dos condenados pelo nazismo, [...] pode esclarecer o assunto. A compulsoriedade da condenação em nome da vinculabilidade da obrigação jurídica não desaparecia com a injustiça do ato. O que constitui o direito e que lhe confere realidade é o estabelecimento de relações metacomplementares, hierárquicas, de autoridade/sujeito. Nesses termos, o direito é uma organização de relações de poder. Seu princípio constitutivo é a impositividade autoritária. Todavia, seu princípio regulativo, que lhe confere sentido, é a justiça. Analogicamente, não é impossível um jogo de futebol com quinze jogadores e quatro goleiros, embora o sentido do jogo venha, no limite, a perder-se. Da mesma forma, um direito imoral pode existir (constituir-se), embora perca sentido como direito. [...] a noção de sentido. [...] a expressão tem relação com a orientação do homem no mundo. [...] Sentido, assim, tem relação com a valia das coisas, com sua dignidade intrínseca. [...] A perda de sentido afeta, porém, a orientação do homem. [...] O direito, em suma, privado de moralidade, perde sentido, embora não perca necessariamente império, validade eficácia .(FERRAZ JUNIOR, Tércio Sampaio. Introdução ao estudo do direito: técnica, decisão, dominação. 3. ed. São Paulo: Atlas, 2001, p. 353-354).

(21) Ao discorrer sobre "Conceito de norma: uma abordagem preliminar", Ferraz Junior diz:

Como vemos, seja como norma-proposição, seja como norma-prescrição, seja como norma-comunicação, o conceito de norma jurídica é um centro teórico organizador de uma dogmática analítica. Mesmo sem desconhecer que o jurista, ao conceber normativamente as relações sociais, a fim de criar condições para decidibilidade de seus conflitos, também é um cientista social, há de se reconhecer que a norma é seu critério fundamental de análise, manifestando-se para ele o fenômeno jurídico como um dever-ser da conduta, um conjunto de proibições, obrigações, permissões, por meio do qual os homens criam entre si relações de subordinação, coordenação, organizam seu comportamento coletivamente, interpretam suas próprias prescrições, delimitam o exercício do poder etc. Com isso, é também possível encarar as instituições sociais, como a família, a empresa, a administração pública, como conjuntos de comportamentos disciplinados e delimitados normativamente. (FERRAZ JUNIOR, Tércio Sampaio. Introdução ao estudo do direito..., p. 100).

que interessa priorizar da *normatividade jurídica*, sem discorrer sobre sua teorização lógico-conceitual, é o *exame das relações jurídicas* que se estabelecem entre os agentes sociojurídicos, sejam elas públicas ou privadas, na sua *gênese*, ou seja, como e de onde emanam os elementos que sobredeterminam a lei que rege a identificação e regulamentação do sujeito de Direito.

Destacando-se destarte a concepção dos fenômenos sociais como situações normatizadas por uma combinatória de expectativas cognitivas e normativas[22], afigura-se perceptível o fluxo de comunicação entre a teoria do Direito e a teoria da Psicanálise. Estes pontos de conectabilidade epistemológica se verificam no que diz respeito à genuinidade dos fenômenos que sobredeterminam a *estruturante* da dinâmica subjetiva – na operação simbólica de inscrição da *Lei do Nome-do-Pai* –, com relação à autenticidade de *núcleos identificadores das unidades* que compõem a organização e estruturação dos fenômenos sociais, e que também sobredeterminam a operação simbólica de inscrição da *lei jurídica* e, por conseguinte, a dinâmica do sujeito de Direito.

No campo jurídico, pensada a lei em sentido *lato*, como um dos *significantes mestres* fundadores da cultura – visto que desde sua origem grega, o saber do Direito é reconhecido como a mais antiga arte do justo, do bom e do equitativo, ou seja, das leis para reger, normatizar, fazer o gênero humano obedecer –, poderíamos dizer então que, para que surja um *sujeito de Direito,* com *personalidade*, e subsequentemente, *graus de capacidade jurídica*, decorrentes da consciência e da condição de discernir quanto à obediência e à transgressão de regras legais, é necessário que a Lei primeira, ou seja, da *função paterna*, tenha se estabelecido no primeiro tempo de sua inscrição, ou dito de outro modo, no *processo primário de identificação subjetiva*, com suas subsequentes nuanças resolutivas edípicas, gerando, assim, condições para que estenda sua eficácia, mediante o fenômeno que na teoria psicanalítica se denomina *transferência* de *traços identificatórios*, às relações que os indivíduos mantêm com instituições outras, civis ou governamentais.

Disto se observa que o processo, ou seja, o modo de inscrição da Lei paterna, por meio do recalcamento originário, determina uma estrutura subjetiva e é fator decisivo e regulador, com todas as peculiaridades decorrentes da história de cada um, da dialética do sujeito como indivíduo social com as coisas da vida.

Assim também o processo, ou seja, o modo de inscrição da lei jurídica que considera o ser biológico como indivíduo social, influi na sua constitutividade, erigindo-o como sujeito de Direito, e determinando sua dialética com as relações sociojurídicas. Exemplo radical disso é o caso dos indigentes, marginalizados, sem família, que não se inserem numa ordem sociocultural, não portando nomes de família, e nem mesmo constando de registros públicos ou recenseamentos.

Observa-se que os indivíduos sociais, por determinações inconscientes, buscam satisfação em suas demandas de seguridade, proteção e autoridade, conforme o que inicialmente encontraram em seus meios familiares e sociais, em instituições exteriores, religiosas, civis, estatais, dentre outras lideranças. Ocorre assim um processo complexo, ambivalente e contraditório, semelhantemente ao processo de estruturação do psiquismo, com identificações positivas ou negativas, que produzem respeito ou desobediência nos mais variados graus, conforme, certamente, influência de variados outros fatores físicos e ambientais.

Portanto, não se pode olvidar que "o sujeito só é sujeito se há um outro que o olhe como tal". Por isso se diz que o inconsciente é o discurso do Outro.

Se o sujeito não for desejado, olhado libidinalmente, erogeneizado, ele não se constitui, não se estrutura psiquicamente.

A formação da subjetividade humana depende do *desejo* de outro humano. Asim como, a reprodução

(22) Ao discorrer sobre "Concepção dos fenômenos sociais como situações normadas, expectativas cognitivas e normativas", Ferraz Junior diz: *As estruturas sociais, portanto, são constituídas por uma combinatória de expectativas cognitivas e normativas, de modo a conferir durabilidade às relações sociais dinamicamente em transformação. Quando, por exemplo, dirigimos um automóvel, o tráfego pode ser visto como um conjunto de interações e, pois, uma rede complexa de expectativas. Algumas são cognitivas – em média, ninguém corre loucamente pelas ruas, pois o risco de abalroar outro carro confronta-se com o risco de causar um dano a si próprio –, outras são normativas – é obrigatório dar preferência a quem vem da direita. As primeiras são garantidas por generalizações empíricas, as segundas por prescrições. Para conferir durabilidade, porém, em casos de conflito entre as duas (as cognitivas e as normativas), devemos reconhecer que, em última instância, o comportamento se estabiliza preponderantemente pelas normativas (mesmo que os motoristas tendam a correr loucamente, as normas continuarão a proibir comportamentos negligentes).* (FERRAZ JUNIOR, Tércio Sampaio. *Introdução ao estudo do direito...*, p. 103, grifos no original).

da subjetividade depende da internalização da representação do semelhante como dialética do outro e do sujeito. Este processo de humanização tem como centro de gravitação o *Interdito*.

Refletindo mais, poderíamos dizer que a lei jurídica diz respeito não só às necessidades do biológico, do material, porque ela permeia a fronteira entre o físico-psíquico e o social. A lei jurídica ainda que, aparentemente, efetive-se posteriormente à *Lei do Nome-do-Pai*, ela é, no mínimo, herdeira desta Lei arcaica, pois ela também diz respeito à pulsão e ao desejo humano. A lei jurídica tem por função ordenar as ações e relações humanas, o que é, notemos, bem distinto de ordenar os mais puros instintos e necessidades biológicas.

Desde Hegel, sabemos que *ser humano* é desejar o que outro humano deseja. É *desejar* ser "*reconhecido*" como "*o próprio valor*" do que é desejado por outro ser humano. O sujeito se relaciona com alguém, seja na família, seja no social, que esteja disposto a reconhecer que ele é "alguém importante". O humano só é humano se o olharem como tal. Após o surgimento da Psicanálise, ultrapassando a proposição hegeliana, Lacan, referindo-se à Lei do Nome-do-Pai, afirma então que "*ser sujeito é reconhecer-se no seu próprio desejo*". Ou seja, para ser sujeito é preciso ultrapassar a Lei do pai, porém, podendo se servir desta Referência.

2. O CONFLITO ENTRE A SUBJETIVIDADE JURÍDICA E A SUBJETIVIDADE PSICANALÍTICA – A DISCUSSÃO ENTRE LACAN E PERELMAN[23]

A articulação por vezes conflitual entre a teoria do Direito e a teoria Psicanalítica repousa sobre o fato de que os dois campos discursivos da subjetividade, ainda que sigam lógicas distintas, eles buscam atingir os seus objetivos práticos por meio da palavra.

Em primeiro lugar, como já dissemos, nós partimos de uma certitude ética de que a subjetividade deve ser tratada numa perspectiva de integração entre as funções psíquicas do consciente e do inconsciente dos sujeitos.

E ainda que esta recente mediação discursiva entre Direito e Psicanálise, a qual não ignora as mutações contemporâneas, coloca a questão de uma reflexão tanto sobre as tensões e "conflitos" entre o desejo do indivíduo e as leis das sociedades concretas[24], quanto àqueles entre as diferentes leis das sociedades e a "Lei da linguagem". Essa última também chamada de Lei do Nome-do-Pai, que é considerada pela Psicanálise como um fato humano a ser estudado.

Jean-Pierre Lebrun[25] psicanalista belga, no **livro** intitulado "*A Perversão ordinária: viver juntos sem outro*", propõe um bom esquema para abrir esta reflexão. Ele indica, com bastante precisão e detalhes, os aspectos das mutações seculares no funcionamento coletivo, as quais operam na intersecção individual e social e que são importantes para a construção da subjetividade.

Seu trabalho supõe esta construção em cinco níveis: o nível que Lacan denomina de *humus humain*, o nível do *social humano*, o nível da *sociedade concreta*, o nível da *família* e o nível da *realidade psíquica* do sujeito.

No *primeiro* nível, denominado de ***humus humain***, Lebrun[26] realça a especificidade do humano, tendo-se em vista que a entrada no campo da *fala* exige do ser de se excluir do gozo absoluto – a *Coisa* –, sendo assim marcado pela negação.

A estruturante subjetiva é fundada a partir de uma insatisfação insuperável. O ser-falante emerge de uma *perda*, ou seja, de um menos de gozo que serve de fundamento à Lei do Nome-do-Pai como ao desejo.

No *segundo* nível, ele coloca aquele do *limite,* cuja *negatividade* serve de fundamento à Lei a qual

(23) Exposição proferida na 2ème Journée doctorale de l'Ècole Doctorale des Sciences de l'Homme et des Sociétés – 2009/2010, em 23 abril 2010. Strasbourg – França.

(24) LEBRUN, Jean-Pierre. *Un monde sans limite. Essai pour une clinique psychanalytique du social.* Toulouse : Éditions Erès, 1997. Psychanalyse, 2009. Disponible sur : <http://www.cairn.info/un-monde-sans-limite--9782749210254.htm>. Accès : 09 mar. 2012.

(25) LEBRUN, Jean-Pierre. *La Perversion ordinaire* : vivre ensemble sans autrui. Paris : Éditions Denoël, 2007.

(26) LEBRUN, Jean-Pierre. *La Perversion ordinaire...*

surge no ***social humano*** sempre representada pela *interdição do incesto*, distinguindo o mundo natural e o mundo da cultura com o estabelecimento de lugares para os indivíduos no interior do social.

No *terceiro* nível, ele mostra que as ***sociedades concretas*** organizam suas *normas* e suas leis que são desenvolvidas e transmitidas a partir da interdição fundadora. Nelas se organizam as regras – sociais e jurídicas – que têm como função sustentar o consentimento dos sujeitos a essa perda de gozo absoluto.

No *quarto* nível, ele designou aquele da ***família*** pela importância das relações com os primeiros outros – geralmente os pais – no meio dos quais o sujeito reencontra o limite de gozo.

Ele destaca que no mesmo movimento, será preciso que a criança, no seu **nível *da realidade psíquica de sujeito***, possa *consentir* a renunciar a todo-gozo – isto é, renunciar a toda potência infantil assumindo a castração simbólica – para poder aceder ao desejo.

Sobre estas bases Lebrun[27] sustenta a tese da existência de ***solidariedade de uma perda*** *necessária* ***a cada* nível** *do dispositivo de construção subjetiva* que estabelece a linha divisória entre **o gozo** e a **linguagem**, transmitida como limite necessário à especificidade do *humus humain* e da psicologia do desejo.

É a solidariedade diminuta de perda-de-gozo que é atualmente colocada em causa, seguindo-se a ótica de Lebrun[28]. Na sua pesquisa de clarificação sobre a organização do laço social, ele afirma a existência de uma mutação inédita. Uma subversão sem precedente a qual ele atribui responsabilidade à perda de referências, do mesmo modo que às dificuldades de reajustamentos que nós temos aos ecos dos avatares da vida coletiva.

Os dois primeiros níveis, quais sejam, aquele do *humus humain*, e aquele do *social humano*, denominados por ele "núcleo antropológico duro", são os que distinguem a ordem simbólica da ordem social.

Lebrun[29] busca, desta maneira, delimitar o que revela de *contraentes de estrutura* e o que se trata de uma simples *contingência histórica*.

Ele indica o sintoma de uma negatividade deslocada, pulverizada, que anuncia a supressão da *categoria do impossível*, isto é, a desaparição do *limite* que impõe um menos-de-gozo, como consequência da **deslegitimação das figuras de autoridade**. Ele explica que tais mutações seculares no funcionamento coletivo anunciam o fim do laço social organizado, desde os tempos míticos, em um sistema sustentado numa posição de exterioridade – ou seja, numa posição de um ***lugar de exceção*** divino. Este processo de transformação das alianças sociais leva ao descrédito da diferença de lugares e da *transcendência* como lógica aceitável.

Ele explica, em suma, que estamos passando pelo fim de um regime símbolo da vida coletiva anteriormente sustentado na ***Incompletude*** e ***Consistência***, e vivendo ao mesmo tempo a emergência da construção de outro tipo de laço social o qual marcha em direção a ***Completude*** e ***Inconsistência***.

Portanto, a ótica da Psicanálise traz um esclarecimento sobre o fundamento das leis, isto é, da Lei da Humanidade inserida nas estruturas da linguagem – o nível que Lacan chama de *humus humain*, o nível do *social humano*, da *família*, e da *realidade psíquica do sujeito* – e das leis específicas do campo do Direito que, por razões históricas, foram construídas e desenvolvidas pelas *sociedades concretas*[30], mais recentemente pelos Estados, tudo isto portando uma reflexão sobre o que seria da ordem da humanização e da desumanização.

Sobre a questão da legitimidade das leis, é preciso esclarecer que não se trata de qualidade das leis, mas da natureza mesma de uma instância simbólica, isto é, de uma categoria de simbólico em virtude da "lei proposta a esta cadeia"[31] da estrutura da linguagem.

Em consequência deste deslocamento da perspectiva de compreensão do simbólico fazendo parte de

(27) LEBRUN, Jean-Pierre. *La Perversion ordinaire...*

(28) LEBRUN, Jean-Pierre. *La Perversion ordinaire...*

(29) LEBRUN, Jean-Pierre. *La Perversion ordinaire...*

(30) LEBRUN, Jean-Pierre. *La Perversion ordinaire...*

(31) LEBRUN, Jean-Pierre. *La Perversion ordinaire...*

uma *cadeia significante* submetida à influência da linguística – diferentemente de uma combinatória simbólica do inconsciente derivado de Lévi-Strauss –, a compreensão da *Lei como instância significante* pode se alargar em registros epistemológicos diferentes, por exemplo, a dialética do significante e do Outro, o "vazio interno" subjetivo, as vertentes radicais dos efeitos de linguagem, nomeadamente a ***metáfora*** e a ***metonímia*** – dito de outro modo, os efeitos de substituição e de combinação do significante nas dimensões respectivamente *sincrônica* e *diacrônica* onde eles aparecem no discurso –, enfim a representação "borromeana" do simbólico.

Após Freud, Lacan coloca em destaque a dualidade significante/significado nos seus primeiros seminários e ele expõe as funções da *metáfora* e da *metonímia* nas psicoses a propósito do delírio, se servindo do aporte, sobre este ponto, do linguista Jakobson. Lacan demonstra como a *metáfora paternal* é ligada à colocação em ato, de um terceiro termo, *significante fálico* como significante central de toda a economia subjetiva[(32)]. Lacan, assim, motivou-se a promulgar a *metáfora paternal* como o protótipo mesmo da metáfora.

Portando, a complexidade dessa articulação entre a teoria do Direito e a teoria Psicanalítica nos levou portanto, a estas pesquisas numa visão *transdisciplinar*. Segundo Basarab Nicolescu[(33)], físico quântico, a visão *transdisciplinar* olha o que está entre as disciplinas, através das diferentes disciplinas e para além de toda disciplina. Tudo isto se faz seguindo a *lógica da física quântica* a qual introduz uma ***contradição irredutível*** na estrutura, nas funções e nas operações mesmas da lógica, isto é, a ***lógica*** do ***terceiro incluído***, chave de abóbada da filosofia lupasciana, que não abole a ***lógica*** *do* ***terceiro excluído*** da *lógica clássica*:

> *[...] ela restringe somente seu domínio de validade. A lógica do terceiro excluído é certamente válida para as situações relativamente simples, por exemplo, a circulação de veículos sobre uma estrada: ninguém sonha em introduzir, sobre uma estrada, um terceiro senso em relação ao senso permitido e ao senso proibido. Ao contrário, a lógica do terceiro excluído é nociva, nos casos complexos, por exemplo, no domínio social ou político. Ela age, neste caso, como uma verdadeira lógica de exclusão: o bem ou o mal, à direita ou à esquerda, as mulheres ou os homens, os ricos ou os pobres, os brancos ou os pretos. Seria revelador de empreender uma análise da xenofobia, do racismo, do antissemitismo ou do nacionalismo à luz da lógica do terceiro incluído*[(34)].

Pelo viés da transdisciplinaridade, a filosofia marxista, por exemplo, pode ser estudada por meio do olhar cruzado da Filosofia com a Física, o Direito, a Economia, a Psicanálise ou a Literatura. O *objeto* de estudo sairá assim enriquecido do cruzamento de várias disciplinas, e ainda mais enriquecido, em relação à *interdisciplinaridade,* porque *a finalidade* da pesquisa *transdisciplinar* ultrapassa o quadro da pesquisa disciplinar.

Nós nos contentamos aqui com a exposição ingênua dos três axiomas sobre os quais se fundamenta a lógica quântica, quais sejam[(35)]:

- O *axioma de identidade*: A é A.
- O *axioma de não contradição*: A não é "não A".
- O *axioma do terceiro excluído*: Não existe um terceiro termo T (T de "terceiro incluído") que é ao mesmo tempo A e "não A".

Neles podemos observar que os pares contraditórios que a lógica quântica coloca em evidência são efetivamente "*mutuamente contraditórios quando eles são analisados por meio da grade de leitura da lógica clássica*". E também que "*na hipótese de existência de um só nível de Realidade, o segundo e o terceiro axiomas* são evidentemente equivalentes".

Se partirmos da *lógica clássica*, "*chegamos imediatamente à conclusão que os pares contraditórios*

(32) KAUFMANN, Pierre. (sous la dir. de -). L'Apport freudien : eléments pour une encyclopédie de la psychanalyse. Paris : Larousse, 1998, p. 314.

(33) NICOLESCU, Basarab. Le tiers inclus – de la physique quantique à l'ontologie. Bulletin Interactif du Centre International de Recherches et ÉTUDES Transdisciplinaires, n. 13, 24 novembre 1998. Disponible sur : <http://www.barbier-rd.nom.fr/B.Nicolescutiersinclus.html>. Accès : 09 mar. 2012.

(34) NICOLESCU, Basarab. Le tiers inclus – de la physique quantique à l'ontologie. Bulletin Interactif du Centre International de Recherches et ÉTUDES Transdisciplinaires, n. 13, 24 novembre 1998. Disponible sur : <http://www.barbier-rd.nom.fr/B.Nicolescutiersinclus.html>. Accès : 09 mar. 2012.

(35) NICOLESCU, Basarab. Le tiers inclus – de la physique quantique à l'ontologie...

colocados em evidência pela física quântica são mutuamente exclusivos", pois não podemos afirmar ao mesmo tempo a "*validade de uma coisa e seu contrário: A e não A*".

A perplexidade gerada por essa situação é bem compreensível segundo Nicolescu[36], pois "*não poderíamos nós afirmar, se formos sadios de espírito, que a noite é o dia, o preto é o branco, o homem é a mulher, a vida é a morte?*". Porém, essa visão transdisciplinar "*nos propõe de considerar uma **Realidade multidimensional**, estruturada em múltiplos níveis, que substitua a **Realidade unidimensional**, a um só nível, do pensamento clássico*"[37].

Pela *lógica quântica* o sujeito cognoscente é implicado ele mesmo na lógica que formula. A "experiência" é nesta lógica a *experiência do sujeito*[38], o que significa relatividade e impossibilidade de um ***julgamento científico absoluto***. O espaço-tempo quântico é aquele da terceira matéria, dos fenômenos quânticos, estéticos e psíquicos. Portanto, para a transdisciplinaridade, a *Realidade* não é somente *multidimensional* – ela é também *multirreferencial*. E consequentemente as leis da lógica, elas mesmas, devem se submeter à ***contradição*** irredutível.

A transdisciplinaridade é, portanto, nesta lógica do dinamismo tri-dialético a transgressão da dualidade oponente dos pares binários: sujeito ↔ objeto, subjetividade ↔ objetividade, amor ↔ ódio, guerra ↔ paz etc. E, ainda segundo Nicolescu, é graças à *lógica do terceiro incluído ontológico* que a pesquisa nas ciências humanas terá a chance de uma renovação, pois ela induz a uma estrutura aberta dos níveis de referência. Conforme ele explica "*essa estrutura tem um alcance considerável sobre a teoria do conhecimento, pois ela implica a **impossibilidade** de uma **teoria completa**, fechada sobre ela mesma*"[39] . A lógica do *terceiro incluído*, da filosofia lupasciana, afigura-se como a lógica da **contradição atualizada** relativamente pelo **equívoco**, e poderá nos dar mais acesso à compreensão da lógica psíquica do comportamento humano.

Assim sendo, a objetividade estrita do pensamento clássico não é mais válida no mundo quântico, mundo no qual a objetividade depende do nível de realidade considerado. Nicolescu afirma que: "*O vazio da física clássica é substituído pelo vazio pleno da física quântica. A menor região do espaço está animada por uma extraordinária atividade, sinal de um movimento perpétuo*"[40]. E ainda, que "*O mundo microfísico quântico e o mundo psíquico são duas manifestações diferentes de um só e mesmo dinamismo tri-dialético*"[41]. As meditações e cálculos microfísicos conduziram à conclusão de um "nada de objetividade", o que significa um "nada de espaço".[42]

Nesta visão transdisciplinar, considerando-se que o impacto cultural maior e mais recente da lógica quântica foi a colocada em causa do dogma filosófico contemporâneo da existência de um só nível de realidade, nós ousamos lembrar aqui o texto "Por que a guerra?" no qual Freud[43] responde a uma correspondência de Einstein, dizendo ao início: "[...] os físicos como os psicólogos [...], se reencontram sobre o mesmo terreno".

---

(36) NICOLESCU, Basarab. *La transdisciplinarité...*, p. 72 [tradução livre da autora].

(37) NICOLESCU, Basarab. *La transdisciplinarité...*, p. 72 [tradução livre da autora].

(38) O conjunto dos níveis de percepção e sua zona complementar de não resistência constitui o Sujeito transdisciplinar. (NICOLESCU, Basarab. Le tiers inclus – de la physique quantique à l'ontologie... [tradução livre da autora]).

(39) NICOLESCU, Basarab. *La transdisciplinarité...*, p. 90-91 [tradução livre da autora].

(40) NICOLESCU, Basarab. *La transdisciplinarité...*, p. 90-91 [tradução livre da autora].

(41) NICOLESCU, Basarab. *La transdisciplinarité...*, p. 90-91 [tradução livre da autora].

(42) Discorrendo a propósito da Ontologia de Lupasco, Nicolescu afirma: *Lupasco jamais afirmou que 'a alma' se encontra no elétron, ou próton, ou múon, ou píon, afirmação que seria, aliás, absurda, pois as centenas de partículas conhecidas são também fundamentais tanto umas quanto outras. O mundo quântico e o mundo psíquico são duas manifestações diferentes de um só e mesmo dinamismo tri-dialético. Seu isomorfismo é gerado pela presença contínua e irredutível do estado T em toda manifestação. Ludovic de Gaigneron chegou a uma conclusão semelhante: '[...] resulta que o essencial do Sujeito como aquele do Objeto, deve subsistir numa esfera sintética onde se conciliam a afirmação e a negação de um espetáculo cuja ciência não dissolve senão o só aspecto negativo. Sua meditação exaustiva do divisível chegou, com efeito, a um nada de objetividade [...] Mas por que a natureza deste 'nada de espaço' seria ela incompatível com o 'nada de espaço' onde jaz a consciência humana? A dialética quântica é, segundo as mais belas palavras de Lupasco, aquela da 'dilatação de dúvida.*(NICOLESCU, Basarab. Le tiers inclus – de la physique quantique à l'ontologie... [tradução livre da autora]).

(43) EINSTEIN, Albert ; FREUD, Sigmund. *Pourquoi la guerre?* (1933). Résultats, idées problèmes. Paris : PUF, Presses Universitaires de France, 1995, vol. II. [Le texte original de MM Albert Einstein et Sigmund Freud a été traduit en français par M.Blaise Briod et édité par l'Institut International de Coopération Intellectuelle – Société des nations – 1933]. Disponible sur : <http://squiggle.be/PDF_Matiere/Pourquoi%20la%20guerre_Freud%20et%20Einstein.pdf>. Accès : 09 mar. 2012 [tradução livre da autora].

Continuando, Freud[44] justifica neste texto o entusiasmo guerreiro e os conflitos humanos com argumentos de sua *teoria das pulsões de vida e de morte*, pois uma destas pulsões é tão indispensável quanto a outra aos fenômenos da vida. Ele faz neste texto uma relação entre oposição de pares "amor e ódio" dizendo que esta oposição "*mantém talvez relação originária com o par atração-repulsão*" o qual tem um papel também importante na física.

Freud [45], idealiza, já na sua época" *uma comunidade de homens que teriam submetido sua vida pulsional à ditadura da razão; homens inacessíveis à intimidação e obstinados a perseguirem a verdade para governar as multidões sem autonomia. É lá uma esperança utópica*".

Meditando sobre as utopias sustentadas nas mais recentes concepções físicas de realidade *multidimensional* e *multirreferencial*, nós especificamos aqui que elas nos levaram a uma pesquisa *transdisciplinar*, por um lado, quanto à questão da fundamentação do ***ideal da razão prática*** e da argumentação discursiva sobre a possibilidade de *julgamento científico absoluto* – isto é, sobre as possibilidades de ***decisão razoável*** justificada retoricamente no campo do Direito –, e ainda, da legitimação das leis e deliberações do Direito positivo **em** razão do princípio de **universalidade; por outro lado, quanto à questão da fundamentação retórica da** *Metáfora Paternal*[46], no campo da Psicanálise, em razão do princípio de **singularidade**.

A complexidade dos processos de *argumentação* científica baseados na ***metáfora*** – de um lado no campo discursivo psicanalítico sobre a *construção da subjetividade* e capacidade de julgamento singular, o que revela *constrangimentos de estrutura*; e de outro lado no campo do Direito, sobre a ***capacidade de julgamentos razoáveis***, o que revela *constrangimentos* que são decorrentes de uma simples *contingência histórica* –, nos faz indicar o importante diálogo entre Chaïm Perelman[47] e Jacques Lacan[48] como pedra angular de um novo modo de reflexão sobre as tensões e "*os conflitos entre o desejo de cada indivíduo, as leis do Direito e a Lei do Nome-do-Pai*"[49].

Destacar este diálogo é importante, pois a concepção de Discurso como forma de *laço social*, formulada por Lacan, assim como sua concepção de *Metáfora* como "*efeito da substituição de um significante por outro na cadeia* [...] *como tal redutível a uma oposição fonemática*"[50],se aproxima da *retórica* de Perelman, pois, como dissemos, os dois inauguram um novo estatuto discursivo que ultrapassa os limites de suas enunciações científicas particulares, aspirando a uma *verdade sempre relativa*.

Portanto, colocamos em evidência a interlocução entre Lacan e Perelman[51], na Société de Philosophie parisiense, em 23 de abril de 1960, figurante nas obras dos dois autores como uma possibilidade de

---

(44) EINSTEIN, Albert ; FREUD, Sigmund. *Pourquoi la guerre?...* [tradução livre da autora].

(45) EINSTEIN, Albert ; FREUD, Sigmund. *Pourquoi la guerre?...* [tradução livre da autora].

(46) Legendre em texto inédito afirma: *A Ciência está em dívida com a humanidade. Suas práticas são elas justas? Um biologista na televisão tira de um bocal um coração humano e o mostra a milhões dos seus semelhantes. Ele sabe que ele assassina uma metáfora?* (LEGENDRE, Pierre. La *fabrique de l'homme occidental...*, p. 28-29 [tradução livre da autora]).

(47) PERELMAN, Chaïm. *Éthique et droit.* Bruxelles : Éditions de l'Université de Bruxelles, 1990. p. 151-157.

(48) Op.cit.

(49) Legendre em texto inédito afirma: *A humanidade sempre soube, no Ocidente como em todo lugar, esta estranha lei da espécie, a lei da imagem que faz viver a vida, a imagem do Pai. O animal humano o aprende pela palavra, esta lei do Pai: ela lhe diz que ele deve morrer em relação a qualquer coisa para viver, ela lhe diz que ele deve – mas como lhe dizer o que ele deve? [...] Para que o homem não morra por ficar colado à sua mãe, à imagem de sua mãe, ou ao que retorna ao mesmo, colado a ele mesmo, à imagem dele mesmo, a sociedade tem construído edifícios da Verdade, os monumentos dos textos escritos ou as palavras transmitidas que separam o homem dele mesmo, que o machucam, que o marcam ao fogo dos mitos, das religiões, da poesia trágica na qual se cerca o interdito de matar. A humanização do homem é isto: a edificação que constrói a imagem do Pai. [...] lhe é infligida como lei da espécie na dor de aprender o limite, [...] esta lei do sacrifício. [...] o pai e o filho são ligados por um sacrifício, pela dor de aprender o limite, pela necessidade de uma morte que não é nem a morte de si, nem a morte de um outro. [...] – Abraão lançou a mão para utilizar a faca, mas seus olhos deixaram escorrer lágrimas. E as lágrimas de compaixão do pai caíram nos olhos de Isaac.* (LEGENDRE, Pierre. *La fabrique de l'homme occidental...*, p. 41-42 [tradução livre da autora]).

(50) Discorrendo a propósito dos quatro discursos, Lacan afirma: *A metáfora é, radicalmente, o efeito da substituição de um significante por um outro numa cadeia, sem que nada natural o predestine a essa função de phore, a não ser o tratar-se de dois significantes, como tais redutíveis a uma oposição fonemática.* (LACAN, Jacques. *La métaphore du sujet...*, p. 360 [tradução livre da autora]).

(51) Op.cit.

aproximação entre a teoria da Psicanálise e a teoria do Direito. "Ética e Direito"[(52)] de Chaïm Perelman e os "Escritos" de Jacques Lacan, e neste último principalmente os textos "A instância da letra no inconsciente..." e "A metáfora do sujeito"[(53)] onde Lacan informa ao campo jurídico sobre sua teoria dos efeitos do significante distintos do significado em vista das manifestações do inconsciente.

Nós nos permitimos então sintetizar os argumentos que Perelman, professor na *Université Libre de Bruxelles*, desenvolveu perante os membros da *Société Française de Philosophie – Sorbonne*, conforme ata da sessão, os quais ele publicou no seu livro "Ética e Direito"[(54)].

Ele falou do ideal da filosofia, aquele da sabedoria, isto é, de um ***ideal da razão prática*** que dominaria as paixões e evitaria a violência. A ausência de acordo sobre os princípios lógicos que guiariam o homem razoável na ação conforme as regras, o fez dizer que "***O ideal da razão prática não é mais que um mito***, *como aquele do paraíso perdido*"[(55)].

A justificação de sua Teoria da Argumentação é no sentido de que a decepção com relação à lógica formal resulta:

> *[...] de uma concepção demasiado estreita da própria razão, pois, ao ver nesta apenas a faculdade do raciocínio demonstrativo, ou seja, formalmente correto, deixa-se de lado o fato indubitável de que raciocinar não é somente deduzir e calcular, mas é também deliberar e argumentar.*[(56)]

> *Ele argumentou nesta ocasião que:*

> *A própria natureza da argumentação faz que ela não apresente o caráter coercivo das demonstrações, que se possa argumentar pró ou contra uma tese, ao passo que seria absurdo querer, num sistema coerente, demonstrar um teorema e sua negação. Mas tal situação requer, para aderir às conclusões de uma argumentação ou para descartá-las, uma capacidade de juízo que permita compreender a ideia mesma de decisão razoável.*[(57)]

Ele ilustrou a questão da *capacidade de julgamento* pela oposição tradicional entre a *caridade* e a *justiça*, dizendo:

> *[...] é esta última virtude que parece racional, é ela que pesa, que compara e mede, são as decisões justas que se apresentam como racionalmente fundamentadas. É por isso que a hipótese, segundo a qual o que é qualificado de justo manifesto, de alguma maneira, a influência da razão na ação, não parece temerária.*[(58)]

Explicou que esta influência da razão na ação se manifesta, primeiramente, "na regra de justiça segundo a qual é justo se tratar da mesma maneira o que é considerado como essencialmente semelhante"[(59)]. Disse que a aplicação dessa regra implica, primeiramente, "na importância do precedente, isto é, do tratamento anterior de uma situação semelhante"[(60)] e que, portanto, não há como afastar-se desta influência senão fornecendo razões suficientes. Em seguida, a aplicação da regra de justiça, quando as situações comparadas não são idênticas, mas somente semelhantes, necessitamos de uma "*tomada de posição quanto ao aspecto essencial ou acessório dos caracteres pelos quais eles diferem um do outro*"[(61)].

Perelman[(62)] experimenta com sua "nova retórica" saber como fundar os julgamentos de valor sobre os quais os homens poderiam fundar suas ações. Ele pega a *argumentação* e sua função persuasiva preponderante na *retórica* como elemento fundador de sua teoria, permitindo assim uma leitura dos textos baseada no diálogo. Ele[(63)] aborda o tema da *razão prática* apresentando as ***origens psicológicas*** da reflexão filosófica que foi suscitada pela angústia que teria provocado as primeiras

(52) PERELMAN, Chaïm. *Éthique et droit...*, p. 121-131 e 151 [tradução livre da autora].
(53) LACAN, Jacques. *La métaphore du sujet...*, p. 359-363 [tradução livre da autora].
(54) PERELMAN, Chaïm. *Éthique et droit...*, p. 118-119 [tradução livre da autora].
(55) PERELMAN, Chaïm. *Éthique et droit...*, p. 118 [tradução livre da autora].
(56) PERELMAN, Chaïm. *Éthique et droit...*, p. 118 [tradução livre da autora].
(57) PERELMAN, Chaïm. *Éthique et droit...*, p. 119 [tradução livre da autora].
(58) PERELMAN, Chaïm. *Éthique et droit...*, p. 119 [tradução livre da autora].
(59) PERELMAN, Chaïm. *Éthique et droit...*, p. 119 [tradução livre da autora].
(60) PERELMAN, Chaïm. *Éthique et droit...*, p. 119 [tradução livre da autora].
(61) PERELMAN, Chaïm. *Éthique et droit...*, p. 119 [tradução livre da autora].
(62) PERELMAN, Chaïm. *Éthique et droit...*, p. 121.
(63) PERELMAN, Chaïm. *Éthique et droit...*, p. 121.

dúvidas e as primeiras rupturas. Ele concebe o início dessa reflexão a partir de uma *ruptura* da comunicação do homem com seu meio e, entre outras causas, as primeiras questões tanto de nossas crenças quanto de nossas modalidades de ação.

Em resumo, Perelman[(64)] mostra os limites da lógica dedutiva formal e em que esse ideal não pode dar conta da argumentação quotidiana nem do ideal de justiça e de equidade. É por isto que, à razão prática ele acrescenta os elementos da dialética, arte de conduzir um diálogo crítico, e de retórica, arte de convencer um auditório. Para Perelman[(65)] esse auditório deve ser universal e constituído do conjunto de espíritos razoáveis. A capacidade de julgamento, isto é, a ideia mesma de decisão razoável e sua justificação deverão recobrir não a uma lógica de julgamento de valor, mas a todos os recursos de uma argumentação, de onde a importância da tradição, da educação e da iniciação em todos os domínios, o que constituem uma preliminar indispensável à elaboração de todo pensamento original mesmo se é para fazer crítica.

Perelman[(66)], reconhece como os sociólogos, a interdependência e a interação da moral e do Direito, e sua ideia de um *auditório universal* não é inteiramente fundada nem sobre a experiência nem sobre uma intuição evidente ou uma revelação transcendente, mas é ela mesma condicionada historicamente e socialmente.

A ideia da *razão prática* é explicada e *mensurada pelo recurso à regra de justiça*, ou seja, é justo se tratar da mesma maneira o que é considerado semelhante a partir do princípio da *razão suficiente* e da regra do precedente.

Ele constrói sua teoria a partir do pensamento de Aristóteles e ele considera a ciência do Direito segundo o modelo proposto pela Teoria Pura do Direito de Hans Kelsen, porém criticando a compreensão moderna de ciência jurídica baseada em dogmas do discurso científico, por exemplo, a objetividade e a exatitude sustentadas na lógica clássica da matemática demonstrativa e avaliativa.

Foi nesta ocasião, ao final da exposição de Perelman na Société Française de Philosophie, que Lacan fez uma intervenção, reproduzida aqui conforme a ata da sessão publicada no livro "Ética e Direito"[(67)], onde ele afirmou:

> *Os procedimentos da argumentação interessam ao Senhor Perelmann pelo desprezo que por eles tem a tradição da ciência. Assim, ele é levado, perante uma Sociedade de filosofia, a sustentar o equívoco.*
>
> *Seria preferível que ele fosse mais além da defesa para que venhamos juntar-nos a ele. E é nesse sentido que estará voltada a observação com que o alerto: foi a partir das manifestações do inconsciente, com que me ocupo como analista, que cheguei a desenvolver uma teoria dos efeitos do significante, em que encontro a retórica. [...]*
>
> *Não deixo de concordar com o modo como o Sr. Perelmann a trata, nela detectando uma operação de quatro termos, e mesmo com as justificações que fornece para separá-la assim decisivamente da imagem.*
>
> *Nem por isso acho que ele tenha razões para acreditar tê-la reduzido à função da analogia. [...]*
>
> *"O gato faz au-au, o cachorro faz miau-miau". Eis como a criança soletra os poderes do discurso e inaugura o pensamento. [...]*
>
> *Depois disso, teremos de lembrar que por mais blábláblá que seja essencialmente a linguagem, é dela, porém, que procede o ter e o ser.*
>
> *Dito isso, brincando com a metáfora [...] ela evoca o laço que [...] une a posição de ter a recusa inscrita no ser. Pois é esse o impasse do amor. E mesmo sua negação nada mais faria aqui, como sabemos, se não o enunciar, se a metáfora introduzida pela substituição do sujeito por "seu feixe", não fizesse surgir o único objeto cujo ter implica a falta do ser: o falo, em torno do qual gira o poema inteiro até seu último verso.*
>
> *Isso quer dizer que a mais séria realidade, [...] se consideramos seu papel ao sustentar a metonímia de seu desejo, só pode ser mantida na metáfora.*
>
> *Onde estou querendo chegar, se não a convencê-los de que o que o inconsciente traz de volta ao nosso exame, é a lei pela qual a enunciação jamais se reduzirá ao enunciado de algum discurso?*
>
> *[...] Se bem que não seja vão lembrar aqui que o discurso da ciência, na medida em que se recomendaria objetividade, neutralidade [...] e até mau gosto, é igualmente desonesto, tem intenções tão negras como qualquer outra retórica.*

---

(64) PERELMAN, Chaïm. *Éthique et droit...*, p. 131.

(65) PERELMAN, Chaïm. *Éthique et droit...*, p. 131-132.

(66) PERELMAN, Chaïm. *Éthique et droit...*, p. 134.

(67) PERELMAN, Chaïm. *Éthique et droit...*, p. 151-157 [tradução livre da autora].

O que é preciso dizer é que o [eu] dessa escolha nasce em outro que não aquele em que o discurso se enuncia, precisamente naquele que o escuta.

Não será dar o estatuto dos efeitos da retórica, mostrando que eles se estendem a qualquer significação? Que nos objetem que eles param no discurso matemático, estamos tanto mais de acordo sobre isso pois esse discurso, nós o apreciamos ao mais alto grau porque ele nada significa.

O único enunciado absoluto foi dito por quem de direito, a saber: que nenhum lance de dados no significante, jamais abolirá o acaso – pela razão, acrescentaremos, de que um acaso só existe numa determinação de linguagem, e isso sob qualquer aspecto que o conjuguemos, de automatismo ou de circunstância(68).

Na resposta dada por Perelman a Jacques Lacan perante os membros da *Société de Philosophie*, conforme o texto publicado na obra "Ética *e Direito*", ele *confirma a relação fecunda entre seus estudos e a psicanálise* e destaca a questão do *desacordo* nas disciplinas que consideramos como relevantes da razão. Aponta já na sua época a necessidade de desenvolvimento de um trabalho em conjunto no domínio das ciências humanas de filósofos, juristas, historiadores, sociólogos, psicólogos, psicanalistas etc., se dando as mãos num trabalho de equipe para se ajudarem, sustentarem e se criticarem em vista que um trabalho desta complexidade não se pode exigir de um só homem. Destaca ainda a importância do estudo da utilização persuasiva, racional, razoável e irrazoável da linguagem do ponto de vista da psicologia e da psicanálise(69).

Dando sequência à pesquisa que nós fizemos sobre esse diálogo na obra de Perelman nos debruçamos sobre o texto *"A instância da letra no inconsciente ou a razão depois de Freud*(70)*"* onde encontramos a nota de rodapé segundo a qual se acorda a esse artigo a dita intervenção feita por Lacan em 23 de abril de 1960 na *Société de Philosophie*, onde ele anota: "*a propósito da comunicação que M. Perelman aí produziu, sobre a teoria que ele formulou da* ***metáfora*** *como* ***função retórica*** *– precisamente na* ***Teoria da Argumentação***".

Seguindo no garimpo das notas de rodapé, destacamos no Apêndice II dos "*Escritos*" outro texto, "*A metáfora do sujeito*", que é o reescrito, feito por Lacan(71) em junho de 1961, dessa intervenção.

Assim sendo, observamos que mais de um ano depois Lacan reescreveu sua intervenção em resposta a Perelman, sob o título "*A metáfora do sujeito*" ("*Escritos*", Apêndice II), com um pequeno **prefácio** onde ele escreveu:

Este texto é o reescrito feito em junho de 1961 de uma intervenção que fizemos em 23 de abril de 1960 em resposta ao Sr. Perelman, o qual arguiu a ideia de ***racionalidade*** *e da* ***regra de justiça*** *perante Société de Philosophie.*

Ele testemunha de certa antecipação, a propósito da metáfora e do que nós formulamos desde uma lógica do inconsciente.

Nós devemos ao M. François Regnault de nos ter lembrado a tempo para que nós a acrescentássemos à segunda edição desse volume(72).

Focalizamos o corpo deste texto intitulado "*A metáfora do sujeito*"(73) o qual é, como nós dissemos, a reescritura feita em junho de 1961, da mesma intervenção, para colocar em evidência que Lacan aí reafirma que os *processos de argumentação* interessam ao Senhor Perelman pelo desprezo que tem a tradição científica em relação a esse tema, e que mais valeria se ele fosse *para além da defesa* de tais procedimentos, "*para que nos juntássemos a ele*", advertindo dos efeitos inconscientes.

Retornamos então ao conteúdo do outro texto indicado *"A instância da letra no inconsciente ou a razão depois de Freud"*(74), para daí transcrever um pequeno parágrafo de grande importância para o desenvolvimento aqui de nosso raciocínio sobre a complexidade dos processos de *argumentação* retórica científica baseada sobre a ***metáfora***, e sobre a ***capacidade de julgamentos razoáveis*** conforme as condições de subjetividade. Lacan aí afirma:

---

(68) PERELMAN, Chaïm. *Éthique et droit...*, p. 151-157 [tradução livre da autora].

(69) PERELMAN, Chaïm. *Éthique et droit...*, p. 155-157.

(70) LACAN, Jacques. *L'instance de la lettre dans l'inconscient ou la raison depuis Freud...*, p. 526.

(71) LACAN, Jacques. *La métaphore du sujet...*, p. 359-363.

(72) LACAN, Jacques. *La métaphore du sujet...*, p. 359 [tradução livre da autora].

(73) LACAN, Jacques. *La métaphore du sujet...*, p. 359.

(74) LACAN, Jacques. *L'instance de la lettre dans l'inconscient ou la raison depuis Freud...*, p. 504 [tradução livre da autora].

> *A centelha criadora da metáfora não brota da presentificação de duas imagens, isto é, de dois significantes igualmente atualizados. Ela brota entre dois significantes dos quais um substitui o outro, assumindo seu lugar na cadeia significante, enquanto o significante oculto permanece presente em sua conexão (metonímica) com o resto da cadeia*[75].

Para acompanhar a totalidade do diálogo e consequentes posicionamentos registrados na ata da referida seção na Société Française de Philosophie, em 1960, retornamos então à obra "Ética e Direito"[76] na qual pudemos verificar que naquela ocasião Perelman tendo argumentado a propósito do ideal da racionalidade prática – a qual é explicada graças à aplicação da regra de justiça, tese baseada sobre a metáfora realizada em quatro termos e separada da imagem –, Lacan[77] por sua vez, muito embora tenha concordado em parte apresentou, como um forte argumento para sua intervenção, a discordância com relação à função de analogia da metáfora.

Lacan[78] afirmou oralmente na referida seção filosófica, assim como reescreveu posteriormente, em suma, que é a partir das *manifestações do inconsciente*, verificadas durante sua prática como analista, que ele desenvolveu uma teoria dos *efeitos do significante distintos do significado*, na qual encontra a *retórica*. Ele destacou a partir da linguística que é da linguagem que procedem o ter e o ser.

A partir destes argumentos Lacan dá a fórmula da estrutura metafórica na qual *um significante se substitui a um outro*, criando uma nova significação e fazendo surgir por *efeito de fracasso* um novo significado. Esclarece que não se trata simplesmente de substituição de uma palavra por outra, pois uma palavra "é substituída pela outra em pegando seu lugar na cadeia significante, *o **significante ocultado restando presente de sua conexão** (metonímica) ao resto da cadeia*"[79].

Na ordem da linguagem o significante produzido pela metáfora paternal introduzindo uma substituição de senso, sublinha um traço essencial da singularidade do sujeito. Ela faz "surgir o único objeto cujo ter necessita a falta-a-ser: o *phallus...*". Esta Lei da humanidade inserida nas estruturas da linguagem – Lei do inconsciente –, é a lei que faz com que a enunciação não se reduza jamais ao enunciado de nenhum discurso.

Lacan[80] diz que: "O inconsciente, a partir de Freud, é uma cadeia de significantes que, alguma arte(sobre uma outra cena, escreve ele), se repete e insiste para interferir nos cortes que lhe oferece o dicurso efetivo e a cogitação que ele informa"[81].

> *O termo nodal desta fórmula é o **significante**, trazido da retórica antiga pela linguística moderna a partir do estruturalismo. Sabemos que esse instrumento da linguística faltou a Freud para desenvolver sua teria das associações livres por forças inconscientes.*
>
> *Mas essa falha da história só torna mais instrutivo o fato de que os mecanismos descritos por Freud, como os do processo primário, em que o inconsciente encontra seu regime, recobrem exatamente as funções, que segundo essa escola, determinam as vertentes mais radicais dos efeitos da linguagem, sobretudo a metáfora e a metonímia, em outras palavras, os efeitos de substituição e de combinação do significante nas dimensões respectivamente sincrônica e diacrônica em que aparecem no discurso.*
>
> *Ao havermos reconhecido a estrutura da linguagem no inconsciente, que tipo de sujeito podemos conceber para ele? Podemos tentar partir aqui, em atenção ao método, de uma definição estritamente linguística do eu (Je) como significante: na qual ele não é nada além do "shifter" ou indicativo que, no sujeito do enunciado, designa o sujeito na medida em que ele fala nesse momento. Isto é, designa o sujeito da enunciação, mas não o significa. Isso fica evidente no fato de que pode faltar no enunciado todo e qualquer significante do sujeito da enunciação, além de haver significantes do sujeito que diferem do eu (Je), e não somente no que chamamos imprecisamente no caso da primeira pessoa do singular, a isso deve se acrescentar sua morada na invocação plural, e mesmo no Si da autossugestão*[82].

---

(75) LACAN, Jacques. *L'instance de la lettre dans l'inconscient ou la raison depuis Freud...*, p. 504 [tradução livre da autora].

(76) PERELMAN, Chaïm. *Éthique et droit...*, p. 121-131-151.

(77) No que diz respeito às páginas do *Tratado da Argumentação*, referentes à função de analogia, Lacan manifestou-se conforme o que consta da nota 2 do Apêndice II, texto intitulado « *La métaphore du sujet* »: *Cf. as páginas que nos permitiremos qualificar de admiráveis no Traité de l'argumentation, t. II (aux PUF), p. 497-534.* (LACAN, Jacques. La métaphore du sujet..., p. 360) [tradução livre da autora].

(78) LACAN, Jacques. *La métaphore du sujet...*

(79) LACAN, Jacques. *La métaphore du sujet...*, p. 359-363 [tradução livre da autora].

(80) KAUFMANN, Pierre. (sous la dir. de -). *L'apport freudien...*, p. 561 [tradução livre da autora].

(81) KAUFMANN, Pierre. (sous la dir. de -). *L'apport freudien...*, p. 561 [tradução livre da autora].

(82) KAUFMANN, Pierre. (sous la dir. de -). L'apport freudien..., p. 561 [tradução livre da autora].

Passando a concluir neste momento das pesquisas deste item sobre os possíveis "conflitos" entre a subjetividade jurídica e psicanalítica relembramos aqui que Lacan diz na supracitada intervenção na Sorbonne, com relação à *metáfora* – com função de *retórica* –, que o "*Eu*" dessa escolha metafórica "*nasce alhures que lá onde o discurso se enuncia, precisamente naquele que lhe* ***escuta***"; e ainda, que o *estatuto dos efeitos da retórica* se estende a não importa qual significação, somente no discurso matemático. Ele afirmou que nenhum corte no significante abolirá jamais o acaso, e que **nenhum acaso existe senão em uma determinação de linguagem**.

Consequentemente, nós indicamos esse importante diálogo entre Lacan e Perelman como a pedra angular que abre um novo modo de reflexão tanto sobre as tensões e "*os conflitos entre o desejo do indivíduo e as leis das sociedades concretas*"[83], que sobre àqueles entre as diferentes leis sociojurídicas e a "*Lei da linguagem*"[84]. Essa última também chamada de Lei do Nome-do-Pai, a qual é considerada pela Psicanálise como um fato humano a ser estudado.

Fazemos esta indicação porque neste diálogo nós encontramos parâmetros para uma análise mais aprofundada entre os discursos da **razão prática**, isto é, da ***capacidade de decisão razoável***[85] para orientar as ações humanas, que poderá, às vezes sustentadas pela ética da **universalidade** e em outras vezes sustentadas pela ética da **singularidade**.

Esta digressão psicanalítica sobre os fundamentos da Lei da Humanidade inserida nas estruturas da linguagem – isto é, sobre a questão da legitimação da *Lei como instância significante* nos níveis individual e social –, e mais especificamente sobre a "capacidade de julgamento" que permite compreender a ideia mesma de ***decisão razoável*** em relação às condições de construção da subjetividade, abre a discussão sobre quais são as possibilidades de *representação terceira* transcendente, que virão a ocupar o "lugar de exceção" organizador de laço social consistente, no simbólico contemporâneo – completo e inconsistente.

A teoria do inconsciente revela uma episteme diferente em decorrência de sua específica concepção de *sujeito falante*, e indica para a Filosofia do Direito, assim como, à linguística:

> *[...] a necessidade de voltar, não a uma anterioridade mas a uma heterogeneidade relativa à linguagem, a fim de apreender nela não somente as relações do sujeito com o significante, mas também as diferentes modalidades translinguísticas de sentidos que interrogam o linguista tanto pela vertente da "experiência infantil" da linguagem quanto pela das diversas formas de sua "patologia". O linguista está hoje colocado diante do mesmo dilema que regeu a constituição da linguística [...] Ou, submetido à metalinguagem, ele recua diante do abismo vislumbrando e, ao preço do recalcamento da pulsão e do inconsciente, que fundamenta o discurso das sociedades modernas, continua a servir e a justificar a comunicação a finitude e a linguística assertiva e identificatória, ou então, procura ir além da postura metalinguística, para tentar dizer do processo significante algo diferente do que decorre da asserção e da identificação. Ele se orientará, a partir daí, para práticas significantes e textos não canônicos, e para a interpretação deles que é possibilitada pela psicanálise. Mas, nessa hipótese, um outro recorte das disciplinas que se interessem pelo sentido, tornar-se-á possível*[86].

Portanto, acreditamos que será necessário o surgimento de novas disciplinas de ciências humanas, numa visão e numa prática transdisciplinar, as quais se ocuparão de estudar as formas da linguagem, isto é, os usos persuasivos da linguagem, do ponto de vista da Psicanálise, para inclinarem-se sobre a questão da dialética do significante e do Outro, do "vazio interno" subjetivo, das *vertentes radicais dos*

---

(83) LEBRUN, Jean-Pierre. *Un monde sans limite...* [tradução livre da autora].

(84) Legendre afirma em texto inédito: *Os habitantes institucionais são construídos sobre um vazio – um vazio a partir do qual se estende a palavra e que porta o pensamento. No cruzamento dos caminhos históricos, uma tarefa se impõe: restaurar a dúvida, analisar o agenciamento das ignorâncias que fazem cortejo à Ciência contemporânea, superar a crença obscurantista de hoje. Instituir a vida: tal é a palavra mestra que resume esta função. A Fabricação do homem não é uma usina a reproduzir cepas genéticas. Não se verá jamais governar uma sociedade sem os cantos e a música, sem as coreografias e os ritos, sem os grandes monumentos religiosos ou poéticos da Solidão humana.* (LEGENDRE, Pierre. *La fabrique de l'homme occidental...*, p. 8-9 [tradução livre da autora]).

(85) É então diante desta "lógica do dispositivo e da necessidade" que se trata hoje de restaurar uma "lógica do sujeito e do desejo", ao mesmo tempo em que uma "faculdade de julgar": *diante do perigo de não pensar, só a restauração da faculdade de julgar pode parar o deslize em direção ao totalitarismo pragmático.* (LEBRUN, Jean-Pierre. *Un monde sans limite. Paris* : Erès, 2009, p. 237 *apud* PESLOUAN, Dominique Lucas de. *Une critique éducative du libéralisme.* Critique du Libéralisme, 15.03.2010, Professeur à l'IUFM Célestin Freinet de Nice. Disponible sur : <http://pt.calameo.com/read/000162058efc5d1384f59>. Accès : 09 mar. 2012, p. 9 [tradução livre da autora]).

(86) KAUFMANN, Pierre. (sous la dir. de -). *L'apport freudien...*, p. 751 [tradução livre da autora].

efeitos da linguagem, nomeadamente a ***metáfora*** e a ***metonímia*** – dito de outro modo, os efeitos de substituição e de combinação do significante nas dimensões respectivamente *sincrônica* e *diacrônica* onde elas aparecem nos discursos.

Esta pesquisa mais aprofundada sobre as referências pós-modernas que ocupam o *lugar da diferença inaugural* do campo simbólico – ponto da *negação* que torna possível a entrada no campo da *fala* e exige do sujeito de se excluir do gozo absoluto, negação esta que serve de fundamento à Lei de interdição do incesto e vem produzindo novos comportamentos subjetivos contemporâneos –, continua nos interrogando.

A questão que permanece é: Qual representação sustentará a capacidade de julgamento singular do sujeito, ético e responsável pelos seus próprios atos, na contemporaneidade?

Conforme a tese desenvolvida por Lebrun[(87)] na sua obra *"Um mundo sem limite"*[(88)] uma das três modalidades de elaborar a ausência de totalidade do campo simbólico, isto é, de elaborar o "vazio estrutural" inscrito nas leis da palavra é a "capacidade de julgar". Ele indicou como outras modalidades de elaboração humana dessa ausência constitutiva simbólica: o "lugar da enunciação" (subjetivação inconsciente), e a consideração da "categoria do impossível".

A consideração transdisciplinar dessas três modalidades de elaborar o ponto de *negação* – fundador do campo simbólico e que serve de fundamento à Lei de interdição do incesto –, na epistemologia e método das ciências humanas poderá contribuir a novos modos de reflexão sobre as tensões e os conflitos sociojurídicos, por que as normas e as leis das ***sociedades concretas*** são desenvolvidas e transmitidas a partir da interdição fundadora do gozo ilimitado e do incesto. E também por que as regras – sociais e jurídicas – têm como função sustentar o consentimento dos sujeitos a essa perda de gozo.

A entrada no campo da palavra a partir desta negação fundadora – desta insatisfação insuperável ao gozo absoluto – gera a ruptura com o mundo real e a consequente impossibilidade de tudo dizer por meio da palavra. O ser natural emerge como ser-falante a partir de uma perda, de um menos de gozo que serve de fundamento à Lei do Nome-do-Pai, ao desejo, assim como, veladamente e nas suas especificidades, às leis das sociedades concretas.

Os *constrangimentos* de estrutura que surgem nos níveis do "*humus humain* e social humano" em estabelecendo o limite sempre representado pela interdição do incesto, se considerados pelo discurso das sociedades concretas, mesmo nas suas contingências históricas, colocam em questão a retórica positivista através da reintrodução no discurso científico do paradoxo da estrutura do sujeito clivado.

Concluindo, sobre os fundamentos para reflexão quanto aos conflitos, afirmamos que a *argumentação retórica* do Direito de Perelman[(89)] , seguindo a ótica lacaniana e a lógica quântica do terceiro incluído que considera a realidade multidimensional e multirreferencial, poderá vir a ser analisada nas diferentes dimensões da metáfora[(90)] – a qual não tem função de analogia e apresenta uma verdade sempre relativa –, justo por que "a enunciação não se reduzirá jamais ao enunciado de nenhum discurso"[(91)].

O estudo da argumentação retórica nos diferentes níveis da metáfora, assim como, o prosseguimento na pesquisa a respeito das *condições* de *subjetividade* como efeito de significante discursivo, numa observação atenta das mutações e desordens *reais* do mundo contemporâneo, produtoras de expressões *psicopatológicas nos laços sociais* em angustiadas *clivagens identificatórias*, a nosso ver, em muito poderá contribuir à compreensão e solução dos conflitos sociojurídicos.

Práticas significantes, produção de textos não canônicos e desejo no sentido de bem desenvolver *capacidade de julgamento equilibrado – ou seja, de desenvolver condições subjetivas* à formulação de *decisão*

(87) LEBRUN, Jean-Pierre. *Un monde sans limite...* [tradução livre da autora].

(88) LEBRUN, Jean-Pierre. *Um mundo sem limite*: ensaio para uma clínica psicanalítica do social. Tradução de Sandra Regina Felgueiras. Editor: José Nazar. Rio de Janeiro: Companhia de Freud, 2004.

(89) PERELMAN, Chaïm. *Éthique et droit...*

(90) LACAN, Jacques. L'*instance de la lettre dans l'inconscient ou la raison depuis Freud...*, p. 490-526.

(91) LACAN, Jacques. *La métaphore du sujet...*, p. 359-363 [tradução livre da autora].

razoável e *justificada* sabendo evitar os excessos das paixões humanas e das violências –, poderão fazer emergir nesta mediação e processo analítico ***um outro estilo de significante de Direito***.

Isto nos convoca a um olhar e uma escuta mais flutuante no sentido de melhor elaboração e compreensão de nossas próprias *clivagens* constitutivas subjetivas. Induz-nos a buscar o semblante do Outro e a inscrever algo do saber *real* de nossas relações humanas na *transferência,* como experiência de uma dialética mais positiva e amorosa.

Como efeito de análise nesta dialética e geração de outra *posição subjetiva discursiva*, os conflitos entre os indivíduos, a Lei de interdição do incesto, e as leis das sociedades concretas poderão vir a ser analisados em suas diferentes dimensões de legiferação, pois o *conflito originante* fundador da cultura humana não se situa entre a Lei e o desejo, mas, entre a *Lei* e o *gozo absoluto* intencionado. O conflito de toda relação institucional ou jurídica, privado ou público, situa-se, não entre "o não direito ou o direito", mas entre a *valoração* do "não cumprimento de um pacto" e o juízo de *interpretação* contido no edito da *Lei significante* em relação ao respectivo "ato de transgressão".

Este processo dialético numa lógica de análise *retroativa* e julgamento de valorações, observando-se os *reais* propulsores dos recursos retóricos e metafóricos da argumentação poderá, quem sabe, vir a produzir nos sujeitos efeito de reelaboração da referência *significante* sustentada nas inscrições dos relatos da tradição do Nome-do-Pai, no processo de educação desalienante, e no estado de alma em condições de gerar pensamento ético, original e responsável pelo ato produzido.

Uma reelaboração dos conflitos socioindividuais e de Direito, a qual na linha do pensamento de Pierre Legendre[92] possa produzir um sistema de construção institucional de humanidade. Isto significa a produção de um Direito que considere o "*Abismo*" da existência humana na "*dor de ser nascido e de ter que morrer*", ponto este de fraqueza em cada homem "*a partir do qual se desenvolve a palavra e se porta o pensamento*". Como ele nos ensina, esta é a tarefa de "*restaurar a dúvida, analisar a administração das ignorâncias que fazem cortejo à ciência contemporânea, superar a crença obscurantista de hoje*" e instituir vida em instituindo subjetividade, na *arte da interpretação* da moral social, e da construção da referência terceira fundadora da cultura.

Afirmamos, então, sustentados nestes fundamentos jusfilosóficos e psicanalíticos que é a "confiança" nas promessas contidas nos mitos – dos representantes, divino (*Imago Dei*), paternal e estatal – que sustenta a *aceitação* dos sujeitos às interdições, aos crimes edipianos e às suas nuances, e gera, assim, os pactos sociais e a capacidade humana de "julgamento *singular*", com ideias próprias e menos alienadas.

Da *intralocução* e da resolução dos possíveis conflitos entre os distintos níveis discursivos da Psicanálise e do Direito poderão emergir saberes a darem sustentação à *função retórica humanizadora* a partir da consideração da *Lei do Nome-do-Pai*, função esta exercitada pelos mediadores, juízes e demais operadores do Direito *no ato de decidir* no campo do jurídico; assim como poderão emergir conhecimentos **genealógicos** de organização da **filiação** e repartição do gozo a darem condições à *construção do sujeito* na pós-modernidade como *efeito de significante discursivo* no campo da Psicanálise.

No "*Seminário 20 – Mais, ainda*"[93], no início do texto "Do Gozo" Lacan diz que bem poderia falar numa faculdade de Direito aos juristas porque é lá onde existem os códigos que se torna manifesto que a linguagem lá se realiza. Diz que poderia lhes fazer sentir o que do discurso psicanalítico é o fundamento, a saber, que a linguagem não é o *ser-falante*, que o que designamos os homens, é bem outra coisa, e que para começar a compreendê-los é preciso lhes supor no leito, ainda que mediante escusas.

Exemplificando por meio do bom Direito costumeiro no qual se funda o uso do concubinato, ele afirma que o Direito não nega o leito, ainda que reste velado o que significa deitar juntos, ou seja, se abraçar.

---

(92) LEGENDRE, Pierre. *La fabrique de l'homme occidental...*, p. 8-9.

(93) LACAN, Jacques. *Le séminaire* : livre XX. Encore (1972-1973). Paris : Éditions du Seuil, 1984 [tradução livre da autora].

Apontando, ainda, o usufruto em sua noção de Direito, Lacan esclarece:

> *[...] a relação do Direito e do gozo [...] eu já evoquei no meu seminário sobre ética, a saber, a diferença que há do útil ao gozo. [...] O útil, isto serve a quê? É isto que jamais foi bem definido em razão do respeito prodigioso que, do fato da linguagem, o ser falante tem por meio. O usufruto quer dizer que a gente pode gozar de seus meios, mas que é preciso não lhes desperdiçar. Quando a gente tem o usufruto de uma herança, a gente pode dela gozar a condição de não gastar demasiadamente. É bem aí que é a essência do Direito – repartir, distribuir, retribuir o que nisto é do gozo.*
>
> *O que é o gozo? Ele se reduz aqui a não ser senão uma instância negativa. O gozo é o que não serve a nada.*
>
> *E aponto lá a reserva que implica o campo do direito-ao-gozo. O direito não é o dever. Nada força alguém a gozar, salvo o superego. O superego é o imperativo do gozo – goze!*
>
> *É bem lá que se encontra o ponto que interroga o discurso analítico. Neste caminho, no tempo do "aprè-vous" que eu deixo passar, eu experimento de mostrar que a análise não nos permite de nos restar naquilo de onde partimos, respeitosamente [...] seja a ética de Aristóteles. Um deslizamento no curso das idades se fez, deslizamento este que não é progresso, mais contorno [...] que da consideração do ser que era aquela do Aristóteles, conduziu ao utilitarismo de Benta, ou seja à teoria das ficções, demonstrando da linguagem o valor do uso, seja o estatuto do útil. [...] Eu escreverei a frase seguinte – O gozo do Outro, do Outro com um grande "A", do corpo do Outro que o simboliza, não é o signo do amor*(94).

Difícil é de compreender esta articulação simbólica discursiva porque ela se aparenta quase sempre conflituosa entre o velado e o desvelado, entre as ficções e o real. A lógica, o objeto e a finalidade da pesquisa e da aplicação dos temas em cada campo discursivo, se apresentam diferentemente e são enquadrados por distintas disciplinas científicas. Mas, ainda assim, afirmamos que a Psicanálise e o Direito são como as partes distintas de uma pedra-ímã. Sempre onde estas impressionantes propriedades do magnético aparecem, elas são remarcáveis e surge a tentação de associá-las à magia ou de utilizá-las como bússola. De nossa parte, pensamos em utilizar estas separadas partes da pedra imantada na construção de uma nova ética de respeito às *singularidades,* ou seja, de respeito e tolerância às diferenças, assim como às igualdades individuais e coletivas, graças à incontestável percepção de Jacques Lacan quanto à topologia discursiva.

Enfim, o discurso que nominamos de "*Juspsicanalítico*" vem abrir importantes reflexões sobre as desordens reais do mundo contemporâneo e fornecer fundamentos clínicos, para uma nova compreensão sobre os sujeitos por meio da linguagem, a partir da consideração de *fatores inconscientes da sexualidade*, *agressividade* e da *violência* determinantes do comportamento humano, e sobre as relações e responsabilidades sociais e jurídicas com a natureza, pois como explica Serge Lesourd(95): "*não existe sujeito senão na linguagem, e na impossibilidade a tudo dizer, impossibilidade esta a qual é específica da organização significante inconsciente*".

Lesourd(96) diz que a subjetividade depende de condições da linguagem e das condições de uso pelo indivíduo. Ele afirma ainda que a subjetividade depende dos discursos que articulam as relações de gozo toleráveis numa sociedade dada, isto é, dos enunciados da Lei de interdição do incesto.

Por tais razões, Lesourd(97) segue ampliando pesquisa sobre as transformações das condições linguageiras, assim como, sobre as radicais mudanças das práticas discursivas durante as últimas décadas do século XX, as quais produzem notórios efeitos sobre as expressões das doenças subjetivas e sobre as modalidades psíquicas.

Nesta linha de argumentos, nós entendemos que a abordagem dos conflitos subjetivos e coletivos resta ampliada da mediação dos discursos do Direito e da Psicanálise, pois se fundamenta no estudo da Lei como *significante* – como instância simbólica a qual funciona em cadeia nas estruturas da linguagem.

A compreensão do campo simbólico se deslocada assim em registros epistemológicos diferentes, *reintroduz a dúvida* quanto aos princípios lógicos e aos processos de argumentação e demonstração. Des-

---

(94) LACAN, Jacques. *Le séminaire* : livre XX..., p. 10-11 [tradução livre da autora].

(95) Lesourd afirma quanto à construção do sujeito na pós-modernidade: *Não existe sujeito senão na linguagem e do impossível a tudo dizer que específica a organização significante.* (LESOURD, Serge. *La construction du sujet dans la modernité* : de la psychopathologie adolescente à une clinique de l'enfant dans le lien social. Université Paris 13 – Paris Nord, Paris, thèse Habilitation a Diriger des Recherches en psychologie. Conseillère Madame le Professeur M-C Fourment-Aptekman, soutenue le 15 décembre 2001, Tome 1..., p. 171 [tradução livre da autora]).

(96) LESOURD, Serge. La construction du sujet dans la modernité...

(97) LESOURD, Serge. *La construction du sujet dans la modernité...*

taca a importância do *significante* distinto do significado nos diferentes níveis conscientes e inconscientes da linguagem e recoloca em questão o significado manifesto da palavra julgamento a qual condensa várias referências, quais sejam: opinião, suposição, estimação, pensamento sobre a ação ou reputação do outro ou sobre si mesmo.

Permite analisar se tal faculdade da inteligência humana de formular proposições é originada na angústia, no medo e na dor, ou se ela emerge em palavras, pensamentos, atos e omissões, originadas no Amor do Outro, pelo outro e por si mesmo.

Isto significa, a nosso ver, a possibilidade de surgimento de *outro estilo de processo* analítico e de *interpretação* dos conflitos subjetivos e sociojurídicos, numa dialética triádica de transformação dos *significantes* manifestos em palavras nos seus distintos significados. Trata-se de um processo analítico na *transferência* positiva de referenciais o qual permite o deslocamento da energia fixada e materializada em tensões e julgamentos desarmônicos, e que resulta numa outra postura e *posição subjetiva discursiva* mais criativa e de auxílio, acolhimento e gratitude como expressões do Amor.

3. POSSIBILIDADES DE CONSTRUÇÃO DE UMA NOVA ÉTICA DECORRENTE DA ARTICULAÇÃO ENTRE A ÉTICA JURÍDICA E A ÉTICA DA ALTERIDADE INCONSCIENTE

Para que surjam novas possibilidades de solução em relação aos enigmas éticos e jurídicos decorrentes das novas emergências sociais e científicas, faz-se imprescindível que, além de buscar fundamentação na própria natureza do *princípio da autonomia* – que tem suas raízes na *filosofia aristotélica* da ação voluntária como sendo o ato moral, praticado de forma livre e racional pelo agente, posteriormente desenvolvido por Kant, em cuja obra a ideia de autonomia pessoal passa a receber tratamento privilegiado e sistematizado, onde "*o agente moral deixa de ser exclusivamente a fonte de valores morais e adquire um valor em si mesmo*"[98] –, se busque fundamentação, também, em aspectos que denotam modos de *funcionamento do inconsciente* humano, teorizados pela psicanálise lacaniana, em conceitos que se articulam contextualmente, com relação à *Lei do Nome-do-Pai*, produto da metáfora paterna que lhe atribui função significante e, num segundo tempo, designa aquilo que rege toda a dinâmica subjetiva.

Configura-se, assim, possibilidade de construção de uma ordem social e jurídica em que os agentes morais autônomos e autodeterminantes possam ser considerados em sua acepção inconsciente, e na qual, em decorrência de postura de uma ética do desejo e não do gozo ilimitado, possa ser pensada a natureza em sua relação com o ser.

A consideração da dimensão do inconsciente – e de seu aspecto de representação de uma Lei simbólica que determina singularidades subjetivas, perante a função constituinte da instância designada superego –, para análise do que se poderia chamar de estudo da proibição e da transgressão, assim como a consideração da "*inadequação radical*" que Freud caracterizou no texto "*Mal-estar na Civilização*", é de fundamental importância para tentarmos refletir sobre as possibilidades de desalienação do sujeito, na tentativa da construção de uma ética jurídica simbólica, não mais radicalmente *universalista*, em decorrência de articulações com o que se conhece a respeito da ética do desejo inconsciente, que é baseada numa *falta real de objeto*.

O debate, assim, se desloca não só para as possibilidades de consensos e acordos, que visam à realização da argumentação que está na base do discurso, em que a norma só é considerada válida quando todos os que possam participar cheguem a um acordo quanto à sua validez, numa ética racional-universalista, baseada em pressuposições pragmáticas da argumentação em geral, numa sociedade multicultural e pluralista, mas, também, para as possibilidades de consideração das *alteridades estruturantes* que emergem do *Real*, nos seus termos históricos, culturais e subjetivos singulares, e que não seguem o princípio da universalização.

---

(98) BARRETTO, Vicente de Paulo. *Bioética e ordem jurídica* (p. 18-23). XV CONFERÊNCIA NACIONAL DA ORDEM DOS ADVOGADOS DO BRASIL. Ethica, Democratia, Justitia. 04 a 08 de setembro de 1994, Foz do Iguaçu, Paraná. Anais... Teses Avulsas. Conselho Federal da Ordem dos Advogados do Brasil, p. 21.

Segundo a teoria lacaniana, o que circula entre os sujeitos, na comunicação simbólica, é uma "*ausência*", ou seja, uma *falta estrutural* que constitui a própria condição da significação, que só se efetiva posteriormente, por um efeito de "*basteamento*" significante, sempre contingencial.

A postura ética psicanalítica aponta, portanto, à impossibilidade de uma metacomunicação que, na Teoria de Habermas, caracteriza o último estágio de interação, em que o "*mundo vivido*" é moralizado. Para Lacan[99], o discurso é uma forma de fazer laço social, uma vez que não há linguagem do ser.

Portanto, somente inserindo-se nas discussões do processo de elaboração das leis a dimensão ética, numa consideração das categorias clínicas formuladas pela Psicanálise, dos *princípios do vazio*, da *alteridade* e do *fenômeno da transferência*, como expressão do sujeito do inconsciente, é que a ordem jurídica poderá atender de modo mais eficaz às novas emergências sociais produzidas pela tecnociência, numa postura ética menos imperativa e mais interrogativa.

Existem, como já dissemos, determinantes físico-psicossociais que devem ser considerados na fase elaborativa das leis jurídicas, porque são os seus reais propulsores. São propulsores que podem perturbar ou facilitar o bom êxito da eficácia da norma jurídica, e que precisam ser analisados, um a um, atentamente, nas suas especificidades, suportando-se a angústia da impossibilidade de legislar de modo completo e absoluto o objeto visado pela lei do direito.

Há que se renunciar à ilusão mítica de projetos de lei excessivamente abrangentes, tanto na tipicidade que estabelece, a ser regrada, quanto na intenção de acertar e solucionar o alvo de modo absoluto. Há que se considerar a categoria do vazio, ou seja, da falta como estruturante (da subjetividade) da lei psíquica, da qual decorre que o significante para cada sujeito tem uma significação, ou seja, uma singularidade, e também a importante função da lei do direito como lei significante, por funcionar como um dos principais determinantes externos da constituição psíquica do sujeito e, portanto, da cultura.

Esse é o momento de a jurisprudência, doutrina e legisladores jurídicos considerarem na normatização dos efeitos da tecnociência, alusivos à identificação e constituição dos sujeitos, e às consequências sobre a humanidade, a lógica do sujeito do inconsciente, que no seu processo de identificação surge não de uma relação de transformação de polos opostos, mas, como propõe a teoria lacaniana, de uma relação de causação, num espaço-tempo inconsciente, ou seja, atemporal. Isso, sem dúvida, exigirá estudos rigorosos advindos da construção futura de articulações transdisciplinares de conhecimentos de áreas distintas dos campos discursivos.

Uma nova política de identificação de indivíduos com aprimoramento das especificidades constantes do sistema notarial de registros públicos, relativamente à historicidade subjetiva, respeitado o sigilo dos dados.

E ainda, uma nova política de tratamento de doenças psíquicas, a ser implementada oficialmente, num primeiro passo, mediante a utilização de outro catálogo de diagnósticos de transtornos mentais, mais assertivo e operativo, não somente fundamentado em bases fenomenológicas, mas também em bases subjetivas. Uma nova política pública que possibilite aos profissionais da saúde uma avaliação diagnóstica mais abrangente de pacientes, não só de suas condições físicas e de aspectos de personalidade, mas também de estruturas clínicas que aparecem na fala, com aspectos singulares da subjetividade de cada sujeito.

Esses aspectos podem ser detectados em práticas transdisciplinares, como algumas que já vêm sendo realizadas satisfatoriamente, relativas à saúde psíquica, resultante de laço discursivo entre psiquiatras, psicólogos e psicanalistas, os quais, num trabalho em conjunto, tratam pacientes fazendo intervenções técnicas medicais, aplicação de testes de avaliação psicológica, e/ou diagnósticos psicanalíticos de *estruturas clínicas* subjetivas, para então fornecer laudos (judiciais ou extrajudiciais) de avaliação global da situação clínica.

A consideração do saber inconsciente, teorizado a partir de prática clínica psicanalítica, poderá

(99) LACAN, Jacques. *Passim.*

ser adotada também como um dos eixos multiaxiais de avaliação individual de saúde psíquica, para o desenvolvimento de política de uma ética que considera o desejo na identificação de sujeitos.

Diante do progresso imensurável e acelerado da ciência contemporânea e do declínio e insuficiência de paradigmas, afigura-se a transdisciplinaridade juspsicanalítica, como uma nova proposta epistemológica, orientadora de postura teórico-prática jurídica, mais credível a cernir e reduzir de modo mais satisfatório a violência dos conflitos contemporâneos. Isto se operacionaliza mediante questionamento e desmitificação do que se encontra recalcado na Lei Psíquica e na Lei Jurídica, como consequência de tempo de percurso precedente ao discurso científico jurídico, assentado em tripé discursivo que resulta em posição subjetiva de discurso do analista, e faz convergir o traço distintivo do sujeito com a *causa* de sua divisão. Este procedimento pode proporcionar o retorno do saber recalcado na Lei do Nome-do-Pai, determinante de dinâmica subjetiva, para, então, ser considerado na Lei Jurídica.

Consequentemente, compete ao Direito estudar a pragmática da comunicação humana para regulamentar as relações jurídicas, a partir de fatores psíquicos, e do aspecto analógico da linguagem. Compete-lhe, a partir desses conhecimentos aprimoradores, expressar uma tradução mais adequada das determinações inconscientes – as quais semanticamente sustentam os vínculos humanos –, no dígito da comunicação jurídica.

4. ASPECTO HISTÓRICO DA IMPORTÂNCIA DA INSERÇÃO DO CONHECIMENTO DA PSIQUIATRIA NA LEGISLAÇÃO PENAL: CASO PIERRE RIVIÈRE

Lembremos a grande importância da inserção do conhecimento da psiquiatria na legislação penal, que levou, de certa forma, a uma substituição da arbitrariedade do regime monárquico, a um princípio de codificação de penas pelo legislador, instituindo-se a *criação das circunstâncias atenuantes e agravantes na classificação das penas*, por ocasião dos influxos da Revolução Francesa.

Bem se podem perceber os conflitos de poder, ética e moral nas relações entre a Psiquiatria e a Justiça Penal, no caso relatado nos "*Annales d'hygiène publique et de médecine légale*", de 1836, a respeito do crime cometido em 3 de junho de 1835, por Pierre Rivière, na aldeia chamada *La Faucterie*, França, estudado e anotado em um trabalho coletivo coordenado por Michel Foucault(100) e outros, intitulado "*Eu Pierre Rivière, que degolei minha mãe, minha irmã e meu irmão*", no qual três conflitos marcaram a introdução das circunstâncias atenuantes, visto que o júri recusou-as, sentindo-se incapaz de usar suas novas prerrogativas de poder, e pediu a comutação da pena ao rei alguns dias depois, numa decisão aparentemente contraditória, diante do caráter parricida do crime e, por conseguinte, equiparado penalmente ao regicida, levantando um problema político, dadas as circunstâncias da época.

A *obtenção da comutação da pena pelo indulto* concedido a Pierre Rivière, em 15 de fevereiro de 1836, mostra-se como resultado da oposição entre os discursos da Justiça e da Medicina, e a incerteza entre profissionais da saúde quanto à existência ou não da loucura no caso em análise, na época. Daí observa-se que decorreu uma evolução jurídica, no sentido da preocupação de tornar a Justiça mais eficaz, rigorosa e segura, porém, com possibilidades de consideração dos casos de impunidade, com surgimento de penas correcionais e medidas de segurança. O Direito, a partir da consideração de conhecimentos das ciências médicas, na legislação penal, passou a aliviar a severidade da repressão e alargar seu domínio. No debate contra a extensão da pena de morte, observa-se igualmente uma evolução jurídica, visto que a pena capital era aplicada, indiscriminadamente, nos códigos imperiais.

5. ASPECTOS PRÁTICOS SOBRE A IMPORTÂNCIA DA INSERÇÃO DO CONHECIMENTO DA PSICANÁLISE NA LEGISLAÇÃO CONTEMPORÂNEA: O DISCURSO DO CAPITALISTA E SUA RELAÇÃO COM A LOUCURA ORDINÁRIA

Neste aspecto nós temos a assinalar que a descoberta freudiana do inconsciente, que data de mais de cem anos, é igualmente um fato importante na pós-modernidade, como o foi a inserção do conhecimento da Psiquiatria no Direito Penal na época da Revolução Francesa. A inserção do conhecimento psicanalítico,

(100) FOUCAULT, Michel et *al. Moi Pierre Rivière, ayant égorgé ma mère, ma sœur et mon frère...* Un cas de parricide au XIXème siècle présenté par Michel Foucault. Paris : Gallimard, 2007.

não somente no Direito Penal, mas também na Filosofia do Direito em geral, poderá talvez ter a mesma importância nos nossos dias que a incursão da Psiquiatria no campo jurídico na época da Revolução Francesa, e poderá de fato produzir uma evolução da teoria e da prática jurídica moderna.

Para pensar esta possibilidade de consideração do saber psicanalítico no campo do Direito pós-moderno, é preciso partir da concepção da psicanálise aplicada. Esta expressão designa, na acepção corrente, *"quando a psicanálise é 'aplicada', seu saber teórico e seu método, a objetos exteriores ao campo da cura"*(101), por exemplo, às obras literárias, mas também às religiões, às instituições, à Medicina, à Justiça e a todas as outras disciplinas.

Este termo "psicanálise aplicada" não teve sempre efeitos felizes, no senso onde ele pode privilegiar a ideia do controle de um saber todo pronto sobre um objeto passivo. Uma tal concepção pode se encontrar em certas obras de psicanalistas de primeira hora, que não reprimem seu entusiasmo de abraçar a significação escondida de uma obra e as motivações psíquicas inconscientes. Mas Freud(102) tem outra concepção, que, no *"Essai sur la Gradiva de Jensen"* (*"O delírio e os sonhos na 'Gradiva' de W. Jensen"*), nos diz inicialmente: "[...] *os poetas e os romancistas são preciosos aliados* [...] *Eles são, no conhecimento da alma, nossos mestres a nós, homens vulgares, pois eles bebem em fontes que nós não temos ainda tornado cessíveis à ciência*"(103).

Lacan(104) retomou esta perspectiva freudiana em *"Hommage fait à Marguerite Duras du Ravissement de Lol V. Stein"* (*"Homenagem feita a Marguerite Duras pelo arrebatamento de Lol V. Stein"* [1965]): *"Haveria grosseria, disse ele, ao atribuir a técnica confessada de um autor a alguma neurose* [...] *a única vantagem que um analista teria no direito a assumir sua posição, é de se lembrar com Freud que nesta matéria o artista sempre o precede e que, portanto, ele, o psicólogo, tem a fazer lá onde o artista lhe abre o caminho"*. Ele nos diz ainda *"A Psicanálise* não se aplica, no senso *próprio, senão como tratamento, e então a um sujeito que fala e que ouve"*(105) e ele acrescenta, nos dando lá os limites da Psicanálise dita aplicada: *"Não pode se tratar fora deste caso senão do método psicanalítico, que faz a decifração dos significantes sem levar em conta qualquer forma de existência pressuposta do significado"*(106).

Quando um psicanalista aplica seu saber a objetos exteriores ao campo da cura, por exemplo, às obras literárias, não se trata, para ele, de tratar a obra como um sintoma de uma das estruturas psíquicas, neuróticas, perversas ou psicóticas. Não se trata também de compreender, de relatar o discurso do autor num saber constituído, mas de fazer confiança ao escritor, ao trabalho de escrita e à coerência interna da obra, à sua lógica interna. Longe da ideia de um discurso aparente que encobre o senso profundo, trata-se de operar uma decifragem dos significantes na obra, tomar o texto ao pé da letra com o uso do inconsciente. Trata-se de entender o que diz todo sujeito a partir do Édipo.

> Segundo a psicanalista Josée Lapeyrère-Leconte(107):
>
> *A prática da psicanálise dita aplicada começa em geral nos analistas por um questionamento que se desenvolve no encontro com uma obra, um evento ou uma disciplina particular. O que faz ponto de encontro entre o psicanalista "aplicante" e a obra, é a maneira como a obra vai cernir um mesmo ponto do impossível, um efeito de real, com a lógica dos instrumentos que lhe são próprios. Por conseguinte – se, por vezes, a psicanálise aplicada a uma obra ou outra disciplina pode permitir de ilustrar ou de exemplificar a teoria, para oferecer numa visão didática uma apresentação a um público bastante largo – o apoio tomado sobre uma obra, o fato de se servir de um saber para permitir cruzamentos, oferece passagens, brechas, dos avanços teóricos.*
>
> *Isso é inteiramente coerente com a teoria lacaniana dos quatro discursos, onde o discurso psicanalítico é aquele que interroga e coloca em trabalho os outros discursos.*

---

(101) No dicionário, o sentido do termo "Psicanálise aplicada" [Vide o Glossário, no final desta obra].

(102) FREUD, Sigmund *apud* CHEMAMA, Roland; VANDERMERSCH, Bernard. *Dictionnaire de la psychanalyse*. Paris : Larousse, 2007, p. 326 [tradução livre da autora].

(103) CHEMAMA, Roland; VANDERMERSCH, Bernard. *Dictionnaire de la psychanalyse...*, p. 326 [tradução livre da autora].

(104) LACAN, Jacques apud CHEMAMA, Roland; VANDERMERSCH, Bernard. *Dictionnaire de la psychanalyse...*, p. 326.

(105) LACAN, Jacques apud CHEMAMA, Roland; VANDERMERSCH, Bernard. *Dictionnaire de la psychanalyse...*, p. 326 [tradução livre da autora].

(106) CHEMAMA, Roland; VANDERMERSCH, Bernard. *Dictionnaire de la psychanalyse...*, p. 326 [tradução livre da autora].

(107) CHEMAMA, Roland; VANDERMERSCH, Bernard. Dictionnaire de la psychanalyse..., p. 327 [tradução livre da autora].

> *Citemos, dentre os exemplos dos mais famosos de psicanálise "aplicada", em Freud, Édipo certamente, a Gradiva de Jensen, o tema dos três cofres, Hamlet, [...] mas também Moisés, às religiões, à Igreja, ao exército, à civilização moderna etc.*
>
> *Do lado de Lacan, A carta roubada de Edgard Poe, Booz adormecido de Victor Hugo, [...], Antígona e Édipo na Colônia de Sófocles, [...] mas também à pintura, à linguística, às matemáticas. [...] o reencontro de Jacques Lacan com a topologia e com o nó borromeo [...]. Todos esses avanços questionam a psicanálise quanto à sua finalidade e têm remarcáveis incidências ou "aplicações" sobre a prática da cura.*
>
> *E, nesse sentido, o que é feito, por exemplo, da questão da interpretação em análise e do escrito poético, se Lacan faz lembrar em 1977 que: "Não existe senão a poesia que permite a interpretação?". Como fazer não somente passar no dito ou no escrito a verdade da estrutura, mas como a tornar consequente, ou ainda como obter efeitos de sensos reais na cura, mas também nas trocas cotidianas e no campo social? O nó borromeo não pode nos ajudar nessas questões colocadas à psicanálise e, portanto a todos que falam e que escutam?*[108]

Portanto, nós partimos da concepção da "psicanálise aplicada", porém, excluindo o ecletismo nefasto o qual poderia nos fazer crer a uma equivalência possível entre as categorias que procedem de campos teóricos-práticos distintos, o Direito e a Psicanálise. Nós desenvolvemos uma aproximação entre a teoria lacaniana das *Quatro Estruturas dos Discursos* (Discurso do Mestre – onde se situa a origem do discurso do Direito –, Discurso do Universitário, Discurso do Histérico, Discurso do Analista[109] com a quinta fórmula que Jacques Lacan nos propõe para designar o *Discurso do Capitalista*[110].

Nosso propósito é de orientar o campo jurídico sobre os saberes mais recentes da Psicanálise em relação aos efeitos do Discurso do Capitalista nas derivas que ele produz sobre o aparelho das quatro estruturas discursivas descritas inicialmente por Lacan.

Nós desenvolvemos esta reflexão doutoral, sob a orientação do psicanalista Serge Lesourd a partir de sua tese "*A construção do sujeito na modernidade. Da psicopatologia adolescente a uma clínica da criança no laço social*"[111] e, em particular, de seu texto intitulado "*A loucura ordinária dos discursos modernos*"[112], no qual ele fala da determinação da loucura e sua relação às mudanças de coordenadas referenciais dos discursos.

Nós fizemos então uma articulação mais prática entre o Discurso do Direito, o qual se situa na posição de Discurso do Mestre (em Lacan), e o Discurso da Psicanálise, aí incluindo o Discurso do Capitalista. Nós ressaltamos que esta *quinta fórmula* do Discurso do Capitalista não faz parte do aparelho dos *Quatro Discursos* o qual Lacan formulou, inicialmente, para descrever os discursos que organizam a comunicação. Este aparelho das quatro estruturas discursivas trata da especificidade das relações do sujeito aos significantes e ao objeto. Tais relações, ao mesmo tempo em que são estruturantes para o sujeito como *cindido* de *si mesmo* e do *objeto*, regulam também as formas de laço social.

Na sua obra, Lesourd[113] nos lembra que segundo Lacan "*a metáfora paternal é o produto de um discurso, daquele que organiza o social a partir da diferença dos sexos e do 'phallus' como referencial do desejo; e é a ausência desta metáfora que produz os efeitos da loucura*". É assim que Lacan constrói sua teoria dos discursos "*a partir da estrutura da linguagem $S_1 \leftrightarrow S_2$ e dos efeitos desta estrutura de linguagem sobre a produção do sujeito e do objeto como separados um do outro*". Desta maneira Lacan[114] demonstra que:

> *[...] o discurso do Mestre, como organizador de um tipo de laço social, tem a mesma escritura que o discurso do inconsciente e que o sujeito do inconsciente é a produção de um tipo particular de laço social, sempre presente no tempo originário do encontro da linguagem, aquele aonde o significante vem designar o sujeito como representado por um significante para outro significante*[115].

---

(108) CHEMAMA, Roland; VANDERMERSCH, Bernard. Dictionnaire de la psychanalyse..., p. 327 [tradução livre da autora].

(109) Vide o Esquema dos Discursos, no final desta obra.

(110) *Estou me referindo aqui à versão da conferência difundida pelo Espaço analítico em anexo ao seu correio interno, o texto não sendo disponível em uma versão publicada.* (LESOURD, Serge. *Comment taire le sujet?* Des discours aux parlottes libérales. Toulouse : Humus, Érès, 2006, p. 113 [tradução livre da autora]).

(111) LESOURD, Serge. *La construction du sujet dans la modernité.* De la psychopathologie adolescente à une clinique de l'enfant dans le lien social... [tradução livre da autora]

(112) LESOURD, Serge. La folie ordinaire des discours modernes. *Figures de la psychanalyse,* vol. 2, n. 10, p. 105-110, 2004. DOI : 10.3917/fp.010.0105. Disponible sur : <www.cairn.info/revue-figures-de-la-psy-2004-2-page-105.htm>. Accès : 09 mar. 2012.

(113) LESOURD, Serge. *La folie ordinaire des discours modernes...* [tradução livre da autora].

(114) LESOURD, Serge. *La folie ordinaire des discours modernes...*

(115) LESOURD, Serge. *La folie ordinaire des discours modernes...* [tradução livre da autora].

Neste texto sobre a relação da loucura com os discursos, Lesourd[116] faz uma articulação partindo do quinto discurso que Lacan designa como Discurso do Capitalista.

Ele[117] nos explica que na sua proposição do Discurso do Capitalista, Lacan não faz senão uma operação no aparelho onde ele demonstra os *Quatro Discursos, "que tem consequências lógicas fundamentais: ele inverte o lugar do significante-mestre S_1 e do sujeito no primeiro termo do discurso do Mestre".*

Discurso do Mestre Discurso do Capitalista

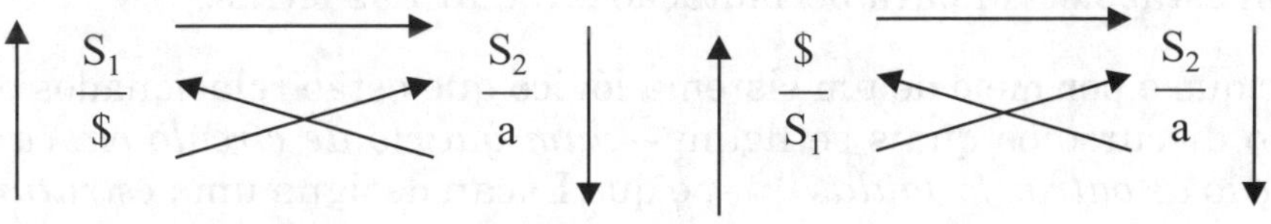

Como nos mostra Lesourd[118], no texto "*La folie ordinaire des discours modernes*":

> *Há uma determinação do sujeito pelo discurso social que cria formas particulares de loucura, isto é, de impasse a uma realização subjetiva. Nós devemos então disso tirar uma conclusão imediata, pois se a estrutura do sujeito depende dos discursos sociais, se, como Lacan o resume num momento, o inconsciente é o social, quando o discurso organizador da sociedade muda, quando a estrutura do discurso falado por uma sociedade muda, então se coloca instantaneamente a questão: quais modificações emergem na construção da subjetividade? Os novos modos de loucura ordinária, mesmo psicótica, que nós encontramos na clínica colocam a questão da mudança da estrutura do discurso que organiza nosso laço social.*

Mas, também:

> *Esta inversão de lugar transforma radicalmente a estrutura mesma da relação do sujeito na linguagem. Na linguagem, atualmente no Discurso do Capitalista, o significante não nomeia mais o sujeito, e no desejo o objeto não lhe escapa. Não há mais sujeito separado do objeto ($\$ \diamond a$) como no Discurso do Mestre, mas há possibilidade de laço entre $\$$ e objeto a. O sujeito se encontra inassujeitado, ele não é mais submisso. Em seguida, inicia-se um jogo onde se manifesta uma imaginária ostentação de liberdade absoluta, é isto o que nós vemos na inflação do discurso moderno que esconde em realidade uma alienação radical ao outro como possuidor do objeto, ao outro do discurso considerado não mais como um grande Outro, mas ao outro semelhante. Assim se cria uma alienação egóica ao outro que possui o objeto, do que a gente vê bastante os efeitos nas patologias narcísicas de que fala Patrick Delaroche*[119].

Com estes dois lugares novos na fórmula do Discurso do Capitalista: $\$$ em posição dominante de agente do discurso e S_1 em posição de verdade velada, Lesourd[120] nos diz que no capitalismo o sujeito é capaz de gozar sem entrave.

Nós recordamos que os *quatro discursos* introduzidos por Lacan representam uma *matriz estrutural* onde tudo se faz a quatro: eles próprios são constituídos de quatro elementos, S_1, S_2, $\$$, *a*, cujos lugares situados em ambos os lados de duas barras possuem quatro valores ou funções – o agente, o outro, a produção, a verdade[121].

> *Esta estrutura a quatro supõe, portanto, o manuseio de uma cadeia significante mínima: $S_1 \leftrightarrow S_2$, necessária e suficiente a representar o sujeito: $\$$ no olhar do grande Outro: o inconsciente, e do pequeno outro: o objeto a, o objeto causa do desejo.*

Através de todo discurso, o agente se endereça ao outro, e a verdade que ele tenta atingir é forçosamente trazida pelo intermediário de alguma produção. Desde que exista uma relação entre S_1 e S_2, entre o significante-mestre e o saber –, devido à mediação exigida da fala, o sujeito é absolutamente separado da produção de seu discurso que é sempre inadequado: uma inexorável lacuna separa, portanto, o $\$$ do objeto a[122].

---

(116) LESOURD, Serge. *La folie ordinaire des discours modernes...*

(117) LESOURD, Serge. *La folie ordinaire des discours modernes...* [tradução livre da autora].

(118) LESOURD, Serge. *La folie ordinaire des discours modernes...*, p. 105-106 [tradução livre da autora].

(119) LESOURD, Serge. *La folie ordinaire des discours modernes...*, p. 106 [tradução livre da autora].

(120) LESOURD, Serge. *La folie ordinaire des discours modernes...*, p. 106 [tradução livre da autora].

(121) LESOURD, Serge. *La folie ordinaire des discours modernes...*, p. 106 [tradução livre da autora].

(122) MIJOLLA, Alain de (sous la dir. de -). *Dictionnaire international de la psychanalyse...*, p. 486 [tradução livre da autora].

Lesourd(123) nos explica no texto “La folie ordinaire des discours modernes” que no Discurso do Capitalista, nós nos encontramos, na troca linguageira, com dois lugares novos, e o primeiro é o descrito pelo $\frac{\$}{S_1}$ portanto “não há ser do capitalismo”. Isto é, “não há acoplamento subjetivo no capitalismo”, salvo um sujeito acéfalo.

O \$ sujeito clivado está no lugar dominante. Nesta fórmula o termo móvel \$ que representa o sujeito cindido, assume a posição de agente do discurso, como no discurso histérico.

Mas o significante mestre S_1 aparece, pela primeira vez na teoria, em posição *invertida* na sequência lógica da ordem estabelecida para permutação circular das letras.

Deve-se notar que é por meio de um sistema lógico que estão relacionados os lugares e os elementos nos dispositivos do discurso os quais se ligam – *num quarto de círculo em cada fórmula algébrica ou cada uma em relação às outras fórmulas*(124) –, e que Lacan designa uma *estrutura mínima*(125) significante da linguagem $S_1 \leftrightarrow S_2$ e o quarto de giro necessário e sucessivo em relação a outros termos móveis \$, *a*, no seu aparelho discursivo de quatro patas, o qual não pode, sobretudo, ser invertido.

É a partir da fórmula algébrica imperativa do Discurso do Mestre que Lacan designa o Discurso do Capitalista. Nesta nova fórmula que não faz parte do aparelho discursivo, o termo móvel S_1 se situa embaixo à esquerda da fração, ocupando o lugar comumente designado pela *verdade*.

Também deve ser notado que este lugar da verdade nos dispositivos dos quatro discursos é sempre enigmático, isto é, que a verdade é sempre uma semiverdade.

Lesourd(126) continua a sua articulação no texto “*La folie ordinaire des discours modernes*” explicando que do lado esquerdo da fórmula do Discurso do Capitalista $\frac{S_2}{a}$, encontramos o trabalhador no lugar designado para o “outro” (em cima, à direita)(127) nas estruturas do discurso.

Nesta fórmula para o Discurso do Capitalista, o lugar do “outro” (em cima, à direita)(128) do discurso é ocupado pelo:

> *[...] proletário, para recuperar a fala de quem disto melhor falou, Karl Marx, ou seja, o escravo moderno. Mas lá ainda, e o discurso de Marx demonstra, não há sujeito do proletariado, senão uma massa de proletários. Não há ser, indivíduo do proletariado. Isto coloca a questão de saber se o discurso que Lacan nos propõe como leitura dos fenômenos novos na organização do laço social pode fazer discurso de enunciação e, portanto, de subjetivação, ou não pode ser entendida apenas como uma declaração de puro enunciado entre capitalista acéfalo e proletário massificado*(129).

Segundo Lesourd(130), quando Lacan coloca a questão do Discurso do Capitalismo ele dá um passo no seu ensinamento, talvez nos propondo:

> *[...] uma tentativa de articulação das loucuras modernas numa outra estrutura discursiva que a estrutura da enuciação com a qual nós damos conta, de maneira pertinente aliás, das loucuras clássicas. As loucuras modernas teriam ntão a ver com a maneira que o sujeito se vira com seu acolhimento nos discursos sociais – pois não existe sujeito fora desta inscrição nos discursos que lhe preexistem –, nos discursos sociais que não seriam mais discursos de enunciação, mas discursos de enunciados*(131).

Na fórmula lacaniana de um quinto discurso, o Discurso do Capitalista, que não faz parte do aparelho dos Quatro Discursos (Discurso do Mestre, Discurso do Universitário, Discurso do Histérico e Dis-

---

(123) LESOURD, Serge. *La folie ordinaire des discours modernes...* [tradução livre da autora].

(124) LACAN, Jacques. *Le séminaire* : livre XVII. L'envers de la psychanalyse (1969-1970). Paris : Éditions du Seuil, mars 1991..., p. 61 [tradução livre da autora].

(125) MIJOLLA, Alain de (sous la dir. de -). *Dictionnaire international de la psychanalyse...* (J. Dor), p. 486 [tradução livre da autora].

(126) LESOURD, Serge. *La folie ordinaire des discours modernes...*, p. 107. Iniciar aqui.

(127) Vide o Esquema dos Discursos, no final desta obra.

(128) Vide o Esquema dos Discursos, no final desta obra.

(129) LESOURD, Serge. La folie ordinaire des discours modernes..., p. 106-107 [tradução livre da autora].

(130) LESOURD, Serge. *La folie ordinaire des discours modernes...*, p. 107.

(131) LESOURD, Serge. *La folie ordinaire des discours modernes...*, p. 107 [tradução livre da autora].

curso do Analista), nós podemos situar novos discursos, segundo Lesourd[132]: "[...] oriundos do modelo do Discurso do Capitalista o qual tem a particularidade, como ele, de ser discurso dos enunciados que negam a impossível completude em construindo os modos de ser no mundo onde o sujeito pode crer a uma adequação com o objeto do gozo".

Se nós partimos da lógica desta quinta fórmula que Lacan nos deu para designar o Discurso do Capitalista, na construção de novas fórmulas dos quatro discursos, consequentemente: "[...] *os outros quatro algoritmos* são *inutilizados, enquanto que, logicamente, eles poderiam existir, e que estes quatro algoritmos* são aqueles que nós vamos encontrar nos discursos produzidos pela rotação *a partir do Discurso do Capitalista*"[133].

Lesourd[134] constatou então esta *deriva* na lógica do aparelho discursivo e diz que "*nós podemos plenamente reconhecer estas quatro escrituras algorítmicas, e as situar na constituição dos discursos da modernidade*".

Segundo Lesourd[135], a primeira fração impossível que resulta, consequentemente, por rotação do Discurso do Capitalista é $\frac{S_1}{a}$. Ele diz que esta ordem de termo móvel é impossível:

> *[...] a escrever na lógica do inconsciente, pois o objeto não pode jamais ser significado por um significante! O objeto – causa do desejo é sempre significação da cadeia significante, ele é o que se apreende na trama do saber como efeito do significante, isto é o que nós tentamos captar nas curas, esta descoberta de um objeto faltante desde sempre e, contudo produto de um saber. Jamais o* S_1 *pode produzir algo de uma determinação do objeto*[136].

Para ilustrar como o enunciado oriundo desta fórmula é incapaz de produzir enunciações, ele fala da toxicomania e destes que dizem: "Eu sou drogado". Ele diz que "O objeto nesta conduta de relação ao produto vem tentar constituir algo no qual o sujeito tenta, desesperadamente, de se fazer representar pelo significante que nomeia o objeto"[137].

Então, Lesourd[138] se questiona sobre o que se passa nos enunciados que designam, astuciosamente, os nomes dos medicamentos, por exemplo: "*o Prozac cujo objetivo é ainda o da ac...tividade*" –, para o tratamento antidepressivo. Ele diz:

> *Este não é um sujeito que pelo significante é designado, este não é um saber que cai, que porta um resto, mas bem um objeto de gozo, um objeto de completude adequado a uma realização plena e inteira do desejo que vem a ser designado pelos significantes. O objeto assim alcançado tem função de tornar-se uma resposta sobre o ser do sujeito, então, adequado ao objeto. Esta questão de uma designação significante de um objeto adequado ao gozo, nós podemos a reencontrar seja na fórmula: "Eu existo, pois eu gozo do objeto de consumação" que sustenta o discurso publicitário, mas, também, de maneira mais insidiosa no discurso de alguns de nossos colegas psicanalistas, que repensam a questão da falta e da diferença dos sexos a partir do que, no ser humano, constitui a relação ao objeto: a analidade*[139].

Este primeiro relatório, o qual se encontra na impossibilidade de produzir uma subjetivação no nível inconsciente, segundo Lesourd, pode se transformar no senso inverso $\frac{a}{S_1}$ e produzir enunciados como aqueles que estão nos painéis publicitários. Lesourd os nomeia de discurso das marcas onde:

> *O objeto designa o significante-mestre do sujeito. Contudo, este enunciado não pode ter lugar na classificação de uma enunciação, pois não há objeto do significante primordial. Não há significante que designaria o objeto de desejo, que, pela estrutura mesma, é objeto assemântico que não entra no campo do discurso, o objeto do desejo (a) não é especularizável, não é significável. Contudo, na psicopatologia adolescente, há hoje criação no discurso do look, não de um distintivo que representaria um sujeito na sua função, por exemplo, as asas representam o piloto, mas de uma adequação do sujeito à marca que ele está portando. A publicidade realça isto colocando em cena um objeto que representaria, que designaria o lugar do sujeito. O objeto marca faz efeito de designação significante. A designação do sujeito pelo objeto de marca atribui o sujeito a um lugar significante no discurso do outro, no qual ele é assujeitado, não em função do que ele é ou de um significante que o representa, mas em função de um objeto que o designa e da maneira como este objeto é percebido pelo outro que o olha. Os adolescentes são particularmente afeiçoados desta submissão a um objeto que vem a designar algo de um significante que vem representar o sujeito. É, então, a partir deste objeto que o sujeito se imagina poder enfim ocupar um lugar*[140].

---

(132) LESOURD, Serge. *La folie ordinaire des discours modernes...*, p. 107 [tradução livre da autora].
(133) LESOURD, Serge. *La folie ordinaire des discours modernes...*, p. 107 [tradução livre da autora].
(134) LESOURD, Serge. *La folie ordinaire des discours modernes...* [tradução livre da autora].
(135) LESOURD, Serge. *La folie ordinaire des discours modernes...*
(136) LESOURD, Serge. *La folie ordinaire des discours modernes...*, p. 107 [tradução livre da autora].
(137) LESOURD, Serge. *La folie ordinaire des discours modernes...* [tradução livre da autora].
(138) LESOURD, Serge. *La folie ordinaire des discours modernes...* [tradução livre da autora].
(139) LESOURD, Serge. *La folie ordinaire des discours modernes...*, p. 108 [tradução livre da autora].
(140) LESOURD, Serge. *La folie ordinaire des discours modernes...*, p. 108-109 [tradução livre da autora].

O outro algoritmo impossível, segundo Lesourd, que resulta da rotação do Discurso do Capitalista é $\frac{S_2}{\$}$. Ele é um enunciado impossível:

> *[...] pois, todo mundo o sabe muito bem depois da criação do discurso da Ciência, não há sujeito no saber. O sujeito não é jamais que suposto, nenhum saber designa jamais um sujeito, salvo na nossa modernidade do discurso da tecnologia médica. O saber designa o lugar que deve ocupar o sujeito na sociedade e no laço ao outro. Eu me lembro de um pequeno anúncio que apareceu num grande cotidiano nacional, redigido assim: "Busco parceiro para partilhar vida em comum, não fumante". A questão do desejo se articula lá do lado de um saber prescrito pela tecnologia, não importa o sexo do sujeito desde que seja tecnicamente sano. Neste tipo de enunciado se coloca algo de absolutamente fantástico e que nós vemos os efeitos devastadores em permanência. Se o saber pode designar o que é o sujeito, se a cadeia do saber pode representar o sujeito, o que se demonstra é que não importa qual saber pode representar o sujeito. Neste momento o sujeito não tem mais lugar atribuído, lugar determinado nos discursos, salvo por um saber sempre contestável em direito por outro saber. Neste quadro, como cada saber é admissível, cada sujeito pode no momento onde ele o queira se constituir por um certo saber e a um outro por um outro. O sujeito seria, neste discurso tecnológico, representado pela demonstração que ele faz em permanência de sua existência no seu saber. Eu falo aqui dos especialistas que vêm nos "debitar", nos provar suas existências nas suas exibições de um saber que designa o ser do sujeito.*[(141)]

Confrontado com este discurso de especialistas, Lesourd nos diz que tem um outro enunciado invertido $\frac{\$}{S_2}$, e ele pensa que "é este que fará as maiores devastações no laço social" doravante. A ordem dos elementos neste enunciado mostra que o sujeito determina o saber.

> *Este lugar é o do guru, ou seja, um sujeito que teria ou creria ter tudo dominado sobre a enunciação de um saber. Este enunciado é aquele do religioso quando ele não é garantido por um significante-mestre, mas unicamente pela subjetividade de um outro somente, na clivagem de um indivíduo. Os eventos políticos recentes, o florescimento de pregadores de todos os tipos, nos dão uma visão geral bastante catastrófica. É suficiente para ter poder, por si só, evidentemente sustentado por alguns outros, designar o eixo do mal, e, assim, colocar em movimento uma maquinaria de guerra fazendo alguns milhares de mortos. O sujeito se encontra numa posição infantil arcaica de toda-potência, mestre de seu saber e, portanto, do gozo que disto resulta*[(142)].

Chegando ao fim de seu texto "*La folie ordinaire des discours modernes*", Lesourd[(143)] enuncia que nós podemos construir, a partir destes quatro polos, três outras *fórmulas* de discurso da modernidade que responderiam ao Discurso do Capitalista.

> *A primeira é o discurso do Ecologista, seja o discurso da reclamação, aqui atribuído a um defeito no significante. A segunda seria o discurso do Técnico onde, em nome do saber, ele seria possível de atribuir o sujeito a um lugar graças ao objeto que nós lhe propomos. A última, que nos concerne mais diretamente e nos coloca questão a nós, psicanalistas, é o discurso invertido do Discurso do Capitalista. Este discurso é aquele que, a partir do lugar do objeto, vai visar diretamente o significante-mestre onde o objeto designa o significante que representa o sujeito. Isto é o que nos oferece hoje a psiquiatria moderna do DSM 4 que diz que é psicótico aquele que reage ao medicamento incisivo, é depressivo aquele que reage aos antidepressivos, é criança com problemas aquela que pode ser acalmada pela Ritalina.*
>
> *Estes diferentes discursos de enunciados, na sua eficacidade imediata do fato do laço mantido entre um sujeito e seu objeto de gozo, defendem uma nova forma de relação subjetiva ao mundo que não é mais feito de falta e de desejo, mas de realização plena e imediata do sujeito no seu ato. Se estes discursos de enunciados não apagam o ato de enunciação e a estruturação do ser-falante pelo campo da linguagem, eles tendem a dobrar a enunciação sobre o campo do enunciado e enfatizam os fenômenos narcísicos como lugar do sofrimento subjetivo, pois o sujeito, pego nos discursos onde a realização do gozo parece possível, vive a impossível completude do ser-falante como uma falta subjetiva, como uma responsabilidade individual, como uma impotência pessoal. O que se perde nos enunciados da modernidade, é o limite imposto ao humano pelo campo da linguagem, o interdito portador de um não tudo, de uma falta, que é a cada vez o impasse de cada um e a recuperação do desejo. Defendendo a realização da conjunção do sujeito e do objeto, os discursos modernos de enunciados produzem no fundo o que faz o leito das patologias modernas, o tédio do sujeito que não é mais atrelado à busca de um desejo, mas alienado ao objeto da realidade sempre decepcionante*[(144)].

Assim, tendo desenvolvido ao longo desta pesquisa uma articulação entre o Direito e a Psicanálise para pensar "*o sujeito do Direito na transferência, por meio das* ***quatro estruturas discursivas***" – estruturas que foram formuladas por Lacan para demonstrar a organização da comunicação linguageira, específica das relações do sujeito com significantes e com o objeto no nível inconsciente, as quais são determinantes para o indivíduo e regulam as formas de laço social –, nós incluímos neste subcapítulo uma

---

(141) LESOURD, Serge. La folie ordinaire des discours modernes..., p. 109 [tradução livre da autora].

(142) LESOURD, Serge. *La folie ordinaire des discours modernes...*, p. 109 [tradução livre da autora].

(143) LESOURD, Serge. *La folie ordinaire des discours modernes...*, p. 110.

(144) LESOURD, Serge. *La folie ordinaire des discours modernes...*, p. 110 [tradução livre da autora].

nova aproximação entre as *Quatro Estruturas de Discursos*[145] (Discurso do Mestre – onde se situa a origem do discurso do Direito –, Discurso do Universitário, Discurso do Histérico, Discurso do Analista) com a *quinta fórmula* que Jacques Lacan nos propôs para designar o Discurso do Capitalista.

Nosso propósito é de orientar o campo jurídico sobre os saberes mais recentes da Psicanálise com relação aos efeitos do Discurso do Capitalista e às *derivas* que ele produz sobre o aparelho das *quatro estruturas discursivas* descritas inicialmente por Lacan.

Nós demonstramos que no funcionamento do *aparelho dos quatro discursos*, a relação do sujeito com a verdade, isto é, com o saber e o gozo, muda conforme posição que $ sujeito *clivado* e o objeto *a* tomam no *quarto de giro* necessário e sucessivo dos discursos, a partir de uma estrutura mínima significante de linguagem $S_1 \leftrightarrow S_2$ os quais designam, respectivamente, o significante-mestre e o saber. O sujeito neste movimento é determinado por um discurso onde ele tem a se situar, sem, no entanto ser mestre do sentido das palavras que ele empregaria à sua conveniência. O funcionamento destas *quatro estruturas dos discursos* que seguem as leis da linguagem produz um efeito de sentido, de *significação*, como no caso da metáfora, que destaca ressonâncias e conotações poéticas, sem, contudo permitir ao sujeito de se fixar a uma significação unívoca.

Os termos produzidos por estas *quatro estruturas dos discursos*:

> [...] *têm valor de significantes, isto é, eles desempenham em diferentes registros significados diferentes em função de sua história, de seu contexto, dos campos semânticos onde eles se originam, e ainda das analogias e derivações em relação com o que constitui seu lado fonético. Lacan queria ser ouvido, nos seus escritos e nos seus seminários, no sentido de que a elaboração teórica ela-mesma poderia emprestar os caminhos traçados pelo significante, com as diversas balizagens, as diversas leituras que podemos disto fazer.* [...]
>
> *Será que se opõe a essa dimensão aquela do matema, que vem de alguma maneira a limitar, a delimitar? Precisamente porque a psicanálise reconhece a dimensão metafórica da linguagem, ela tenta ao mesmo tempo propor escrituras lógicas, notações algébricas, esquemas, matemas, isto é, um conjunto de símbolos organizados por uma sintaxe rigorosa, podendo, portanto se transmitir integralmente. Mas, isto será retomado e utilizado através de interpretações semânticas diversificadas. Também é notável que, em muitos casos, Lacan restaura a um termo, que parecia puramente algébrico, um valor de significante* S_1*, por exemplo, o lendo como "enxame" (notação algébrica)*[146].

Portanto, demonstramos aqui, a partir da tese de Lesourd[147], que Lacan avançou na sua teoria com a escritura da *quinta fórmula discursiva* a qual nos permite refletir sobre a relação da *deriva* do *Discurso do Capitalista* com a loucura ordinária pós-moderna. Então nós indicamos estes aportes psicanalíticos para serem aplicados no campo jurídico mediante de um trabalho transdisciplinar, para tentar desenvolver códigos e instrumentos de procedimentos numa política que considere "os *efeitos* do discurso sobre a construção da subjetividade" de cada indivíduo. Isto porque não existe sujeito fora de uma inscrição discursiva, familiar e social que lhe pré-exista. Os comportamentos em geral e as loucuras pós-modernas têm a ver com esta *outra estrutura discursiva de enunciados capitalistas,* diferentemente, a seu turno, do que a estrutura da *enunciação* produz pelo funcionamento das *quatro estruturas discursivas* clássicas.

Esta mudança do sistema do discurso, ao contrário da *enunciação* produzida pelo *recalcamento* e pelo limite no nível do Discurso do Mestre e estes movimentos nas outras posições discursivas, geram novos discursos oriundos do modelo do Discurso do Capitalista que tem a especificidade de produzir os discursos de *enunciados.* Este novo estilo de discurso nega "*a impossível completude em construindo modos de ser no mundo onde o sujeito pode crer a uma adequação com o objeto do gozo*"[148].

Nós pensamos então que este trabalho pode ajudar os profissionais da Justiça a melhor compreender os laços sociais, os comportamentos e as passagens ao ato dos *sujeitos de Direito.* Nós pensamos que é um conhecimento indispensável para fazer evoluir a Justiça contemporânea num sentido de humanização e de

---

(145) Vide o Esquema dos Discursos, no final desta obra.

(146) CHEMAMA, Roland; VANDERMERSCH, Bernard. *Dictionnaire de la psychanalyse...* (Avant-propos de la troisième édition) [tradução livre da autora].

(147) LESOURD, Serge. *La construction du sujet dans la modernité...*

(148) LESOURD, Serge. *La folie ordinaire des discours modernes...*, p. 107 [tradução livre da autora].

construção da subjetividade sustentada por valores, e não uma Justiça unicamente ao serviço do Mercado onde a ordem econômica substitui o laço social. Disto resulta uma ética mais inconsciente que considere os diferentes *significantes* subjetivos e culturais, referidos à *Interdição* dos crimes fundamentais, ao princípio da diferença sexual, e à impossibilidade de tudo fazer, para possibilitar uma conviviabilidade mais sadia, desligada da moral do puro poder ou do serviço de bens e da alienação.

CAPÍTULO III

O DIREITO A TER UMA CRIANÇA FORA DA SEXUALIDADE

1. A SUBJETIVIDADE COMO "EFEITO DE DISCURSO" E A QUESTÃO DA ADOÇÃO DAS CRIANÇAS NO QUADRO DAS NOVAS PARENTALIDADES

Nós demonstramos nestas pesquisas que é preciso leis para sermos humanos e que há níveis mais inconscientes da instância da Lei de Linguagem – designada Lei do Nome-do-Pai, pela Psicanálise – que são *constrangimentos de estrutura* para todos e todas. Estes *constrangimentos que emergem de uma negação primordial* ao gozo *ilimitado*, estabelecem o limite sempre representado pela Interdição do incesto e dos crimes fundamentais, o parricídio, o matricídio, e o infanticídio. Há, também, níveis conscientes da instância das leis que, apesar de seguirem as *contingências dos períodos históricos* de cada sociedade concreta, são herdeiros dos *constrangimentos* arcaicos estruturantes.

Nós demonstramos, também, que a consideração do saber da Psicanálise pelo campo do Direito produz uma modificação da própria noção de lei. Nós tendemos assim a considerar a Lei, mesmo as leis jurídicas, como uma instância psíquica. Compreendemos que para ser humano e sociável, é preciso a interiorização dos *constrangimentos* nos níveis da estrutura psíquica, durante os processos primários e secundários da infância. Sem um desenvolvimento, em condições sanas para a subjetividade, o indivíduo não vai reconhecer as leis sociojurídicas das sociedades concretas. E, para explicar as influências destes processos na e pela cultura, nós destacamos, com base em legados filosóficos os quais introduziram na Filosofia geral e no Direito a teoria freudiana das *pulsões de vida e de morte*, que o *princípio do prazer* deve ser substituído pelo *princípio de realidade*, como condição de humanização.

Lembramos então que a relação dos pais com seus filhos é estabelecida tanto pelo biológico quanto pelo psíquico. É o simbólico de toda uma sociedade que, exigindo dos pais a tarefa de criar e educar sua descendência, fala através suas vozes no curso de gerações. O humano é, portanto, humano em se submetendo a esta estrutura, a este grande Outro que é a cultura, a língua, a família, numa enunciação antropológica.

Nós dissemos que o indivíduo social reconhece sua existência em reconhecendo a existência de uma estrutura de determinações, tal a gramática, a fatalidade, os deuses, a morte, a lei etc. Isto num enunciado antropológico em que o sujeito, para além do pensamento estruturalista de Lévi-Strauss, resta numa posição ao mesmo tempo externa e interna à cultura, sendo suporte e ator das relações que se verificam na estrutura institucional.

Lembramos ainda que para a Psicanálise o sujeito é o sujeito do inconsciente, em sua singularidade. Ele é exterior, mas também interior à cultura, portanto diferente do sujeito da antropologia clássica. Ele é o sujeito da *enunciação* e não do enunciado. Ele surge causado pelas relações *intra*psíquicas de identificações primeiras, com a mãe, com o pai e com a figura dos dois ao mesmo tempo, até que ele possa discernir e elaborar a diferença sexual anatômica.

Desde Lacan, podemos dizer que as relações dos indivíduos com as leis sociojurídicas dependem desta interiorização designada metáfora do Nome-do-Pai. Por meio do processo de metaforizarão o pai se torna portador da Lei simbólica e suporte da entrada da criança na linguagem. Mas nenhum pai é suficiente à sua função, seja ele pai real ou pai imaginário. O pai enquanto simbólico não pode exercer plenamente sua função visto que se trata de *Lei* simbólica, isto é, da Lei do *significante*. Do significante paterno restam somente traços *inconscientes* no texto dos discursos.

Com relação a esta concepção da função do pai no Complexo de Édipo e de sua finalidade – tal como descrito por Freud como complexo de *castração*, questão que ele tentou regular pelo mito do assassinato do pai da horda primitiva –, Lacan foi mais além, em propondo de levar em conta a *função paternal* na subjetividade como instauradora da Lei simbólica, por meio de uma escritura significante fundada sobre a escritura da *metáfora*. Nestes seus estudos sobre a psicose, Lacan estabeleceu a dualidade significante/significado e ele demonstrou como a *metáfora paternal* é ligada ao estabelecimento do *significante fálico* como *significante central* de toda a *economia subjetiva*(149).

Para compreender um pouco mais como esta Lei simbólica, ligada à função paternal, constitutiva de toda a economia subjetiva, se transmite nos laços e nos discursos sociais, assim como sua relação à psicopatologia, nós recorremos ao texto "*Impasses de la construction subjective chez l'enfant et l'adolescent*", onde Lesourd(150) explica que cada sociedade organiza, na sua cultura e nos seus laços sociais:

> *Os limites colocados aos prazeres individuais e às relações interindividuais de gozo, de propriedade, e, portanto as relações aos outros. Toda cultura é assim portadora de interditos sempre expressados, de valores morais às vezes implícitos e de ideais na maioria das vezes tácitos. Freud salientou já em 1923 que uma vez afastadas (pela cura) as particularidades individuais do supereu do neurótico, nós encontramos então prescrições do supereu coletivo. Mas toda cultura é também portadora de prescrições de gozo, que restam na maior parte do tempo inconscientes, sob a forma de gosto ou desgosto alimentar, de modos de uniões sexuais preconizadas ou interditas, e até mesmo para a seleção primeira dos fenômenos admissíveis na linguagem e dos modos de expressão dos afetos. Isto implica que toda a educação é uma aprendizagem que limita os modos de satisfação pulsional pela interiorização dos códigos do "bem gozar" que prevalecem na sociedade de origem da criança*(151).

A cultura é então um horizonte institucional. Ela produz no psiquismo humano um determinismo inconsciente de subjetividade disciplinada. Isto implica que a infância é um tempo de aprendizagem das limitações de gozo e de frustração individual, diante dos gozos possíveis para o sujeito e, entretanto impossíveis do fato da cultura. As patologias infantis são, portanto, segundo Lesourd, o modo que a criança testemunha de sua recusa, de sua incapacidade, e de sua inadaptação aos interditos culturais, a compreender e integrar como frustrações necessárias à vida em sociedade.

> *Toda psicopatologia não pode, portanto, ser concebida senão como a expressão do sofrimento individual de um sujeito a integrar, por razões que podem ser múltiplas, este necessário renunciamento à satisfação total de suas pulsões e de seus desejos pessoais. As psicopatologias estão, portanto, sempre em ligação com a sociedade naquela onde elas se desenvolvem. As patologias do final da infância, da adolescência, testemunham, não poderia ser melhor, desta conexão profunda entre psicopatologia individual e laço social. De fato, a adolescência é o momento em que o sujeito deve encontrar seu lugar no laço social adulto, e então encontrar os significantes, oriundos do laço social, que permitem gozar da vida como sendo responsável por si mesmo, por seus atos e sua relação com os outros. As psicopatologias adolescentes são diretamente o testemunho da organização do mundo no qual elas se produzem e de cada época, cada cultura produz formas de psicopatologias adolescentes em adequação com os interditos de gozo culturais*(152).

Os especialistas concordam em dizer que as formas de expressão da psicopatologia mudaram nas duas últimas décadas. De fato, eles dizem que há um forte aumento dos distúrbios narcisistas, das depressões, da agitação psicomotora e, ainda, agitações relacionadas ao consumo. Paralelamente eles constatam uma diminuição:

> [...] *das fobias infantis que foram consideradas como uma psicopatologia "normal" das crianças em período pré-edipiano, e uma aparição de fobias adolescentes graves que não são relacionadas com a aparição clássica dos distúrbios esquizofrênicos deste período da vida. Da mesma forma, as recentes classificações semiológicas demonstraram que as formas clássicas de histeria com sintomas de conversão, praticamente, desapareceram das consultas. Finalmente, como um substituto para o desaparecimento de conversão histérica, apareceram, primeiro nos adolescentes, mas agora cada vez mais em crianças em período de latência, numerosos distúrbios de imagem do corpo: escarificações não ritualizadas adolescentes, recurso massivos à cirurgia plástica para os adultos etc.*

(149) KAUFMANN, Pierre. (sous la dir. de -). *L'apport freudien...* (C. Conté), p. 314 [tradução livre da autora].

(150) LESOURD, Serge. *Impasses de la construction subjective chez l'enfant et l'adolescent...*, p. 30.

(151) LESOURD, Serge. *Impasses de la construction subjective chez l'enfant et l'adolescent...*, p. 30 [tradução livre da autora].

(152) LESOURD, Serge. *Impasses de la construction subjective chez l'enfant et l'adolescent...*, p. 30 [tradução livre da autora].

Diante desta constatação das transformações da expressão psicopatológica do sofrimento psíquico, numerosos são os clínicos que se questionam sobre o que mudou na construção subjetiva e numerosos textos, tomando posições diferentes, tentando responder a esta questão: "O que mudou: a construção subjetiva ou a organização do mundo, isto é, a cultura?"(153)

Para responder a esta pergunta Lesourd(154) retoma as definições de cultura, a qual pode ser definida "como a organização dos mitos, estas ficções simbólicas que presidem a uma organização social". As práticas sociais são explicadas e ao mesmo tempo fundadas pelos mitos. Os mitos(155) cosmogônicos têm uma importância considerável como modelo exemplar de toda espécie de criação e de construção. Estes contos antropológicos tratam sempre das questões que se colocam nas sociedades que os veiculam. Eles têm uma relação direta com a estrutura religiosa e social do povo, e com sua cosmogonia. Os mitos, que eles sejam religiosos ou científicos, vêm dar senso ao real que insiste, mas resta incompreensível e mesmo indizível em relação à vida, à origem, à morte e à diferença dos sexos.

Os mitos permitem ao neoteno humano suportar sua fraqueza individual de ser dependente dos outros, e suportar a fraqueza coletiva diante das forças da natureza. Eles têm uma função também de organização que permite ao homem, tomado coletivamente, de dominar o mundo. Esta dominação passa pela regulação das trocas entre os homens, ponto de intersecção entre o individual e o coletivo, e pela criação de regras de vida em coletividade nas sociedades humanas e concretas: o interdito de matar e do incesto, de troca de mulheres, do direito de propriedade, e todas as suas nuances...

Esta organização do coletivo, segundo Lesourd, foi o que mudou na contemporaneidade, pelo destaque das trocas, a "*mundialização e o liberalismo*". Assim:

> [...] *novas coordenadas culturais dominaram as organizações sociais. Certamente, algumas delas começaram a surgir há, por vezes, vários séculos, mas os avanços tecnológicos dos "trinta gloriosos anos" impeliram seus novos valores a um lugar central. Assim, nosso mundo moderno é dominado pela ciência e pelas suas realizações técnicas e isso tem algumas consequências sobre as relações humanas. A ciência é uma fala sem enunciador, pois toda demonstração científica deve poder ser reproduzida ao idêntico por todos. Assim, duas consequências seguiram para as relações humanas: é a demonstração que faz verdade e a prova deve ser dada nos atos. Isso muda radicalmente nossa concepção, por exemplo, de identidade sexual que é agora uma identidade de gênero definida pelos comportamentos do indivíduo e não mais uma identidade ligada ao corpo do sujeito*(156).

Lesourd(157) faz aqui apelo a Pierre Legendre para nos falar da mudança de outra *coordenada simbólica fundamental de humanização*. Aquela que é ligada ao "crime de referência" para a humanidade, isto é, o assassinato considerado como imperdoável pela sociedade. Ele explica que esta referência basculou do parricídio ao genocídio, do crime contra os pais, o pai ou a mãe, ao crime contra a humanidade.

(153) LESOURD, Serge. Impasses de la construction subjective chez l'enfant et l'adolescent..., p. 30 [tradução livre da autora].

(154) LESOURD, Serge. Impasses de la construction subjective chez l'enfant et l'adolescent..., p. 30.

(155) Mircea Éliade, em falando de Mito = Modelo exemplar, diz :
O mito conta uma história sagrada, quer dizer, um acontecimento primordial que teve lugar no começo do Tempo, ab initio. Mas contar uma história sagrada equivale a revelar um mistério, pois os personagens do mito não são seres humanos: são deuses ou Heróis civilizadores. Por esta razão suas gestas constituem mistérios: o homem não poderia conhecê-los se não lhe fossem revelados. O mito é, pois, a história do que se passou in illo tempore, a narração daquilo que os deuses ou os seres divinos fizeram no começo do Tempo. "Dizer" um mito, é proclamar o que se passou ab origine. Uma vez "dito", quer dizer, revelado, o mito torna-se verdade apodítica: funda a verdade absoluta. "É assim porque foi dito que é assim", declaram os esquimós netsilik a fim de justificar a validade de sua história sagrada e suas tradições religiosas. O mito proclama a aparição de uma nova 'situação' cósmica ou de um acontecimento primordial. Portanto, é sempre a narração de uma 'criação': conta-se como qualquer coisa foi efetuada, começou o ser. É por isso que o mito é solidário da ontologia: ele só fala das realidades, do que aconteceu realmente, do que se manifestou plenamente. É evidente que se tratam de realidades sagradas, pois o sagrado é o real por excelência. Tudo o que pertence à esfera do profano não participa do Ser, visto que o profano não foi fundado ontologicamente pelo mito, não tem modelo nenhum exemplar. Conforme não tardaremos a ver, o trabalho agrícola é um ritual revelado pelos deuses ou pelos heróis civilizadores. É por isso que constitui um ato real e significativo. Por sua vez, o trabalho agrícola numa sociedade dessacralisada tornou-se um ato profano, justificado unicamente pelo proveito econômico que proporciona. Trabalha-se a terra com o objetivo de explorá-la: procura-se o ganho e a alimentação. Destituído de simbolismo religioso, o trabalho agrícola torna-se, ao mesmo tempo, 'opaco' e extenuante: ele não revela significado algum, não permite nenhuma 'abertura' para o universal, para o mundo do espírito. [...] A função mais importante do mito é, pois, 'fixar' os modelos exemplares de todos os ritos e de todas as atividades humanas significativas: alimentação, sexualidade, trabalho, educação etc. Comportando-se como ser humano plenamente responsável, o homem imita os gestos exemplares dos deuses, repete ações deles, quer se trate de uma simples função fisiológica como alimentação, quer de uma atividade social, econômica, cultural, militar etc.
(ÉLIADE, Mircea. *Le sacré et le profane...*, p. 84-87 [tradução livre da autora]).

(156) LESOURD, Serge. *Impasses de la construction subjective chez l'enfant et l'adolescent...*, p. 31 [tradução livre da autora].

(157) LESOURD, Serge. *Impasses de la construction subjective chez l'enfant et l'adolescent...*, p. 31.

> *Com efeito, se o parricídio interditava ao humano de "matar sua origem", ainda que fosse para se autofundar abrindo assim as portas da dívida simbólica e da culpabilidade, o crime contra a humanidade coloca como interdito fundamental o de matar seu semelhante, o seu mesmo. O laço social torna-se assim muito mais fundado sobre o fraternal que sobre o geracional. Nós aí vemos quotidianamente os efeitos nas famílias através do que os sociólogos chamaram a "democracia familiar" e a igualitarização das relações geracionais*[158].

Lesourd[159] denuncia também a perturbação das relações sociais, por causa da técnica médica. Ele denuncia o surgimento de uma outra coordenada simbólica diante da separação do sexual do procriativo. As técnicas de procriação desencadearam consequências importantes nas relações do sujeito com ele-mesmo e com os outros.

> *De uma parte o humano parece poder "controlar a vida" nos seus aspectos criadores (PMA, FIV, clonagem etc.), como nos seus aspectos de fim (eutanásia, prolongamento do tempo de vida etc.), fazendo dele um quase equivalente, em termos de poder, do que ele chamava anteriormente Deus, criador de toda coisa e mestre de toda a vida. No quotidiano da psicopatologia, isto resulta na recusa da morte que aparece no rejuvenescimento moderno e nas técnicas que o acompanham (cirurgia plástica,* coaching *de saúde etc.), assim como as exigências de criança quando o sujeito o deseja (parentalidade homossexual, demanda de PMA sem razão etc.). O humano coletivamente equivale ao mestre da vida e uma parte dessa potência infiltra todo sujeito, o qual crê dever fazer tudo o que está em seu poder para dirigir sua própria existência conforme a sua própria vontade*[160].

Ele afirma que esses avanços, que mudam as relações humanas do sujeito com 'ele-mesmo' e com os outros, não teriam sido possíveis sem a tecnologia e as descobertas mais recentes da ciência. Com efeito, além do poder coletivo que a humanidade conquistou, o que aparece no cotidiano é uma "*protetização do indivíduo*".

> *Nós somos, sem o perceber, tornados homens "próteses" que não podem mais viver sem acrescentar ferramentas tecnológicas, as quais nos tornam mais performantes (automóvel, avião, internet, GSM* [= *telefonia móvel] *etc.), mas, que ao mesmo tempo transformam nossa relação ao tempo e ao espaço, e também nossos modos de relações aos nossos semelhantes. O tempo foi encurtado e o espaço estreitou, como o diz bem a expressão de "aldeia global"*[161].

As narrações organizadoras de nossos laços sociais pós-modernos prometem a realização plena e inteira da felicidade. Segundo Lesourd[162], essas histórias que organizam nossa relação aos outros na pós-modernidade social liberal têm consequências fundamentais sobre os impasses na construção da subjetividade:

> *A primeira narração, "Permanecer em vir-a-ser, ou seja, no ideal de inacabamento", provoca a eternização adolescente e a falha de referência na qual as crianças e os jovens, até mesmo alguns adultos, permanecem atolados. O enfraquecimento da diferença de gerações, assim como, a exigência de imediatismo da realização do prazer, são os efeitos dessa narrativa fundadora.*
>
> *A segunda pequena narrativa, "Eu existo, pois eu gozo do objeto... de consumação", que é a versão social do liberalismo na esfera econômica e política, provoca dois efeitos maiores. Em primeiro lugar, ela coloca no centro das relações humanas o objeto o qual trata de determinar o ser do sujeito, como o mostram o fenômeno adolescente das "marcas" (o sujeito se reconhece na marca que ele porta) e a classificação (operatória em termos de* marketing *e de estatuto social) dos indivíduos pelo tipo de automóvel que eles compram (fenômeno 4x4, carro de luxo com vidros fumê etc.) Em segundo lugar, essa consumação vivida como existência do sujeito enfatiza a ação, a prova de sua existência pelo ato. Nenhum campo social, científico (o nível de um científico que se prova unicamente pela sua capacidade a produzir artigos), médica (o nível de um médico se prova pela sua capacidade a fornecer tratamentos adequados), e até mesmo o campo político (um presidente é aquele que deve diretamente negociar com os grevistas), não escapa a essa lógica oriunda da sociedade mercantil.*
>
> *A terceira narrativa, "Não há mais necessidade de ser dois para fazer uma criança", traz consigo a não submissão do sujeito ao real de seu corpo, como lhe mostra o exemplo dos* ***transexuais*** *ou aquele das* **procriações *homossexuais***. *No fundo, esta terceira narrativa constitui um sujeito não dependente de sua realidade e de sua história, e capaz de se autocriar segundo sua boa vontade e seu desejo. Não se trata mais de um "conheça-te a ti mesmo" mas bem de um "sejas tu-mesmo" todo-potente*[163].

Apoiado por muitos pesquisadores, Lesourd afirma que essa nova organização social é o produto do discurso liberal que repousa sobre o postulado da livre concorrência de cada um na sua realização. Este funcionamento causa consequências sobre a construção da subjetividade nas relações com os outros.

---

(158) LESOURD, Serge. Impasses de la construction subjective chez l'enfant et l'adolescent..., p. 31 [tradução livre da autora].
(159) LESOURD, Serge. Impasses de la construction subjective chez l'enfant et l'adolescent..., p. 31
(160) LESOURD, Serge. Impasses de la construction subjective chez l'enfant et l'adolescent..., p. 31 [tradução livre da autora].
(161) LESOURD, Serge. Impasses de la construction subjective chez l'enfant et l'adolescent..., p. 31 [tradução livre da autora]
(162) LESOURD, Serge. Impasses de la construction subjective chez l'enfant et l'adolescent..., p. 32.
(163) LESOURD, Serge. Impasses de la construction subjective chez l'enfant et l'adolescent..., p. 32 [tradução livre da autora].

Ele diz que o primeiro desses efeitos "é uma colocada em destaque das funções *narcísicas da personalidade, e especialmente do 'Eu-ideal', o sucessor do Eu-Prazer infantil dotado como ele de toda-potência desejante*". Portanto se na educação das crianças nada deve vir a impedir sua realização desejante então "*a figura que julga o sujeito é ele-mesmo*". Com efeito, o sujeito não segue mais os valores morais que "*levam em conta o outro da relação e seus interesses. A relação ao semelhante se torna assim mais difícil, pois sempre frustrante*".

Segundo Lesourd[164], o segundo efeito da organização liberal é uma invalidação do que ele chama os "*cursores da diferença*".

> *Existem para o sujeito humano duas maneiras de perceber as diferenças. Uma primeira diferenciação, a mais precoce, se constrói no registro dual imaginário a partir dos jogos do narcisismo, uma segunda diferenciação se constrói a partir da referência ao outro e repousa sobre as questões da nominação e do terceiro. Se o primeiro cursor refere-se ao "tu e eu" e, assim sendo, aos jogos do "Eu-ideal"[165], do narcisismo e de inveja, o segundo cursor, o qual se constrói a partir das internalizações das referências externas, joga no campo do "Ideal-do-Eu", do terceiro, da referência externa e da rivalidade[166]. É sobre esse segundo cursor da diferença que se constroem os limites sociais, os interditos morais e a interiorização das regras sob a égide da culpabilidade. No entanto, o funcionamento liberal do* socius *coloca em destaque a primeira forma de diferenciação, resultando, nas relações do sujeito com a diferença, as confusões entre os dois cursores e, em consequência, uma dificuldade em construir os limites psíquicos internos. Para prova deste funcionamento, é só ver a proliferação de barreiras reais que florescem no nosso mundo moderno (códigos de porta, portões eletrônicos etc.). Essa multiplicação das barreiras na realidade, dos interditos reais de ultrapassagem, testemunham as dificuldades do homem atual a fazer a diferença entre o "a si" e o "ao outro", entre o público e o privado etc. Todas as diferenças que se julguem a partir da instância interiorizada dos interditos, o "Ideal-do-Eu"[167].*

A terceira confusão que é induzida pelo liberalismo dominante se situa em relação com as diferentes modalidades da *falta*:

> *O que a psicanálise nomeou castração, seja a impossibilidade para um sujeito de satisfazer totalmente seus desejos e de tudo poder, é hoje vivido como uma frustração. As tecnologias de ponta permitem, com efeito, tornar possível o que anteriormente revelaria do impossível. Tornou-se insuportável, frustrante, que isso não se possa fazer. Mais uma vez o exemplo do transexualismo é um dos mais notórios, principalmente nas reivindicações de modificações de estado civil que isto importa. Mas se a castração é vivida como uma frustração, sempre arbitrária então, a frustração é dobrada sobre a privação, ela é vivida como um dano real, como um insuportável horror. Lembre-se aqui que a privação, tal como pode a articular a psicanálise depois de Lacan, é uma falta real, não de um objeto da realidade, mas de um objeto simbólico, e que a frustração é uma falta imaginária de um objeto da realidade. A confusão entre as duas resulta nessa vitimização que faz o leito dos tribunais, e dos gabinetes dos psi[168].*

Ele[169] conclui que a proposição do liberalismo contemporâneo é gerar um sujeito organizado pelo "Eu-ideal" com um realce do narcisismo na economia psíquica e social. A referência subjetiva e social é o próprio indivíduo para ele-mesmo, e neste funcionamento não se interioriza mais a Referência hierárquica e transcendente. Disso resultam consequências nas relações aos outros enquanto semelhantes, e ao Outro enquanto a figura da Referência:

> *Quando o Outro faz a função de interditor, ele é sentido como um persecutor. Na realidade social, isso se traduz pelo que se chama desregulamentação, toda regra é arbitrária e o Outro garantidor da lei é rejeitado. Mas, rapidamente esta ausência do Outro provoca uma imensa solitude no indivíduo que não tem mais o outro para interpelar. No cotidiano da vida, essa ausência do Outro se exprime no mais comum dos sofrimentos psíquicos: a depressão[170].*

Lesourd[171] no texto "*Impasses de la construction subjective chez l'enfant et l'adolescent*" nos deu o exemplo das fobias para mostrar como essa nova organização do laço social vem mudar a expressão do sofrimento subjetivo, o que se chama psicopatologia.

---

(164) LESOURD, Serge. Impasses de la construction subjective chez l'enfant et l'adolescent..., p. 32 [tradução livre da autora].
(165) No dicionário, o sentido do conceito de "Eu-ideal" [Vide o Glossário, no final desta obra].
(166) LESOURD, Serge. Comment taire le sujet? Des discours aux parlottes libérales..., p. 32 [tradução livre da autora].
(167) No dicionário, o sentido do conceito de "Eu-ideal /Ideal-do-Eu" [Vide o Glossário, no final desta obra]
(168) LESOURD, Serge. Impasses de la construction subjective chez l'enfant et l'adolescent..., p. 32 [tradução livre da autora]
(169) LESOURD, Serge. Impasses de la construction subjective chez l'enfant et l'adolescent..., p. 32-33 [tradução livre da autora].
(170) LESOURD, Serge. Impasses de la construction subjective chez l'enfant et l'adolescent..., p. 32-33 [tradução livre da autora].
(171) LESOURD, Serge. Impasses de la construction subjective chez l'enfant et l'adolescent... [tradução livre da autora].

As psicopatologias modernas, da criança e do adolescente, estão então em relação com os discursos modernos de estilo capitalista. Elas exprimem nos seus efeitos suas dificuldades de construção psíquica, de aceitar a *castração*[(172)] e de interiorizar os interditos familiares e sociais. Nesse caso, a instância do "Eu-ideal" que é oriunda do narcisismo onipotente, se manifesta na patologia cotidiana.

Os sujeitos de hoje têm mais dificuldade em perceber e aceitar as diferenças que se julgam a partir da instância "Ideal-do-Eu". Essa instância psíquica interiorizada em cada sujeito refere-se aos *interditos fundamentais* sociais e morais, e funciona sob a égide da culpabilidade.

O homem atual não tem mais as mesmas condições para se identificar ao terceiro da função paternal, isto é, para aceitar a "introjeção simbólica" cultural, em consequência do declínio do patriarcado. Como vetor organizador da vida psíquica da criança, a *castração simbólica* é ancorada na **diferença real dos sexos** e das **gerações**. Mas a *castração simbólica conhece falhas*, seja porque ela não foi ela-mesma suficientemente elaborada, pela criança, para ser eficiente, seja porque ela aparece transbordada na sua função no seu contexto familiar e social. Assim, a instância psíquica designada "Ideal-do-Eu", como significante de referência e vetor de *alteridade*, pelo qual pode se internalizar o registro da Lei paternal, resta na contemporaneidade uma proteção e uma orientação menos eficiente à maneira como o sujeito se inscreve na ordem simbólica.

Desse fato, é o "Eu-ideal" que vai persistir, - isto é, a identificação à imagem da mãe toda-potente que envelopou os primeiros desenvolvimentos do "Eu"- , e que vai se manifestar, numa lógica regressiva, a partir do ponto onde o sujeito se finda como "Ideal-do-Eu".

Atualmente, as três instâncias superegóicas: o "Eu-ideal", o "Supereu", e o "Ideal-do-Eu" –, são concebidas como relevantes de um dos três registros complementares lacanianos da realidade psíquica, o Real, o Simbólico e o Imaginário:

> *Assim, o Eu-ideal deve ser concebido essencialmente como projeção imaginária de corporeidade ideal, ao passo que o Supereu teria suas raízes no registro perceptivo, a partir da experiência (real) do limite manifestado do amor e da complacência dos pais; quanto ao Ideal-do-Eu, dependeria mais do registro simbólico, na medida em que o seu estofamento se efetua a partir da inscrição na psique de indícios significativos da potência parental efetiva – muito particularmente das capacidades psíquicas do pai para tratar o real*[(173)].

A partir destas primeiras aparições na obra freudiana, o conceito de "Eu-ideal" é dado como uma instância psíquica destinatária do amor de si, o qual o "Eu" desfrutava na infância. Formação psíquica pertencente ao registro do imaginário, representativa do primeiro rascunho do "Eu" investido libidinalmente, o "Eu-ideal" aparece como oposto ao "Supereu". Ele é ligado à identificação primária a um outro ser investido de toda-potência, isto é, em ocorrência, a *mãe fálica* de toda pequena criança.

O "Eu-ideal" é "um arranjo do narcisismo infantil e da onipotência que lhe acompanha. O que vai lhe diferenciar do "Ideal-do-Eu", é que, para obter a almejada estima de si, o "Eu" é levado a obedecer a injunções as quais Freud[(174)] nomeará, ulteriormente, de "Supereu".

Para Lacan[(175)], a instância da personalidade denominada o "Eu-ideal" é elaborada a partir da imagem do corpo próprio no espelho. Essa *imagem especular* é o suporte da identificação primária da criança ao seu semelhante. Ela constitui o ponto inaugural da alienação do sujeito na captura imaginária, e será a fonte das identificações secundárias onde o "Eu" se objetiva na sua relação à cultura e à linguagem pela mediação do outro.

O conceito de "Ideal-do-Eu" não integra senão tardiamente a terminologia freudiana em vista de designar a vertente valorizada do "Supereu". A instância psíquica do "Ideal-do-Eu" "*escolhe entre os valores morais e éticos exigidos pelo supereu aqueles que constituem um ideal que o sujeito aspira*"[(176)].

---

(172) No dicionário, o sentido do conceito de "Castração (complexo de-)" [Vide o Glossário, no final desta obra].

(173) MIJOLLA, Alain de (sous la dir. de -). Dictionnaire international de la psychanalyse..., p. 1.090-1.092 [tradução livre da autora].

(174) FREUD, Sigmund. *passim.*

(175) LACAN, Jacques. *passim.*

(176) CHEMAMA, Roland; VANDERMERSCH, Bernard. Dictionnaire de la Psychanalyse..., p. 180 [tradução livre da autora].

Portanto, o "Ideal-do-Eu" aparece como um substituto do "Eu-ideal" e mantém as mesmas funções de censura e de idealização, aspirando um aperfeiçoamento sempre mais avançado. Sob a influência das críticas parentais e do meio exterior, as primeiras *satisfações narcísicas* procuradas pelo "Eu-ideal" são progressivamente abandonadas e, é sob a forma desse novo "Ideal-do-Eu" que o sujeito busca a lhes reconquistar.

Ulteriormente, na segunda tópica freudiana, o "Ideal-do-Eu" torna-se uma instância momentaneamente confundida com o "Supereu", em razão de sua função de auto-observação, de julgamento, de censura, mas também de ideal, que aumenta as exigências do "Eu" e favoriza o *recalcamento.* Contudo, esta instância se diferencia na medida em que ela é exaltante do ideal e experimenta conciliar as exigências libidinais e as exigências culturais; assim sendo, é nisto que ela intervém no processo de *sublimação.*

Para Lacan[177], a instância da personalidade denominada de "Ideal-do-Eu" tem a função simbólica de regular a estrutura imaginária do "Eu", as identificações e os conflitos que regem suas relações aos seus semelhantes.

O termo "Supereu" é a grande inovação que foi introduzida por Freud na segunda tópica e ele está no centro da questão moral. O "Supereu" é a instância de nossa personalidade cuja função é de julgar o "Eu". Ele inibe nossos atos ou produz o remorso, então, ele é "a instância judiciária de nosso psiquismo" que tem por função a *Interdição.* Ele se forma não sobre o modelo de uma toda-potência ilusória egóica, mas sobre aquele dos pais e, mais precisamente, sobre o "Supereu e os ideais destes". Esta instância que, no "Eu", nos julga e nos pune por reprovações peníveis é o que nós denominamos a "consciência moral". A função interditora do "Supereu" foi no início tocada por uma potência exterior, ou seja, pela autoridade parental. Mais especificamente, a introjeção da *autoridade paternal* forma o núcleo do "Supereu".

A criança não possui inibições internas, ela obedece às suas impulsões e não aspira senão ao prazer. O renunciamento às satisfações pulsionais será a consequência da angústia inspirada por essa autoridade externa. Ela renuncia às satisfações para não perder o amor dos pais. Essa ameaça externa se interioriza pelo mecanismo de identificação primária. O *temor de perder o amor dos pais* e a ameaça de punição se transformam em "Supereu" pelo *processo de identificação,* pelo qual *a criança toma o outro em si.* A identificação primária é, com efeito, a forma mais original da relação ao outro. Durante o desenvolvimento da personalidade, pela resolução do Complexo de Édipo, o "Supereu" torna-se impessoal e se distancia dos pais originários. A angústia diante da autoridade externa se transforma em angústia diante do "Supereu". Este se torna o veículo da tradição e é por isso que ***a angústia moral perante o "Supereu" é indispensável nas relações sociais.***

Para Lacan[178], a instância da personalidade denominada o "Supereu" constitui uma parte dos mandamentos interiorizados pelo sujeito. "*Mas é um enunciado discordante, exorbitante em relação à Lei pacificante do simbólico. Assim o supereu é também o que empurra o sujeito a ir além do princípio do prazer.Ele lhe prescreve antes o gozo*"[179].

O que é importante compreender é que o "Supereu da criança" se edifica conforme o "Supereu parental" e tem uma relação bastante estreita com a cultura. A um registro superegoico precoce se opõe um regime pós-edipiano, onde o "Supereu" bissexuado constituído de duas identificações – paternal e maternal – é marcado por elaborações psíquicas sutis que especificam, para Freud, a fase fálica e o Édipo completo, isto é, o amor e a raiva por cada um dos pais, e a identificação aos dois.

Os efeitos organizadores dos constrangimentos morais interiorizados e a integração do *fantasma* permite ao "Supereu" exercer uma função resolutória e protetora em relação aos desejos tornados incestuosos. A evolução favorável dessa *lógica fálica* se assinala pelos proveitos culturais, retirados da fase de latência do desenvolvimento da sexualidade infantil, e pela capacidade de atravessar a *reativação* adolescente para atingir a *autonomia psíquica* e a *responsabilidade* pelos próprios atos.

---

(177) LACAN, Jacques. *passim.*
(178) LACAN, Jacques. *passim.*
(179) CHEMAMA, Roland; VANDERMERSCH, Bernard. Dictionnaire de la Psychanalyse..., p. 419 [tradução livre da autora].

Essa abstração progressiva pelo "Supereu", das regras sociais essenciais, faz dele uma instância que se situa principalmente sobre o plano simbólico da fala, cuja essência paternal distinguida por Freud foi prolongada por Lacan como a Lei do "Nome-do-Pai". Essa instância tem como correlato a possibilidade de um "Ideal-do-Eu" mais pessoal. O "Supereu", herdeiro do Complexo de Édipo, adotará na sequência as influências dos mestres, dos educadores ou mesmo dos líderes que pegaram o lugar dos pais, e em geral se enriquecerá das contribuições ulteriores da cultura. Ele se torna o veículo da tradição. Contudo, ele pode disso ser diferente, até mesmo inverso.

O conjunto dessas modificações repousa sobre a dessexualização inerente ao processo identificatório, a partir da qual se desenvolve a área de um narcisismo secundário em que as capacidades de idealização e de sublimação sustentam o investimento de novos objetos e de laços sociais.

No plano clínico, basta recordar que a instanciação do Supereu foi uma das respostas teóricas às questões difíceis apresentadas na prática por certos tipos de resistência: necessidade de punição, reação terapêutica negativa, masoquismo moral, que traduzem a extensão dos registros da culpa inconsciente. Freud constata a generalidade de uma predileção do Supereu pela crueldade, uma severidade sem proporção com a educação recebida. Ponto crucial que leva ao reconhecimento de uma origem endógena, pulsional, da crueldade. Assim se formulou a hipótese das pulsões de morte, de destruição, que devem exercer seus efeitos no interior e no exterior.

A culpa inconsciente apresenta-se então, sobretudo, como a volta contra si mesmo dessa destrutividade, o que esclarece o fato paradoxal de que o Supereu se reforça com as renúncias que exige e de que a carga em angústia aumenta em consequência das malfeitorias não concretizadas (cf. "Os criminosos pelo sentimento de culpa"). O processo identificatório constitutivo do Supereu contém, em virtude da dessexualização narcísica, o perigo de uma desintricação pulsional por meio da qual o Supereu tende a concentrar a pulsão de morte liberada ("pura cultura de pulsão de morte" na melancolia).

A funcionalidade do Supereu pós-edipiano, aquela que acompanha a conflitualidade dinâmica da relação entre o Eu e o Supereu, supõe então que o meio ambiente realizou um papel intricativo, por meio da dosagem ideal do amor e da severidade. A coerência do Supereu seria a prova de uma culpa temperada, apta a apoiar o sentimento de responsabilidade do sujeito(180).

Portanto, más intenções e ações não podem ser dissimuladas ao Supereu, de onde vem o sentimento de culpabilidade e a necessidade de punição. *"Assim se explicam as condutas das pessoas antissociais onde o sentimento de culpabilidade precede o ato delituoso em vez de o seguir"*. A renúncia pulsional consecutiva à angústia diante da agressão da autoridade exterior, que se tornou a consciência moral – angústia ligada ao medo de perder o amor, amor que protege contra a agressão que constitui a autoridade e a punição –, explica a necessidade inconsciente de punição que corresponde a uma parte da agressão interiorizada e retomada pelo "Supereu".

O "Supereu" reage contra as primeiras escolhas de objeto pelo constrangimento em se exprimindo sob a forma de um imperativo categórico.

Ele não se limita a dar ao Eu o conselho: "Seja assim" (como teu pai), mas ele interdita: "Não seja assim" (como teu pai), ou seja: "Não faça tudo o que ele faz; muitas coisas lhe são reservadas, a ele somente". Assim, o supereu fala. Ele é "a voz da consciência", "a grossa voz". Ligada à fala, o supereu é uma instância simbólica. No texto "O Eu e o Isso" (1923), Freud nos diz que o supereu não pode negar suas origens acústicas, que ele comporta representações verbais e que seus conteúdos são provenientes de percepções auditivas, do ensinamento e da leitura(181).

Portanto, os comportamentos dos indivíduos, lícitos ou ilícitos, e seus diferentes níveis de tolerância às transgressões, mais ou menos violentas, dependem dos processos identificatórios constitutivos das instâncias superegóicas, mais especificamente dessa designada "Supereu"(182), que se forma sobre os modelos e os ideais dos pais. Essa instância psíquica puramente simbólica que, segundo Freud, resulta da interiorização da autoridade parental, está na base do conceito prolongado por Lacan como a *metáfora do "Nome-do-Pai"*. É importante, portanto, saber que é a *coerência* dessa *lei simbólica*, no nível *inconsciente*, que seria a garantia de uma culpabilidade temperada, apta a apoiar o sentimento de responsabilidade do sujeito.

Todos os indivíduos sociais regulamentados como sujeito de Direito, considerados um a um, segundo a Psicanálise, são "sujeitos da *metáfora*". Cada sujeito é o *efeito* de um discurso sustentado sobre a ba-

---

(180) MIJOLLA, Alain de (sous la dir. de -). Dictionnaire international de la psychanalyse..., p. 1.754-1.756 [tradução livre da autora].

(181) CHEMAMA, Roland; VANDERMERSCH, Bernard. Dictionnaire de la psychanalyse..., p. 419 [tradução livre da autora].

(182) No dicionário, o sentido do conceito de "Supereu" [Vide o Glossário, no final desta obra].

sede um recalcamento inconsciente das pulsões libidinais, limitação significante referida ao *Phallus*(183), capaz de produzir *significações* que irão lhe orientar durante sua vida.

Segundo o texto lacaniano *"A metáfora do sujeito"*(184) onde ele informa ao campo jurídico sua *"teoria dos efeitos do significante distintos dos significados"*, aí reencontrando a retórica, a partir de uma lógica do inconsciente, **a metáfora**, que introduz a substituição de um significante por um outro na cadeia simbólica, **em mantendo o significante substituído**, faz surgir "*o único objeto cujo o ter exige a falta-a-ser: o phallus...*". Portanto a noção do Nome-do-Pai, produto da metáfora paternal, do fato de ser um significante que reenvia não a um objeto mas a um outro significante, é simbólico da *falta* que ele introduz no ser. A *metáfora do Nome-do-Pai* abre para a criança o caminho de uma identificação fálica e a impossibilidade de acesso ao objeto causa do desejo. O pai é aquele que autoriza o desejo, e sua função é de unir um desejo à Lei da castração, isto é, da Interdição do incesto.

O sujeito como efeito da metáfora é recoberto pela *lógica fálica*. Ele é efeito do significante-mestre, ele é representado por um significante que o reenvia aos outros significantes. Mas nós vemos pela análise estrutural que opera Lacan por meio das *Quatro Estruturas Discursivas*, que essa *lógica fálica* que organiza a comunicação e o laço social sofreu uma *deriva* pelas modificações do *Discurso do Capitalista* pós-moderno.

A *inversão* da cadeia significante mínima $S_1 \leftrightarrow S_2$ e os efeitos dessa estrutura de linguagem na ordem do circuito do Discurso do Mestre – anteriormente caracterizada por uma ruptura(185) no laço entre o sujeito clivado $ e o objeto *a*, no nível inconsciente, estabelecendo uma *impossibilidade* de ligação entre o saber e o gozo –, produzidos pela *deriva* do Discurso do Capitalista, causa mutações das referências sociais ao sujeito. Os sujeitos pós-modernos são efeitos de "*parlottes*" [= *tagarelices] e de significados, e não são mais produtos das significações e dos valores morais e de ideais. Os sujeitos são "efeitos de enunciados" cada vez mais desprendidos do nível sincrônico do sistema linguageiro(186), identificados a produtos, a marcas de mercado ou a crenças em palavras plenas e inconsistentes.

Diante das mudanças da clínica psicanalítica, mais recentemente, segundo Lesourd(187), os psicanalistase questionam *"se nós somos confrontados a uma mutação da construção subjetiva ou a uma mudança de referências sociais do sujeito"*. Ele afirma que *"a clínica da criança e do adolescente demonstra que o sujeito resta idêntico a ele-mesmo mas que a expressão de seu sofrimento, a psicopatologia, muda em função das mutações do laço social"*(188).

Em cada sociedade existem constrangimentos que são internalizados pelos sujeitos nas suas instâncias superegóicas psíquicas. Tais restrições foram transmitidas nos laços e nos discursos sociais, mais precisamente, sob uma base referida à identificação fálica, isto é, à Lei do Nome-do-Pai. Metáfora que abre para a criança o acesso ao simbólico e às diferenças, antes de tudo, subjetivas. Em interditando o acesso ao objeto causa do desejo, no nível inconsciente, o significante paternal deixa os traços de sua referência no

(183) No dicionário, o sentido do conceito de "Falo" [Vide o Glossário, no final desta obra].

(184) *Este texto é a reescrita, feita em junho de 1961, de uma intervenção proferida em 23 de junho de 1960 em resposta ao Sr. Perelman, que arguia a ideia de racionalidade e da regra de justiça perante a Sociedade de Filosofia.* (LACAN, Jacques. *La métaphore du sujet...*, p. 359-363 [tradução livre da autora]).

(185) No capítulo VI "De uma função para não escrever", Lacan diz: *Aí está o discurso do mestre, como vocês talvez se recordem, caracterizado pelo fato de que, das seis arestas do tetraedro, uma é rompida. É na medida em que fazemos estas estruturas girarem nas quatro arestas do circuito que se seguem no tetraedro – esta é uma condição –, que se engatam no mesmo sentido, é nessa medida que se estabelece a variação do que se passa com a estrutura do discurso, muito precisamente tal como ela se mantém num certo nível de construção, que é o nível tetraédrico. Não podemos contentar-nos com esse nível, a partir do momento em que fazemos surgir a instância da letra. É inclusive por não podermos contentar-nos que, permanecendo nesse nível, há sempre um dos lados que se rompe no que cria o círculo.* (LACAN, Jacques. *Le séminaire* : livre XVIII. D'un discours qui ne serait pas du semblant (1970-1971). Paris : Éditions du Seuil, octobre 2007, p. 101-102 [tradução livre da autora]).

(186) Em capítulo sobre: *"A linguística estática e a linguística evolutiva": A linguística sincrônica se ocupará das relações lógicas e psicológicas que unem os termos coexistentes e formam sistemas, tais como são percebidos pela consciência coletiva. A linguística diacrônica estudará, ao contrário, as relações que unem os termos sucessivos não percebidos por uma mesma consciência coletiva, e que se substituem uns aos outros sem formar sistema entre si.* (SAUSSURE, Ferdinand de. Cours de linguistique générale. Paris : Payot & Rivages, 2005 [Original publié en 1916], p. 140 [tradução livre da autora]).

(187) LESOURD, Serge. Impasses de la construction subjective chez l'enfant et l'adolescent..., p. 29-33 [tradução livre da autora].

(188) LESOURD, Serge. Impasses de la construction subjective chez l'enfant et l'adolescent..., p. 29-33 [tradução livre da autora].

discurso para o sujeito em construção. Essa metáfora paternal é ligada ao estabelecimento do significante fálico como significante central de toda economia subjetiva. A metáfora sustenta assim a subjetividade.

No entanto, nós temos mostrado que segundo a teoria lacaniana do discurso, essa *lógica fálica* sofreu uma *deriva* pela força do liberalismo no qual não existem mais diferenças entre o saber e o gozo. O discurso liberal corrente em nossos dias, repousa sobre o postulado da livre concorrência de cada um nas suas realizações. Ele propõe um sujeito organizado pelo "Eu-ideal", destacando assim o narcisismo na economia psíquica e social.

A referência subjetiva e social é o indivíduo ele-mesmo, e não mais a hierarquia e a transcendência. Isto acarreta consequências nas relações aos outros e a falta de respeito de suas diferenças. A expressão da psicopatologia mudou em função das mutações do laço social. Numa perspectiva transferencial, que pode ser positiva ou negativa, conforme o lugar e a função que o objeto a ocupa no imaginário subjetivo, o sujeito mais narcísico de hoje passa ao ato a cada vez que ele imagina ter reencontrado o objeto de seu desejo, ou pior, de seu gozo ilimitado.

Sem a eficacidade do suporte de referência paternal e das tradições, o sujeito, por efeito do discurso corrente mais utilitarista, não encontra mais um tipo particular de destino pulsional que constitui a *sublimação*(189). A sublimação exige uma adaptação social e a criação, num processo que desvia o fluxo pulsional de seu alvo imediatamente sexual e coloca a energia à disposição do desenvolvimento cultural. Ela aparece como:

> *[...] o esforço do gênio humano para pôr o eu em perspectiva, a fim de se compreender e desfrutar dele mesmo em suas obras. A angústia que acompanha esse esforço de superação seria então a única prova da resistência do eu, sempre dividido entre o prazer de uma morte antecipada e o terror que lhe inspira seu próprio desaparecimento*(190).

Nós podemos dizer que os produtos da criação humana são então metáforas do sujeito criador. Resta-nos então continuar a pesquisar, para melhor compreender os novos sintomas individuais e coletivos, sobre a relação entre a *sublimação* e as noções de metaforização e de metonimização.

2. UM ESCLARECIMENTO CIENTÍFICO EM RELAÇÃO À CONSTRUÇÃO DA SUBJETIVIDADE COMO "EFEITO DE DISCURSO" E A QUESTÃO DA ADOÇÃO DAS CRIANÇAS POR PARCEIROS HOMOSSEXUAIS

Nosso trabalho de aproximar o Direito e a Psicanálise sobre as *condições* de *construção da subjetividade* na *transferência* de referências, a partir de uma perspectiva transdisciplinar por meio da teoria lacaniana dos Discursos, nos levou a escolher uma temática mais pragmática para demonstrar os efeitos dos discursos contemporâneos sobre os sujeitos.

Portanto, nossa escolha forçosamente caiu sobre a questão da família, e do Direito da Criança, que está na origem do sujeito. Nós questionamo-nos sobre as profundas modificações dos discursos tomados como laços sociais, e o surgimento nas últimas décadas das diferentes parentalidades que desencadeiam, atualmente, cada vez mais estimuladas pela tecnologia médica, uma nova demanda de adoção de crianças por parceiros homossexuais.

Entre diferentes orientações epistemológicas sobre a psicologia humana nós escolhemos a Psicanálise porque ela considera o sujeito como o resultado de um determinismo linguageiro e cultural. Uma concepção que faz certamente diferença na abordagem da influência da sociedade sobre a construção do sujeito.

Visando principalmente a um esclarecimento científico para as futuras jurisprudências no domínio da adoção legal de crianças, nossa pesquisa se orientou no sentido do estudo do impacto e das consequências na construção psicológica da criança e do adolescente, acolhidos por novas modalidades de família e de parentalidade, especialmente aquelas *liberadas da diferença dos sexos*.

Portanto, é bem evidente que essa pesquisa se situa do lado do Direito da Criança pois a adoção,

---

(189) No dicionário, o sentido do termo "Sublimação" [Vide o Glossário, no final desta obra].

(190) KAUFMANN, Pierre. (sous la dir. de -). L'apport freudien... (B. Saint Girons), p. 539 [tradução livre da autora].

se nós devemos chegar lá, restará um Direito que prioriza os *interesses e o desenvolvimento psíquico da criança* em relação aos interesses dos adultos que participam dos novos projetos de constituição familiar: pais de origem, pais de intenção, terceiros doadores ou portadores, e sociedade.

A síntese dos argumentos teóricos que sustentam os eixos desta pesquisa acadêmica no nível de doutorado, orientado por Lesourd, sobre "*as influências recíprocas das organizações sociais e a psicopatologia individual ou coletiva*" bem esclareceu com relação à "*construção da subjetividade como efeito de discurso*", e a importância do lugar e da função da família constituída sobre as diferentes modalidades do desejo:

> *Desde sua origem a psicanálise, ciência da construção do sujeito na sua especificidade, colocou as questões da origem dos disfuncionamentos do ser humano na sua relação à sua história familiar (Freud, 1905; Lacan, 1946), à sua cultura (Freud, 1914; Lacan, 1969; Legendre, 1985) e ao que lhe especifica como ser humano: a linguagem (Freud, 1908; Lacan, 1943). Assim o estudo da construção do sujeito não pode ser concebido independentemente de seu lugar na sua família, instituição cujo operador é a filiação e onde se jogam as primeiras construções da personalidade (Cf. Eixo 1). A família não é um grupo como os outros e os "lugares aí não são intercambiáveis" (Théry, 1996) ainda que em propondo novas formas de organização dos laços familiares nas leis sociais. As modificações recentes das formas de organização da vida familiar e dos laços de aliança e da filiação influem sobre a construção subjetiva das crianças e sobre a maneira como essas se representam os laços afetivos e sociais no mundo que elas descobrem, pois a função dos adultos no acolhimento da criança, ser em construção, é de "lhe ensinar o mundo, esse que começou antes do seu nascimento e que continuará depois de sua morte..." (Arendt, 1956; Lacan, 1938). Os processos de nominações, escolha de nome e de sobrenome, mas também lugar no parentesco, lugar filiativo e lugar sexuado, estão assim no coração dos processos identitários e da construção da subjetividade primeiramente na pequena infância, depois então os remanejamentos subjetivos ao longo da vida (Cf. Eixo 2).*
>
> *A construção da subjetividade se impõe do fato da prematuridade do ser humano, e conduz a uma série de remanejamentos sucessivos tanto dos modos de organização do pensamento quanto dos afetos que fazem desse tempo em família a base da organização futura dos laços de um indivíduo aos outros e a ele-mesmo (Cf. Eixo 3). Os processos de adolescência são, assim, a compreender (RASSIAL, 2000; GUTTON, 1996; LESOURD, 2001) como reconstruções e integrações dos processos infantis para o acesso do sujeito a um lugar e a uma função social, ambos consideradas como lugar de expressão do sujeito.*
>
> *Assim, o lugar do ambiente familiar na construção do sujeito não pode ser extraído do lugar que acorda uma sociedade dada às funções parentais e familiares baseadas sobre as leis de aliança e de troca entre os sexos (*ARENDT, 1972, LÉVI-STRAUSS, 1997*). A psicanálise em seguida, juntou-se aos trabalhos de antropólogos e de sociólogos da família. Não existe família fora de um laço social que determine os possíveis e os impossíveis das relações entre os seres humanos. A modificação dos discursos organizadores do laço social influi então sobre o lugar que pode tomar um indivíduo na sua relação aos outros, e sobre a expressão do mal-estar individual e coletivo na civilização (Cf. Eixo 4).*

Portanto, nós pesquisamos quais são os conhecimentos mais recentes da Psicanálise sobre a *constituição do sujeito* na contemporaneidade, considerando o fenômeno humano da "*transferência*" – processo de atualização fantasmático na vida adulta de todas as referências simbólicas da infância –, e os processos identificatórios inconscientes e narcísicos nas novas coordenadas simbólicas.

Nós aprofundamos a pesquisa sobre o conceito de "*identificação primária*", processo fundador da estrutura do inconsciente e matriz da série de identificações significantes subjetivas que operam com toda sua especificidade (de Lei da Linguagem), a partir de um *ponto de negatividade* em relação com a *primeira subtração de todo-gozo*, durante toda a vida, nas relações do sujeito com o outro. Desde o início de nossa pesquisa demonstramos que em razão desses fenômenos inconscientes, as relações humanas devem ser observadas e avaliadas numa perspectiva transferencial.

Para melhor compreender a subjetividade após o surgimento da neolinguística aprofundamos a pesquisa sobre a *Teoria Lacaniana dos Quatro Discursos* – o Discurso do Mestre, o Discurso da Universidade, o Discurso do Histérico e o Discurso do Analista –, e aqui nós incluímos um *quinto* discurso, proposto por Lacan – o Discurso do Capitalista –, para informar ao campo do Direito quais são os efeitos dessas *derivas* discursivas pós-modernas na subjetividade, e nos comportamentos humanos de hoje, segundo a clínica dos adolescentes e das condutas aditivas. Assim como, quais são os efeitos reparáveis da relação da psicopatologia com os discursos e os laços sociais, de nosso ponto de vista de psicanalista.

O objetivo específico de nosso trabalho é de aplicar esses saberes à questão da adoção homoparental, como um dos exemplos empíricos do "sujeito de direito na *transferência*" das referências infantis, um sujeito concebido como "**sujeito da metáfora**", sempre *clivado*, no nível do inconsciente, por efeito dos discursos. O objetivo é trazer uma contribuição original à Justiça, sobre os efeitos na subjetividade do adotado dos discursos produzidos, a propósito da homossexualidade, no círculo de sua família homoparental e no ambiente social. Uma contribuição científica, primeiramente, aos Direitos da Criança.

A problemática dessa pesquisa em doutorado é de orientar para o desenvolvimento e o aprofundamento de uma aproximação transdisciplinar, social e crítica da análise jurídica. Ela é baseada sobre a noção de "sujeito *clivado*" no nível do inconsciente, como *efeito* de discurso, de sua cultura e época, e de sua história pessoal. Nessa noção, a construção fantasmática adulta "se organiza como suporte do gozo e do desejo nos laços sociais e nos discursos que os organizam".

Pegando apoio nos nossos trabalhos anteriores a propósito da Lei do Nome-do-Pai e da Teoria Lacaniana dos Discursos, trata-se nessa pesquisa de verificar se a adoção de crianças por parceiros homossexuais – isto é, a "homoparentalidade" como um dos componentes das diferentes e novas parentalidades de hoje –, produz efeitos específicos sobre a subjetividade do adotado. E, em consequência, se ela produz efeitos específicos sobre suas expressões psicopatológicas, durante a fase da adolescência, em relação com as dificuldades de *internalização dos interditos fundamentais de humanização*, visto que o universo simbólico e psíquico na pós-modernidade não se sustenta mais em estruturas simbólicas coletivas tradicionais.

2.1. A CONSTRUÇÃO DA SUBJETIVIDADE

Partindo da constatação de que "não existe sujeito fora de um laço social", a Psicanálise aborda a construção da subjetividade na sociedade e na família sob seus aspectos afetivos, pulsionais e linguageiros. A Psicanálise adota a lógica do terceiro *incluído*, e se preocupa com a preservação da subjetividade: "Como" e "em que", a Sociedade nos seus diferentes níveis, individual e coletivo, intervém na construção do aparelho psíquico. Ela estuda as leis que regem o campo do pensamento, o mundo da alma, colocando, no nível inconsciente, a causa do psiquismo no "*consentimento* à *interdi*ção fundadora" do gozo ilimitado, isto é, do homicídio e do incesto. Ela considera que a causa dos comportamentos humanos transgressivos é de predominância etimológica e cultural, mais do que genética. Tomando em conta os diferentes níveis da "realidade psíquica" consciente e inconsciente, a Psicanálise demonstra, a partir da clínica, o funcionamento dos processos identificatórios e relacionais, esses que exercem uma função muito importante no desenvolvimento da criança e de seu futuro.

A noção da constituição do sujeito, para os diferentes campos epistemológicos que estudam o psiquismo humano, concerne o conjunto de caracteres e de tendências, tanto somáticas quanto psíquicas, que o indivíduo traz no seu nascimento.

Mas para Freud essa constituição subjetiva é a condição geral, no determinismo patogênico, dos transtornos neuróticos indissociáveis da sexualidade infantil. Ele reconheceu assim o senso sexual inconsciente em muitas de nossas ações e de nossas representações. Ele acrescentou uma dimensão "perversa", ligada tanto à descrição da criança como *perversa polimorfa,* quanto àquela do *fantasma* inconsciente "*que tem frequentemente uma coloração sádica ou masoquista, voyerista ou exibicionista*", vizinha das passagens aos atos.

Existe, em todo ser humano, uma "predisposição *perversa polimorfa*" pela natureza das pulsões parciais as quais buscam sempre satisfação. A intensidade dessa predisposição é suscetível de variar segundo as circunstâncias de existência de cada sujeito. A noção de constituição sexual, em Freud, foi enriquecida com aquela da *fixação* da libido. "*Essas são, com efeito, as fixações representantes do passado constitucional do indivíduo, em direção às quais a libido regressa em seguida dos recalcamentos, que lhe são impostos na neurose. Essas fixações* são em parte os traços da herança filogenética"[191].

A contribuição revolucionária do pensamento freudiano em dando importância à *sexualidade*, vai de par com a modificação de sua definição e de sua relação com a *identidade* do sujeito. Após Freud, a sexualidade não se limita mais à genitalidade, e as pulsões sexuais produzem de maneira indireta, por meio da *sublimação*, nosso amor à beleza ou nossos princípios morais.

Lacan, no que lhe concerne, utilizou o termo "sexuação" para teorizar para além da sexualidade biológica. Esse novo termo, mais adequado, "designa a maneira como, no inconsciente, os dois sexos se reconhecem

(191) No dicionário, o sentido do termo "Constituição" [Vide o Glossário, no final desta obra].

e se diferenciam"[192]. Ele utilizou também o termo "*phallus*" para lhe atribuir uma função central na organização psíquica dos dois sexos.

> *Se na fase fálica, momento determinante para o sujeito, "um só órgão genital, o órgão macho, desempenha um papel" ("A organização genital infantil", 1923), esse "órgão" não se situa no nível da realidade anatômica, nível onde cada sexo tem o seu orgão. Desde o início, o falo foi situado como símbolo.*
>
> *É verdade que tudo isso engaja a psicanálise numa teorização delicada. De um lado, Freud se encontra levado a sustentar que o que ele diz do falo vale para os dois sexos. Mas, ao mesmo tempo, ele reconhece não poder o descrever de maneira satisfatória senão no que isso concerne aos homens. Um universal então, em direito. Mas, de fato, descritível para "não todos"*[193].

Em inscrevendo o sexual na infância e no inconsciente, a Psicanálise afirma então a incidência determinante no ser humano de uma outra ordem, a ordem libidinal inconsciente. Ela alargou assim a definição da sexualidade não somente na sua instauração e exercício, no senso corrente do termo, mas também nos diversos aspectos do que ela define como sexual: um conjunto de atividades, de representações, de sintomas, sem relação com a sexualidade tal como a concebemos ainda comumente.

Uma tal apreciação da sexualidade leva em conta a dimensão verdadeira do desejo sexual que, submetido às leis da linguagem, escapa a toda finalidade diretamente apreensível. O primado do *falo* como *significante central* de toda a economia subjetiva, a implementação de um objeto de *substituição metonímica* na sua relação à *castração simbólica*, todos estes elementos se explicitam na experiência primordial da criança quando de seu reencontro com a questão do sexo, questão esta que reaparece numa emergência fundamentalmente traumática.

A descrição de Freud observa *três tempos* de inscrição do primado do *phallus* na organização da sexualidade infantil:

> *1. A descoberta inicialmente, depois o reconhecimento pelo menino, e a um grau menor pela menina, de duas categorias de seres: aqueles que têm um pênis e aqueles que não o têm. O espanto e a consternação que conotam esta descoberta determinam em meninos o temor de uma castração, cuja execução é tradicionalmente atribuída à função do pai.*
>
> *2. O segundo tempo é aquele da recusa, do repúdio da representação ou repúdio, que outros autores traduzem por negação (allem. Verleugnung): "Não é verdade...", proposta que combate a angústia e a ameaça de castração.*
>
> *3. Enfim, uma solução de compromisso mantém as duas proposições contrárias no inconsciente, a qual pode as admitir, favorecendo uma clivagem subjetiva – ou clivagem do Eu segundo outros autores – (allem. Ichspaltung) comportando tanto o repúdio como o reconhecimento da castração. A observação de Freud esclarece a razão pela qual a perversão é o ponto frágil do homem, considerando que raramente ocorre em mulheres*[194].

O limite do gozo – isto é, a *castração simbólica* que universaliza a "*falta*" na origem do desejo segundo as leis da linguagem, traço no qual o *falo* é o significante originariamente *recalcado* –, é experimentado de modo imaginário pelo menino, bem como pela menina na sua privação real. Assim sendo, o *falo* não pode intervir senão na sua função simbólica e deve restar *recalcado*. Ele é o símbolo da libido para os dois sexos; o *significante fálico* designa o conjunto dos efeitos do significante sobre o sujeito e, em particular, a *perda* ligada à tomada da sexualidade na linguagem.

Portanto, a sexualidade humana se define como subvertida pela linguagem. O termo que designa os *efeitos* fálicos não tomará por ele-mesmo um valor masculino ou feminino da *diferença de sexo*. Ele será constituído por *um* significante representando os efeitos do *Significante* sobre o sujeito, isto é, a orientação de um desejo regulado pelo *Interdito*. É o *significante fálico* – no qual o órgão macho se constitui numa representação particular – que pode representar a maneira como o desejo em cada sujeito se ordena a partir da Lei da *castração*.

O *phallus* como significante tem um papel determinante para o sujeito desde o começo da vida. Freud isolou uma fase fálica da sexualidade infantil, entre três e seis anos, durante a qual, para os dois sexos, as pulsões se organizam em torno do *phallus*. Ora, se o *falo* como significante simbólico simboliza a *perda*

---

(192) CHEMAMA, Roland; VANDERMERSCH, Bernard. Dictionnaire de la psychanalyse..., p. 391-393 [tradução livre da autora].

(193) CHEMAMA, Roland; VANDERMERSCH, Bernard. Dictionnaire de la psychanalyse..., p. 391-393 [tradução livre da autora].

(194) CHEMAMA, Roland; VANDERMERSCH, Bernard. Dictionnaire de la psychanalyse..., p. 311 [tradução livre da autora].

ligada à tomada da sexualidade na linguagem – isto é, a *perda inaugural* de entrada na linguagem que nos separa radicalmente das coisas do mundo sobre as quais falamos –, consequentemente é a Referência simbólica que fala no sujeito. Então se torna problemático regrar no inconsciente humano a questão da *diferença dos sexos*, nada permitindo de apreender o que pode distinguir um sexo do outro. Mas a clínica demonstra que *essa questão insiste* no inconsciente, para além da questão da atividade sexual. Ainda que um mesmo significante – o *phallus* – homogeneíze ambos os sexos, sabe-se que a histérica continua a interrogar nela mesma o mistério de sua própria feminilidade.

Lacan[195] num estado mais formalizado de sua teoria precisou essas questões:

> [...] *aquela do menino que deve poder renunciar a ser o* phallus *maternal se ele quer poder se prevalecer do emblema da virilidade, herdado do pai; e aquela da menina, que deve renunciar a uma tal herança, mas encontrar ao mesmo tempo um acesso mais fácil a se identificar ela-mesma ao objeto do desejo.*

As fórmulas da sexuação, num estado mais elaborado da teoria lacaniana, supõem uma redefinição do *phallus*, ou da função fálica, e uma interrogação sobre a dimensão do universal.

A tabela dessas fórmulas é apresentada por Lacan, no dia 13 de março de 1973, durante o "*Seminário 20 – Mais, Ainda*", e a escolha do termo de sexuação, e não de sexualidade, indica que se reconhecer homem ou mulher é uma questão de *significante*. A sexuação designa a maneira como – do ponto de vista do inconsciente e da castração, pelo fato "de habitar a linguagem" –, o sujeito se inscreve na *diferença dos sexos*.

O *phallus*, depois de Freud, vale como *significante* da castração e, portanto, do desejo. A castração é a Lei transmitida pelo pai, a qual rege o desejo humano e o mantém em limites precisos a partir do *Interdito* do incesto. Lacan pôde então designar a "Lei da castração" como uma função: *função fálica* (Φx), também teorizada como *função* de castração.

Porém, a questão permanece sobre o ponto do "universal". Isto porque, na perspectiva freudiana, o *símbolo fálico* em torno do qual se organiza a sexualidade humana vale para todos e todas. Assim, em qual condição podemos colocar a existência de um "todos" submissos à *castração* (escrevendo-se: $\forall x\ \Phi x$)? Somente na condição, aparentemente paradoxal, em que haja ao menos *um* que não seja submisso $\exists_x \overline{\Phi_x}$ à *castração*. Lacan ressalta, então, que esta lógica é própria de toda constituição do universal. Lembra que para constituir uma classe, o zoólogo deve determinar a possibilidade da ausência do traço lógico que a distingue; é a partir disso que ele poderá, em seguida, se colocar uma classe onde o traço não pode faltar.

Para construir essas fórmulas, Lacan "*retoma a lógica aristotélica de proposições. Estas são classificadas em quatro categorias: universal afirmativa, universal negativa, particular afirmativa, particular negativa. Mas ele utiliza a escritura moderna com o quantificador universal* ∀ *e o quantificador existencial* ∃"[196].

Fórmulas da sexuação[197]

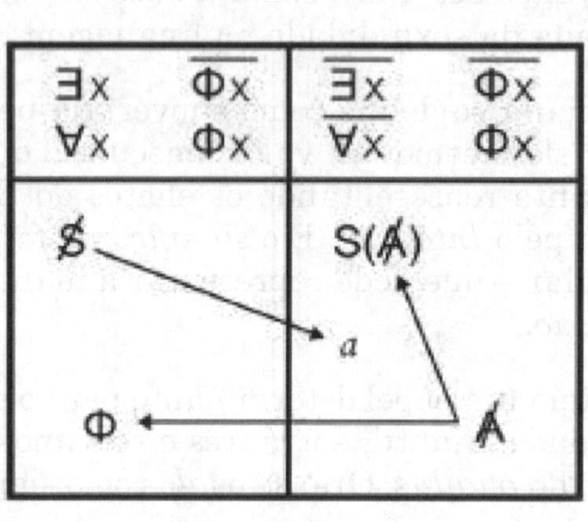

---

(195) CHEMAMA, Roland; VANDERMERSCH, Bernard. Dictionnaire de la psychanalyse..., p. 392 [tradução livre da autora]

(196) MIJOLLA, Alain de (sous la dir. de -). Dictionnaire international de la psychanalyse..., p. 1.656-1.657 [tradução livre da autora].

(197) LACAN, Jacques. Le séminaire : livre XX..., p. 73 [tradução livre da autora].

Podemos ler, na esquerda, $\forall x\ \Phi x$ para todo x Φ de x (todos os homens são submissos à função fálica, isto é, à castração). Ora a lógica moderna mostrou a necessidade de uma particular negativa $\exists x\ \overline{\Phi x}$, (existe ao menos um que não é submisso), para fundar uma universal afirmativa. É a hipótese que Freud desenvolve em "Totem e Tabu" (1912-13a, o pai da horda), mas também em "Moisés e o monoteísmo" (1939a, um primeiro Moisés não judeu): existe um que faz exceção. É assim que o homem se inscreve: pela função fálica, à condição que ela "encontre seu limite na existência de um x através do qual a função Φx é negada": é a função do pai.

O outro lado da tabela, dessas fórmulas, concerne "à parte mulher dos seres falantes". Na primeira linha se lê: não existe x que não esteja na função fálica, em outros termos a castração funciona para todas as mulheres. Mas Lacan introduz, na segunda linha, uma negação, marcada pela barra, portando sobre o qualificador universal, o que é inconcebível do ponto de vista da lógica formal, e que ele propõe de ler: "não todo".

Do lado mulher, não há "nenhuma universalidade", a mulher não é toda inteira na função fálica. Desse lado, não há exceção que permita de fundar um conjunto, para mulheres, de onde a fórmula de Lacan "A mulher não existe", que não deixa lugar à ideia de uma essência da feminilidade.

Na parte inferior da tabela, encontramos "uma indicação pontuada do que se trata". Lado masculino: o sujeito barrado "e o Φ, que o suporta como significante". Ora o homem não pode atingir seu parceiro sexual, o Outro, senão através da castração, pelo intermediário do objeto a, que disso é o efeito. Isto é o que indica a seta transversal, e encontramos aqui a fórmula lacaniana do fantasma. Do lado feminino, a mulher se divide: ela pode ter relação com Φ, com a maneira que um homem pode o encarnar para ela. Mas ela não é toda, ela tem assim relação com o significante de A, faltante no Outro para poder constituir esse conjunto das mulheres. Ela é então dividida no seu gozo, entre o gozo fálico, ligado à castração e indicado na tabela pelo Φ, e um Outro gozo que lhe é próprio.

Não há então nem simetria entre os dois lados da tabela, nem perspectiva de complementaridade dos sexos[198].

As fórmulas da sexuação, que podem parecer abstratas, são operantes na pesquisa, dentre outras práticas, para organizar, do lado esquerdo, a maneira como os sujeitos machos se relacionam à castração, e do lado direito, as relações à interdição a maneira de mulher, isto é, as diferentes maneiras de ter relação às interdições ao gozo (função fálica Φx) que são as bases da subjetividade. As fórmulas permitem pensar o *phallus* em termos de "função" fálica e permitem então de inscrever precisamente um *hiatus* entre homem e mulher.

As combinatórias mostram a maneira como Lacan se separa da ideia de uma essência ou natureza, masculina ou feminina, pois *"quem quer que seja o ser falante, ele se inscreve de um lado ou de outro"*. Isto permite pensar diferentemente alguns problemas clínicos como, por exemplo, o da histeria masculina ou mesmo a homossexualidade feminina, visto que em relação a quem se inscreve do lado direito da fórmula, ou seja, do lado mulher, lado do ser falante, podemos dizer que:

Pelo fato de ser na relação sexual, em relação ao que pode se dizer do inconsciente, radicalmente o Outro, a mulher é a que tem relação a esse Outro". A mulher não está então toda no gozo fálico. O que faz que aquele que se inscreve do lado macho não atinja "seu parceiro sexual que é o Outro" senão através do fantasma $\$ \diamond a$, isto é, pelo laço que mantém o sujeito dividido em relação ao objeto causa do desejo. Essa combinatória de quatro fórmulas proposicionais marca o hiatus *entre os sexos e tenta ordenar o texto do gozo entre o universal e a exceção quando se trata de um campo finito de uma parte e, de outra parte, quando se trata de um campo infinito (à direita), uma lacuna de duas proposições cuja relação não pode ser resolvida em termos de contradição. Essa radical impossibilidade de escrever a relação sexual como tal, a necessidade então de passar pela função fálica, faz entender a palavra* phallus *entre o jogo de palavras "faillir" falhar e "falloir" ter que: entre o que "é preciso" e o que "está falhando". Assim, não há, em Lacan, como o que ele mesmo denuncia em Freud no Seminário RSI, "prostração diante do gozo fálico". E se "existe o Um", esse não é o* phallus *como um signo de Eros, que marcaria a possibilidade de comunhão; se existe o um, esse um entra no cálculo lógico onde a função fálica opera; e isto marca bem quanto o* phallus, *esse significante do gozo sexual, não nos envia a qualquer mestria, apesar de seu brilhantismo imaginário, mas ao furo que representa a impossibilidade de marcar de um "um" a relação sexual. A função fálica permite igualmente de situar o Nome-do-Pai como a exceção fundadora do que regra, com relação ao* phallus, *o ser ou o não o ser, o ter ou o não o ter. Remarcamos que a ligação entre* phallus *e função paternal fundadora da lei que rege o gozo, no lugar de confundir sexualidade e geração, os distingue e os esclarece um do outro. Enfim, essa combinatória permite de não mais tomar o objeto fálico na confusão desses jogos imaginário e simbólico. À afirmação de M. Klein segundo a qual a mãe "contém" o* phallus, *Lacan responde radicalizando a questão: "Que o* phallus *seja um significante, requer que esse esteja no lugar do Outro a fim que o sujeito aí aceda". Ao imaginário do "contendo", do "possuindo", que se poderia pensar o dar ou o transmitir como um objeto, Lacan substitui, então, com a ideia topológica, de "lugar do Outro*[199].

O segundo aspecto da virada em 1972-1973 na posição teórica sobre o *phallus* concerne à topologia lacaniana do nó borromeu, que tem a particularidade de enodar três anéis de corda sem os enlaçar, dois a dois.

(198) MIJOLLA, Alain de (sous la dir. de -). Dictionnaire international de la psychanalyse... (A. Vanier), p. 1.656-1.657 [tradução livre da autora].

(199) MIJOLLA, Alain de (sous la dir. de -). Dictionnaire international de la psychanalyse... (A. Vanier), p. 1.656-1.657 [tradução livre da autora].

Cada volta é equivalente às outras e se uma delas é rompida, o nó se rompe. Se cada uma representa o Real, o Imaginário, o Simbólico, isso quer dizer que as três dimensões topológicas utilizadas para representar o aparelho psíquico são de igual importância, e que tudo o que é então distribuído em diferentes superfícies tem bordas que pertencem às três voltas diferentes. Isto força a pensar as três dimensões em termos de furos e não de substâncias, e impede também de restaurar qualquer hierarquia ou gênese dimensional.

O *phallus* é então situado, na última parte da obra de Lacan, como "ex-sistência".

Trata-se de compreender o *phallus* pela sua *função* no intervalo entre o anel do Real e o do Simbólico, no limite do *gozo fálico* que, na borda do objeto *a*, se articula ao *gozo do Outro* e ao senso.

O *phallus* é então uma noção central para a Psicanálise, à condição de entender suas três dimensões numa abordagem ao mesmo tempo lógica e topológica que, de maneira diferente, mas não contrária, permite não fazer disto uma substância religiosa ou metafísica. O *significante fálico* é o significante do *gozo sexual*, ele é o ponto onde se articulam as *diferenças* na relação ao corpo, ao objeto e à linguagem.

O *objeto fálico* constitui a pedra angular da problemática edipiana e da castração, de forma que Lacan reorienta tal princípio em torno da dimensão da metáfora paternal. Portanto, o processo da metáfora, da metáfora denominada "Lei do Nome-do-Pai", é estruturalmente ligado à situação edipiana a qual constitui o *acmé* resolutivo. Lacan insiste em redefinir sua significação no registro não somente do domínio da:

> [...] *captura imaginária, mas também do ponto de ancoragem onde essa captura imaginária se enlaça à dimensão do simbólico. Por esta participação no registro do imaginário, ocorre, como observa Lacan, que "aquilo em que a teoria analítica concretiza a relação intersubjetiva, que é o Complexo de Édipo, tem um valor de mito". Em contrapartida, na medida em que o Édipo convoca esta relação intersubjetiva a encontrar um ponto de assunção no registro do simbólico, ele é um processo estruturante para o sujeito*(200).
>
> *A divisão do sujeito operada pela ordem significante instaura uma outra propriedade fundamental da subjetividade: a alienação do sujeito na e pela linguagem, consecutiva ao tipo de relação que ele mantém com a ordem simbólica. É nesta relação que o sujeito experimenta o seu caráter radicalmente não essencial enquanto se desvanece, de uma certa maneira, como sujeito, na cadeia significante.*
>
> *O próprio da articulação da linguagem é o de evocar um real através de um substituto simbólico que opera infalivelmente uma cisão entre o real vivido e aquilo que vem significá-lo. Em outras palavras, o substituto simbólico que significa este real não é o próprio real, mas aquilo por meio do que este real é representado, conforme o aforismo de Lacan: "É preciso que a coisa se perca para ser representada". A linguagem é, portanto, investida de uma propriedade singular, que consiste em representar a presença de um real à custa da ausência desse real como tal; ou seja, como diz Lacan que "pela palavra, que já é uma presença feita de ausência, a própria ausência vem a se nomear". Nestas condições, a relação do sujeito com seu próprio discurso se sustentará pelo mesmo efeito de cisão.*
>
> *O que quer dizer que o sujeito não figura em seu próprio discurso, a não ser ao preço desta mesma cisão: ele desaparece como sujeito, para ali encontrar-se representado unicamente na forma de um símbolo.* [...]
>
> *A relação do sujeito com seu próprio discurso sustenta-se, portanto, em um efeito singular: o sujeito só está ali presentificado ao preço de se mostrar ausente em seu ser. Além de esta relação acusar mais uma vez a estrutura de divisão do sujeito, ela evidencia que o sujeito, tão logo acede à linguagem, perde-se nesta mesma linguagem que o causou.* ***Não somente o sujeito não é causa da linguagem, mas ele é causado por ela****. O que quer dizer que o sujeito que advém pela linguagem só se insere nela como um* ***efeito****; um efeito de linguagem que o faz existir para logo a seguir eclipsá-lo na autenticidade de seu ser. Lacan designa esta eclipse como sendo* fading [= *desvanecimento] *do sujeito, que impõe que ele só apreenda a si mesmo, através de sua linguagem, como uma representação, uma máscara que o aliena dissimulando-o para si mesmo. Essa alienação do sujeito no seu próprio discurso é, precisamente, a refenda do sujeito*(201).

De fato, o sujeito não surge senão no discurso e pelo discurso, para em outro lugar imediatamente submeter-se à afânise na cadeia significante. Portanto, o processo de construção da subjetividade é específico para cada sujeito, nas dimensões: real, simbólica e imaginária da identificação ao Outro. Ele é ligado à organização sexual infantil, à resolução edipiana das identificações, primária e secundária, que encontra seu ponto de ancoragem na dimensão simbólica. O complexo edipiano deve encontrar sua resolução no processo de metaforização.

---

(200) DOR, Joël. Introduction à la lecture de Lacan. 1ère Partie : L'inconscient structuré comme un langage – 2ème Partie. La structure du sujet. Paris : Éditions Denoël, 2002, p. 96 [tradução livre da autora].

(201) DOR, Joël. Introduction à la lecture de Lacan..., p. 136-137 [tradução livre da autora].

A metáfora do Nome-do-Pai institui um **momento estruturante** na **evolução psíquica da criança**. Ela inaugura seu acesso à dimensão simbólica em desatando-a de seu **assujeitamento imaginário à mãe**. A metáfora lhe confere o estatuto de sujeito faltante e, portanto, desejante. Mas o benefício desta aquisição exige uma nova alienação. "*Com efeito, tão logo advém como sujeito desejante, o desejo do ser falante [= *parlêtre] torna-se cativo da linguagem na qual o sujeito se perde como tal, por não ser representado senão graças a significantes substitutivos, que impõem ao objeto do desejo a qualidade de objeto metonímico*".[202]

A Lei do Nome-do-Pai aparece como cruzamento estrutural da subjetivação. Esta metáfora tem fortes consequências: que se trate de seu fracasso como o que introduz a implementação dos processos psicóticos; que se trate do seu sucesso como o que aliena o desejo do sujeito na dimensão da linguagem em instituindo uma estrutura de divisão subjetiva (*Spaltung*) que o separa irreversivelmente de uma parte dele-mesmo, a neurose, em fazendo acontecer o inconsciente. Ou, que se trate da recusa da metáfora paternal, como ponto de ancoragem das perversões, onde as ambiguidades simbólicas e equívocos, em se fazendo regra na realidade, fixam a criança no gozo da rivalidade fálica.

Portanto, é preciso se focar no exame destas consequências linguageiras para melhor compreender tanto a construção subjetiva como *efeito* de discurso, quanto os *atos* do Novo Homem como sujeito demandante de novos Direitos.

2.2. OS IMPASSES DA CONSTRUÇÃO SUBJETIVA NO DISCURSO

Nós demonstramos a complexidade da organização sexual infantil, em Freud pela descrição dos três tempos de inscrição do primado do *phallus.* Nós, também, a demonstramos em Lacan a partir das "fórmulas da sexuação" as quais mostram que: ser homem ou mulher é uma questão de construção "real/simbólica/imaginária" organizada a partir das diferentes relações à *função fálica* como referência ao pai – referência a uma *função* que mediatiza a relação da criança à mãe e da mãe à criança –, ou seja, a Lei da castração que **Interdita os gozos mortíferos e incestuosos**.

Assim, sem esquecer a importância da Referência ao pai como cruzamento estrutural (psicossomático) da entrada da criança na linguagem – isto é, o sujeito não figurando no discurso senão graças a um representante simbólico fálico que lhe remete a outro significante da cadeia linguística –, nós retomaremos o texto de Lesourd[203] sobre as relações do discurso e da função do significante fálico com os impasses da construção subjetiva, e suas psicopatologias.

Na sua obra, mais especificamente no texto "*Impasses de la construction subjective chez l'enfant et l'adolescent*", Lesourd[204] fala de modificações da psicopatologia infantil sob os efeitos das mudanças sociais. Ele demonstra, em conclusão, o quanto as novas psicopatologias da criança e do adolescente estão relacionadas com as prescrições pós-modernas do liberalismo. Ele afirma que as "novas" patologias exprimem as transformações, não do sujeito, mas sim do laço social. As novas patologias testemunham do funcionamento do liberalismo o qual organiza nossa cultura. Ele explica que para um sujeito:

> [...] *é sempre difícil de renunciar ao todo prazer e à satisfação "perversa polimorfa" originária. É o laço social queoloca em forma estes renunciamentos, e nossas crianças testemunham nos seus sofrimentos, dos impasses que construíram o social atual para esta operação psíquica incontornável de subjetivação: a castração que Fernadino Camon*[205]*nomeia de um belo nome "a doença humana"*[206].

As formas atuais do sofrimento psíquico podem ser associadas às prescrições do sistema econômico liberal. Tomando exemplos, Lesourd[207] associa as patologias que são mais visíveis na norma:

> *Assim, à livre escolha individual correspondem as depressões as quais assinalam a solidão do sujeito na sua realização desejante, à demanda de eficacidade e de performance respondem os distúrbios de hiperatividade; o destaque do*

(202) DOR, Joël. Introduction à la lecture de Lacan..., p. 121-122 [tradução livre da autora].

(203) LESOURD, Serge. Impasses de la construction subjective chez l'enfant et l'adolescent...

(204) LESOURD, Serge. Impasses de la construction subjective chez l'enfant et l'adolescent...

(205) CAMON, Fernadino. La maladie humaine. Paris : Folio-Gallimard, 1973 *apud* LESOURD, Serge. *Impasses de la construction subjective chez l'enfant et l'adolescent...*

(206) LESOURD, Serge. Impasses de la construction subjective chez l'enfant et l'adolescent..., p. 34 [tradução livre da autora].

(207) LESOURD, Serge. Impasses de la construction subjective chez l'enfant et l'adolescent..., p. 33 [tradução livre da autora].

> *ato como prova de existência provoca as violências do agir e as passagens ao ato, a prescrição da consumação como modo único de busca da felicidade constitui o leito das toxicomanias e adições diversas, a recusa do envelhecimento e da morte encoraja os suicídios e os ataques ao corpo (escarificação,* piercing, *cirurgia plástica), enfim a liberdade sexual constrói as dificuldades dos* ***distúrbios de identidade de gênero***[208].

Diante da constatação clínica de que as fobias infantis "normais" quase desapareceram, enquanto que as fobias adolescentes estão crescendo, Lesourd[209] conclui que há **uma mudança nas relações sociais aos interditos**, implicando uma **nova organização psíquica das crianças**.

A democracia familiar, na qual as demandas e os desejos dos diferentes atores são equivalentes e na qual a criança é o centro de todas as atenções, impede a função do pai imaginário como interditor. A Psicanálise acrescenta ao conceito das fobias clássicas: "*os medos, fixados sobre um objeto ou uma situação, que inibem o funcionamento cotidiano do indivíduo e que escondem um outro medo, geralmente desconhecido do sujeito e portanto inadmissível, mas que é um medo mais aterrorizante que aquele que provoca a fobia*". Assim, a Psicanálise acrescenta que todas as fobias reenviam a um desejo transgressivo relacionado a um Interdito moral maior interiorizado. Por exemplo, o Interdito de assassinato, de incesto, de canibalismo... Portanto:

> *As fobias infantis que exprimiam o medo desta figura do pai potente, então, não têm mais utilidade psíquica para a criança para "deslocar o medo" do pai a um objeto mais bem controlável. Por outro lado, este desaparecimento dos medos se traduz na criança por uma* ***fraqueza dos interditos interiorizados****. O "desaparecimento" da fase de latência, os fenômenos de hiper-sexualização dos comportamentos infantis, a manutenção em idade avançada da toda-potência infantil são as consequências desta fraqueza dos interditos. As fobias infantis são substituídas pelos distúrbios de hiper-agitação, ditos hiperatividade. Esta* ***construção psíquica, sem limite interiorizado****, apesar de tudo se sustenta durante a infância, pois a criança se choca na realidade à força e à potência dos adultos. Isto é bastante diferente no tempo da adolescência.*
>
> *O sujeito não pode mais desta vez contornar, evitar, os interditos sociais que restam massivamente presentes. Os interditos morais (de assassinato, de incesto etc.) e as prescrições sociais (respeito ao outro, limitação narcísica etc.) são desta vez incontornáveis. Como nós o escrevemos, desde 1994, com alguns colegas,* ***a castração é incontornável na adolescência.*** *Os interditos interiorizados fazem massivamente retorno no psiquismo adolescente, provocando os* ***conflitos entre narcisismo e interditos****, e as* ***angústias psíquicas****. É neste quadro que surgem então as* ***fobias adolescentes*** *atuais, fobias em geral sociais como as fobias escolares, os confinamentos nos mundos virtuais, os medos sexuais, que entravam fortemente a vida do sujeito. Estas fobias testemunham deste* ***reencontro da castração*** *que, desta vez, não pode mais ser contornado*[210].

Lesourd[211] indica o **deslocamento das fobias da infância para a adolescência** como uma das modificações da **psicopatologia infantil** sob o efeito das mudanças sociais.

Num outro texto "*La clinique de l'adolescence c'est le politique*", Lesourd[212] pegando apoio sobre a clínica psicanalítica do ato, nos mostra em que a psicologia adolescente testemunha do estado do laço social no qual crescem os adolescentes em sofrimento. Ele afirma que "*as* ***psicopatologias extremas*** *serão assim consideradas como o sucesso do laço político moderno, o* ***liberalismo*** *que impulsiona a realização de si através de performances que realizam o gozo sem limite e a* ***recusa da doença humana: a castração***".[213]

Por ocasião de uma conferência no Brasil no Hospital Mater Dei-BH, Lesourd[214] fez uma explanação sobre a **dominação do discurso médico** no mundo atual, discurso construído sobre o modelo de "*parlottes*" [= *tagarelices tagarelices, palavrório] que transformam a relação do sujeito ao outro, ao laço social e à idealidade. No texto intitulado "*A elisão do sujeito no 'palavrório' tecnocientífico da medicina*"[215], ele explora, a partir de exemplos da psicopatologia ordinária, os efeitos sobre a subjetivação desta dominação discursiva tecnomédica.

---

(208) Impasses de la construction subjective chez l'enfant et l'adolescent. *L'Information Psychiatrique*, vol. 84, n. 1, p. 29-34, janvier 2008, troubles de la personnalité. DOI : 10.1684/ipe.2008.0276. Disponible sur : <http://www.cairn.info/revue-l-information-psychiatrique-2008-1-page-29.htm>. Accès : 09 mar. 2012.

(209) Op.cit.

(210) Op.cit.

(211) Op.cit.

(212) LESOURD, Serge. La clinique de l'adolescence c'est le politique. Adolescence, 2009, vol. 2, n° 68, p. 297-312, Editeur L'Esprit du temps, ISBN 9782847951561, DOI : 10.3917/ado.068.0297. Disponible sur : <www.cairn.info/revue-adolescence-2009-2-page-297.htm>. Accès : 09 mar. 2012 [tradução livre da autora].

(213) No dicionário, o sentido do termo "Castração do sujeito" [Vide o Glossário, no final desta obra].

(214) LESOURD, Serge. A elisão do sujeito no "palavrório" tecnocientífico da medicina. Epistemo-somática, Belo Horizonte – MG, dez. 2007, vol. 4, n. 2, p. 17-27. Disponible sur : <http://pepsic.bvsalud.org/scielo.php?script=sci_arttext&pid=S1980-20052007000200003&lng=pt&nrm=iso>. Accès : 09 mar. 2012.

(215) Op.cit.

A partir da concepção freudiana de cultura, definida como a formatação da "*regulação dos desejos subjetivos por meio dos Interditos colocados pelas leis sociais, geralmente diferentes de uma cultura à outra, e por meio de leis simbólicas sempre as mesmas no tempo e no espaço*"[216], ele nos lembra que "*as leis simbólicas* são aquelas do *Interdito do incesto que constrói a diferença das gerações, do Interdito do assassinato que interdita a destruição do outro, e do interdito canibal que impede a devoração pelo outro*".[217]

Esta função da cultura, de inventar o homem, a partir das interdições que regulamentam os desejos e as faltas, segundo Lesourd[218], dá os modelos de respostas para as duas questões fundamentais do sujeito nas suas relações aos outros humanos. Ele diz que a primeira questão é "*Qual* é o gozo esperado pelo Outro*? Isto é, como posso eu o satisfazer a fim de que ele não me destrua?*". A segunda questão é "*Qual* é o desejo do Outro, sua vontade ao meu olhar*? A fim que eu possa obter, em me deslizando no seu desejo a satisfação que eu espero*".[219]

O humano, considerado por Lacan[220] como um neoteno, isto é, como um sujeito que é sempre nascido muito cedo, se bem que a termo, sempre impotente no início de sua vida para enfrentar as adversidades, é uma das questões fundamentais. Para a criança, vir ao mundo não significa somente nascer para seus parentes, significa nascer para a humanidade. Então, o neoteno humano depende inteiramente desse grande Outro que, no início é o Outro materno, privativo de cada sujeito, e que se torna em seguida o Outro social. Cada sujeito depende de sua cultura de pertencimento, e ele deve nascer uma segunda vez – "*nascer a isso que o ultrapassa, a ele e a seus parentes. Separar o homem humanamente, é lhe ensinar um para-além de sua pessoa, o conduzir pela palavra até às portas do Abismo, lhe mostrar por onde passa o desejo do homem*"[221]. A criança aprende então que a *Referência* não depende de seu querer, ela experimenta que outros lhe abrirão o caminho do saber. Ela compreende que para ler e escrever é preciso se assujeitar à Lei.

A afirmação de Lacan[222] "*O desejo do homem é o desejo do Outro*" suscitou vivas interrogações, e a questão do desejo humano, "*falta inscrita na palavra e efeito da falta de significante sobre o ser falante*"[223], resta enigmática. É o que a Psicanálise denomina *falta* ou *castração*. Esta falta fundamental, *incompletude absoluta* e insuperável cava as trocas entre os humanos, tornando impossível o gozo ilimitado.

> *Para o ser falante, a linguagem vai tomar por encargo esta parte do fracasso, no impossível a tudo dizer, na impotência a falar totalmente o corpo e o gozo que lhe é consubstancial. Toda cultura humana, toda cultura do ser falante, é uma tentativa de dar conta desta impossível realização desejante, e é então por meio da troca linguageira que se transmitem as leis de regulações do desejo, como o diz depois de longo tempo uma certa filosofia, e como o demonstrou, cientificamente, a psicanálise. A linguagem torna-se assim, para o humano, o lugar mesmo da cultura, o lugar de sua humanização. É isto que avança Lacan na sua teoria dos discursos (Lacan, 1970/1991) colocando como motor de cada discurso o lugar excluído, esse da verdade, que não pode jamais ser atingido pela produção discursiva*[224].

As mutações no campo da palavra e da linguagem que, pegando apoio sobre as tecnociências, segundo Lesourd[225], vêm fazer crer que o discurso poderia atingir a verdade, e que o *ser falante* [= **parlêtre*] poderia atingir o gozo absoluto. As sociedades liberais pós-modernas se organizam desde que se lhes assegure que a realização de todo tipo de satisfação pulsional é possível e viável. Neste funcionamento social, o indivíduo não existe senão pela consumação do objeto.

> *A lei do mercado repousa sobre o "teorema" que diz que a regulação das trocas inter-humanas provém da lei de oferta e da demanda e unicamente deste. Nenhum interdito, que ele seja moral, político ou religioso, não pode vir entravar a livre troca dos objetos. Este teorema é falso como o demonstra maravilhosamente bem o economista Jacques Gé-*

(216) LESOURD, Serge. A elisão do sujeito no "palavrório" tecnocientífico da medicina...
(217) LESOURD, Serge. A elisão do sujeito no "palavrório" tecnocientífico da medicina...
(218) LESOURD, Serge. A elisão do sujeito no "palavrório" tecnocientífico da medicina...
(219) LESOURD, Serge. A elisão do sujeito no "palavrório" tecnocientífico da medicina...
(220) LACAN, Jacques. *Passim.*
(221) LEGENDRE, Pierre. La fabrique de l'homme occidental..., p. 23 [tradução livre da autora].
(222) LACAN, Jacques. *Passim.*
(223) No dicionário, o sentido do conceito "Desejo" [Vide o Glossário, no final desta obra].
(224) LESOURD, Serge. A elisão do sujeito no "palavrório" tecnocientífico da medicina...
(225) LESOURD, Serge. A elisão do sujeito no "palavrório" tecnocientífico da medicina...

néreux na sua última obra "La dissociété" (Genereux, 2000, 2006). Foi necessário para sustentar este projeto social, tornado possível graças aos avanços das tecnociências, de propor um novo modo de articulação linguageira, ***novas formas de "discurso" em adequação com o projeto liberal****. Estes novos modos discursivos, nos quais Lacan havia enunciado a estrutura (aquela do Discurso do Capitalista) na sua carta aos italianos (Lacan, 1978), eu os denominei de "parlottes"* [= *tagarelices] *(Lesourd, 2006)*[226].

Lesourd[227] explica que podemos perceber *"A evacuação do sujeito nas 'parlottes' tecnomedicais"*, pois nesta forma de fala o sujeito fala para nada dizer. Nas "falas" tecnomedicais o conteúdo subjetivo não tem importância, **o próprio do discurso científico pós-moderno é de evacuar toda subjetividade**. O que conta neste tipo de fala, "é que o fato mesmo de falar faz existir o sujeito, primeiramente, *por ele mesmo num movimento narcísico, em seguida, para o outro que escuta sua fala*"[228]. Então é a "*parlotte*" [= *tagarelice] que se instala quando a gente não tem mais nada a dizer.

É importante compreender que **a fala vazia de um discurso mais imaginário, difere da fala plena de um discurso do simbólico**. Esta última é a **fala que faz ato**, ou seja, aquela que exprime alguma coisa da verdade mais profunda do sujeito. Todavia, a diferença entre falas plenas e falas vazias não é evidente, pois as pessoas que vão tagarelar com os comerciantes ou nos tecnocientíficos querem, antes de tudo, se fazer escutar e se fazer amar.

Assim as "parlottes" pós-modernas são um modo linguageiro particular de organização das relações de gozo que recusa o enigma no desejo do Outro. O objetivo das "parlottes" é não somente de "saturar" a falta causa do desejo, isto que faz já o fantasma, mas ainda de transformar esse objeto real e irrepresentável da falta, em produto da realidade capaz então de se incluir na troca inter-humana. O que sustenta as "parlottes", é que a relação entre o sujeito e o objeto causa do desejo seria possível, e por via de consequência, a realização do fantasma parece, se isso não foi assegurado, ao menos realizável e frequentemente prometido.

Que o pensemos aqui na invasão de nosso quotidiano pelos ***discursos*** **publicitários** *que tentam provar que tal objeto seria aquele que viria não somente satisfazer a falta, mas ainda dar estatuto ao sujeito que o possui*[229].

O discurso publicitário invadiu o nosso quotidiano? A publicidade ao serviço do mercado **tenta convencer que os objetos oferecidos vão satisfazer plenamente nosso desejo**, e ainda **nos representar**. As enganações publicitárias, mesmo aquelas que propõem os produtos médicos, tentam convencer os sujeitos que os objetos à venda serão suficientes para garantir suas existências e seus reconhecimentos. Eles apresentam esses produtos como substitutivos de todas as primeiras *representações inconscientes* do *objeto perdido*, pelos sujeitos, esses guiando suas vidas. **A publicidade nega os interditos fundamentais**, como estes da diferença de gerações e de lugares.

Este procedimento linguageiro de negação das diferenças parece uma evidência do discurso publicitário, pois seu objetivo é justamente de "fazer crer" ao tudo possível da realização desejante. Mas isto se torna um pouco mais complicado, até mesmo perigoso, quando este mesmo ***processo de negação*** *portando os* ***interditos fundamentais*** *é veiculado pelos discursos políticos (Stiegler, 2006; Lebrun, 2007), ou pelos* ***discursos médico-preventivos****. As leis de prevenção sobre a saúde (lei antitabaco, lei sobre a prevenção do alcoolismo, relatório sobre os distúrbios de condutas etc.) que gerenciam a "saúde totalitária" (Gori & Del Volgo, 2005) defendendo uma desaparição dos distúrbios que elas são encarregadas de enquadrar, são deste registro. Trata-se de prevenir para que a felicidade coletiva e individual sejam concedidas a todos*[230].

Esses palavrórios tecnocientíficos são incitantes a um gozo ilimitado, um gozo sem bordas capaz de recuperar o *objeto perdido*. É preciso lembrar aqui que, ao contrário, nas *quatro estruturas dos discursos* que organizam as comunicações e os laços sociais, o objeto *a* – como objeto causa do desejo – é causa da divisão do sujeito, tal como ele aparece na escritura do fantasma ($\$ \diamond a$) numa exclusão interna a seu objeto. Lacan[231] utiliza o objeto *a* para definir as relações do sujeito com o objeto, causa do desejo, depois, o utiliza para designar a *perda* produzida pela articulação significante mínima de $S_1 \leftrightarrow S_2$. Esta perda é alusiva à *subtração de gozo* por causa da entrada no discurso. Esta perda é também designada de "*mais-gozar*", termo homólogo a *mais-valia* identificada por Marx.[232]

---

(226) LESOURD, Serge. A elisão do sujeito no "palavrório" tecnocientífico da medicina...
(227) LESOURD, Serge. A elisão do sujeito no "palavrório" tecnocientífico da medicina...
(228) LESOURD, Serge. A elisão do sujeito no "palavrório" tecnocientífico da medicina...
(229) LESOURD, Serge. A elisão do sujeito no "palavrório" tecnocientífico da medicina...
(230) LESOURD, Serge. A elisão do sujeito no "palavrório" tecnocientífico da medicina...
(231) LACAN, Jacques. *Passim.*
(232) No dicionário, o sentido do conceito "Objeto a" [Vide o Glossário, no final desta obra].

Então, esta *perda* designada pelo objeto *a* – necessária e constitutiva da subjetividade[(233)], e que na clínica ajuda a compreender a *função do objeto* no afeto, assim como, seu *lugar* segundo as diversas *estruturas clínicas*: *perda* mascarada no *fantasma* do neurótico, objetivamente *presente na realidade* do cenário perverso, reificada sob *forma alucinatória* na psicose[(234)] –, desaparece nos palavrórios tecnocientíficos.

> *O gozo prometido, pela estrutura dos palavrórios , seria então um gozo total, um gozo pleno. Este gozo total, a psicanálise, em seguida a filosofia, aprendeu a decifrar como o* ***gozo arcaico da mãe****, o gozo da Coisa, que ainda resta um gozo interditado e impossível ao sujeito do fato do assujeitamento subjetivo à linguagem. De ser assujeitado à linguagem, e então às representações, o ser humano é radicalmente separado de seu objeto primeiro que ele não pode senão "reencontrar" (Freud, 1905/1987) sob outras formas não perfeitas. O objeto adequado ao gozo é assim vetor do desejo, mas não pode ser atingido; fato que torna esse objeto* real *em o pegando da realidade do mundo.* ***O objeto causa do desejo é então*** **perdido** ***desde sempre, mas eficaz para sempre.*** *A* ***castração que humaniza o sujeito humano****, tal como fala a psicanálise, repousa sobre esta base*[(235)].

Lesourd[(236)] explica as modalidades de manifestação do gozo, visto que os palavrórios tentam contornar esta contradição lógica que é a essência do ser falante. Esses palavrórios se tornam a lógica que organiza os laços sociais de uma maneira totalmente sutil propondo ao ser humano um **catálogo das modalidades perversas de gozos**. Ele exemplifica este contorno da *contradição lógica*, constitutiva da subjetividade, com o *Interdito* fundamental estruturante do desejo:

> [...] *o interdito da devoração e, portanto do controle do outro, pelos palavrórios modernos, em lembrando que numerosas psicopatologias modernas são pegas neste controle, esta devoração do outro. Para disso não citar senão algumas das mais leves às mais graves, todas em ascensão: a violência contra o outro (conjugal, familial ou social contra um professor, por exemplo, em nome de seu direito a si), a tomada de reféns como uma ferramenta política e econômica, o atentado, suicida ou não, como expressão de seu direito a ser. Essas violências são tomadas num* ***discurso social de negação do interdito de controle do outro****, que se propõem todos os dias como uma distração nos jogos televisivos. Um grande número de programas de televisão atualmente coloca em cena a realização de um* ***fantasma perverso*** *de controlar o outro para o maior gozo do espectador pós-moderno. A eficacidade e a audiência, dos* reality-show *ou das emissões de jogos nos quais o candidato sofre os escárnios do animador repousa sobre esse funcionamento. O que nos mostram essas emissões? A colocada em cena de uma* ***realização*** *fantasmática perversa de* ***submissão do sujeito*** *ao* ***agente do discurso****. O animador, ou o estilista que o animador encarna, designa um* ***significante*** *a partir do qual deve se realizar a emissão (*sex-symbol dans le Loft, militaire dans la 1ère section, fermier dans "la ferme aux célébrités", etc.*)* [= *símbolo sexual no Loft, militar na primeira seção, fazendeiro na "fazenda para as celebridades", etc. (programas de TV na França)]. *A partir desse significante, o participante, deve depois produzir um saber sobre o ser que ele deveria ser neste significante que o designa. O saber se verifica, certamente, sempre um saber incompleto. O participante assim deve mostrar uma falta que vai fazer "gozar" o animador, e o espectador, colocado ele mesmo por* ***identificação*** *em lugar de agente deste discurso. É a* ***falta*** *no participante que é visada neste circuito, a fim de fazer gozar o agente. Pensar aqui, por exemplo, a emissão "Le Maillon faible"* [= *O elo mais fraco] *no qual se trata, sob os sarcasmos da animadora, de designar aqueles que são precisos eliminar, matar para chegar enfim ao alvo. Esse dispositivo no qual um sujeito (o animador) coloca o outro em* ***posição de objeto*** *para disso tirar seu próprio gozo é aquele que Freud e Lacan descreveram como sendo aquele da* ***estrutura perversa***[(237)].

Estas demonstrações do **gozo perverso** aparecem nos funcionamentos de outros modelos sociais pós-modernos.

> *No registro do sexual, a norma é aquela da história pornográfica que serve cada vez mais de modelo à realização da relação sexual não somente para os adultos, mas também para numerosos adolescentes que começam sua "vida amorosa" por atitudes sexuais por vezes eminentemente "duras". No registro do corporal, a demonstração do corpo e das inscrições sobre este tem hoje lugar de norma, indo por vezes até a modificação do corpo para lhe fazer corresponder a seu desejo íntimo (Que pensemos aqui aos transexuais ou ao performer Orlan). Enfim, no registro da identidade sexual onde o tudo-possível rege o funcionamento social.* ***A identidade sexual não é mais*** *de modo nenhum* ***determinada pelo real sexual*** *de um indivíduo,* ***mas por sua posição pessoal diante do sexual****, até a* ***colocar o corpo em acordo com o fantasma*** *se necessário como no caso dos transexuais, e a* ***lei ao serviço de sua realizaç****ão como no caso das "****parentalidades homossexuais****"*[(238)].

Nesses diversos registros, do sexual, do corporal e da identidade, essas demonstrações de modos

---

(233) No dicionário, o sentido do conceito "Fantasma ou fantasia" [Vide o Glossário, no final desta obra].
(234) No dicionário, o sentido do conceito "Fantasma ou fantasia" [Vide o Glossário, no final desta obra].
(235) LESOURD, Serge. A elisão do sujeito no "palavrório" tecnocientífico da medicina...
(236) LESOURD, Serge. A elisão do sujeito no "palavrório" tecnocientífico da medicina...
(237) LESOURD, Serge. A elisão do sujeito no "palavrório" tecnocientífico da medicina...
(238) LESOURD, Serge. A elisão do sujeito no "palavrório" tecnocientífico da medicina...

possíveis de comunicação e de satisfação dos gozos perversos, no nosso laço social pós-moderno, são dos mais banais e clássicos.

É necessário precisar aqui que a perversão no quadro da Psicanálise, que Freud descreve desde 1905, nos "*Três ensaios sobre a teoria da sexualidade*"(239) como *Aberrações sexuais*, não tem o mesmo senso que na moral comum. A perversão não é uma simples aberração da conjunção sexual em relação aos critérios sociais estabelecidos. *"Ela implementa o primado do* phallus *realizando uma **fixação do gozo sobre um objeto imaginário** – muitas vezes errático –, em lugar e espaço da função fálica simbólica a qual organiza o desejo sob o golpe da castração e da falta".*(240)

> *Ela é um modo particular de relação ao gozo, compartilhado pelo conjunto da humanidade, que vem opor uma recusa no limite feito ao gozo. A perversão, no seu senso psicanalítico, é a maneira pela qual um sujeito, num domínio preciso de sua relação ao semelhante, recusa, nega, repudia, a impossibilidade de gozo pleno e total. É sobre esta recusa que se constrói a dinâmica fantasmática do sujeito e sua crença íntima em uma felicidade enfim realizável. É esta recusa que se exprime no fantasma ($ ◇ a) e na crença em sua realização. Freud dizia isto quando ele denominava a criança de perversa polimorfa, ele quis dizer com isto que a criança busca antes de mais nada a satisfação, e que ela a buscou por todos os meios pulsionais possíveis (devoração oral, retenção anal, falicismo edípico, devaneio latente, agir adolescente, controle do outro etc.). **O papel do social é de** conter, colocar em ordem, recalcar, **interditar, a expressão bruta da satisfação pulsional**, para aí construir uma **satisfação substitutiva tolerável** para os outros e para o sujeito. De fato, a pulsão, como demonstra bem a criança entregue a si mesma, finda por **destruir o objeto de satisfação**, pelo aniquilamento para o prazer do sujeito*(241).

Assim, podemos perceber que os laços sociais tecidos pelos palavrórios tecnocientíficos pós-modernos utilizam esse aspecto da personalidade humana: a predisposição perversa polimorfa à satisfação das pulsões sexuais. "A satisfação subjetiva é o objetivo egoísta de toda vida humana". Mas, segundo Lesourd(242), esses palavrórios da comunicação atual esqueceram a segunda lição da Psicanálise, de que todo gozo não pode ser senão incompleto para preservar a coesão do grupo social.

> *O modelo dominante do laço social, o liberalismo econômico (FRANCE, 2006) propõe ao ser falante realizar seu objetivo, o gozo baseando-se na regulação do mercado pela oferta e pela demanda. Para fazer isso ele faz a oferta, ele propõe ao sujeito de ver, de olhar as diferenças possíveis de realização fantasmática. Da demonstração do assassinato àquela da dominação total do outro, em passando por diversas modalidades da realização sexual, todas as expressões fantasmáticas encontram direito de expressão sobre os diversos meios de comunicações à disposição dos humanos. Em nome do "direito à palavra e à diferença", nenhum modo de gozo não pode ser interditado. Somente os gozos pedofílicos e necrofílicos, provocam ainda oposições massivas, pois eles tocam no mais profundo da destrutividade inerente ao homem. Para os outros gozos, eles tornaram-se não somente toleráveis, mas ainda reivindicáveis pelos sujeitos que os praticam*(243).

Nesse contexto global os discursos da tecnologia médica atual pegaram espaço central, a medicina tendo por encargo de obter, como afirma a Organização Mundial de Saúde – OMS(244), a saúde para todos, como um ideal "*de um estado de bem-estar físico, moral e social*". A noção de Saúde então mudou, ela não é mais definida como o fazia Bichat(245) por "*um estado precário que não pressagia nada de bom*", ou segundo o conceito de Claude Bernard(246) "*pelo conjunto de forças que resistem à morte*". Em consequência:

Neste deslizamento de definição, três elementos devem ser notados. O primeiro é o desaparecimento da morte (o "nada de bom" de Bichat, a "resistência" de Claude Bernard) e consequentemente a negação do elo consubstancial entre a vida e a morte; a negação de que não existe vida sem finitude, sem morte. Nós voltaremos a este assunto ao abordar os programas de cuidados paliativos e as campanhas de prevenção. Assinalamos, porém, desde já, que os palavrórios da tecnomedicina recusam, não mais simbolicamente, como acontecia no caso das religiões, mas na realidade, a função da morte como limite, sua função de impossível necessário.

---

(239) FREUD, Sigmund. Trois essais sur la théorie sexuelle. Trad. de l'allemand (Autriche) par Philippe Koeppel. Préface de Michel Gribinski. Collection Folio essais (n. 6), Gallimard [tradução livre da autora].

(240) No dicionário, o sentido do conceito de "Perversão" [Vide o Glossário, no final desta obra].

(241) No dicionário, o sentido do conceito de "Perversão" [Vide o Glossário, no final desta obra].

(242) LESOURD, Serge. A elisão do sujeito no "palavrório" tecnocientífico da medicina...

(243) LESOURD, Serge. A elisão do sujeito no "palavrório" tecnocientífico da medicina...

(244) OMS – Organização Mundial de Saúde. Constituição da Organização Mundial da Saúde (OMS/WHO) – Nova Iorque em 22 de julho de 1946. Disponível em: <http://www.direitoshumanos.usp.br/index.php/OMS-Organiza%C3%A7%C3%A3o-Mundial-da-Sa%C3%BAde/constituicao-da-organizacao-mundial-da-saude-omswho.html>. Acesso em: 09 mar. 2012.

(245) BICHAT *apud* LESOURD, Serge. A elisão do sujeito no "palavrório" tecnocientífico da medicina...

(246) CLAUDE BERNARD *apud* LESOURD, Serge. A elisão do sujeito no "palavrório" tecnocientífico da medicina...

O segundo elemento notável da nova definição da Saúde é a promessa, terrivelmente liberal, de um estado de bem-estar, ou seja, de um estado de gozo. Para a medicina moderna, não se trata mais de dar paliativo às falhas normais e inevitáveis de um organismo humano, mas, ao contrário, trata-se de construir um estado de saúde generalizado. De curativa, a medicina, sob o impulso das tecnociências biológicas e exploratórias, se tornou profética. Tomemos como exemplo esta notícia publicada o ano passado (2006) nas revistas medicais. Um casal portador de uma doença hereditária genética recorreu à FIV para que fosse implantado um embrião não portador da doença; tudo isso após triagem genética dos embriões (é preciso pelo menos 16 células) e sem que o casal fosse estéril. A criança deve, então, ser concebida de forma a corresponder, por um lado, às normas desejantes parentais de ter uma criança ideal; por outro, respeitando às normas econômicas, uma vez que o custo da FIV era muito inferior aos custos dos tratamentos previsíveis, no caso de nascimento de uma criança com doença hereditária.

Este exemplo, um entre vários outros, é estruturado segundo as modernas modalidades das "parlottes" [= *tagarelices], *aquele da* ***completude perversa entre sujeito e objeto****. Porém, ele é apenas a parte mais aparente do* iceberg *da tecnociência biomédica moderna.*

O terceiro elemento notável encontra-se relacionado à linguagem na qual se inscreve o discurso tecnomédico, aquele da Ciência, que se apoia sobre enunciados demonstráveis e aleatórios, isto é, sobre enunciados nos quais o lugar do enunciante desaparece, sobre enunciados sem enunciação. Tomemos um exemplo. Afirma-se, o que é verdadeiro e demonstrável, que a segunda causa de mortalidade na França é o câncer, a primeira sendo os AVC. Reduzir a mortalidade implica então diminuir as causas de câncer, o que é sempre verdadeiro. O tabaco, como o álcool são causas importantes dos cânceres, o que é sempre demonstrável em certas circunstâncias. Portanto, é necessário suprimir o uso do tabaco. É aqui que a generalização científica, tomada como um diktat [= *ditado, em alemão] *legalizante, evacua a dimensão do sujeito na sua singularidade tanto biológica quanto psíquica. A Ciência, ou melhor, os seus avatares tecnológicos, criam, assim, em nome da norma estatística uma ditadura sanitária do "todos iguais"*[247].

A normalização subjetiva, patente nas novas leis francesas, e nas leis dos outros países regulamentadas pelos códigos de Saúde da OMS, "*não deixa de ter efeito sobre a própria subjetivação, pois ela alcança o fundo psíquico do ser falante* [= *parlêtre], *aquele que a psicanálise revelou, a descrença na morte e a busca desenfreada de felicidade que constituem o inconsciente*".[248]

Se, como afirma Freud, a "busca da felicidade" é o objetivo do homem, então, as tecnociências medicais sustentam esta busca e, elas podem ser consideradas como "benfeitoras" da humanidade. Mas, isso significa esquecer a segunda lição freudiana, inseparável desta busca da felicidade, e que Jacques Lacan colocou em evidência em toda a sua obra: a plena realização da felicidade é impossível, o "gozo esperado é aquele que não se deve ter" (Lacan, 1973/1983). E se não se deve ter este gozo, se ele deve ser interditado ao ser falante [= *parlêtre], *é porque ele leva, em um além do princípio de prazer, diretamente à morte, pela destruição do objeto, e então do sujeito. O Kulturarbeit* [= *trabalho Cultural] *(Freud, 1929/1971) limita o gozo humano ao transmutar este em* desejo, *isto é, ao atrelar a obtenção de seu prazer ao outro da relação, em subjetivando o outro. As "parlottes"* [= *tagarelices] *modernas,* ***e a "parlotte"*** [= *tagarelice] ***tecnomédica****, em primeiro plano,* ***vem prejudicar este trabalho da cultura que constrói a subjetividade****, em diversos campos do socius.*

Do lado da recusa da morte que tenta fazer crer a uma imortalidade do sujeito. Esta descrença na morte é um traço do infantil no homem, um traço de sua toda potência criadora dos primeiros encontros com o mundo. Eis porque o romance "Metafísica dos tubos" (Nothomb, 1995) tornou-se um tal sucesso, tendo em vista que descreve esta toda-potência autística da criança igualando-se a Deus. O que produz a mestria biotecnológica sobre os corpos é a ***ausência*** *do* ***recalcamento*** *dos processos arcaicos de toda potência e a conservação ativa da função do* ***"eu-ideal" megalomaníaco*** *da mais tenra infância*[249].

Disso, constatamos numerosos efeitos na nova relação do sujeito humano com seu corpo que não é mais, como o dizia Freud, um destino, mas um objeto a talhar, a construir segundo seu próprio desejo.

As biotecnologias medicais permitem hoje em dia não somente consertar um corpo danificado, mas também transformar um corpo vivido como não conforme ao ideal individual. Isso é verdadeiro quando se quer configurar um corpo segundo um modelo idealizado, que as diversas formas de regimes propoem, o "body-building", ou a cirurgia estética. Isso é sempre verdadeiro na conformação do corpo com uma identidade de sexo autoproclamada como no ***transexualismo****. Isso se torna possível na geração de um novo corpo perfeito, como no exemplo supracitado. Neste último exemplo, um salto ético ocorre, pois não se trata mais de construir seu corpo segundo um modelo ideal, mas, sobremaneira de construir o corpo do outro, aquele da criança, segundo o modelo ideal dos parentes. A ditadura do "bem do outro" não está longe*[250].

Para concluir seu texto "*A elisão do sujeito no 'palavrório' tecnocientífico da medicina*", Lesourd[251] nos evoca dois outros aspectos promovidos pelos palavrórios das biotecnologias pós-modernas.

O primeiro está ligado à promessa de felicidade, que prega o discurso médico. Certamente, todos os discursos sociais sempre prometeram ao homem um acesso à felicidade, isso se chamava o paraíso. Havia uma única condição exigida

---

(247) LESOURD, Serge. A elisão do sujeito no "palavrório" tecnocientífico da medicina...

(248) LESOURD, Serge. A elisão do sujeito no "palavrório" tecnocientífico da medicina...

(249) LESOURD, Serge. A elisão do sujeito no "palavrório" tecnocientífico da medicina...

(250) LESOURD, Serge. A elisão do sujeito no "palavrório" tecnocientífico da medicina...

(251) LESOURD, Serge. A elisão do sujeito no "palavrório" tecnocientífico da medicina...

> *antes deste acesso à felicidade eterna: era preciso "abandonar este vale de lágrimas", era preciso morrer. A biotecnologia recusa esta passagem para a felicidade, é preciso que ela seja realizada neste mundo. Esta conservação da promessa de felicidade, equivalente para o sujeito à promessa edipiana, atrapalha muito a passagem à adolescência e a aceitação da castração que ela implica (Lesourd, 2005). Os sujeitos ficam, então, presos numa eternização da latência, numa promessa eterna um pouco infantil.*
>
> *Subsiste um último aspecto dos palavrórios a ser evocado, e que não é o menos importante. Os palavrórios, nas suas próprias estruturas, implicam uma recusa da consistência do Outro como mestre da palavra e da enunciação. O sustento que elas tomam no discurso da demonstração e da prova científica pelos enunciados, produz no sujeito "a incerteza do ser". Diante da ausência de um Outro consistente capaz de garantir minimamente seu lugar e sua nominação, o sujeito busca desesperadamente um discurso ao qual ele se amarra, um outro que viria encarnar o Outro ao mesmo tempo protetor e severo, um Outro cujo desejo seja localizável.* [...]
>
> *Neste lugar encontram-se tanto os médicos que salvam, os psys de toda espécie que sabem, até mesmo os gurus. Os* coachs *(Gori & Le Coz, 2006), como os* experts*, são a expressão moderna desta figura particular do grande Outro que veiculam os palavrórios modernos. Em nome do saber, eles vêm dizer ao sujeito o que ele deve fazer, o que ele deve ser, para ter acesso ao gozo.*
>
> *Nisso, médicos,* coachs, experts*, mas também* dealers [= *traficantes] *funcionam com a mesma palavra, aquela da promessa da felicidade, na condição que se sigam as vias que eles preconizam. Diante deste apelo ao Outro que sabe, a essa injunção, os sujeitos encontram-se pegos numa lógica sempre infantil de impotência. Eles aceitam, ou esta submissão, presos nas armadilhas da "parlotte"* [= *tagarelice] *biomédica, esperando, assim, atingir a felicidade prometida, ou esse fracasso, diante dessa realização da felicidade. Neste caso mais frequente, eles retomam para si a carência do Outro, e é então o "Eu" que é afetado por esta impotência. A recrudescência dos distúrbios sob forma depressiva é a consequência lógica desta vacuidade do Outro, garante da verdade que os* experts *substituíram. Esta depressividade crônica do sujeito, que eu denomino junto com O. Douville, de* ***melancolização do sujeito****, tem várias consequências possíveis*(252).

Lesourd(253) explica ainda que:

> *Ou o sujeito assume esta carência do Outro, e é então sobre o "Eu" que cai a sombra do objeto perdido, o que gera os efeitos da verdadeira depressão, que são a inibição para pensar e agir, a tristeza desvalorizante e, nos casos extremos, a passagem ao ato suicidário, por identificação ao objeto perdido.*
>
> *Ou o sujeito tenta, desesperadamente, reencontrar uma figura do Outro que resista ao golpe. É neste ponto de pane do Outro que os palavrórios modernos encontram seu ponto de ancoragem com a dinâmica subjetiva individual. Ao propor a direção da vida do sujeito a partir de um saber científico, o palavrório da tecnologiada parece propor uma resposta adequada à pane do Outro. Todavia, a fixação deste saber nunca é enraizada em uma subjetivação; ela é produzida mediante demonstrações de enunciados*(254).

Ele(255) afirma que, neste contexto da dominância da Ciência, o sujeito queda-se submetido ao saber da técnica, não tendo outra solução senão se conformar em ato às suas prescrições. Quando as tecnociências medicais propõem ademais uma reparação da melancolização mediante uma prescrição de medicamento, fecha-se a boca do sujeito. O sujeito cala-se e "*torna-se consumidor de antidepressivo, e a causa inicial de sua depressão, a vacância do Outro, acha-se radicalmente evacuada*".(256)

> *Mas o sujeito pode também encontrar uma outra falsa saída ao encontro do colapso do Outro nos palavrórios modernos. Diante de sua queixa, o sujeito pode crer que aqueles que constroem seu próprio saber, os gurus modernos, efetuam a encarnação imaginária do Outro. O guru torna-se, assim, um novo modelo, uma nova figura da verdade, do qual é preciso seguir os ensinamentos. A entrada numa seita é de qualquer modo, ao menos sintomatologicamente, um modo de "curar" a melancolização ligada ao colapso do Outro. O saber do guru toma o lugar do saber do Outro, o lugar da garantia. A seita torna-se, assim, para o sujeito melancolizado, um laço no qual, de um lado, o Outro encontra uma figura identificável e admirável, de outro lado, um lugar no qual o indivíduo pode ser reconhecido pelos seus pares e pela encarnação do Outro, se ele se submete às regras da seita. Aí também ele está calado, e o sujeito, alienado ao palavrório do guru, pode acreditar estar curado de sua melancolia pela recriação do Outro completo. A depressão grave que surge após a saída dos adeptos das diversas seitas que florescem no laço social pós-moderno, testemunha do efeito disfarçador que possui a seita e a sua organização sobre o funcionamento psíquico dos sujeitos nela engajados*(257).

---

(252) LESOURD, Serge. A elisão do sujeito no "palavrório" tecnocientífico da medicina...

(253) LESOURD, Serge. A elisão do sujeito no "palavrório" tecnocientífico da medicina...

(254) LESOURD, Serge. A elisão do sujeito no "palavrório" tecnocientífico da medicina...

(255) LESOURD, Serge. A elisão do sujeito no "palavrório" tecnocientífico da medicina...

(256) LESOURD, Serge. A elisão do sujeito no "palavrório" tecnocientífico da medicina...

(257) LESOURD, Serge. A elisão do sujeito no "palavrório" tecnocientífico da medicina...

Lesourd[258] afirma que, neste contexto da tecnociência, certos psicólogos agem como *coachs* nas suas práticas comportamentalistas. Mas, ele pensa também àqueles que, se referindo à Psicanálise, funcionam no mesmo registro, propondo um "saber-ser" ao sujeito, ao qual este deve submeter-se para assegurar a sua felicidade.

> *Como se pode ver, os palavrórios modernos, das quais a tecnomedicina é paradigma, constroem um mundo matricial, que o filme Matrix descreve perfeitamente. É, aliás, neste filme que se pode detectar a última maneira de o sujeito se posicionar diante do desaparecimento do Outro e da ditatura dos experts tecnocientíficos:* ***a resistência pela violência da agressividade****. Quando ela é simbolizada, como no filme, ela é a criação do sujeito; quando ela permanece puramente atuada, como em numerosos atos modernos, ela torna-se ou destrutiva do Outro (Lesourd, 2006), ou do próprio sujeito*[259].

Ele finaliza este texto afirmando que "É neste lugar que a psicanálise, e não somente no hospital, pode encontrar seu lugar, aquele da resistência do sujeito a um palavrório tecnomédico *que promete um sujeito sem subjetividade, um sujeito matricial*".[260]

Os textos de Lesourd distinguem-se justamente porque eles fazem parte das obras psicanalíticas que mostram até que ponto o *laço social* pode ser afetado pela promoção de um *gozo universal* de um *objeto da realidade*. Ele[261] denuncia os efeitos dos discursos derivados do capitalismo liberal, uma estrutura social capaz de organizar uma *perversão generalizada* pela via de uma *sublimação* coletivamente assumida. Estas obras sugerem, portanto, que a noção de perversão destaca mais, certamente, de um laço social que de um sujeito exclusivo.

As perversões ilustram, em diversos graus, a função do *objeto perdido*, tal como ele se enuncia no fantasma da neurose. Mas, a partir de Freud, a Psicanálise as descreve com uma especificidade a propósito do *fetichismo* o qual resta como um modelo que pode esclarecer os outros modos de perversão. Este modelo confirma o primado do "falo", e a colocação de um *objeto* de *substituição metonímico* na sua relação de negação à *castração simbólica*. Na fase de construção subjetiva da criança estes elementos se explicam na oportunidade do seu encontro com a questão do sexo.

Na sua descrição, Freud[262] observa três tempos de experiência primordial da criança, fases nas quais a questão da sexualidade aparece como traumática, como já os vimos no Capítulo III, item 2.1: "A construção da subjetividade":

- um primeiro tempo de *descoberta* e *reconhecimento* do pênis e o receio de uma castração;
- um segundo tempo de *recusa* da representação do falo para combater a angústia e a ameaça de castração; e
- um terceiro tempo de *solução de compromisso* entre as duas proposições contrárias no inconsciente, que pode admiti-las, favorecendo uma *clivagem subjetiva*, que comporta tanto o reconhecimento como o repúdio da castração.

Neste processo de construção subjetiva, tanto a *castração* imaginada pelo menino quanto a *privação* experimentada pela menina concernem à *castração simbólica*, a qual universaliza a falta na origem do desejo. Segundo as leis da linguagem o falo é o significante originariamente *recalcado*. A este título, o falo intervém na sua função simbólica sob a forma do que deve perdurar velado, ou ainda, segundo o privilégio que lhe dá a neurose: de ter que "reencontrá-lo" no próprio lugar em que se exerce a castração. Mas, essencialmente, a *castração* implica que:

> [...] *no macho, aquilo sobre o que ele tem de basear-se, é esta parte de um gozo perdido (até mesmo, proscrito pelo interdito do incesto). E é esta parte originariamente subtraída que o perverso esforça-se para recuperar pelo viés de um objeto de gozo, diferente do neurótico, para o qual o interesse reside nos efeitos do desejo suscitado pela falta.*

---

(258) LESOURD, Serge. A elisão do sujeito no "palavrório" tecnocientífico da medicina...

(259) LESOURD, Serge. A elisão do sujeito no "palavrório" tecnocientífico da medicina...

(260) LESOURD, Serge. A elisão do sujeito no "palavrório" tecnocientífico da medicina...

(261) LESOURD, Serge. A elisão do sujeito no "palavrório" tecnocientífico da medicina...

(262) FREUD, Sigmund *apud* CHEMAMA, Roland; VANDERMERSCH, Bernard. Dictionnaire de la Psychanalyse..., p. 311 [tradução livre da autora].

> *Assim, o fetiche realiza esta dupla operação de um repúdio proporcionando a garantia última a este gozo pelo viés de um objeto concreto (sapatos,* piercing*...) estabelecendo uma relação metonímica ao significante falo*[263].

A Psicanálise mais recente da criança e do adolescente mostra-nos que os discursos liberais produzem efeitos sobre a organização dos laços sociais, a partir de *perversões ordinárias* sustentadas por uma *recusa* da representação fálica do *objeto perdido*. Isto significa que os discursos correntes de hoje em dia são capazes de organizar uma perversão social generalizada pela via de uma *sublimação* coletivamente assumida e sustentada pela ***recusa*** da ***lógica fálica***. Está surgindo um novo *laço social* organizado cada vez menos a partir do reconhecimento da "parte originariamente *subtraída*" do gozo ilimitado. Um laço social organizado sobre a base de **pequenas recusas perversas** e libertinas da inscrição do significante falo, isto é, da inscrição da metáfora do Nome-do-Pai.

A obra de Lesourd[264] denuncia uma **mudança** da expressão **da psicopatologia** em função das mudanças das referências sociais. Ela nos conduz a interrogar-nos sobre as condições atuais da construção subjetiva.

Nós vimos que o significante fálico, a referência ao pai, como *inscrição da diferença dos sexos* e das gerações, é o significante do *gozo sexual* já limitado e organizado de um modo a tornar possível o desejo daquilo que não possuímos. Na relação imaginária entre a mãe e a criança, esta percebe que:

> [...] *a mãe deseja outra coisa (o falo) diferente do objeto parcial que ela (a criança) representa; ela percebe sua (mãe) presença-ausência e percebe enfim aquele (pai) que faz a Lei; mas é na palavra da mãe que se faz a atribuição do responsável da procriação, palavra que não pode ser senão o efeito de um puro significante, o Nome-do-Pai, ou seja, de um nome no lugar do significante fálico*[265].

A *metáfora paterna* é o ponto no qual se articulam as *diferenças* na relação ao corpo, ao objeto e à linguagem. E ainda, é a ausência desta metáfora que produz *efeitos* de loucura.

Portanto, nós nos interrogamos sobre as *condições* de construção da subjetividade; sobre o sujeito pós-moderno nas sociedades onde, cada vez mais, ele é idêntico a si mesmo e não mais referido ao significante fálico, isto é, à *Lei da Castração*, da limitação que vem do Outro.

A questão subsiste sobre a possibilidade de uma **mutação generalizada** da **subjetividade** na contemporaneidade. Se o sujeito, no desenvolvimento da civilização, estava determinado no discurso por um significante mestre S_1 a partir de uma *lógica fálica* transmitida numa posição discursiva do Mestre: será que existem ainda diferenças entre o sujeito $ e o significante S_1, uma vez que a lógica fálica foi *invertida*: pelo Discurso do Capitalista?

Qual é a diferença, na contemporaneidade, entre o $ (sujeito clivado) e o S_1 (significante mestre), que vem representar-lhe? Sobretudo, se o ***sujeito***, como nós já vimos, é um **produto** de um **jogo posicional** de **significantes**?

$$S_1 \longrightarrow \overset{\frown}{\$} \longrightarrow S_2$$

Para continuar refletindo sobre esta possibilidade de uma *coalescência entre o sujeito e o significante*, é preciso observar que no *processo de metaforização paternal*, a denominada Lei do Nome-do-Pai é o advento de S_2 substituindo o S_1, num movimento *retroativo* que faz emergir o sujeito falante. De modo que S_2 é bem o significante que representa o sujeito à vista de um outro significante (S_1).

Podemos observar que o Discurso do Psicanalista – segundo a *lógica fálica* da organização da co-

---

(263) CHEMAMA, Roland; VANDERMERSCH, Bernard. Dictionnaire de la psychanalyse..., p. 312 [tradução livre da autora].

(264) LESOURD, Serge. A elisão do sujeito no "palavrório" tecnocientífico da medicina...

(265) CHEMAMA, Roland; VANDERMERSCH, Bernard. Dictionnaire de la psychanalyse..., p. 248 [tradução livre da autora].

municação social formulada pelas Quatro Estruturas dos Discursos lacanianos –, inscreve "*a*" no lugar dominante de *agente* do discurso, assim, ele não separa o sujeito clivado $ e o objeto *a* (*a* → $), na parte superior de sua fórmula, pois:

> [...] *seria então de dizer que a psicanálise assegura a cada um o encontro efetivo com o objeto de seu desejo? A questão não é sem alcance. É, de fato, um dos traços maiores do discurso corrente, de nossos dias, de prometer a todos a satisfação de todos os desejos sob única condição de pagar o preço, de apagar a diferença entre o objeto do desejo e o objeto do consumo. A psicanálise seria solidária de tais representações?*
>
> *Todavia, se no discurso do psicanalista o sujeito está no envolvimento com o objeto do seu desejo, o importante é o lugar em que ele se situa a si mesmo: o lugar onde isso trabalha. Ele não encontra o objeto senão no trabalho da cura. Em contrapartida, Lacan escreve:*

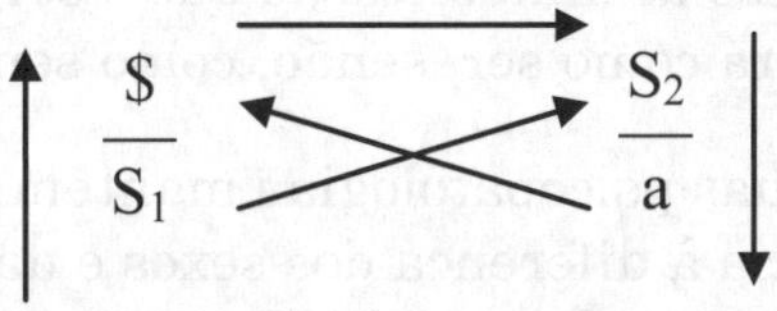

> *Isso lhe permite de explicar um discurso em que o sujeito encontra-se ao mesmo tempo fixado ao seu objeto e em posição de semblante, isto é, em posição de se crer a nada assujeitado, mestre das palavras e das coisas. Aqui a alienação se multiplica de um desconhecimento radical. É este discurso, obtido formalmente por torção a partir do Discurso do Mestre, que Lacan designa como "Discurso do Capitalista"*[266].

Assim, é a partir desta ***inversão*** de lugares $\frac{\$}{S_1}$:, escrito por Lacan nos primeiros termos da fórmula, à esquerda, em cima e em baixo, do Discurso do Mestre – fazendo parte dos esquemas dos Quatro Discursos –, que Lesourd[267] afirma que um passo importante ocorre no ensino lacaniano. Parece-lhe que:

> *Lacan propõe-nos uma tentativa de articulação das* ***loucuras modernas*** *em uma outra estrutura discursiva que a estrutura da enunciação com a qual nós explicamos, de maneira pertinente em outra situação, as loucuras clássicas. As loucuras modernas teriam então a ver com o modo segundo o qual o sujeito lida com seu acolhimento nos discursos sociais – eis que não há sujeito fora desta inscrição nos discursos que lhe preexistem – nos* ***discursos sociais que não seriam mais discursos de enunciação, mas discursos de enunciados****. Estes discursos, diferentemente dos quatro discursos lacanianos, são discursos oriundos do modelo do Discurso do Capitalista que possuem a particularidade, como ele, de serem discursos de* ***enunciados que denegam a*** **impossível** ***completude*** *em construindo modos de ser no mundo em que o sujeito pode acreditar a uma adequação com o objeto do gozo*[268].

Esta *inversão* dos lugares discursivos nas fórmulas lacanianas mostra-nos que ocorre uma transformação da própria estrutura da relação do sujeito à linguagem. Profundas mutações na linguagem fizeram surgir uma **nova posição discursiva**, fora da estrutura básica dos quatro discursos, que Lacan designou "**Discurso do Capitalista**".

Neste discurso de estilo liberal a **cadeia significante mínima** $S_1 \leftrightarrow S_2$ da linguagem foi *invertida*. Desse fato, o significante paternal S_1 não mais designa o sujeito $ de sujeito *clivado*, e o *objeto não lhe escapa* mais no desejo. **Nesta inversão lógica não há mais sujeito separado do objeto** ($ ✧ *a*) como no Discurso do Mestre, gerando assim possibilidade de laço direto entre $ e "*a*", a despeito do trabalho da cura como o que ocorre no Discurso do Analista.

O sujeito encontra-se livre de submissão, ele *não é mais submetido à Lei da metáfora paternal*. Advém, então, uma parada imaginária: a *liberdade absoluta, que não é mais articulada com o eixo paradigmático da linguagem metafórica*. A inflação dos discursos modernos de estilo liberal e metonímico esconde em realidade uma alienação radical ao outro, como contendo algo do objeto do desejo. Uma alienação ao outro do discurso, considerado não mais como um grande Outro, mas ao outro semelhante.

Saindo da *lógica fálica*, os **discursos** de **estilo capitalista** que organizam a comunicação na nossa

(266) CHEMAMA, Roland; VANDERMERSCH, Bernard. Dictionnaire de la Psychanalyse..., p. 112 [tradução livre da autora].
(267) LESOURD, Serge. A elisão do sujeito no "palavrório" tecnocientífico da medicina...
(268) LESOURD, Serge. La folie ordinaire des discours modernes..., p. 107 [tradução livre da autora].

sociedade de hoje em dia **geram** assim uma **alienação egóica** não mais referida à diferença dos sexos e das gerações. Eles engendram uma alienação ao outro, contendo algo do *objeto perdido*, isto é, da parte originariamente subtraída do gozo ilimitado.

Mas há que lembrar que a castração simbólica é o primeiro corte necessário e prévio a toda inscrição na linguagem. O advento da linguagem vai tornar-se signo da mestria simbólica do *objeto perdido*, por meio da realização da metáfora do Nome-do-Pai a qual se sustenta pelo *recalcamento originário*.

O *recalcamento originário* é um processo estruturante que consiste em uma metaforização. "***Esta metaforização** não é senão **o ato da simbolização primordial da Lei** que se cumpre na substituição do significante Nome-do-Pai ao significante fálico*"(269). Segundo Lacan(270), "é preciso que a coisa se perca para ser representada", e é num processo de simbolização que o ser vem a se constituir em sujeito, e que, em caso contrário, ele não se encontrará como ser, senão, como sendo o objeto de seu próprio fantasma.

A construção da subjetividade e suas psicopatologias mantêm uma relação profunda com os discursos de hoje em dia e à falta de referência à diferença dos sexos e das gerações. **As psicopatologias são causadas pela** caída da referência ao significante do Nome-do-Pai, isto é, pela **abolição** do **Pai** como **referência do Outro sexo**. Elas atualizam as patologias narcísicas e as *clivagens*, em consequência do processo primário da organização psíquica, na falta de apaziguamento pelo Nome-do-Pai.

Portanto, a questão pragmática que emerge na contemporaneidade, tanto no campo do Direito como naquele da Psicanálise, é aquela do *gozo*, aquela do ser, o gozo do ser, ou o ser de gozo e sua relação e *limite* com o ***objeto do desejo***, este de mais a mais confundido com os **objetos de consumo** propostos pelo mercado.

Questiona-se, ainda, se estes diferentes campos discursivos, o Direito e a Psicanálise, desejam manter seus enraizamentos na tradição de um trabalho referido à *castração simbólica*? Ou, ao contrário, se eles desejam participar da **inversão discursiva produzida pelos Discursos do Capitalista**, isto é, fazer um trabalho de conforto ao serviço de um liberalismo generalizado. Nesta última hipótese, estes dois campos deverão aceitar a ditatura da concepção de "normalidade" e da Saúde como um "estado de bem-estar" imposto a todos pela tecnociência médica.

Neste caminho, todas as disfunções de identidade não serão mais consideradas como doenças, elas não serão senão realidades. Mesmo a angústia profunda que acompanha as *Trans-identidades* será incluída na concepção da normalidade. Não haverá mais um trabalho de construção subjetiva, isto é, de fabricação cultural do Homem a partir das *interdições fundadoras da civilização*, sabedoria transmitida para manter a vida e a procriação. O "**Novo Homem**" não será senão uma realidade estabelecida pela tecnologia médica, liberal e materializada. O "Novo Homem" será então o sujeito objetalizado, isso caso ainda possamos falar de subjetividade em um futuro próximo.

3. A HOMOPARENTALIDADE COMO UM DOS COMPONENTES DAS DIFERENTES PARENTALIDADES DE HOJE EM DIA

A pós-modernidade abre outras parentalidades, inclusive, outras fraternidades. Tornar-se parente, pai ou mãe, com a chegada de uma criança em se apoiando sobre as *identificações* a seus próprios parentes, coloca em causa tanto a distinção entre a necessidade e o *desejo* de ter uma criança, quanto as relações entre *gerações* e a questão da *diferença de sexo*.

Filósofos, antropólogos, sociólogos, psicanalistas e clínicos em geral cruzam olhares sobre as mudanças na parentalidade promovidas pelos avanços da ciência e a evolução da sociedade. Eles se questionam sobre estas novas "**socialidades**", sob as modalidades de famílias monoparentais ou recompostas, as novas crianças oriundas de procriações medicamente assistidas (PMA), se *"elas iniciam a chegada de*

(269) DOR, Joël. Introduction à la lecture de Lacan..., p. 116 [tradução livre da autora].

(270) LACAN, Jacques. *Passim.*

um companheirismo generalizado, feito de casais unissexuais, de comães e de copais, em que a relação ao outro se faz primeiramente sobre o mesmo, e não mais sobre a diferença?[271]"

Eles analisam estas novas parentalidades em função da civilização, das épocas e da história individual do sujeito. Os psicanalistas observam a importância do *lugar* e da *função* entre parente real, imaginário e simbólico, para a constituição subjetiva da criança, e eles emitiram a hipótese de um **retorno do matriarcado** e um **afastamento do sexual** nos novos discursos sobre as parentalidades.

Os clínicos questionam "O que é ser parente?", "O que é ser pai ou mãe?". Considerando que esta função da parentalidade no homem não se encontra regulada pelo instinto como nos animais, eles observam que não é somente a qualidade e a quantidade dos tratamentos parentais que estão em causa, mas que "*a própria pessoa que os dá, pode ser determinante, em razão do seu laço simbólico e real à criança*"[272]. Eles analisam a **influência destas novas famílias sobre as crianças**, suas dificuldades, e suscetibilidade de serem marcadas pela "***carência originária***" quando criadas por um único parente, por parentes adotivos, ou vivem em instituição. Eles acompanham estas novas crianças para verificar se eles apresentam mais frequentemente patologias mentais, ou perfis psíquicos particulares em razão do definhamento do patriarcado, ou ainda, da "**desmaterialização do pai**".

Nas evoluções do parentesco e da família no mundo contemporâneo constata-se a multiplicação das uniões livres marcadas pelo individualismo na escolha do cônjuge. Os indivíduos vivem durante anos em casal e fundam uma família sem se casar. A decisão em relação ao casamento é tomada mais tarde, na ocasião do nascimento de uma criança. O surgimento de famílias recompostas após os divórcios contribuiu na transformação da noção de "autoridade paterna" pela noção de "autoridade parental". Surge, portanto, um parentesco mais social que biológico, nas relações familiais em que o princípio de descendência se mantém, mas as alianças são cada vez mais frágeis e provisórias. Constatam-se outras modalidades de famílias monoparentais compostas de uma pessoa solteira e de uma criança, e famílias homoparentais que reivindicam sua legislação.

Constatam-se ainda, novos agentes familiais criados pelos avanços da ciência, as ditas mães portadoras (mães de aluguel), ou as mães de substituição:

> *O ovócito da mulher é fecundado pelo seu marido depois transferido no corpo de outra mulher, a qual se engaja por contrato a assumir a gravidez e a colocação da criança no mundo. Esta será então geneticamente unida ao seu pai e à sua mãe, mas terá sido colocada no mundo por uma mulher que em si a terá carregado, porém, sem ter nenhum laço genético com a criança*[273].

Ou ainda, os pais e as mães sociais, no caso de casais em que um dos membros é estéril. Tais crianças são vindas ao mundo por inseminação, e, conforme o caso, eles tornam-se pai ou mãe das mesmas, porém sem laço genético. A criança tem um laço genético somente com um genitor.

Em relação ao aparecimento das famílias homoparentais, Godelier[274] explica que:

> *Para compreender esta evolução e responder a esta reivindicação, é preciso tomar uma distância histórica e uma perspectiva sociológica. Nas "As Metamorfoses do Parentesco" eu tentei mostrar que esta reivindicação aparece num momento determinado da história de nossas sociedades ocidentais, e mais precisamente, na interseção, no ponto de convergência de três movimentos sociais distintos.*
>
> *O primeiro movimento se tece no século XIX, e não tem nada a ver com a homossexualidade. É aquele da valorização da criança e da infância. Atualmente o desejo de criança no plano cultural e social não tem mais nada a ver com o desejo que tinham outrora os camponeses de dispor da força de trabalho graças a uma família numerosa. Não é também o desejo da pequena burguesia de ter um filho único para que este aceda à Escola Politécnica. A valorização moderna da infância é, ao mesmo tempo, aquela dos adultos que as colocam no mundo, a valorização dos parentes e*

---

(271) BENTATA, Hervé. Parentalités d'aujourd'hui... et d'ailleurs. La Clinique Lacanienne, 2007, vol. 1, n. 12, p. 9-12, Paris : Éditions Érès. DOI : 10.3917/cla.012.0009. Disponible sur : <www.cairn.info/revue-la-clinique-lacanienne-2007-1-page-9.htm>. Accès : 09 mar. 2012 [tradução livre da autora].

(272) BENTATA, Hervé. Parentalités d'aujourd'hui... et d'ailleurs... [tradução livre da autora].

(273) GODELIER, Maurice. Systèmes de parenté, formes de famille. Quelques problèmes contemporains qui se posent en Europe occidentale et en Euro-Amérique. La Clinique Lacanienne, 2007, vol. 1, n. 12, p. 13-20, Paris : Éditions Érès. DOI : 10.3917/cla.012.0013. Disponible sur : <www.cairn.info/revue-la-clinique-lacanienne-2007-1-page-13.htm>. Accès : 09 mar. 2012 [tradução livre da autora].

(274) GODELIER, Maurice. Systèmes de parenté, formes de famille... [tradução livre da autora].

*de uma certa forma de **parentalidade**. É isso que estrutura o desejo moderno de criança. Do ponto de vista cultural e social **a criança adquiriu um valor novo que valoriza também seus parentes**. É no contexto deste movimento que se compreende a aparição da "Declaração Universal dos Direitos da Criança".*

*O segundo movimento data da metade do século XX. Trata-se do movimento que levou à **"despatologização" da homossexualidade**, do ponto de vista da medicina e do ponto de vista da psicologia. Na medicina a homossexualidade não é mais uma doença. Na psicologia ela **não é mais uma perversão**. Ela fica para os Cristãos e para as outras religiões como uma sexualidade contra a natureza no sentido oposto à vontade do Deus criador. Isto supõe que, para estas religiões, o objetivo único do ato sexual é a reprodução. Mas, para certos meios cristãos, a homossexualidade está já relativamente desdiabolizada. Pouco a pouco, a ideia difundiu-se então na opinião pública ocidental no sentido de que a homossexualidade é uma outra forma de sexualidade, outra, porém, normal. E, provavelmente, esta opinião está hoje em dia mais propagada entre os jovens que no meio de outras gerações.*

Um exemplo, dentro da evolução das ciências, que faz refletir, nos vem da primatologia. Os homens são primatas e as duas espécies de primatas mais próximas dos humanos pelos seus cromossomos são os chimpanzés e os bonobos. Durante muito tempo, os primatólogos "não observavam" ou não queriam ver que os chimpanzés e os bonobos são ao mesmo tempo homossexuais e heterossexuais. Quando as fêmeas não estão no cio, fase de acoplamento que estimula evidentemente as relações heterossexuais, constata-se que os chimpanzés assim como os bonobos entregam-se a carinhos e toques homossexuais. O que quer dizer que a homossexualidade é "natural" e que existe em cada indivíduo duas sexualidades, uma, a heterossexualidade, ao serviço da procriação, mas fonte igualmente de prazer, a outra, a homossexualidade, ao serviço exclusivo do gozo nos primatas. A primatologia veio então fortalecer a tese de Freud segundo a qual nós somos normalmente bissexuais.

Ao mesmo tempo, compreende-se muito bem que, para continuarem a existir, as sociedades humanas tenham valorizado diferentemente as duas sexualidades, colocando no primeiro plano a heterossexualidade, mas frequentemente sem interditar a homossexualidade. Esta, como o sabemos, existia (Atenas, Roma) e existe com efeito em muitas sociedades, mas com valores e estatutos sociais muito diferentes daqueles que aparecem nas sociedades ocidentais modeladas pelo cristianismo. Este segundo movimento conduziu, portanto, no fim do século XX, ao reconhecimento, cada vez mais acentuado, da ideia que a homossexualidade é uma sexualidade normal. Trata-se de uma outra sexualidade, a qual os indivíduos podem vivê-la durante suas vidas, exclusivamente ou complementariamente à heterossexualidade.

O terceiro movimento, que se desenvolveu evidentemente nos países ocidentais de regime democrático, é o fato que numa democracia todas as minorias lutam para obter e exercer os mesmos direitos que as maiorias, ou para adquirir direitos particulares sem com isso subtrair alguns dos outros. Esta dinâmica das minorias-maiorias nunca cessará.

Encontrando-se e adicionando-se, estes três movimentos criaram desde duas décadas no Ocidente uma nova situação histórica no meio da qual se tornou concebível e possível que homossexuais queiram ao mesmo tempo viver sua homossexualidade e realizar seu "desejo de criança" (o desejo moderno de ter criança). Realizar sua homossexualidade e desejar ter ou criar crianças, significa criar o que se denomina de família homossexual. Por que o termo "família"? Vimos o porquê.

Uma família é uma unidade de procriação e/ou de criação das crianças. Para os gays *esta família é de fato uma unidade de vida comum e de educação de crianças. Mas não é uma unidade de procriação eis que os* gays *devem adotar crianças. Para as lésbicas, tendo em vista que uma delas ou as duas podem colocar no mundo crianças mediante inseminação ou relações sexuais com um doador que ficará ou não anônimo, a família pode ser verdadeiramente uma unidade de procriação e de educação das crianças. Mas as lésbicas podem também não procriar, mas adotar crianças.*

É nesta perspectiva, ao mesmo tempo histórica e antropológica, que podemos compreender que não é possível reter mediante meios de coerção, e de repressão política e policial, a multiplicação e a legalização de famílias homoparentais. O que é necessário, é reconhecer esta evolução enquadrando-a juridicamente ao termo de um debate político e social que fixará os direitos e os deveres dos homossexuais em relação às suas crianças. Direitos e deveres que não podem ser diferentes dos direitos e deveres dos heterossexuais para com suas crianças. Todavia, o que é o direito? É a união sob forma normativa do político e do social. Sucede então que no contexto das sociedades europeias e euro-americanas a reivindicação dos homossexuais de poder criar famílias encontra-se fundada historicamente e deve ser enquadrada, acompanhada de um debate social que desembocará sobre uma nova legislação. Mas, toda a nossa análise supõe igualmente que é inconcebível que amanhã o mundo islâmico ou outros universos culturais e religiosos aceitem imediatamente esta reivindicação, e modifiquem rapidamente suas normas e costumes para satisfazê-la. Sem negar que estas reivindicações constituam no Ocidente um progresso para as pessoas, seria um erro estigmatizar (mais uma vez) as outras formas de cultura e de organização da sociedade sob pretexto que elas não estão imediatamente prontas a conceder os mesmos direitos aos homossexuais que aos heterossexuais.

Em conclusão, na Europa ocidental, e na Europa-América, assiste-se a um duplo movimento:

*O alargamento do parentesco **social**, sem referência a laços biológicos entre adultos e crianças, e, de outro lado, estimulado pelos avanços da biologia, um uso mais intenso em certos contextos das referências genéticas*[275].

Na Revista Internacional "*A Clínica Lacaniana*", consagrada ao tema "*Parentalidades de hoje em dia... e de alhures*", o psicanalista Charles Melman[276] expõe uma visão diferente daquela do antropólogo supramencionado.

Ele[277] contribuiu para estas pesquisas com o texto intitulado "*A qual santo se consagrar?*" no qual

(275) GODELIER, Maurice. Systèmes de parenté, formes de famille... [tradução livre da autora].

(276) MELMAN, Charles. À quel saint se vouer?... [tradução livre da autora].

(277) MELMAN, Charles. À quel saint se vouer?... [tradução livre da autora].

questiona também a possibilidade de uma **volta do matriarcado como modo de transmissão da identidade e do sexo**. O que significa, não uma nova parentalidade, mas uma parentalidade diferente do patriarcado. Ele diz que há que distinguir os fatos dos *constrangimentos de estrutura* dos quais somos dependentes, e depois dos fatos de atualidade, se queremos ter um aviso coerente sobre os fenômenos da atualidade. Ele lembra que em numerosas regiões, como nas Antilhas Francesas, por exemplo, apesar das leis da França, o modo de transmissão é essencialmente o matriarcado e que *"a fonte, a chave do matriarcado, é constituída pelo mecanismo do dom e a identidade, inclusive a identidade sexual, isso salienta do que é localizá-la na sua posição, o dom pela mãe"*.(278)

Em relação à outra forma de parentalidade, ele explica que no **sistema patriarcal**, trata-se de dar à criança "acesso a um tipo de ***falta constitutiva***" psíquica. Este limite imposto pela negatividade, este vazio interno é *"constitutivo não somente de sua subjetividade mas de seu* desejo, *tanto no que concerne em realização de sua própria pessoa que nas suas* escolhas de objeto *e na vontade que ela vai colocar para atingir seus objetos"*(279).

Este mecanismo edipiano, a base da estrutura neurótica, é um outro modo de aquisição da identidade e do sexo. É um processo complexo e doloroso, mas ao mesmo tempo *"gerador desta energia, desta vontade, deste desejo de realização tanto de si mesmo quanto de realização social ou objetal que se pode observar neste tipo de filiação, quando evidentemente o produto não está aturdido, não está amputado pelos mecanismos da neurose"*.(280)

Segundo Melman(281), parentalidade é o que é dado ao casal em razão de seu *desejo*, um desejo partilhado, recíproco e ao qual será dado uma criança. Um casal engajado para criá-la e trasmitir-lhe a tradição de sua própria cultura. O processo da **parentalidade** tem um sentido muito preciso.

> *Isso não quer dizer cuidar de criança. Tradicionalmente, isso indica um modo de engajamento que ultrapassa com efeito a singularidade do casal, um tipo de engajamento que funcionou mais ou menos bem, e mesmo até mal como sabemo-lo, até nossos dias. Lembro-me de meu amigo Félix Guattari que, após 1968, dava uma sugestão revolucionária e muito interessante. Ele queria que as mulheres, donas de casa, fossem assalariadas pelo Estado: não é uma boa ideia?*(282)

Ele(283) observa, apoiando-se sobre os trabalhos da socióloga Irène Théry(284), que o papel dos parentes não é somente de "educar, entreter, tratar", pois esta função pode revelar um trabalho, e, progressivamente tornar-lhes de fato "trabalhadores parentais". O papel dos pais não é unicamente material na educação das crianças, pois ele deve ir bem além, em transmitindo um "espírito sutil" que a criança por sua vez poderá aceitar ou recusar.

Ele(285) afirma que nós estamos vivendo uma mutação cultural e que os jovens de hoje em dia são construídos, são determinados diferentemente do que podem ter sido as marcas constitutivas das gerações precedentes. Nesta mutação do sistema simbólico, os jovens encontram-se confrontados a outros tipos de problemas, sendo possível ver nestas modificações os efeitos desta **inédita organização humana** cada vez **menos estruturada pela** célula elementar, que é a **instituição familial**. Nós estamos deixando esta instituição, a qual até o momento se revelou essencial, tendo que observar as suas consequências e efeitos.

Ele(286) assinala que as crianças às quais os ensinantes hão de cuidar são crianças novas. E que se vê perfilar-se uma estranha e nova divisão social no Ocidente industrializado e próspero. A saber, uma divisão entre crianças que tenham sido consideradas neste lugar, descrito como fonte de dificuldades e de aborrecimentos, que se chama a família, e:

---

(278) MELMAN, Charles. À quel saint se vouer?... [tradução livre da autora].
(279) MELMAN, Charles. À quel saint se vouer?..., p. 22 [tradução livre da autora].
(280) MELMAN, Charles. À quel saint se vouer?..., p. 22 [tradução livre da autora].
(281) MELMAN, Charles. À quel saint se vouer?...
(282) MELMAN, Charles. À quel saint se vouer?..., p. 22 [tradução livre da autora].
(283) MELMAN, Charles. À quel saint se vouer?...
(284) Irène Théry *apud* MELMAN, Charles. À quel saint se vouer?... [tradução livre da autora].
(285) MELMAN, Charles. À quel saint se vouer?...
(286) MELMAN, Charles. À quel saint se vouer?...

> *[...] depois as outras, crianças charmosas, um pouco desorganizadas, inteligentes, pouco inclinadas ao trabalho, despreocupadas, às vezes tanto de sua identidade sexual que de seu engajamento profissional, despreocupadas do que sobretudo é a grande tradição burguesa que transita por meio da família, aquela da constituição de um patrimônio. De outro lado, portanto, crianças engajadas na preferência acordada a uma existência cujo eixo, cujos termo e finalidade, tanto profissionais quanto sentimentais, não são de modo nenhum fixados e decididos na origem*(287).

A socióloga e clínica Laurence Gavarini(288), no texto intitulado *"A sexualidade na sombra. Discursos sociais sobre as novas normas e formas de laço familial"*, publicado na Revista Internacional *"A Clínica Lacaniana"*, consagrada ao tema *"Parentalidades de hoje em dia... e de alhures"*, discorre sobre o indecifrável, sobre o que estaria mudando na função parental ou na filiação, e que, ao suscitar muitas reações torna-se um desafio ideológico. Ela questiona **porque** e **como a parentalidade produz crianças que se tornam indivíduos sociais**, isto é, a sua construção enquanto sujeitos, em uma época marcada por um ideal liberal. Em uma análise da família como um lugar em que cada um toma seu *lugar* e sua *função*, e a subjetividade encontra-se atingida pelos modos de exercício do parentesco, pelas relações entre os sexos e entre as gerações que nela se atualizam, ela afirma que esta operação ultrapassa o estreito quadro da inculcação social e cultural.

É uma operação abstrata e complexa que subleva mecanismos inconscientes (a transmissão e a identificação), assim como, instituições sociais e jurídicas (a filiação e a inscrição genealógica). **A família** e o **parentesco** não são substâncias naturais ou estritamente privadas, mesmo se os discursos políticos e científicos tentam assim fazer crer. Elas são instituições sociais, **tendo por função inscrever as crianças na linhagem**, mas, também, transmitir bens materiais e simbólicos.

> *O laço familial apresenta-se aos indivíduos segundo regras, prescrições e interditos relativos ao parentesco, à filiação, às obrigações parentais, ou ainda, ao princípio da diferença dos sexos e das gerações. O grupo familial constitui por outro lado, nós o sabemos desde a contribuição do freudismo, uma cena na qual se jogam a sexualidade e as identificações sexuais para qualquer sujeito. É a este propósito que nós podemos falar dela como dispositivo psíquico. A família, pelo pertencimento dos seus que ela requer, tem uma função no plano imaginário e simbólico nas suas construções subjetiva e identitária*(289).

A partir de trabalhos sobre a procriação medicamente assistida (PMA) e os *efeitos* sociais e subjetivos *desta medicalização*, com relação às crianças e ao parto como ato e experiência; e também, a partir de uma série de pesquisas sobre a família como lugar de violências exercidas sobre crianças, Laurence Gavarini(290) discorre sobre as novas cenas da tragédia das famílias.

Com as técnicas da procriação, surgiu a vontade de fazer filiação "a qualquer preço" mediante a dolorosa expressão de casais em demanda de criança. Em consequência, a sociedade foi levada a testemunhar fatos os quais durante muito tempo foram considerados como sinônimos de impotência, e que se geriam no âmbito privado. A demanda endereçada aos médicos, inicialmente emanando das mulheres, tomou uma forma oscilante entre súplica e reivindicação militante de um "**direito à criança**".

Esta necessidade de reprodução biológica, ao preço de uma insistência no tratamento, tomou um alcance dramático durante os anos 1980-1990. A medicina ginecológica podia, graças a este novo *desejo de criança* qualificado de irresistível, estender seu campo de intervenção do corpo para a vida psíquica prescrevendo um tratamento somático pesado e eventualmente uma aproximação "psi" do *mal de criança*. Sobre a cena política, durante os anos 1970, apareceu uma mensagem de emancipação sustentando as mulheres na sua vontade de **escapar da dominação sexual masculina**. Com as técnicas de procriação elas foram apreendidas em uma relação visceral ao parto, não sem evocar uma forma de alienação à sua condição de genitoras fisiológicas.

Laurence Gavarini(291) constatou, do ponto de vista da subjetividade nas mulheres, uma verdadeira

---

(287) MELMAN, Charles. À quel saint se vouer?..., p. 22 [tradução livre da autora].

(288) GAVARINI, Laurence. La sexualité dans l'ombre. Discours sociaux sur les nouvelles normes et formes de lien familial. *La Clinique Lacanienne* : Parentalités d'aujourd'hui... et d'ailleurs, 2007, vol. 1, n. 12, p. 27-47, Paris : Éditions Érès. DOI : 10.3917/cla.012.0027. Disponible sur : <www.cairn.info/revue-la-clinique-lacanienne-2007-1-page-27.htm>. Accès : 09 mar. 2012 [tradução livre da autora].

(289) GAVARINI, Laurence. La sexualité dans l'ombre... [tradução livre da autora].

(290) GAVARINI, Laurence. La sexualité dans l'ombre...

(291) GAVARINI, Laurence. La sexualité dans l'ombre...

detonação espacial e *temporal do parto* neste percurso medicalizado da procriação, o qual reduz frequentemente seus corpos a seus funcionamentos hormonais e mecânicos, e que está marcado pelo **evitamento da sexualidade** como da questão sexual em uma temporalidade descontínua.

Estes questionamentos, desde a procriação médica assistida, foram constituídos por um transbordar de fantasmas e de promessas indo da cura do "mal de criança" aos cenários os mais excêntricos que são a tectogênese, isto é, a gravidez masculina, a seleção embrionária, a clonagem... No imaginário dos pesquisadores e dos médicos apareceu a aspiração de que eles farão um dia os indivíduos liberarem-se da reprodução biológica e sexuada e estabelecerão a filiação fora dos constrangimentos do passado.

Nós assistimos à biologização da filiação, e os sociólogos e antropólogos constatam que a concepção social do parentesco tende a regressar. As representações clássicas de uma filiação pelos laços do sangue desencadearam-se no *real*, mas, paradoxalmente, a importância do biológico, em certas circunstâncias, não aparece senão através da força da ***negação* da realidade sobre a qual se apoia a filiação**, por exemplo, no caso de **anonimato dos doadores**. O homem doador pode ser reduzido à estreita função de provedor de esperma, considerado apenas como material biológico.

Após ter se desenvolvido para satisfazer uma demanda de criança ligada à esterilidade de casais, **a lógica médica favoreceu fantasmas de outra ordem**, em particular, aquele de abster-se mais ou menos do outro sexo para procriar, de poder fazer sozinha uma criança, ou ainda, de se liberar um dia da gravidez ou mesmo da diferença de sexos para engendrar.

Eles constataram que o fenômeno de maltratar crianças apareceu logo após este precedente fenômeno da medicalização da procriação. No passado, a família podia ser mortífera, mas isso era, sobretudo em razão de a uma exagerada institucionalização à qual nós imputaríamos seu caráter patogênico. "*Hoje em dia, o maltrato ou a violência intrafamilial são ao contrário interpretados como defeitos ou deficiências da instituição. Elas resultariam de uma instituição anômica que evoca a horda e seus ódios, inclinando os adultos a maltratar gravemente suas crianças, a fazê-las sofrer violências psíquicas e sexuais*"(292). Os educadores e profissionais do trabalho social são confrontados a uma representação da família em que se produz o maltrato sob traços caóticos, uma cenografia familial da ordem de um *hiper-real*, em que **os laços do sangue não teriam conseguido simbolizar-se, sequer, talvez, "imaginarizar-se"**.

Em decorrência destes dois fenômenos contemporâneos, que são a procriação medicamente assistida e o maltrato intrafamiliar, sobressai desta pesquisa que "*a família constitui ainda e sempre um laço imaginário fundamental na sociedade, mas, ao mesmo tempo, este laço é reconhecido como potencialmente patológico ou patogênico, para além dos meios psicanalíticos*".(293)

Laurence Gavarini(294) constatou, também, que em uma retórica do "*Direito à ...*" e do pluralismo familiar, após um período de fortes críticas, a família parece novamente magnificada socialmente como quadro de filiação e de modo de vida. Ela citou o jurista Daniel Borrillo(295) que reivindica, no seu livro "*A proteção jurídica das novas formas familiais: o caso das famílias homoparentais*", a vida familiar para todos, qualquer que seja a orientação sexual de seus componentes. Borrillo milita por "um direito do homem à família" a qual, a seu ver, deve livrar-se de sua função de sistema constrangedor ao qual ela era subordinada: "*A vida familial não está nunca ao serviço de qualquer ordem metafísica porquanto ela não precisa nem da ordem natural nem da ordem simbólica da diferença dos sexos, nem mesmo daquela da lei para qualificar o laço*"(296). Em uma ruptura radical com os analistas estruturalistas da família e do parentesco, este jurista faz o

---

(292) GAVARINI, Laurence. La sexualité dans l'ombre..., p. 27-47 [tradução livre da autora].

(293) GAVARINI, Laurence. La sexualité dans l'ombre..., p. 27-47 [tradução livre da autora].

(294) GAVARINI, Laurence. La sexualité dans l'ombre...

(295) BORRILLO, Daniel. « La protection juridique des nouvelles formes familiales : le cas des familles homoparentales », dans *Mouvements, sociétés, politique, culture,* n° 8, mars-avril, Paris : La Découverte, 2000, p. 59 apud GAVARINI, Laurence. La sexualité dans l'ombre..., p. 34 [tradução livre da autora].

(296) BORRILLO, Daniel. « La protection juridique des nouvelles formes familiales..., p. 59 *apud* GAVARINI, Laurence. La sexualité dans l'ombre..., p. 34 [tradução livre da autora].

louvor de um modo de vida tradicional, porém liberado dos limites que lhe dariam uma ordem. Trata-se talvez de uma aposta numa ligação variável à mercê da vida amorosa e sexual dos indivíduos, em função da evolução de suas problemáticas identitárias.

A aspiração de uma vida familial para todos acompanha-se do "desejo de criança" nos casais homossexuais. Suas reivindicações, desde os anos 1980, de acessar as técnicas de procriações em nome de um **direito à igualdade de tratamento médico** entre todos, garantido pelo Estado, sustenta-se em uma lógica discursiva de direito de uma minoria homossexual cujas relações sexuais são forçosamente estéreis. "*Para além deste argumento,* [...] é realmente uma questão de defesa das liberdades individuais e da vida privada. A ideia de um *'**direito à criança**' pode ser entendida como um direito a ser como os outros, pelo próprio fato que ao discuti-lo ele é imediatamente percebido como signo de* ***homofobia***".[297]

Muitos pesquisadores nas ciências humanas sustentaram esta lógica de discurso por meio das suas publicações e alguns dentre eles engajaram-se ao lado das associações de parentes *gays* e lésbicas.

Portanto, Laurence Gavarini[298] constata que as novas configurações familiares homoparentais atraem de fato observadores pelo fato de elas possuírem um **caráter experimental nas novas alianças**.

> *No Quebec, onde a filiação homossexual foi legalizada, os parentes são doravante designados no texto da lei como "co-pai" e "comãe"! É preciso sem dúvida algum tempo para que sejam assimiladas estas denominações e que elas sejam investidas subjetivamente não por um sentido intrínseco, mas por um sentido simbólico de mais amplo alcance*[299].

Ela constata que há tendência entre as pesquisas sobre a família de equiparar todas as formas de laços. Uma primeira tendência a **desnaturalizar o laço familiar**, tendo em vista que a **montagem simbólica da filiação jurídica é um artifício legal**. E uma segunda tendência que consiste a naturalizar a família, o que pode estigmatizá-la enquanto instituição social deficiente. Então, é preciso atentar-se à postura ético-política no debate sobre as novas formas de laço familial e de filiação.

Os observadores da construção sociológica da família, que não escapam ao desconhecido ideológico e subjetivo de sua própria constituição familiar e sexual, constroem, também, por uma parte o *real*. As mais recentes análises sociológicas possuem traços comuns, como a constatação de que não há um tipo ideal de família.

A terminologia empregada vem apoiando-se sobre os traços funcionais ou anatômicos do agenciamento familiar dando-lhes um valor positivo ou negativo, por exemplo, a definição da família contemporânea individualista, a partir do seu princípio organizador. Ou, pela utilização dos qualificativos que vêm dos outros domínios, a "**família democrática**", na qual se exerceriam uma paridade e uma liberdade entre os membros. E ainda, a "família relacional", cujos traços específicos seriam a flexibilidade das alianças, a autorregulação das relações parentais e filiais, em que as regras e decisões sobressaem do consentimento dos cônjuges e das crianças. Neste tipo de família, a negociação é a modalidade de regulação da vida e dos afetos. Há ainda *designações dinâmicas da família* segundo uma dialética de sua forma entre composição, decomposição e recomposição.

> *Esta dialética resulta da instabilidade das uniões, com este processo descrito por Irène Théry que ela qualificou de "descasamento". É uma família que se especifica também porque ela consegue integrar nas suas configurações novos membros, fazendo-a então nomear de "família recomposta". Os laços de filiação e de parentesco são nela considerados indissolúveis à vista dos laços de aliança que evoluem, quanto a eles, segundo a vontade das uniões e dos afetos*[300].

Depois de 1968, toda uma geração poderia se reconhecer nestas modalidades – democráticas e consentidas – de adaptação aos **novos laços familiares**. Mas a autora[301] se questiona se estes esquemas não se apoiam sobre uma idealização ou uma *negação* das conflitualidades em obra.

Ela observa que há outro tipo de aproximação que insiste sobre a desinstitucionalização da família, esta se torna então um assunto privado. **Os laços entre os indivíduos hipercontemporâneos são**

---

(297) GAVARINI, Laurence. La sexualité dans l'ombre..., p. 35 [tradução livre da autora].
(298) GAVARINI, Laurence. La sexualité dans l'ombre...
(299) GAVARINI, Laurence. La sexualité dans l'ombre..., p. 35 [tradução livre da autora].
(300) GAVARINI, Laurence. La sexualité dans l'ombre..., p. 38-39 [tradução livre da autora].
(301) GAVARINI, Laurence. La sexualité dans l'ombre...

contratuais. Segundo Marcel Gauchet[(302)], esta contratualização é problemática simplesmente porque ela precede as *dimensões limitadoras* da instituição.

> *De modo um pouco diferente, Louis Roussel observa na família contemporânea uma **família "incerta"** e, como tal, ameaçada, até ameaçadora. Esta orientação não está muito afastada daquela inspirada pelos trabalhos de Pierre Legendre e que encontramos às vezes nos psicanalistas, consistindo a deplorar o **enfraquecimento da figura do pai** e fazendo disto mesmo a **origem da crise do princípio de autoridade na sociedade**.*
>
> *Sobre esta cena das representações sábias da família, são indexadas, pela sua marginalidade, as **famílias caracterizadas pela não institucionalização**. São as famílias bem conhecidas dos serviços sociais e sanitários, cujo arquétipo foi durante muito tempo a **família monoparental**. Uma variante extrema apareceu, apresentando formas de laço menos estruturado ainda em relação à monoparentalidade, com grupos familiais às constelações múltiplas, vivendo em um tipo de **clanismo** rompido, do qual **os observadores** exteriores **dizem não conseguir traçar sua genealogia** ou delimitar suas fronteiras. [...] sua estruturação é tão caótica que elas não conseguem acessar a autonomia radical de seus membros. Estes são individualidades serializadas, verdadeiros elétrons livres... Castel mostra claramente que **para existir como indivíduo de pleno direito**, como autor ou como sujeito, é preciso ter apoios, **"condições objetivas de possibilidade"**, um "pedestal" que vos dê consistência na sociedade. A atual degradação da propriedade social produz "indivíduos por defeito", "indivíduos negativos", acerca dos quais podemos prever que eles não conseguirão, senão dificilmente, manter laço social, inclusive, no registro familiar[(303)].*

Laurence Gavarini[(304)] indaga-se se nós conseguimos pensar para além deste tipo de alternativa que nos captura em uma posição ideológica. Ela assinala que nestas reflexões sobre a família, parece que confundimos o que sobressai das reivindicações como a paridade e a não descriminação social entre os sexos reivindicadas pelas mulheres com um tipo de **indiferenciação do pai** e **da mãe** ao nível de suas respectivas funções parentais. Não se trata mais de especificá-las, ambos são igualmente parentes! Portanto, os trabalhos de pesquisas sociológicas sobre a família teriam integrado, sob a influência da Antropologia e da Psicanálise, mas também das práticas sociais como a adoção e a procriação assistida, que as funções biológicas e parentais podem ser recortadas, o que significa que não se é "naturalmente" pai ou mãe pelo fato de ser genitor ou genitora:

> *Hoje em dia, um discurso ultraliberal flexiona estes trabalhos e, mediante um modo de transposição com o precedente raciocínio, afirma-se que as funções parentais não são funções sexuadas e sexualizadas, isto é, consideradas na diferença dos sexos e o sexual. Ademais, sugere-se que estas mesmas funções correspondem com efeito às tarefas educativas (criar as crianças, assegurar-lhes amor e proteção), e às responsabilidades genealógicas e geracionais. Assim, entretêm-se uma confusão entre as tarefas que uma criança espera cotidianamente – o que um sociólogo quebequense Renée Dandurand denomina a justo título de "**parentagem**" – e as funções simbólicas do parentesco[(305)].*

Por outro lado, a autora[(306)] questiona-se se a família como *instância sexual* não continua, com efeito, a ser uma ideia realmente revolucionária, inclusive, diante desta outra ideia emancipadora que constitui a *igualdade*. Ela propôs empregar esta hipótese reconciliando-se com um freudismo quase em desuso. Ela lembra que, para a construção de uma criança, as multiplas das figuras educativas que a cotejam, mesmo que amáveis e benevolentes, são sempre imperfeitas. Claramente, a cena edipiana da família lembra-nos incessantemente que a fabricação de um sujeito humano passa *também* pela questão sexual. O aspecto revolucionário da teoria sexual infantil e dos recalcamentos inconscientes está prestes a ser negado na nossa sociedade. Neste contexto, as constatações dos profissionais em campo vão no sentido de uma **unificação das funções de pai e de mãe**, em lhes juntando num mesmo vocábulo, o "**parental**" e seu derivado a "**parentalidade**". Uma vez que o laço conjugal e matrimonial se precariza fortemente, o "**parentesco**" torna-se, imaginariamente, um laço idealizado como indissolúvel.

> *O parental é um tipo de figura neutra ou bissexuada, na qual pai e mãe preenchem papéis educativos, papéis intercambiáveis podendo ser exercidos qualquer que seja a identidade sexuada, cada um tendo a sua parte feminina e masculina. Os defensores deste **parental indiferenciado** afirmam que, para a criança, o principal é que ela seja "amada" pelos seus parentes. Ademais, há uma forte tendência de sustentar atualmente que o parentesco é divisível à vontade, e de apresentar como prova a existência, nas famílias contemporâneas, de um **pluriparentesco:** biológico, afetivo, educativo e social. Idealizando um pouco a ideia de uma **"livre" circulação das crianças entre uma série de figuras parentais**, isso vai, por exemplo, até integrar nesta configuração pluriparental a **mãe portadora** a qual, por **generosidade**, diz-nos que cumpriu a gestação das crianças para casais de homens...*

---

(302) GAUCHET, Marcel. Essai de psychologie contemporaine I. Un nouvel âge de la personnalité. *Le débat*, n. 99, mars-avril, Paris, Gallimard, 1998, p. 169 *apud* GAVARINI, Laurence. La sexualité dans l'ombre...

(303) GAVARINI, Laurence. La sexualité dans l'ombre..., p. 38-39 [tradução livre da autora].

(304) GAVARINI, Laurence. La sexualité dans l'ombre...

(305) GAVARINI, Laurence. La sexualité dans l'ombre..., p. 43-45 [tradução livre da autora].

(306) GAVARINI, Laurence. La sexualité dans l'ombre...

> *A realidade da atual família "democrática e igualitária" encontra-se assim construída nas teorias como um tipo de* ***utopia comunitária****, em todo caso, como se de um grupo se tratasse apresentando ao mesmo tempo traços de forte pertença e uma grande autonomia das individualidades que a compõem. [...]* ***Esta concepção utópica e aconflitual rompe de modo bastante significativo com o modelo de apreensão lévi-straussiano e lacaniano da família e com o que se entendia por funções simbólicas.*** *O amor não era sem dúvida seu eixo organizador. Em contrapartida, era reconhecido que a família devia regular no seu seio a* ***questão sexual*** *(identidades, prescrições e interditos sexuais, relações aos corpos, sexualidade). [...] Do ponto de vista da antropologia estruturalista e psicanalítica que nos guiava na nossa reflexão nas ciências humanas, as instâncias parentais, pai e mãe, são, com efeito, funções que não se autodefinem, elas são simbolizadas na linguagem e na sociedade, elas são necessárias pela troca simbólica e material e pela diferenciação sexual.*
>
> *Estas funções não são porém estanques, eis que os hábitos evoluem, mas elas não estão integralmente à disposição dos indivíduos [...] Lévi-Strauss escrevia também: "É da natureza da sociedade que ela se exprima simbolicamente nos seus costumes e nas suas instituições; ao contrário, as condutas individuais normais nunca são simbólicas por si mesmas: elas são elementos a partir dos quais um sistema simbólico, que não pode ser senão coletivo, constrói-se. São apenas as condutas anormais que, justamente porque se encontram dessocializadas e de algum modo a si mesmas abandonadas, realizam, sobre o plano individual, a ilusão de um simbolismo autônomo".[...] Qualquer sujeito, sano ou insano, tem uma prática da simbolização e do simbólico, como o lembrava Nathalie Saltzman, [...] bem antes do surgimento da onda atual de denunciação da crise do simbólico: "É evidente, escrevia ela, que há uma dimensão simbólica da vida psíquica que ordena as diferenças e separa os sexos, as gerações, os corpos, os singulares e o universal". Com efeito, o simbólico apenas coordena o que é considerado possível, permitido e proibido em uma dada sociedade, ele organiza através de mitos ou de grandes relatos. É possível que existam transgressões em relação às normas sociais instituídas, que sejam até mesmo difundidas, mas isto não impede que os atos dos sujeitos transgressores não fiquem sem significações, à vista deles mesmos, assim como, da sociedade*(307).

Refletindo sobre a criança neste contexto atual da família e, particularmente, sobre a emergência da figura que constitui "a **criança abusada**", Laurence Gavarini(308) lembra que nada confirma que esta figura corresponda a um aumento das violências reais. Estes fatos nos indicam que a redistribuição das relações intergeracionais não é tão harmoniosa como o deixa crer uma *aproximação sociológica* ***adulto-centrada***. A família se tornou um lugar de maior paridade entre os sexos, e as crianças circulam mais, de um lugar a outro, em caso de separação conjugal. As crianças são consideradas como sujeitos, mas isto não impede de afigurá-los como vítimas dos adultos; e, de fato, é nesta família "em transformação" que pôde se desenvolver **outra consciência acerca dos riscos enfrentados pelas crianças**, e que apareceu a questão de abuso, fazendo pensar tantas suspeitas acerca das relações adultos/crianças.

Para melhor compreender esta ideia de abuso, para além da sua dimensão sexual, ela propõe de associá-la nos espíritos, com a noção de dominação e com a aspiração coletiva de pôr fim a estas relações do poder.

> *Em outros termos: não há ideia de abuso, sem* ***crítica da dominação. O abuso é um revelador de uma refundação das normas relacionais entre adultos e crianças.*** *O abuso decorre por outro lado da transposição às relações entre as gerações do modelo da* ***paridade sexual*** *que se impôs nas relações entre os sexos em reação ao* ***patriarcado*** *e à dominação masculina*(309).

Ela(310) afirma que o enunciado "abusado" marca uma nova relação ao corpo, à sexualidade, ou ainda, sobre o direito de olhar estendido sobre a intimidade. A retomada da questão relativa à sexualidade das crianças interroga-nos sobre a temática dos conflitos psíquicos e seus sintomas. No novo dispositivo de **controle** da **sexualidade infantil**, e a prevenção dos **abusos sexuais**, ela questiona-se como será avaliada a sexualidade engajada pela criança sozinha ou com outros companheiros. Como será ela avaliada com os adultos, a começar pela sua mãe e seu pai, por meio de suas moções de ternura, sua sedução e as atitudes que necessitam suas *identificações*, isto é, sua *construção subjetiva* ligada à sua sexualidade.

Ela(311) se questiona, também, se essa **nova concepção de família** não é pensada **fora-sexualidade**, isto é, como **dessexualizada** pela *negação* de um processo estruturante. Ela conclui sustentando que esta nova família relacional e consensual, na qual reinam a liberdade e a igualdade dos indivíduos, faz parte, em nossa época, de uma ficção necessária. Ela supõe uma **redistribuição das modalidades do laço familiar** e da configuração das relações entre os sexos e as gerações, e no qual subsiste, ainda,

---

(307) GAVARINI, Laurence. La sexualité dans l'ombre..., p. 42 [tradução livre da autora].

(308) GAVARINI, Laurence. La sexualité dans l'ombre...

(309) GAVARINI, Laurence. La sexualité dans l'ombre..., p. 46 [tradução livre da autora].

(310) GAVARINI, Laurence. La sexualité dans l'ombre...

(311) GAVARINI, Laurence. La sexualité dans l'ombre...

muito a inventar e a construir: "*desde as liberdades respectivas, até as prescrições e os* ***interditos relacionais*** *e corporais, ou ainda, ao* ***princípio de autoridade***".[312]

Na Revista Internacional "*A Clínica Lacaniana*", o filósofo e professor em ciências da educação, na Paris 8, Dany-Robert Dufour[313] contribuiu às pesquisas consagradas ao tema *Parentalidades de hoje em dia... e de alhures.* Ele o fez com o texto intitulado "*O terceiro parente*", no qual ele expõe numa visão crítica o que a televisão muda no papel da família.

Ele[314] afirma que são as próprias condições da socialização e da subjetivação, tais como elas eram operadas por estas duas grandes instituições, a família e a escola, que se encontram profundamente modificadas. Ele assinala que não sabemos mais perfeitamente **o que é uma família hoje em dia**. A bem da verdade, o que sabemos, é o que ela não é mais. Certamente, não se trata mais da família supostamente alargada de antes, com sua sequência de gerações vivendo sob o mesmo teto ou em diversas casas próximas, mas, trata-se às vezes, tendo em vista a frequência dos divórcios e das "recomposições", de muitas famílias intricadas e dispersadas em diversas casas autônomas no meio das quais as crianças circulam. Trata-se enfim, em um número importante de casos, de uma família reduzida ao seu mínimo, seja o que se denomina a família monoparental, e, às vezes, é ainda a família dita homoparental.

Ele[315] observa a "individualização", a "privatização" e a "pluralização" da família, oriundas da **desarticulação inédita dos laços de conjugabilidade e dos laços de filiação**. Relaciona a "desinstitucionalização da família" à **queda das relações de autoridade** e **ao aumento de relação de igualdade na célula familiar**.

> *Este fenômeno poderia ser relacionado com a igualização, descoberta desde Tocqueville, se não das condições de vida, pelo menos dos direitos dos indivíduos democráticos, que leva estes a se verem iguais em toda circunstância. É assim que as grandes diferenças homem/mulher, pai/mãe, parente/criança, antes instituintes de papéis específicos e de relações de dominância, atualmente atenuam-se enfraquecendo ao mesmo tempo as estruturas familiares clássicas*[316].

Dufour[317] discorre a respeito das modificações introduzidas pelo uso da **televisão** no espaço familiar, e dos efeitos na formação da criança e do adolescente. Ele observa que não se deveria considerar a expressão o "**terceiro parente**", utilizada pelos pesquisadores norte-americanos, há muito tempo, como uma simples metáfora, visto que este terceiro parente ocupa com frequência um lugar mais importante que os dois primeiros (a esta aproximação já antiga, poderíamos acrescentar a influência continuamente crescente do fenômeno dos jogos do vídeo e da Internet, quiçá pior ainda que aquela da televisão, pois interativa!).

Este novo parente constitui em suma um vetor que permite acrescentar, aos restos da família *real*, uma família *virtual*, no espaço doravante desinstitucionalizado da antiga família. A televisão não somente fornece uma "família", mas ela constitui, como uma grande família, aqueles que a assistem. O cimento desta grande "família" é a **sinceridade sobre a qual cada um é julgado**. Nesta multidão de programas de expressão de si, cada um dos telespectadores confia-se a todos em um **ideal de transparência**, no qual não se pode mais nada esconder. Pouco importa que tenham opiniões contrárias, **todos têm razão**, desde que pareçam sinceros consigo mesmos, pois "*o tempo da* ***suspeita crítica*** *e do questionamento de todo ideal de transparência passou*". No tempo do novo "Big Brother" cada um deve tudo dizer a todos. A novidade destas emissões, é que o telespectador pode compor esta família virtual ao seu gosto, sustentando ou eliminando alguém do jogo.

---

(312) GAVARINI, Laurence. La sexualité dans l'ombre..., p. 47 [tradução livre da autora].

(313) DUFOUR, Dany-Robert. Le troisième parent. La clinique lacanienne : Parentalités d'aujourd'hui... et d'ailleurs, 2007, vol. 1, n. 12, p. 49-60. Paris : Éditions Érès. DOI : 10.3917/cla.012.0049. Disponible sur : <www.cairn.info/revue-la-clinique-lacanienne-2007-1-page-49.htm>. Accès : 09 mar. 2012.

(314) DUFOUR, Dany-Robert. Le troisième parent...

(315) DUFOUR, Dany-Robert. Le troisième parent..

(316) DUFOUR, Dany-Robert. Le troisième parent... [tradução livre da autora].

(317) DUFOUR, Dany-Robert. Le troisième parent...

Ele[318] observa que podemos nos questionar: afinal, "*porque não esta virtualização das relações familiais? Nela não se encontra o próprio curso da história que faz tudo evoluir? De modo que não haveria nenhuma razão de sustentar um julgamento depreciativo sobre o período atual, sobretudo se é para melhor valorizar aquela que não existe mais*".

Uma vez que a "família, eu as odeio" de Gide, retomado pela revolta de estudantes de 1968, data apenas de duas gerações, não seria melhor uma família virtual, que uma verdadeira família, sabendo que **basta girar o botão da televisão, sem ter, como antes, que matar o pai**?

A família supõe relações de ódio e de amor, e evidentemente isso gera problema nas relações virtuais, nas quais há a indiferença ou a inequívoca demonstração de amor ao telespectador satirizado. Portanto, ele se pergunta:

> *Porque há que fazer toda esta despesa em tecnologia (câmeras, técnicos, grades de programas, satélites, redes etc.) e em investimentos diversos (financeiros, libidinais etc.) se é para* ***não fazer verdadeiramente existir os sujeitos que assistem à televisão****, fazendo passar o tempo? A "família" seria o reino da pura diversão pascalina, antes concentrada sobre o rei e hoje em dia estendida a cada um?*[319]

Não é a **existência subjetiva** do telespectador que preocupa esta família, pois ela mesma aparece apenas como simulacro. Estas simulações são produzidas por uma **indústria cultural** que, como qualquer indústria, busca em primeiro lugar extrair claramente proveitos. A família em todas estas "emissões-lixo" não é de fato uma brincadeira, atrás da qual se esconde a única realidade consistente:

> [...] *a audiência (uma audiência fidelizada pelo simulacro) que se mede, se recorta em partes a fim de poder se vender e se comprar no mercado das indústrias culturais. Se houvesse um espírito bastante ingênuo para acreditar que a qualidade das emissões é levada em consideração na programação, é fortemente provável dele desencantar-se desde a primeira investigação. De fato,* ***o que conta é somente a audiência****, pois é unicamente isso que influi sobre os assuntos sérios:* ***o preço dos espaços publicitários***[320].

Dufour[321] formula a hipótese segundo a qual a fidelidade a esta audiência explica-se pelo funcionamento da televisão como uma "**família virtual de substituição**". Ele afirma que nós perdemos as relações de autoridade patriarcais, às vezes insuportáveis da família real, para nos submeter às relações mercantis rigorosas que estruturam em segredo esta nova "família virtual". Com a desinstitucionalização da família, de um lado, e a extensão do mercado a novos setores, de outro lado, a formação das pessoas não é mais assegurada. No domínio da cultura, não se sabe mais o que fazer, e se improvisa, o que equivale a apostar muito sobre a extraordinária ***plasticidade da subjetividade*** humana.

A fim de compreender algo nesta construção de indústria cultural, ele associa duas proposições: "*1º não é a existência subjetiva do indivíduo, mas são fatias do mercado que preocupam esta indústria cultural; 2º* é provável, porém, *que o fato de ter doravante que viver nesta 'família'* não seja sem efeito sobre as modalidades da subjetivação". Neste sentido, vale constatar que **existia uma economia** de **bens materiais** e uma outra de **bens espirituais**. A primeira visava à produção de riquezas segundo as leis do mercado, e a segunda visava à instituição das pessoas a partir dos cleros (religiosos ou laicos) para produzir, segundo valores transcendentais ou morais, bens espirituais. A indústria cultural, tendo substituído os corpos de profissões próprias (intelectuais, professores, literários...) está doravante diretamente responsável pela "*produção dos bens espirituais e do projeto antropológico dos indivíduos, sem que do resto ela saiba realmente como fazer. O que produz, entre outros efeitos,* ***'a família' televisual***".[322]

Ele[323] desenvolve, então, uma forte interrogação contra todas as análises que apresentam nossa época como fundamentalmente individualista; pois, no seu ponto de vista, a existência desta nova "família virtual", na qual penetra doravante a criança, não incita em nada a falar de "ascensão individualista".

---

(318) DUFOUR, Dany-Robert. Le troisième parent... [tradução livre da autora].

(319) DUFOUR, Dany-Robert. Le troisième parent..., p. 54 [tradução livre da autora].

(320) DUFOUR, Dany-Robert. Le troisième parent..., p. 54 [tradução livre da autora].

(321) DUFOUR, Dany-Robert. Le troisième parent...

(322) DUFOUR, Dany-Robert. Le troisième parent..., p. 56 [tradução livre da autora].

(323) DUFOUR, Dany-Robert. Le troisième parent...

> *É este, ademais, o aviso de Bernard Stiegler que, em um vivo e recente pequeno livro a propósito da televisão e da **miséria simbólica**, indica que o* [audiovisual] *engendra comportamentos gregários e não, contrariamente a uma legenda, comportamentos individuais. Dizer que nós vivemos em uma sociedade individualista é uma patente mentira, um artifício extraordinariamente falso* [...]. *Nós vivemos em uma **sociedade-rebanho**, como o entendeu e o antecipou Nietzsche*[(324)].
>
> *O verdadeiro nome desta família seria então – tanto impronunciável que seja – um "rebanho", o qual não se trataria mais de conduzir para onde queremos que vá regar-se e nutrir-se, isto é, para fontes claramente designadas. Saliento de passagem que a noção de "rebanho" já foi usada por Tocqueville quando este indica que a paixão democrática da igualdade pode "reduzir cada nação apenas a um rebanho de animais tímidos e industriosos", liberados do "constrangimento de pensar"*[(325)].

Para discutir acerca da existência ou não de um individualismo contemporâneo nas sociedades, ele assinala que falar de uma sociedade-rebanho não é absolutamente incompatível com o desenvolvimento de uma cultura do egoísmo hipertrofiado, erigido em regra de vida e apresentado como realização democrática. Com este estranho "**egoísmo gregário**", nós estamos diante de um tipo de congregado bastante novo que conviria inventariar.

Ele[(326)] questiona para além dos textos, de Freud, a "*Psicologia coletiva e análise do eu*", a propósito das "loucuras convencionais", e de Sartre, a "*Crítica da razão dialética*", a propósito da "conformidade serial" transformando-se em "grupo em fusão", pois eles não lhe parecem mais suficientes para analisar este novo tipo de "formação ego-gregária". Se de seu lado, estes textos colocam claramente em evidência os pontos de ruptura e os momentos de possíveis passagens ao ato, de outro lado, a análise de Stiegler não permite perceber o modo pelo qual se colocam então a funcionar os *processos de individualização*, neste sistema ego-gregário.

Dufour[(327)] convoca a Psicanálise a se interessar mais sobre os *processos atuais de subjetivação* e a seus *desvios*, pois a despeito da gregarização das consciências, produzida pelo sentimento de pertença a uma mesma "família virtual", ele pensa que mecanismos de individuação novos e paradoxais estão se estabelecendo. Lembrando, que antes, não se podia tornar-se célebre senão revelando um traço distintivo singular, ele assinala que hoje em dia não se pode tornar-se célebre e obter audiência sem revelar aos outros o máximo de *traços de identificação* com as pessoas.

Ele denuncia neste processo gregário virtual de nossas sociedades, um novo *estádio do espelho televisual*. Ele observa que este novo estado de individualização coloca em jogo, em relação ao antigo, um mecanismo espacial e visual diferente e original. Desde Lacan, sabe-se que no *estádio do espelho clássico* de desenvolvimento da *personalidade*, a criança identifica-se a si mesma sobre um erro, isto é, pela *inversão da imagem* da esquerda e da direta.

> *Se eu percebesse que o tipo em minha frente levanta seu braço esquerdo lá onde eu levanto meu braço direito, eu não o tomaria por mim-mesmo, e teria assim terminado a adesão íntima de mim a mim experimentada no espelho. Para que este tipo seja eu, é preciso então que eu não saiba nada dos espaços orientados e que eu confunda facilmente a esquerda e a direita. No estádio do espelho clássico, eu sou em suma feito sobre um erro, um erro necessário que, como o diz Lacan no "estádio do espelho", "inscreve toda a vida em uma linha de ficção". Daí que sobrevém provavelmente o fato que nunca eu poderei tudo dizer sobre mim, eis que no fundo da certeza que me constitui como tal, há um erro*[(328)].

Portanto, se todo bom espelho para produzir uma identificação singular, deve inverter a imagem percebida da esquerda e da direta, ele[(329)] questiona-se como o sujeito faz hoje em dia para reconhecer-se na sua intimidade quando ele passa de observador a "observado". Certamente, *não é mais o sujeito que se reconhece*, são os outros que o reconhecem no seu novo modo do espelho audiovisual e lhe dizem quem e o que ele é. O sujeito não encontra mais a íntima adesão de si a si autorizada pela confusão da inversão

---

(324) STIEGLER, Bernard. Aimer, s'aimer, nous aimer – du 11 septembre au 21 avril, Paris, Galilée, 2003, p. 30 *apud* DUFOUR, Dany-Robert. Le troisième parent..., p. 57 [tradução livre da autora]

(325) DUFOUR, Dany-Robert. Le troisième parent..., p. 57 [tradução livre da autora].

(326) DUFOUR, Dany-Robert. Le troisième parent...

(327) DUFOUR, Dany-Robert. Le troisième parent...

(328) DUFOUR, Dany-Robert. Le troisième parent..., p. 59 [tradução livre da autora].

(329) DUFOUR, Dany-Robert. Le troisième parent...

da imagem da direita e da esquerda, como no espelho. O sujeito se vê diante da câmera como os outros o veem, de modo impessoal.

Dufour[330] afirma que haveria que conduzir mais longe a investigação das perturbações da constituição subjetiva que enseja o *uso perverso da televisão em família*, pois disso decorrem sérias consequências para o laço social. Ele acaba afirmando que as personalidades "como se" produzidas, sem os jogos específicos de identificação invertida no espelho, por esta família outrora apontada por Hélène Deutsch e que interessava Lacan, (atualmente denominadas "psicoses brancas", "psicoses frias", ou "estados-limites"...) parecem prometidas a um belo futuro.

> *Há provavelmente tanta alienação a descobrir nas novas famílias virtuais de hoje em dia que nas famílias edipianas de outrora. Estas foram descobertas como um lugar privilegiado de formações das diferentes formas de neurose, aquelas deveriam ser consideradas como portadoras de* ***novas formas de subjetivação incerta***[331].

4. A PARENTALIDADE LIBERADA DA DIFERENÇA DOS SEXOS E DE GERAÇÕES

As mudanças da família e do parentesco levam os pesquisadores a se interrogarem sobre o **lugar do pai** na Sociedade contemporânea, assim como, sobre as referências familiais que a estruturam. Desenvolver uma aproximação psicanalítica sobre a homoparentalidade, com o objetivo de informar os campos do Direito e da Ciência, coloca em causa também o aporte teórico e alguns conceitos desde Freud. Será que poderíamos afirmar que há um **declínio da triangulação edipiana**, uma vez que este conceito se fundou inicialmente sobre uma concepção de família tradicional? Ou ainda, trata-se do **declínio da função paterna**, de uma nostalgia dos psicanalistas em relação ao patriarcado?

Por outro lado, as referências psicanalíticas continuam operantes nestas novas famílias de hoje em dia? Ou ainda, elas anunciam catástrofes inelutáveis para a vida psíquica de suas crianças? Todavia, a Psicanálise desenvolveu conceitos, a partir da clínica, acerca da função de parente, isto é, acerca dos modos de ser pai ou mãe, distinguindo, por exemplo, depois de Lacan, as **dimensões real, imaginária e simbólica do Pai**. Estes aportes psicanalíticos foram certas vezes contestados e mesmo controversos, pois eles pareciam muito normativos, até mesmo moralizadores, "*atribuindo ao pai real um papel como que fixado pela natureza e pareciam até opor-se aos progressos da ciência e às novas formas de família e de parentesco*".[332]

Como o havíamos observado, as **novas parentalidades** começaram pelas mudanças de costumes, assim como pela participação dos pais na puericultura das pequenas crianças junto com as mulheres. Mas elas prendem-se, também, à geração das famílias recompostas, com a coexistência de ***parentalidades múltiplas***. Do mesmo modo, **os progressos da procriação medicamente assistida** (PMA) **acrescentaram consideravelmente as possibilidades de ser legalmente pai ou mãe de uma criança não consanguínea**, mesmo se o seu reconhecimento no casamento e a adoção havia já ensejado maiores condições legais. De fato, o que há de comum nestas novas parentalidades, é que elas dissociam as diferentes dimensões de ser parente: o parente biológico, o parente educador, o parente legal.

Hervé Bentata[333], no texto "*Parentalidades de hoje em dia: para um pai aparente?*", publicado na Revista Internacional "*A clínica lacaniana*", formulou muitas questões cruciais acerca da temática transdisciplinar que escolhemos para esta tese. No subtítulo: "*Algumas questões afetas às parentalidades de hoje em dia*", ele questiona-se:

> *A partir daí, o que ocorre quando uma mãe não está em uma relação de desejo com o pai, um homem, que seja de amor ou de ódio, mas que seu desejo se dirigiu para uma outra* ***mulher****? É esta última que* ***virá funcionar então como "pai"?*** *E o que é então das* ***identificações****: se farão elas ao modo da mulher da mãe ou haverá sempre um meio para esta criança de "se fazer um pai" a partir dos encontros que ela fará na vida? Em outros termos,* ***o pai, suporte das identificações e raiz do Supereu, é ele um ser psíquico necessariamente masculino ou a sua consistência*** *não advém senão de ser o Outro da mãe, aquele que regula seu desejo?*

---

(330) DUFOUR, Dany-Robert. Le troisième parent...

(331) DUFOUR, Dany-Robert. Le troisième parent..., p. 60 [tradução livre da autora].

(332) BENTATA, Hervé. Parentalités d'aujourd'hui : vers un père semblant?...

(333) BENTATA, Hervé. Parentalités d'aujourd'hui : vers un père semblant?... [tradução livre da autora].

> *Do mesmo modo, esta* ***função materna*** *é específica da mãe real ou de uma mulher, ou os* ***homens podem assumi--la totalmente?*** *Ouvimos assim frequentemente mães de famílias monoparentais dizer-nos "eu tinha que representar o papel dos dois parente, mas eu não conseguia". Esta derrota está ligada a* ***uma questão de pura lógica****, não se pode sozinho fazer o papel de duas pessoas, ser si mesmo e um outro? Com efeito, o próprio da* ***função terceira*** *e sua eficácia é justamente de* ***fundar-se sobre o Outro do casal mãe/criança****. Este Outro, vemos claramente que é habitualmente o* ***pai real*** *da criança; mas ele pode também ser pessoas designadas pela mãe, no mais frequentemente homens, mas também,* ***porque não mulheres****, que seja a companheira da mãe ou outras mulheres que fazem referência para esta mãe...* ***Para uma criança, o fato de ter por pai um outro homem que o pai real, ou de ter uma mulher no lugar de pai, engajaria uma certa falta fundadora, ou ao contrário, uma certa dificuldade na identidade e no sentimento próprio de seu gênero?*** *Eis algumas questões difíceis que podem ensejar as novas parentalidades, concernindo os efeitos que produzem sobre as crianças. Isso geraria* ***sofrimento psíquico****, e diferentemente de antes?* ***Novas economias psíquicas seriam aptas para passar adiante as neuroses, psicoses e perversão de outrora?***(334)

Para responder a estas complexas questões, ele(335) nos explica de um modo muito didático e sintético a visão da Psicanálise sobre a estrutura familiar e societal. As elaborações freudianas partem da *função do Pai* com o mito da Horda primitiva, no qual o desejo de "assassino do pai" é motivado pelo desejo dos irmãos de possuir mulheres monopolizadas pelo pai primitivo. No "*Totem e Tabu*", Freud(336) considera que este assassinato inicial do pai vai fundar e organizar a sociedade atual, a repartição das mulheres e a reverência à Lei. Na escala da família, este mito do pai morto se reedita, por meio da elaboração psíquica do Complexo de Édipo. Este desejo mortífero, que gera na criança receios de represália da parte do pai e as **angústias de castração**, o leva a renunciar à sua mãe e a identificar-se ao seu pai. *"Assim, de certo modo, o protótipo de todo desejo seria o desejo pela mãe e o protótipo de todo ato, até mesmo, de toda tomada de palavra em relação a um desejo, seria o assassinato do pai.* ***Um pai é então uma pessoa que, pelo seu lugar, suporta votos de morte e que, na sua função, vem interditar o incesto****"*.(337)

O pai torna-se o portador da Lei de interdição do incesto, isto é, da endogamia e, geralmente, de tudo o que faz lei. O pai representa a autoridade, sua figura é ao mesmo tempo temida, odiada e amada. Incumbe à função do pai reinar sobre o desejo da mãe que ele captura e suporta. Este *lugar* do pai que funciona como *vetor do desejo materno*, coloca-se em posição de **separar a criança da sua mãe**. Ele faz a *função* de um *terceiro* exterior, estabelecendo o reconhecimento da **alteridade** no **casal mãe/filho**, e permite assim a boa saúde mental da criança, sua "boa" **estruturação psíquica**.

A *função* do pai é de tornar a Lei da castração *simbólica*. Após Lacan, o pai aparece como um significante maior, como a metáfora do Nome-do-Pai. Esta metáfora constitui a pedra angular da significância e a possibilidade para um Sujeito de se fornecer sentido. Eis porque, no caso de ***forclusão*** do **Nome-do-Pai**, abre-se, no inconsciente, a possibilidade de uma rasgadura que vai até a **psicose**, até o delírio. Isso significa, nestes casos, que há ***forclusão*** **do significante paterno** e, portanto, da **diferença sexual no discurso da mãe**. *Alguma coisa do pai não tem curso*, não corresponde a um pai, *ausente na realidade*. Eis porque os psicanalistas atentam-se ao *nome* na filiação.

> *Com Lacan então, a função do pai é em primeiro lugar simbólica, mesmo se a função do* ***pai real*** *é também muito importante, pois é ele quem permite o acesso à castração simbólica, da qual ele é o agente. Este pai real, Lacan o diferencia ainda do pai imaginário, declinando assim sua tríade Real/Simbólica/Imaginária também ao nível do pai. Este pai real, Lacan o define como sendo aquele que "trepa" com a mãe, de modo menos trivial aquele quem com ela vive. Então, esta função do pai real, não é aquela à qual a mãe intuitivamente recorre quando, por exemplo, nas famílias monoparentais onde um menino não vai bem, a mãe pede-lhe que procure um terapeuta homem? Este terapeuta vem fazer reconhecimento de seu lugar e de sua necessidade.*
>
> *Por outro lado, o que se comenta na psicanálise em relação à função materna? Mães, eu diria sobremodo a função essencial no que se denomina o* holding. *A preocupação de uma mãe para sua criança, com os tratamentos que ela lhe prodiga, busca lhe permitir apreender o mundo; ela antecipa e nomeia suas necessidades, seus sentimentos etc. No início, a criança vive por meio das funções que ela exerce no seu lugar; a mãe é um eu auxiliar. Progressivamente, ela lhe permite de separar-se dela, de necessitar-se menos dela*(338).

---

(334) BENTATA, Hervé. Parentalités d'aujourd'hui : vers un père semblant?..., p. 104-105 [tradução livre da autora].

(335) BENTATA, Hervé. Parentalités d'aujourd'hui : vers un père semblant?...

(336) FREUD, Sigmund. Totem e tabu e outros trabalhos...

(337) BENTATA, Hervé. Parentalités d'aujourd'hui : vers un père semblant?..., p. 103 [tradução livre da autora].

(338) BENTATA, Hervé. Parentalités d'aujourd'hui : vers un père semblant?..., p. 103-104 [tradução livre da autora].

A partir de dois fragmentos clínicos de novas parentalidades, Bentata[339] aborda estas questões com o prisma do novo "**desejo *de* crianças**". No primeiro, ele relata um caso de homoparentalidade:

*Aladine veio consultar, pois ela se preocupa com sua filha e com o comportamento do pai da criança. O que não vai bem, diz ela, são os efeitos produzidos sobre a criança pelos momentos passados com seu pai. De fato, após o final de semana, ela choraminga com frequência, se cola à sua mãe e não a larga. Tudo isso torna Aladine perplexa e a deprime. Sua filha, quanto a ela, parece, no entanto estar bem mesmo que ela apresente um pouco de dificuldade de separar-se de sua mãe. Para Aladine, todas estas dificuldades resultam do mau comportamento do pai. Pois **ele nunca pôde comportar-se como um pai com sua criança; ele se comporta como uma mãe**, diz-me ela, **como uma segunda mãe**. Ele não consegue integrá-la, ela, como mãe; ela tem a impressão de ser transparente para ele, o que consequentemente **a anula como mãe**; ela sente-se completamente anulada na sua função pelo pai da criança. Aladine sente-se enganada, como capturada em armadilha. Ela tinha muito refletido com sua companheira sobre seu projeto homoparental: ela queria dar um pai a sua criança; este **amigo homossexual havia anuído de ter uma criança com ela, por inseminação. E eis que ela está excluída, como mãe, por este homem**. Era importante para ela, que teve um pai ausente, que o pai de sua filha se invista, seja presente. E eis que no lugar disso, "Ele me arruína como mãe quando lhe dou seu lugar" diz-me ela. Isso a arruína na sua função, mina-a; às vezes ela sequer consegue cuidar de sua filha, ocupar sua função de mãe para sua criança. **"Eu necessito realmente que ele me reconheça como mãe"** diz ela. A situação de Aladine parece ilustrativa a mais de um título. Primeiro, no sentido que, **nestas novas parentalidades, a parte do indivíduo e sua história nos efeitos e dificuldades psíquicas eventuais, continuam a ter um papel predominante**. Para Aladine, com efeito, todas as dificuldades que ela encontra na sua dificuldade para posicionar-se como mãe parecem, com efeito, se recuperar em relação às **suas dificuldades desde criança a encontrar seu próprio lugar** e não um lugar no lugar de um pai, de uma mãe, de uma amante. Tornando-se mãe, ela sente-se ou **anulada pelo outro**, ou **substituída**, o que é o certo em relação ao **lugar** que ela sempre ocupou, aquele **do outro**. Aladine **colocou no lugar do outro parente**, ao mesmo tempo **sua companheira** e um **pai biológico** que ela deseja ser um verdadeiro pai. Mas, se esta situação não é tão diferente das famílias recompostas nas quais a criança vive com um outro parente que seu pai, vendo-o nos finais de semana, **o quadro da homoparentalidade vem complicar as coisas**.*

*O que muda, é que para o pai desta criança, para este **pai que não tem vida heterossexual**, **"ser pai"** não é referido a uma relação sexual com uma mulher; o que muda também, é que para Aladine, um pai não pode tomar facilmente seu lugar; é o caso na sua própria história, mas também no presente, por ter uma criança e por ser mãe. É esta bela palavra, que ela é transparente. A situação de Aladine remete assim sobre o que se poderia denominar, estritamente falando, as **transparentalidades**. Este termo convém perfeitamente para todos os modos de migrar de uma parentalidade à outra, como nos fenômenos transculturais. Mas, ele vale também para a passagem das parentalidades tradicionais para as novas parentalidades. Este termo de transparentalidades permite, ademais, de evocar um dos desafios e dos riscos destas transparentalidades, a saber, uma **perda da consistência, da coerência do parentesco**: o risco de se tornar transparente. O que merece também nossa atenção nesta história, é o **desejo da mãe que sua criança tenha um pai**. Este desejo de um pai, o que visa? Não somente uma paternidade biológica, porquanto a mamãe espera do pai que ele se invista. É, portanto, um pai real que é aí esperado, ao contrário daquele que ela teve, que ela qualifica de apagado. Aladine é então igual a estas mulheres que supramencionamos e que nos trazem sua criança solicitando um terapeuta "homem", pressentindo que um pai faz-lhe falta. Mas, por outro lado, este pai que esta mãe evoca tanto a sua presença, vemo-lo vacilar no seu discurso. É a própria função do pai na estruturação psíquica desta mãe que parece problemática. E pode-se localizar tal **vacilamento do pai simbólico** para esta mãe na **estrutura ternária** de seus propósitos. Pois o que nos diz Aladine? "Eu queria um pai para a minha criança"; isto significa que **o significante pai representa a mãe para sua criança**. Do mesmo modo, Aladine sente-se transparente como mãe para o pai. Nisto encontra-se a **estrutura ternária do significante que coloca o pai em posição de fazer existir ou não a mãe**. "Ele me anula, ele me arruína como mãe". Vê-se assim como uma **certa falha do seu pai simbólico impede a esta mãe de inscrever-se como mãe para sua criança**, mesmo socorrendo-se do pai real da criança. Aladine não pode ser mãe senão com o apoio do Pai (um pai simbólico), seu reconhecimento. Por outro lado, sua filha, para a sua **autonomia simbólica** e **construção psíquica**, necessita desta referência de sua mãe a um pai que seja coerente[340].*

No segundo caso, Bentata[341] relata um fragmento clínico de uma nova parentalidade engendrada pela procriação medicamente assistida (PMA):

Célimène vem me consultar, pois desde o nascimento de seu filho, mas exatamente desde que ele anda, sua vida se tornou um inferno. Ela está em um perpétuo receio que alguma coisa lhe ocorra, que ele caia, faça-se mal, contraia uma doença. Eis porque ela limpa tudo ao seu redor, e não pode impedir-se de gritar desde que ele corra ou toque alguma coisa. Ela bem limpa tudo, tudo verifica, ela fica, portanto, num pavor constante que algo lhe ocorra. Célimène possui ainda outros receios, ela me fala de sua depressão e de seus TOC (transtornos obsessivos compulsivos). Ela calcula e recalcula todas as suas contas, fecha e volta a fechar numerosas vezes a sua porta. É cansativo.

Mas, o que a aflige mais é que as suas angústias deterioraram sua relação com seu filho que, segundo ela, foge dela, pois ela grita muito. Célimène, porém, desejou muito esta criança. Junto com seu marido, foi uma longa luta para tê-la. É que o casal era estéril e tiveram que recorrer à FIV. Mas depois, tudo correu bem, a gravidez, o parto. O casal estava muito apaixonado, mas quando se casaram, Célimène mudou. Ela, que amava sair e os prazeres da vida, fechou-se completamente; ela queria uma criança. O casal, após seu casamento, quase não tinha mais vida sexual. O marido de Célimène estava de fato distanciado dela com as mudanças provocadas na sua relação pelo casamento. Após dois anos de casamento, um diagnóstico de esterilidade foi colocado.

---

(339) BENTATA, Hervé. Parentalités d'aujourd'hui : vers un père semblant?... [tradução livre da autora].

(340) BENTATA, Hervé. Parentalités d'aujourd'hui : vers un père semblant?..., p. 105-107 [tradução livre da autora].

(341) BENTATA, Hervé. Parentalités d'aujourd'hui : vers un père semblant?... [tradução livre da autora].

Anticorpos explicavam a esterilidade do casal; eram eles que tornavam os frutos de sua união corporal difíceis. O casal engajou-se então em uma tentativa de procriação medicamente assistida, a qual foi rapidamente sucedida. A criança de Célimène com 16 meses de idade é uma criança muito bem desenvolvida. Ela gosta visivelmente de correr, mas preserva uma certa falta de jeito que a faz cair rapidamente; é preciso poder antecipar seus movimentos, sob risco das caídas e colisões se desencadearem... Para iniciar um comentário, eu diria que é um menino que não foi carregado corporalmente pelo seu pai. [...]

Quero dizer que ela não é fruto da presença de seu pai ao lado de sua mãe, pois seu pai não frequenta mais sua mãe desde o casamento. Não há desejo sexual no nascimento desta criança, mesmo se a sua vinda foi desejada por ambos os seus parentes. É uma criança pura, sem mancha nem maculações da copulação. Célimène é afetada por esta ausência de relações sexuais; ela não se sente mulher, diz ela, e, pois ela tem o sentimento "de ter feito sozinha sua criança". No fundo, é como se ela fosse uma virgem que tinha tido uma criança, é como a história de Jesus... O que é duro para ela, não é a ausência de uma relação fecunda, mas a ausência de qualquer relação, de qualquer presença do pai no seu corpo. Esta criança sem copulação que permite a PMA é também uma criança na qual as excreções do corpo são reduzidas ao mínimo. Para uma obsessiva, trata-se do limpo! Esta criança, é o limpo por excelência, ao ponto que nada vem sujar, nem o menor macho, nem o menor suspiro de coito... O que falta é a marca do Outro sobre seu corpo. Para Célimène, é como se alguma coisa não chegasse a se inscrever, a tornar-se real nos seus atos, deste fato. Eu fechei bem a porta? É preciso escrevê-lo sobre sua mão para disto se assegurar. Esta constelação familiar particular augura ela de um defeito simbólico na concepção desta criança? Esta mãe é, do fato de sua história com seu marido e do fato do modo de concepção da criança por PMA, em dificuldade para colocar em obra o Nome-do-Pai? É bem a questão que me coloquei, de fato, ao constatar também que a criança cai muito e que isso poderia vir traduzir que, para a criança, qualquer coisa nela não se sustenta. Alguma coisa nela está em dificuldade na relação ao terceiro. Assim, a modernidade e a ciência abrem a possibilidade de novas parentalidades. Célimène, que dos anticorpos inoportunos – mas isso poderia não ser senão um puro acaso de ser alérgica ao seu marido? – a separam do corpo do seu marido para poder procriar naturalmente, se torna mãe por PMA. Ei-la então fazendo parte das novas mães levadas a assumir estas parentalidades de hoje em dia. Contudo, ei-la estorvada desta criança, sem cessar de se atormentar sobre a sua saúde e num inferno sem fim[342].

Bentata[343] conclui estes fragmentos clínicos das novas parentalidades, constatando novas maneiras de ser parentes. Ele observa que estas novas modalidades geram as suas próprias dificuldades, mas elas não são específicas. Elas revelam-se, de fato, da história e da personalidade singular de um Sujeito. "*Fazer o pai para que sua criança cresça bem, é a tarefa a qual toda mãe se aplica. E quando nisso ela falha, é preciso saber que muitas crianças pegam o comando de sua mãe e fazem deles-mesmos o pai, de modo a se retirar desta situação impossível*". Parece-lhe que a ***psicose infantil*** é um *duplo fracasso* e o signo que, em último recurso, **o pai**, pelas suas manifestações reais, **não conseguiu "*fazer o pai*"**. Ele faz um "**pai semblante**".

Na Revista Internacional "*A Clínica Lacaniana*", consagrada ao tema "*Parentalidades de hoje em dia... e de alhures*", o psicanalista Jean-Pierre Lebrun[344] expõe, no artigo intitulado "*O futuro do ódio*", uma leitura menos otimista da violência do indivíduo em relação à instituição familiar e social.

Como o havíamos já observado no Capítulo II, Item 2, ao tratarmos do "conflito entre a subjetividade jurídica e a subjetividade psicanalítica", Lebrun[345] sustenta a tese de uma *mutação inédita do laço social* nas sociedades tecnocientíficas avançadas. Nesta mutação nós somos todos atualmente arrastados a título individual, certamente, mas também o conjunto das instituições, inclusive, a família. Ele evoca a **perversão ordinária** do **laço social** causada por *uma crise inédita da legitimidade* da autoridade dos parentes e de um aumento da violência em crianças cada vez mais jovens.

Ele[346] coloca a questão do *futuro do ódio* ou da *perversão* como emblema oriundo da estrutura familiar e social contemporânea, visto que todo pequeno filho do homem apresenta tendências hostis à civilização, isto é, desde a mais tenrra idade há pulsões incestuosas e mortíferas no que diz respeito ao "rival". Afirmando que "o ódio é sempre assunto coletivo", ele interroga-nos "*se este **trabalho da cultura**, este trabalho de constranger a **transformar individualmente** e **coletivamente** as **tendências mortíferas** está sempre suficientemente em obra atualmente e, mais precisamente, se as estruturas sociais atuais se consagram sempre a uma tal tarefa como programa*".[347]

---

(342) BENTATA, Hervé. Parentalités d'aujourd'hui : vers un père semblant?..., p. 107-109 [tradução livre da autora].

(343) BENTATA, Hervé. Parentalités d'aujourd'hui : vers un père semblant?... [tradução livre da autora].

(344) LEBRUN, Jean-Pierre. L'avenir de la haine. La *Clinique Lacanienne* : Questions cruciales pour la psychanalyse, 2007, vol. 1, n° 12, p. 127-143. Paris : Éditions Érès. DOI : 10.3917/cla.012.0127. Disponible sur : <www.cairn.info/revue-la-clinique-lacanienne-2007-1-page-127.htm>. Accès : 09 mar. 2012 [tradução livre da autora].

(345) LEBRUN, Jean-Pierre. La Perversion ordinaire : Vivre ensemble sans autrui. Paris : Éditions Denoël, 2007, p. 132.

(346) LEBRUN, Jean-Pierre. L'avenir de la haine...

(347) LEBRUN, Jean-Pierre. L'avenir de la haine..., p. 127 [tradução livre da autora].

Ele[348] ilustra este fenômeno de um enfraquecimento do trabalho da cultura sobre as tendências mortíferas, por um drama de sociedade, aquele de uma jovem criança, assassina aos 3 anos e meio, a qual "*aproveitando sem dúvida de um momento de ausência de qualquer adulto ao lado de um recém-nascido em uma casa de acolhimento, agarrou-se ao bebê, fazendo-o cair de seu carrinho e bateu e agrediu-o até que a morte se seguisse*".[349]

Ele[350] avançou algumas hipóteses para responder às questões que surgiram de todos os lados:

> [...] *uma criança de 3 anos e meio pode ser assassina? Como explicar este aumento de violência? Como explicar um tal desconhecimento? Mas, também de modo mais geral, **porque este aumento de violência nas crianças**, crianças tiranas, até aquelas que chegam a bater nos seus parentes? E, sobretudo, porque elas se mostram violentas cada vez mais cedo?*[351]

Para compreender o que ocorreu, convém inicialmente identificar com maior lucidez possível do que esta tragédia poderia ser o sintoma, e isso, mesmo ao risco de um "politicamente totalmente incorreto". Contrariamente ao que circula nas opiniões correntes, a criança não é um ganso branco, nem mesmo o anjo que gostaríamos que fosse. A criança não é igual aos seus parentes, e os direitos que lhe reconhecemos atualmente não tornam obsoletos os constrangimentos que é preciso impor-lhe. "*Contrariamente ao que circula, **uma criança é espontaneamente habitada pela violência pulsional** e ela precisa de seu entorno para ajudá-la a fazer desta violência outra coisa que a destruição*".[352]

Desde Freud[353], mesmo se fingimos ignorá-lo, nós sabemos muito bem que na criança:

> [...] *uma força libidinal está em obra desde a sua mais tenra idade e que esta a leva a fusionar-se com a mãe ao mesmo tempo em que a conduz a querer fazer desaparecer quem quer que venha interromper esta lua de mel. A sua libido tem consequentemente necessidade dos primeiros outros que o cercam para se confrontar a uma força contrária e, assim, permitir-lhe encontrar uma outra saída que a reclusão a esta díade ou a destruição de toda alteridade. É simplesmente a tarefa do que desde séculos chama-se a **educação**. Esta implica, portanto, paradoxalmente, de **fazer violência à violência da criança**, pois esta última está à altura da força libidinal que a habita e o pequeno do homem tem necessidade de reencontrar **adultos capazes de impedir**, em primeiro lugar, **a sua violência**, de lhe interditá-la depois, ou seja, de transmitir-lhe os meios graças aos quais eles mesmos regularam esta questão*[354].

Nesta tragédia, certamente não podemos falar de um homicídio deliberado aos três anos e meio, pois nesta idade, a criança não possui suficiente representação inconsciente da morte. Mas "*se o drama se realizou, é porque o voto mortífero à vista do intruso – fosse ele um irmão mais novo que se seguiu ou simplesmente um bebê – encontrou a realidade e, nada veio impedir o cumprimento*".[355]

Ele[356] nos incita a refletir coletivamente, se pensarmos que a criança é um ganso branco, isso não nos induziria a não mais dever tomar a justa medida de seus votos incestuosos e mortíferos? Se este imaginário não nos autorizaria a dispensar-nos de fazer violência à sua violência?

> *Pois eis que, em nossos tempos de mutação do laço social, o ar ambiente sopra ao **igualitarismo**, à permutabilidade dos lugares, à simetria dos estatutos, à reciprocidade dos direitos, à parentalidade fora da diferença dos sexos, à guarda compartilhada... e neste contexto em que todas as referências de ontem são suspensas, encontrar a sua orientação não é tarefa fácil. Atualmente, quem pode sustentar que isso revela ainda do trabalho de parente, de educador, de professor, de constranger a criança, fosse mesmo às vezes pelo corpo, a **integrar um limite**, a fazer seu um único lugar, a aceitar um enquadramento? E quem pode suportar o ódio da criança – sua violência – que poderá, entretanto emergir, quando ela deverá tomar ato deste primeiro limite que lhe vem do outro? Quem pode reparar que **o que é traumático não é o limite que lhe é**, então, **imposto**, mas principalmente, o fato que ao convidá-lo a evitar o interdito mais que a integrá-lo, deixamo-lo sem recurso, abandonado do que poderia indicar-lhe o caminho dos meios psíquicos que lhe permitiriam de consentir ao limite?*
>
> *Nós nos deixamos atualmente acreditar que a criança não possui trabalho psíquico a ser cumprido para integrar os parâmetros que lhe permitirão o acesso a uma vida social; assim, nós nos poupamos frequentemente de dever edu-*

---

(348) LEBRUN, Jean-Pierre. L'avenir de la haine... [tradução livre da autora].
(349) LEBRUN, Jean-Pierre. L'avenir de la haine..., p. 127 [tradução livre da autora].
(350) LEBRUN, Jean-Pierre. L'avenir de la haine... [tradução livre da autora].
(351) LEBRUN, Jean-Pierre. L'avenir de la haine..., p. 128 [tradução livre da autora].
(352) LEBRUN, Jean-Pierre. L'avenir de la haine..., p. 129 [tradução livre da autora].
(353) LEBRUN, Jean-Pierre. L'avenir de la haine..., p. 129 [tradução livre da autora].
(354) LEBRUN, Jean-Pierre. L'avenir de la haine..., p. 129 [tradução livre da autora].
(355) LEBRUN, Jean-Pierre. L'avenir de la haine..., p. 129 [tradução livre da autora].
(356) LEBRUN, Jean-Pierre. L'avenir de la haine...

cá-la e nós lhe economizamos de ter que regular suas pulsões. Com isto, nós a entregamos a si mesma e a deixamos tornar-se a presa de sua própria violência pulsional.

Chegamos até – como a propósito de nosso jovem assassino – a não mais poder pensar, que uma violência poderia sobrevir senão como o resultado de uma violência à qual ela teria já assistido ou que lhe teria sido feita. Talvez, nesta ocorrência, é o caso, mas é ignorar o que permite, entretanto a mais simples observação clínica, a saber, que ***a primeira violência que a criança encontra não é senão aquela que o habita intimamente****, aquela que resulta do* ***conflito*** *entre seus* ***desejos incestuosos e mortíferos*** *e o* ***interdito*** *que se opõe a isto. E que neste conflito, as chances, que sejam o* ***trabalho da cultura*** *e a* ***elaboração psíquica*** *que disto resulta, são diretamente proporcionais à ajuda que poderá ter encontrado a criança na sua família ou no seu primeiro entorno*[357].

Ainda que possamos evocar a eventualidade de um drama do social aliado à pobreza afetivo-social do ambiente, em que o trabalho diminuto de simbolização gera às vezes *passagens ao ato* e induz mais facilmente a comportamentos psicopáticos, Lebrun[358] questiona-se onde a família de hoje em dia vai encontrar o apoio para fazer este trabalho que enfrenta a violência infantil? Ele[359] afirma que o conjunto do discurso social deslegitima aqueles que têm a possibilidade e o dever de ajudar a criança a construir suas primeiras regulações. Então, ele pergunta-se "***Onde um parente vai encontrar sua legitimidade de impedir e interditar, se tudo lhe indica que basta amar?***" E ainda, se o fato de nós sermos coletivamente liberados da necessidade da educação "*não nos permitiria de nos aliviar de nossa própria violência?*"[360].

Lebrun[361] observa que esta **crise de legitimidade** encontra-se congruente com o avanço da modernidade. É preciso então tomar a medida do que ela revelou da legitimidade de ontem, essa referida durante muito tempo ao religioso, não era senão uma aparência de legitimidade, uma ficção, e ainda, o que importa observar precisamente, é o *vazio* que se escondia atrás de uma tal *legitimidade*. Esta precisa, portanto, ser reinventada.

Os parentes estão hoje em dia em dificuldade para interditar as suas crianças, receando atingir a própria estrutura que lhes dá o lugar de parente. Eles estão em dificuldade porque o *mérito do lugar diferente*, sobre o qual eles podiam até o momento apoiar-se para assumir seu trabalho de educação, atenuou-se não tendo mais representação no social.

Como já visto, graças às contribuições psicanalíticas, **o fato de *falar***, para o ser humano:

[...] *supõe de ter* ***consentido*** *a uma* ***perda de gozo****, ou seja, de ter feito seu lugar no vazio. A implementação deste vazio gera de imediato dois lugares diferentes: aquele de onde um fala e aquele de onde o outro escuta. Escutar em francês corrente pode ser também sinônimo de obedecer. E tomar a palavra não é sem evocar o fato de comandar. É, por conseguinte, por meio da fratura, da dissimetria irredutível entre estes dois lugares que este vazio constitutivo continua a apreender-se no cotidiano. Eis porque, ontem, na maior parte do tempo, tomar a medida do* ***vazio*** *que* ***habita a palavra****, fazia-se pelo viés do* ***encontro*** *com aquele que ocupava o* ***lugar do mestre****. Podemos concluir que nesta perda de gozo, nesta consideração do vazio,* ***a criança*** *estava então primeiramente constrangida como do exterior, através de seus primeiros outros; e vinha depois o momento em que ela* ***devia interiorizar*** *este* ***constrangimento*** *da* ***condição humana****, ou seja, subjetivá-lo.*

Contudo, até recentemente, o trabalho incumbido aos parentes de fazer aceitar esta perda à criança era óbvio porque eles podiam sustentar-se do que o conjunto do social tornava esta necessidade perceptível a cada um. O lugar diferente do chefe reconhecido por todos, por exemplo, significava bem que era identificável a legitimidade de um primeiro limite ao todo-gozo de cada um. Neste sentido, o social organizado sobre o modelo religioso reconhecia como óbvio um lugar de ***transcendência*** *e figurava esta necessária subtração de gozo através do* ***lugar de exceção****, aquele de Deus, do rei, do chefe, do pai, todos em medida de impor* ***legitimamente interditos*** *a partir da validade de uma* ***diferença de lugares*** *espontaneamente reconhecida por todos. Mas este modelo foi progressivamente fragilizado, tanto pelo* ***discurso da ciência****, que pelos avanços triunfantes da* ***democracia*** *e está, hoje em dia, declarado obsoleto diante do aparecimento do* ***neoliberalismo****. Recentemente, tudo ocorre como se nós estivéssemos liberados não somente de toda transcendência, mas no mesmo movimento, de todo transcendental. Não somente de todo lugar de exceção, mas, no mesmo movimento, de toda diferença de lugares*[362].

Segundo Lebrun[363], este tempo de liberação, no qual estamos desde as duas últimas décadas, é particularmente determinante, pois esta liberdade adquirida por cada um engendra a possibilidade de uma

(357) LEBRUN, Jean-Pierre. L'avenir de la haine..., p. 130-131 [tradução livre da autora].
(358) LEBRUN, Jean-Pierre. L'avenir de la haine...
(359) LEBRUN, Jean-Pierre. L'avenir de la haine...
(360) LEBRUN, Jean-Pierre. L'avenir de la haine..., p. 132 [tradução livre da autora].
(361) LEBRUN, Jean-Pierre. L'avenir de la haine...
(362) LEBRUN, Jean-Pierre. L'avenir de la haine..., p. 135-136 [tradução livre da autora].
(363) LEBRUN, Jean-Pierre. L'avenir de la haine...

grande confusão: ser liberado do modo pelo qual o constrangimento era presentificado ontem, pode parecer ser liberado de toda e qualquer limitação.

Ele[(364)] lembra o que dizia Freud a este respeito:

Quando uma comunidade humana sente nela agitar-se um aumento de liberdade, isso pode ser o resultado de um movimento de revolta contra uma injustiça patente, tornar-se, assim, favorável a um novo progresso cultural e permanecer compatível com ele. Mas isso pode ser, também, o efeito da persistência de um ***resto do individualismo indômito*** e formar, então, a base de tendências ***hostis à civilização***[(365)].

Ele[(366)] lembra, por outro lado, o que indicava Hannah Arendt a este respeito:

> *Se retiramos a autoridade da vida política e pública, isso pode significar que doravante a responsabilidade da marcha do mundo é solicitada a cada um. Mas, isso pode, também, significar que estamos renunciando, conscientemente ou não, às exigências do mundo e a sua necessidade de ordem; estamos rejeitando toda responsabilidade para o mundo: aquela de dar ordens, assim como, aquela de obedecer*[(367)].

Lebrun[(368)] afirma que esta liberação não engendra a anomia porque doravante é um outro regime simbólico que organiza o laço social. Para fazer compreender a estrutura desta mutação inédita do laço social, ele invoca os paradoxos de Russel, na teoria matemática dos conjuntos. Esta teoria enuncia um princípio de limitação interna à organização de um sistema simbólico. Ela evidência uma possibilidade de escolha entre *um sistema consistente e incompleto*, ou um *sistema completo e inconsistente*. É preciso entender "consistência" no sentido matemático, isto é, *sem contradição lógica interna*. Por exemplo, a afirmação: "todos os Cretenses são mentirosos". Se considerarmos que foi Epimênides quem a pronunciou e que ele mesmo é Cretense, torna-se necessário dela extrair a conclusão, inconsistente do enunciado, que ele é também um mentiroso. Mas se, ao contrário, consideramos Epimênides como *lugar de exceção*, a formulação torna-se consistente, sem contradição lógica interna. Dito de outro modo:

> [...] *o que este tipo de paradoxo fez emergir, é que nós tínhamos uma escolha a fazer entre dois regimes simbólicos, ou um conjunto consistente, mas que supunha a incompletude, eis que um de seus elementos devia dele ser excluído (Epimênides não pode ser um mentiroso quando pronuncia a fórmula), ou um conjunto completo mas então atingido de inconsistência, ou seja, no qual verdades podem se contradizer radicalmente (Epimênides é um mentiroso segundo a fórmula, mas não é mentiroso quando ele a enuncia). Escolha forçada, então, entre incompletude e consistência de um lado, ou completude e inconsistência do outro. A partir destes pressupostos lógicos, podemos sustentar que ao nos liberarmos da transcendência, tudo acontece como se nós tivéssemos passado a um regime simbólico do laço social que se apresenta doravante como completo e inconsistente*[(369)].

Esta mutação, segundo Lebrun[(370)], engendra a possibilidade de uma confusão entre, de um lado, pensar ser doravante **liberado de toda incompletude**, de toda chefia e, do outro lado, ter somente substituído o semblante da chefia pelo semblante da completude; neste último caso, ficamos restritos à incompletude, do fato da palavra, apesar de não se tratar da mesma incompletude de ontem. Mas se nós nos pensamos como estando liberados de toda limitação, de toda incompletude:

> [...] *não somente da transcendência, mas, também, do transcendental, não é difícil entender que aqueles que dividem esta ilusão vão imediatamente acreditar estarem liberados de toda diferença de lugar e, então, também, do vazio que esta diferença deixa entrever. Quando na verdade, nós continuamos, embora de forma diferente, sempre confrontados ao vazio, e ao ódio que aquele gera. Dito de outro modo, participar desta confusão, conduz espontaneamente à* ***deslegitimação do lugar de exceção*** *o qual pode, portanto, ser declarado obsoleto e, neste caso, todos aqueles que têm que prescrever a subtração de gozo, como dado irredutível da condição humana, não sabem mais o que os autoriza a esta tarefa. E,* ***isso atinge, atualmente, tanto os professores, como os políticos e os parentes.*** *Pois, fora desta legitimidade, estes últimos não dispõem mais do que lhes permitia de sustentar de ser o endereço do ódio da geração seguinte e, encontram-se, então, coagidos a assegurar primeiro o amor de suas crianças; eles não podem mais aceitar*

---

(364) LEBRUN, Jean-Pierre. L'avenir de la haine...

(365) FREUD, Sigmund. Malaise dans la civilisation (1930). Paris : PUF, 1971, p. 45 apud LEBRUN, Jean-Pierre. L'avenir de la haine..., p. 136 [tradução livre da autora].

(366) LEBRUN, Jean-Pierre. L'avenir de la haine...

(367) ARENDT, Hannah. La crise de la culture. Trad. de l'anglais (États-Unis) par un collectif de traducteurs. Édition de Patrick Lévy. Paris : Gallimard, 1972. Coll. FolioEssais, n. 113, p. 243 *apud* LEBRUN, Jean-Pierre. L'avenir de la haine..., p. 137 [tradução livre da autora].

(368) LEBRUN, Jean-Pierre. L'avenir de la haine...

(369) LEBRUN, Jean-Pierre. L'avenir de la haine..., p. 137-138 [tradução livre da autora].

(370) LEBRUN, Jean-Pierre. L'avenir de la haine...

ser este apoio contra o qual a onda deve regularmente vir se confrontar, para progressivamente se desfazer. Em contrapartida, eles devem, por exemplo, recorrer à negociação ou até à contratualização para conseguir a legitimidade do lugar que subsiste, entretanto, deles(371).

Lebrun(372) constata, portanto, que a instituição familiar, que estava encarregada da preparação das crianças para tomarem seus lugares na vida social, e os meios de assegurar esta tarefa por meio da legitimidade da diferença dos lugares geracionais, tornou-se o lugar de "um amor recíproco e simétrico". A família torna-se um lugar para criar crianças de modo espontâneo, onde se deve protegê-las dos avatares e dos traumas engendrados pela vida coletiva.

> *Pela primeira vez então, na História,* ***fraturou-se a solidariedade entre o funcionamento social e aquele da família****, a qual preparava a criança para nele encontrar seu lugar: doravante a família vai protegê-la da sociedade. Por meio do que, uma outra consequência aparece: de não mais ser constrangida a se inscrever no social pelos seus primeiros outros, a criança acha-se espontaneamente convidada a recusar o trabalho de subjetivação que a intimava, no mesmo movimento, a* ***renunciar a sua toda-potência infantil*** *e a* ***se separar de seus primeiros outros***(373).

Ele(374) salienta que o ódio emerge quando os primeiros outros da criança vêm significar-lhe que ela deve *consentir à perda do todo-gozo*. Mas, se o ódio não encontra um outro capaz de suportar o choque, ele não pode evoluir, nem se transformar, **o ódio é abandonado a sua própria trajetória de destruição**. Então, arriscamos, na pós-modernidade, abandonar a criança ao seu próprio gozo.

Os parentes de hoje em dia, se eles foram levados nesta confusão de mudanças de sistema simbólico, não se sentem mais capazes de suportar o choque, de resistir ao ódio e sustentar as interdições. Mediante esta flutuação:

> ***O encontro****, na maioria das vezes, não ocorre: o parente esquiva o ódio da criança ou subtrai-se disto evitando, sistematicamente, o conflito. Neste caso, não encontrando mais lugar para seu ódio,* ***o jovem não se confronta mais a um outro que, antes dele, já pôde lidar com o ódio****; deste fato, ele não recebe mais o testemunho de que é possível transformar seu ódio em outra coisa*(375).

Esta falta de metabolização do ódio será transmitida, como uma zona branca, a outras gerações. Este mesmo jovem que não tenha consentido à perda de gozo, que não tenha sido levado a transformar seu ódio, deverá fazer frente a esta zona branca no futuro, não achando outra saída senão aquela de **negar seu ódio**.

Lebrun(376) quer observar no seu desenvolvimento que, mesmo se desde sempre, a criança foi sempre estruturalmente habitada de um desejo mortífero à vista do bebê "rival", nos nossos dias as *tendências mortíferas* e a *história individual* não são mais as únicas causas de passagem ao ato. Pode tratar-se dos efeitos do que a estrutura social que, ontem, legitimava os parentes a fazer o trabalho de constranger a criança a fazer seu este constrangimento, não torna atualmente, nem perceptíveis nem, portanto, impregnantes estas obrigações. Então, os efeitos desta *crise de legitimidade* poderão atingir a construção subjetiva. Simplesmente porque a legitimidade de outrora não tem mais curso e, nós não somos, ainda, aproveitados a reconstituir uma legitimação que daria um mais justo lugar à negatividade que nos habita.

> *Deste fato, tudo ocorre como se o "tratamento" coletivo do ódio não fosse mais suportado pelo discurso social. Na falta de poder apoiar-se sobre um discurso social que os validem, aqueles que têm a tarefa de prescrever uma necessária perda de gozo, não encontram mais justificativas a sustentar o lugar que eles devem, porém, sempre ocupar; trata-se neste caso, certamente, de sua própria incapacidade, mas também, e, sobretudo, da consequência do abandono no qual eles são deixados pelas modalidades atuais do laço social. Este mecanismo vem também induzir uma flutuação no tratamento coletivo do gozo do ódio, e possui efeitos sobre o trabalho de civilização: é esta entropia que abre a via – o que, por si só, é já uma prova do que foi aqui aventado – ao que é preciso chamar a uma reparentalização. Esta não pode se fazer com justeza a não ser após ter identificado de onde vinha a* ***desparentalização*** *e, não pode se satisfazer de um apelo reiterado às competências parentais*(377).

---

(371) LEBRUN, Jean-Pierre. L'avenir de la haine..., p. 138 [tradução livre da autora].
(372) LEBRUN, Jean-Pierre. L'avenir de la haine...
(373) LEBRUN, Jean-Pierre. L'avenir de la haine..., p. 139 [tradução livre da autora].
(374) LEBRUN, Jean-Pierre. L'avenir de la haine...
(375) LEBRUN, Jean-Pierre. L'avenir de la haine..., p. 139 [tradução livre da autora].
(376) LEBRUN, Jean-Pierre. L'avenir de la haine...
(377) LEBRUN, Jean-Pierre. L'avenir de la haine..., p. 140 [tradução livre da autora].

Criticando o uso excessivo das estatísticas e dos pareceres dos peritos para sustentar um julgamento sobre estes fatos de sociedade, ele observa que a pluralidade das maneiras atuais de pensar tem, frequentemente, como efeito acarretar a paralisia de todo *julgamento que poderia ajudar a tirar consequências*. Contudo, é este último, só – um julgamento que tire consequência – que, ao risco de enganar-se, veicula com ele o *vazio* da lógica edipiana. Dito de outro modo, somente uma capacidade de julgamento *singular*, que porte o *vazio* da *lógica constitutiva subjetiva*, pode acarretar responsabilidade para um Sujeito.

Ele(378) sustenta que o laço social que ata os sujeitos da pós-modernidade, este laço social no qual cada um pode e mesmo deve se pensar autônomo, liberado de toda dívida à vista do transcendental, e onde a perda necessária de gozo, antes ilimitado, para fundar o coletivo não é mais regulada, em todo caso, não é mais claramente visível, este laço social nos deixa crer – mesmo sem deliberadamente o querer – que seria enfim levantado o obstáculo que impedia o acesso à satisfação completa, ao gozo do imediato.

Ele(379) lembra que este *vazio* irredutível que habita cada uma das nossas palavras, o *Abismo* entre o sujeito e as coisas, encontra-se como tornado obsoleto.

> *Do fato desta báscula, desta catástrofe, como se diz na teoria que leva o mesmo nome, tudo o que porta traços da* ***falta inscrita*** *na* ***condição humana*** *não encontra mais seu lugar. Em contrapartida, certamente, mas no mesmo movimento do novo politicamente correto, o ar ambiente prescreve o igualitarismo, a simetria dos lugares, a reciprocidade dos direitos, a parentalidade, ou seja, um parentesco liberado das diferenças dos sexos, a* ***alternância da guarda das crianças*** *em caso de separação ou divórcio dos parentes, a igualdade dos gêneros, a equivalência das gerações etc. Para ainda responder a nossos questionadores, não se deve entender aqui que nós contraindicamos a guarda alternada em si, mas antes, que nós somos opostos a sua* ***prescrição generalizada*** *e de ofício prevalente, pois ela assina e* ***ratifica*** *esta* ***mudança de norma****. Deste fato, é tanto a possibilidade de levar em conta caso por caso, porém sempre necessária, quanto aquela de poder regular a questão diferentemente que na paridade e simetria, que se encontram evacuadas*(380).

Para concluir, Lebrun(381) questiona *"de que maneira tratar coletivamente o gozo do ódio, como nos impor de encontrar-lhe um outro destino que não seja a sua realização? Como ainda prescrever que, para o jogo do desejo, é preciso perder para poder ganhar?"*. Ele diz que, neste contexto de uma mutação inédita que nos arrasta, é necessário reparar o que ela produz. É preciso notar que no discurso do coletivo, regulado pelo liberalismo desenfreado e a sociedade dita de mercado, não há mais lugar para a dissimetria, a incomunicabilidade, o *vazio* real que nos faz falar. Certamente, restam discursos e lugares onde há lugar para as diferenças e assimetrias, onde se encontram pessoas que assumem as suas responsabilidades... Mas, ele(382) termina afirmando, sustentado por certos fatos diversos que:

> *No entanto, atualmente, a confusão é grande e, que se trata sempre de nos dar a tarefa de transmitir de uma geração à outra o que faz os traços da condição humana, trata-se, também, de considerar que, em um tal contexto, nós somos antes convidados a acreditar que a criança não possui trabalho psíquico a realizar para internalizar o que lhe permitiria o acesso a uma vida social. Assim sendo, nós apoiamos a deslegitimação que leva inúmeros responsáveis a não mais assumir ser o endereço do ódio da geração seguinte. Mediante o que, não será mais feito o trabalho que consiste a transformar individualmente e coletivamente as tendências mortíferas tanto quanto possível*(383).

Então, após esta pesquisa – sobre sérios trabalhos de antropólogos, sociólogos, filósofos e psicanalistas, publicados na Revista Internacional *"A Clínica Lacaniana"* sobre as temáticas das parentalidades de hoje em dia, das homossexualidades e da adoção –, nós podemos constatar que as **mudanças** na **família** e no **parentesco** fazem parte de uma **inédita mutação** dos **laços** e dos **discursos sociais**.

Nós podemos, igualmente, constatar que o **declínio da função paterna** – ou até mesmo a saída do sistema patriarcal –, e da **triangulação edipiana** são uma realidade na estrutura social contemporânea, promovida pelas mudanças de hábitos, mas também, pelos avanços e as **práticas "ilimitadas"** da **tecnociência**. Podemos constatar, ainda, um enfraquecimento do **trabalho da cultura** "para **interditar** as **tendências mortíferas**" do ser humano, e um **aumento** do ódio e da **violência infantil**

---

(378) LEBRUN, Jean-Pierre. L'avenir de la haine...

(379) LEBRUN, Jean-Pierre. L'avenir de la haine...

(380) LEBRUN, Jean-Pierre. L'avenir de la haine..., p. 142 [tradução livre da autora].

(381) LEBRUN, Jean-Pierre. L'avenir de la haine... [tradução livre da autora].

(382) LEBRUN, Jean-Pierre. L'avenir de la haine...

(383) LEBRUN, Jean-Pierre. L'avenir de la haine..., p. 143 [tradução livre da autora].

e adolescente, como efeito da **falta** de **legitimação social** à **autoridade dos parentes**. E enfim, uma **colocação à distância do sexual** nos **discursos** sobre as **parentalidades**.

O essencial nesta coletânea de textos concerne à clínica destas novas parentalidades, **a influência** destas **novas famílias sobre as crianças** e suas eventuais dificuldades. É bem a questão de um **retorno do matriarcado**, e da "**desmaterialização**" **do pai** nas sociedades contemporâneas. Eis, então, a demonstração de uma relação estreita entre os **sofrimentos psicopatológicos**, as histórias familiais, as funções dos parentes (reais, imaginários e simbólicos), e os **discursos sociais** do **liberalismo**. Constata-se, assim, que certos **defeitos** na **função do pai**, já na estruturação psíquica de cada um dos parentes, podem ser problemáticos na transmissão das referências transgeracionais.

A complexidade destes novos modos de ser parentes, sobre os quais o tempo nos incita a reconhecê-los e a regulá-los moralmente, socialmente e juridicamente, mas também, a preocupação do futuro do **processo cultural de humanização**, e sua relação a uma possível **subversão** da **ordem simbólica** em vigor, nos leva à questão específica da relação entre o "**desejo *de* criança**" e a **adoção** por casais homossexuais.

5. O DIREITO DE ADOTAR UMA CRIANÇA

Uma vez constatado, graças à pesquisa teórica, e aos casos clínicos, que há uma mutação inédita nos laços sociais e familiais, e que **novas parentalidades** surgiram, estimuladas excessivamente pelos progressos da **procriação medicamente assistida** (PMA), nós gostaríamos de **contestar** certas ideias, e notadamente aquela de "**que temos sempre o direito a fabricar ou a adotar uma criança**".

A constituição da família, no sentido social ou jurídico, é primeiro e, sobretudo, a filiação, até mesmo a adoção. Nós vimos que há um grande questionamento no meio do científico sobre "**o que é hoje em dia uma família?**". Nós vimos também que certos **defeitos em relação à Lei de Castração**, isto é, à Lei do Nome-do-Pai, constituída na história pessoal de cada um, **não permitem às mães ou aos pais de se inscreverem como referência no inconsciente de suas crianças**. Esta problemática, então, faz parte da discussão sobre a adoção das crianças pelas novas modalidades de famílias e, mais especificamente, da homoparentalidade.

A adoção muda a filiação e depende de três coisas: do desejo, da biologia e da lei. É uma instituição jurídica que varia de um país ao outro. Ela é uma resposta cultural a um dado momento, às necessidades de uma criança, mas também, às necessidades e aos projetos daqueles que postulam a ser parentes adotantes. Estes se fazem prazer, não somente em se oferecendo uma criança, geralmente por causa de uma esterilidade, mas, sobretudo, em se oferecendo uma família. A questão crucial, então, é de querer ser parente de uma criança que não se gerou, que foi gerada por outros, e que possui em si uma riqueza que não vem dos adotantes. E se eles não possuem "**desejo *de* criança**" a adoção será forçosamente fracassada.

Infelizmente, atualmente, o projeto de adoção parece, de fato, sobrevir após o dito "**direito a ter uma criança**" eis que a tecnociência permite a cada um fabricar suas crianças. Mas os aspectos psicológicos, conscientes e inconscientes, da **adoção** de uma criança são complexos e exigem um trabalho de **luto** do "**desejo *de* criança**" **biológica**.

Na Revista Internacional "*A Clínica Lacaniana*", no volume consagrado ao tema "*A adoção*", o psicanalista Nazir Hamad expõe, no artigo intitulado "*O que faz família? O exemplo da adoção*"(384), uma leitura a partir da *dinâmica deste encontro* que engloba a família biológica, a família substitutiva e a criança.

Ele ressalta que este encontro implica cada um da seguinte maneira:

> *O casal estéril demanda adotar uma criança a fim de aceder ao estatuto de parentes e de construir uma família.* [...] *Todavia, a criança em busca de uma família não abandona sempre sua família biológica. Ela a tem em si, a tal ponto, que nenhuma outra família está autorizada a tomar este lugar. Aliás, quando se tem a oportunidade de encontrar e de trabalhar com as crianças adotivas, não é raro escutá-las falar de* ***verdadeiros*** *e de* ***falsos parentes****. "A verdadeira" e "a falsa família" são duas expressões frequentemente utilizadas por elas para marcar os limites entre a família biológica e a família substitutiva*(385).

---

(384) HAMAD, Nazir. Qu'est-ce qui fait famille? L'exemple de l'adoption. *La Clinique Lacanienne* : L'adoption, 2004, vol. 1, n. 7, p. 29-39. DOI : 10.3917/cla.007.0029. Disponible sur : <www.cairn.info/revue-la-clinique-lacanienne-2004-1-page-29.htm>. Accès : 09 mar. 2012 [tradução livre da autora].

(385) HAMAD, Nazir. Qu'est-ce qui fait famille? L'exemple de l'adoption..., p. 29 [tradução livre da autora].

A partir destas expressões, o autor se pergunta se há referências universais que permitem a cada um julgar se as pessoas que a cercam são os membros da família? E ele organiza alguns eixos de trabalho para mostrar que isso funciona nas relações da adoção.

> *Caso se admita que o laço de sangue é um valor incontornável na construção dos laços familiais, o verdadeiro pai e a verdadeira mãe seriam os parentes genitores. Mas caso se admita este ponto de partida, por que, em caso de abandono, os verdadeiros pais não asseguram mais esta função reconhecida pelo corpo social e legitimada por esta marca indelével, a marca do patrimônio genético? E, por que, ainda, um outro casal se reconhece como parente de uma criança que não colocou no mundo?* [386]

Habitualmente, os adotantes demandam uma criança "ainda não criada" para dela fazer sua própria criança, e a pequena-criança é chamada para responder a seus fantasmas. Eles demandam uma pequena criança porque eles pensam que os grandes já possuem seus caráteres e lhes escaparão como Sujeito. *"A adoção, vista sob este ângulo, aparece como uma operação singular durante a qual uma criança sem caráter é criada à imagem da família adotiva e autentificada pela outorga do nome patronímico"*.[387]

Todavia, o assujeitamento da criança ao desejo de um adulto não é específico às crianças adotadas. Segundo Freud, **a criança imaginária sustenta o narcisismo dos parentes**. Toda criança, adotiva ou biológica, é chamada a realizar o que os próprios parentes não conseguiram realizar por si mesmos, e neste sentido, incumbe-lhe de cicatrizar as feridas narcísicas que a realidade lhes infringe. *"Por outro lado, o que há de específico na criança adotada, é que a realidade de sua história já lhe infringiu esta ferida do fato de seu abandono"*.[388]

As crianças adotadas devem fazer o luto de suas origens, de suas figuras de ideal. Geralmente, elas têm dificuldade de tomar a medida da amplitude do traumatismo causado pela separação precoce de seus parentes. Mas, para adotar seus novos parentes, elas têm antes que lidar com um abandono real, aquele da história de seus nascimentos. Assim, elas precisam de novos tutores que saibam respeitar a dor, o luto, e o conflito entre o amor e o ódio. *"A adoção recíproca se faz diariamente, não sem dificuldades. Aliás, é inimaginável que a adoção se faça sem constrangimentos que colocam os desejos de criança dos diversos parceiros a rudes provas"*.[389]

Hamad[390] acredita que **há dificuldades inevitáveis ligadas à adoção**. Na sua demanda de adoção, os casais afirmam que se sentem igualmente concernidos pela criança e pelo seu futuro. O homem e a mulher apagam-se atrás da entidade sociológica de casal para homogeneizar seus desejos e seus fantasmas.

Quando a esterilidade se revela intransponível, e quando todas as tentativas de inseminação artificial são vãs, o casal se coloca a esperar uma criança semelhante:

> *"Dá-se-lhes uma criança". A mulher não espera mais esta criança de seu homem e o homem não faz uma criança em sua mulher. "Querido, faz-me uma criança!" não é mais esta demanda urgente que o corpo de uma mulher, que o desejo de uma mulher endereça ao homem o qual ela deseja fazer o pai de sua criança. Homem e mulher não se fazem esta criança "**uma criança de ti**", pois em qualquer caso, a criança se faz sem eles. Eles fazem uma criança contigo.* [...] *O que se apresenta, no curso das diversas entrevistas psicológicas, como sendo **um casal homogêneo** não resiste por muito tempo à prova da chegada da criança. De súbito, **a criança real se destaca da criança fantasmática e o casal se dessolidariza para deixar emergir a diferença dos sexos**. A criança real destaca o homem da mulher na medida em que ela reatualiza, coloca em jogo para cada um os fantasmas em relação aos cenários sexuais infantis. O casal aprende a seu detrimento que ele não existe, apesar de tudo o que se projeta como fantasma concernindo a identidade de pontos de vistas, ou a potência do amor. **Cada um vai se encontrar regido por seu próprio fantasma**, por sua verdade inconsciente e pelo sentimento de dívida que se experimenta à vista do outro ao qual não se pôde dar uma criança biológica. A criança real vai questionar a realidade do **desejo de criança** para cada um e, por conseguinte ela empurra cada um a se determinar quanto ao seu lugar próximo do outro cônjuge, e quanto à sua função próxima da criança. Não se conta mais o número de **casais que se desfazem após a chegada da criança** que era, todavia muito esperada.*[391]

---

(386) HAMAD, Nazir. Qu'est-ce qui fait famille? L'exemple de l'adoption..., p. 29 [tradução livre da autora].

(387) HAMAD, Nazir. Qu'est-ce qui fait famille? L'exemple de l'adoption..., p. 30 [tradução livre da autora].

(388) HAMAD, Nazir. Qu'est-ce qui fait famille? L'exemple de l'adoption..., p. 30 [tradução livre da autora].

(389) HAMAD, Nazir. Qu'est-ce qui fait famille? L'exemple de l'adoption..., p. 31 [tradução livre da autora].

(390) HAMAD, Nazir. Qu'est-ce qui fait famille? L'exemple de l'adoption...

(391) HAMAD, Nazir. Qu'est-ce qui fait famille? L'exemple de l'adoption..., p. 32 [tradução livre da autora].

A criança, quanto a ela, apresenta uma problemática particular a qual se resume em algumas observações. Mesmo quando ela alcança a idade adulta, ela faz como se "a criança adotada" não possuísse o direito de garantir ou de se liberar do que parece ser uma marca ou um título de propriedade. Ela evoca um antes e um depois para significar que o destino que devia ser o seu no quadro de sua família biológica não é mais o mesmo. A criança constata uma mudança radical na ordem de sua vida, que não cessa de enganar as pistas para ela. A questão que aparece sempre é a possibilidade de um retorno ao passado a fim de reencontrar o momento da origem. E ainda, se há dois parentes de nascimento e dois parentes de adoção, como pode ela se organizar com a dívida simbólica?

> *Eu denomino de dívida simbólica: dar aos parentes, aos nossos parentes, pequenas crianças que perpetuem o nome e o patrimônio genético. Então, trata-se da mesma dívida para com os parentes adotivos? O que podemos dar em contrapartida de seu amor, de sua bondade, de sua presença quando os outros se assinalam pelo seu defeito? Como se quitar esta dívida ao olhar de seus parentes biológicos? Denomino esta dívida, a dívida imaginária, uma dívida que, pela sua persistência, gera tanto a culpabilidade, quanto o ódio em relação àqueles que nos amam.*
>
> *Se há aí dois que ocupam o mesmo lugar, com cada um o mistério de sua presença ou de sua ausência, a demanda de um não faz senão encandecer o mistério da ausência do outro. Partindo desta constatação, o quadro do Édipo torna-se indissociável de sua exposição. Um tal postulado nos autoriza a colocar a* ***hipótese de um real que se vive como historicidade*** *e de uma divisão que opera para o sujeito entre dois tempos colocados como sendo igualmente históricos.*
>
> *O mistério da origem para a criança adotiva parece terminar na geração perdida. É impossível para elas remontar as gerações para constituir, como para todo indivíduo, a árvore* ***genealógica****. A filiação para elas pode pegar às vezes esta virada particular que consiste em buscar traços de semelhança na cabeça das pessoas pertencendo à geração dos parentes perdidos na* ***esperança secreta de reencontrar os parentes biológicos****. Neste caso,* ***o luto de seus parentes demora a se fazer****, mais ainda, ocorre à criança adotada de* ***se identificar aos restos*** *justamente a fim de justificar seu abandono. [...] E, no entanto isso funciona frequentemente. Uma criança nascida de um outro casal se reconhece em um outro casal e se faz também reconhecer como sendo a criança que eles tanto aguardaram.* ***O que faz família quando tal é o caso?*** *Há uma* ***função*** *que transcende aquela de um pai biológico que cessa de ser pai para sua criança biológica, e aquela de um* ***pai adotivo****, que se reconhece nesta mesma criança? Lacan introduz a noção do Nome-do-Pai para nomear justamente o que nos inscreve para além da natureza do laço que nos liga aos nossos parentes, em uma linhagem. E é justamente esta função, quando ela marca a criança, que lhe faz família perante seus tutores*[392].

Hamad[393] interroga-se então sobre a natureza deste contrato que liga entre si seres sem se fundar sobre referências habitualmente evocadas para definir a entidade familial clássica. Ele observa que "*não se trata de uma célula social fundada sobre o laço de sangue ou de um pequeno grupo constituído segundo as obrigações que as leis das alianças ocultam, mas de um* ***contrato moral*** *que o corpo social oficializa pela outorga do patrimônio dos parentes adotivos*"[394]. Frequentemente, a adoção das crianças funciona bem, e pouco importa a idade de sua chegada na família adotiva. O interdito do incesto, a Lei do Nome-do-Pai, opera nestes casos, como faz normalmente em uma família biológica.

Ele[395] se questiona, ainda, se convém falar de contrato quando esta escolha, no seu tipo abstrato de laço familial, é guiada pelo "desejo inconsciente" dos sujeitos concernidos? É um contrato guiado por leis da linguagem, isto é, pelo grande Outro da cultura, que se assemelha ao contrato estabelecido entre analista e analisante. Na análise, a demanda de amor do analisante empresta o caminho já percorrido do analista, pois lhe é preciso um endereço no aqui-e-agora para abrir este endereço ao lugar do Outro, aquele ao qual se deve o seu estado de *ser falante*.

Este grande Outro, em Psicanálise é a linguagem. Ele nos engaja na medida em que se endereçando a ele, ao grande Outro como entidade abstrata, ele não faz senão retornar nossa própria mensagem. O analista, neste laço contratual tão neutro quanto possível, não nos aborda com seu saber pré-concebido. Ele ocupa o lugar de um sujeito que tem um suposto-saber sobre o saber inconsciente do analisante – para fazer com que os filhos da história subjetiva do sujeito analisante se coloquem a se reatualizar e reconstituir os afetos e a trama familial.

> *Se o adulto, na sua aproximação da psicanálise, faz apelo ao suposto saber convocando-o a vir suplementar a sua falta-a-ser, a criança, em contrapartida, está nesta relação aos parentes. Segundo a sua idade, ela está, ou em uma relação ao Outro, aqui a mãe da pequena infância, ou na transferência familial, o que Freud denomina "a* ***neurose***

---

(392) HAMAD, Nazir. Qu'est-ce qui fait famille? L'exemple de l'adoption..., p. 34 [tradução livre da autora].

(393) HAMAD, Nazir. Qu'est-ce qui fait famille? L'exemple de l'adoption...

(394) HAMAD, Nazir. Qu'est-ce qui fait famille? L'exemple de l'adoption..., p. 21 [tradução livre da autora].

(395) HAMAD, Nazir. Qu'est-ce qui fait famille? L'exemple de l'adoption...

> ***de transferência***". *Os parente, sejam adotivos ou biológicos, estão aí para receber esta transferência, e consequentemente, pegar sobre eles a angústia que tende a desestabilizar seu mundo afetivo, ou a bloquear em desviando sua inclinação de comunicação em direção a uma linguagem outra que aquela da palavra, o* ***sintoma*** *por exemplo. Para o adulto, na* ***transferência****, o tempo, ou os pedaços do passado surgem para impor-se inadequadamente em relação à realidade, enquanto que para a criança, com sua família, inscrita numa historicidade onde o tempo se mete a se desenrolar para ela graças à presença e ausência de seus parentes, e, sobretudo, graças aos seus* ***significantes****, cuja vocação é de serem por ela conquistados a fim de os tornarem seus*[396].

Fazendo esta comparação entre o contrato familial e o contrato entre o analista e o analisante, Hamad[397] continua interrogando-se "**De qual contrato se trata?**". Ele observa que nesta análise, o contrato não tem legitimidade senão do fato que um indivíduo vai ao analista porque ele supõe um saber sobre sua falta-a-ser, seu mal-estar. Trata-se de uma relação estabelecida sobre a confiança e o amor, na qual o analisante se autoriza a falar e o analista, de seu lado, jamais busca tirar proveito de sua fraqueza ou de sua dependência psíquica ou afetiva.

No acompanhamento analítico da criança à vista de sua adoção, ou simplesmente de sua educação, não se trata senão de levar em consideração uma **demanda inconsciente de amor**. Os parentes adotivos querem uma criança que eles gostem antecipadamente. A criança quer parentes, e há razão para acreditar que ela já os ama. Portanto, o processo de adoção se faz no dia a dia e seus efeitos nós não os conhecemos senão após os fatos. Nesta construção, **a criança deve ser respeitada e protegida de qualquer dano**, e sua história lhe será restituída sem julgamento de valor nem justificação.

Mas, há ao menos duas diferenças entre o que nisto é do analista e da família. As relações *inter* ou *intrapessoais* da família não são neutras. Elas são tão carregadas de afeto e de tensão narcísica, que os lugares situam-se raramente onde eles são supostos situar-se.

> *Parentes e crianças, homem e mulher, diferença de gerações e de sexos, são noções que se revelam ao mesmo tempo imprecisas e instáveis. Este estado de coisas tende a desestabilizar a estrutura familial e a submeter seus membros a duras experiências. A segunda diferença é aquela que confronta a criança ao fato que ela tem de lidar com parentes desejantes e sexualmente ativos e que ela é, desde a tenra idade, confrontada a esta realidade que não cessará de interrogá-la e determinar a sua estrutura. Somente estas duas diferenças não são senão elementos normativantes no processo de neurotização do sujeito humano. Elas poderiam muito bem fazer que os diversos estatutos da criança e dos parente se recusem à superposição e, por consequência, a ligação.*
>
> *Se a demanda de adoção se justifica do que se chama o desejo de criança, o lugar que ocupa este desejo poderia determinar a natureza da evolução da estrutura familial. Se o desejo é desejo por uma criança, todos aqueles que se orientam, a um título ou outro para a ação educativa, terapêutica ou médica, próximo das crianças, seriam habitados por este desejo.*
>
> *O desejo de criança não é a necessidade de criança. O desejo de criança é inerente ao desejo que se tem pelo parceiro do outro sexo e do qual se deseja fazer o pai ou a mãe da criança por nascer. A necessidade de criança não é condicionada pelo lugar privilegiado que o outro sexo ocupa no nosso desejo e ela pode ser reduzida ao estado de acessório, na medida em que a sua contribuição [do desejo] é incontornável na concepção de uma criança. Quantas vezes nós vimos situações particulares em que uma mulher faz uma criança com um homem sem dar ao genitor a mínima chance de aceder ao estatuto de pai de sua criança. O contrário é verdadeiro também. Um homem que não faz apelo a uma mulher senão como mãe portadora.*
>
> *O desejo de criança é inseparável do que eu poderia qualificar de encontro entre dois desejos.*
>
> *Desejar uma criança de uma mulher, aquela que um homem ama.*
>
> *Desejar uma criança de um homem, aquele que uma mulher ama.*
>
> *O encontro destes dois desejos na medida onde isto se fala, e onde graças a esta palavra, uma criança faz seu ninho dentro. A criança guardará a marca do modo pelo qual o desejo dos parentes lhe será instilado, traços obre os quais virão enxertar-se seus próprios significantes*[398].

A criança adotada obedece à mesma regra da lei do desejo que a criança biológica, mas com, em primeiro lugar, **a necessidade para os parentes estéreis de fazer o luto da transmissão genética**. Se este trabalho psíquico não foi feito antes da adoção, é a criança da realidade que terá tarefa de negociar seu lugar ao lado "*dos parentes que poderão se revelar não ser, senão, parentes simbólicos pouco inclinados a aceitar a diminuição da criança imaginária.* ***A criança adotiva leva menos o narcisismo dos***

---

(396) HAMAD, Nazir. Qu'est-ce qui fait famille? L'exemple de l'adoption..., p. 36 [tradução livre da autora].
(397) HAMAD, Nazir. Qu'est-ce qui fait famille? L'exemple de l'adoption..., p. 36 [tradução livre da autora].
(398) HAMAD, Nazir. Qu'est-ce qui fait famille? L'exemple de l'adoption..., p. 37 [tradução livre da autora].

parentes em causa porque ela é geneticamente outra"[399]. Neste caso os parentes adotivos se preservam, assim, narcisicamente e subsistem estranhos às dificuldades da criança. "*Parentes simbólicos e criança imaginária se retraem de certo modo para* ***recusar a criança real***".[400]

A partir de sua experiência clínica, Hamad[401] diz que nestes casos em que os parentes adotivos restam "estrangeiros" às manifestações das dificuldades da criança, eles são implicados em um segundo plano significativo de interpretação.

> *Quando a carne da minha carne faz defeito no seu efeito de recalcamento, o estrangeiro, a criança adotiva ou os parentes adotivos poderiam escapar ao* ***interdito*** *que atinge a atração sexual entre os membros do ambiente familial. Não é preciso compreender a fuga de Édipo no mito, como um efeito da* ***persistência de seu desejo sexual*** *para estes parentes? A clínica com as crianças adotivas nos confirma às vezes esta hipótese. Eu me contentarei de reproduzir a observação deste homem de 35 anos, desapontado com sua família adotiva: "****Eu me digo às vezes que tive a sorte de ter tido uma mãe adotiva muito feia. Pergunto-me se eu teria podido resistir à tentação se ela tivesse sido bonita****".*
>
> *Para concluir, eu diria que o luto da gravidez, da criança narcísica e da criança do pai, aparece como um trabalho a empreender para que o luto de seu desejo de criança possa bascular, para deixar a criança real se introduzir lá onde a criança imaginária tinha tendência a ocupar todo o lugar.*
>
> *Seja como for, a criança deve encontrar seu caminho e "obrigar" seus parentes a* ***fazer o luto de sua própria criança narcísica,*** *único meio para ela existir e deixar de ser imperfeita. "Obrigar", significa que seu desejo implemente a que os parentes o acolham sem muito investimento narcísico e sem muita rejeição*[402].

Na Revista Internacional "*A Clínica Lacaniana*" consagrada ao tema "*A Adoção*", o psicanalista Gérard Pommier[403] expõe, no artigo intitulado "*Legitimidade da adoção*", os diferentes aspectos desta legitimidade, que procedem da própria estrutura do Complexo de Édipo, que se considere do ponto de vista da criança ou daquele dos parentes.

Ele[404] começa por recordar François Dolto que gostava de dizer que **nós somos todos crianças adotivas**. Provavelmente, porque as crianças se inventam sempre parentes diferentes daqueles que elas têm. Por outro lado, porque o **fantasma de adoção** participa do desejo de ter uma criança.

Depois, ele diz que "***o mito do Édipo propõe o paradigma da legitimidade da adoção****: Édipo não é senão um dos representantes da ilustre linhagem de heróis cuja* ***adoção inaugura o destino****. Consideramos dentre eles Moisés...*"[405]. O abandono e a adoção fazem parte da tragédia grega, assim como, o paradigma da invenção da Psicanálise se assemelha a uma história de adoção. A Lei maiúscula que governa os homens desde a noite dos tempos se fundou sobre esta legítima **duplicidade** da **representação dos parentes**.

> *Não é que existiria já uma lei ou leis de sociedade que autorizariam e interditariam certas ações (no seio das quais a adoção), mas a lei do inconsciente as precede todas. Antes mesmo que existam leis explicitamente prescritivas, uma* ***ética do sujeito*** *se funda em cada um, segundo sua maneira de aí se fazer com seu inconsciente.*
>
> ***O fantasma de ter sido adotado****, em seguida correlativamente o fantasma de adoção fazem parte da estrutura, não como acidente, mas como a regra, ou mesmo ainda, mais fortemente como a lei do inconsciente. De fato, o recalcamento se organiza ao redor do* ***fantasma de ter querido matar o pai*** *(o que específica uma certa* ***instância da paternidade****) para ser criado por um outro pai (adotivo se queremos assim dizer). A* ***culpabilidade*** *fomentada por este* ***ato psíquico*** *engendra depois o* ***respeito das leis****, que* ***procedem*** *então* ***"da lei" do inconsciente****. Ela afasta-se de toda compreensão ordinária da lei: trata-se do ato psíquico – em um sentido ilegal – que funda a lei: um tal fantasma de assassinato captura o sujeito, e o instala em uma tal culpabilidade que ele sabe em seguida distinguir entre "o bem e o mal". A lei do inconsciente funda o* ***sentido ético*** *do homem (o qual não possuem os animais).*
>
> ***O assassinato*** *e o* ***incesto fantasmáticos*** *não terão menos suas consequências sintomáticas, mas elas fazem parte deste tipo de* ***normalidade*** *que constitui a* ***normatização do sujeito a seu próprio desejo****. No resultado de seus*

---

(399) HAMAD, Nazir. Qu'est-ce qui fait famille? L'exemple de l'adoption..., p. 38 [tradução livre da autora].

(400) HAMAD, Nazir. Qu'est-ce qui fait famille? L'exemple de l'adoption..., p. 38 [tradução livre da autora].

(401) HAMAD, Nazir. Qu'est-ce qui fait famille? L'exemple de l'adoption...

(402) HAMAD, Nazir. Qu'est-ce qui fait famille? L'exemple de l'adoption..., p. 38-39 [tradução livre da autora].

(403) POMMIER, Gérard. Légitimité de l'adoption. *La Clinique Lacanienne* : L'adoption, 2004, vol. 1, n. 7, p. 73-89, Paris : Éditions Érès. DOI : 10.3917/cla.007.0073. Disponible sur : <www.cairn.info/revue-la-clinique-lacanienne-2004-1-page-73.htm>. Accès : 09 mar. 2012 [tradução livre da autora].

(404) POMMIER, Gérard. Légitimité de l'adoption...

(405) POMMIER, Gérard. Légitimité de l'adoption..., p. 73 [tradução livre da autora].

fantasmas mortíferos e incestuosos, o sujeito se "normatiza" quase sozinho: sua culpabilidade lhe fabrica do interdito, que equivale como se ele tivesse gozado. Ninguém o interditou, no que quer que seja, do exterior! Nunca um pai se cansa de interditar a seu filho uma relação sexual com sua mulher! Por que interditar o que é impossível? Mas como a criança desenvolve este fantasma, como ela se culpabiliza de ter iguais ideias, esta culpabilidade engendra o interdito sem que ninguém tenha decretado a mínima proibição do incesto (que não figura nos Dez Mandamentos). O pensamento do interdito sucede ao fantasma: o sujeito faz como se a toda-potência de seu pensamento valesse como a realidade. Mas, de fato, nada aconteceu, e para salvar esta toda-potência do pensamento, o fantasma inverte os termos do processo: o interdito precede o gozo (esta inversão qualifica este fantasma como inconsciente). Disso resulta esta extrema estranheza da sexualidade humana, que faz do interdito a condição do gozo. A "normatização" do desejo consiste em gozar do interdito do gozo (é a lei)[406].

Em relação ao aspecto da legitimidade da adoção do ponto de vista dos **fantasmas da criança**, Pommier[407] afirma que a criança dobra automaticamente a imagem de seus parentes em duas representações. Ela pensa sempre que seus parentes não são verdadeiros e que ela é adotada. Ela foi abandonada em seguida a algumas crueldades do destino, mas que ela vai encontrá-los um dia.

Este desdobramento da figura parental faz parte da alienação à linguagem, processo que humaniza cada um. O uso da palavra engendra o homem como sujeito humano para além de sua filiação genética, animal, e a denominação da "linguagem materna" denota este engendramento. A linguagem é aquela que veicula a demanda maternal e molda o corpo.

Neste processo se desdobra, primeiro, a figura materna. A mãe é uma mulher que, a um dado momento de sua história, foi tomada pelo desejo de ser Mãe. A maternidade faz que a mulher incarne, como ela pode e supõe, a identificação à figura da Mãe. Uma mãe vai, por exemplo, colocar regras educativas a sua criança em elevando a voz, um papel que a ultrapassa e lhe faz lamentar imediatamente de exercitar esta coerção. "*Tudo acontece como se ela se conformasse à imagem de uma boa mãe, que se impõe a ela como mulher que se reconhece mais ou menos bem neste papel*". Esta dificuldade é, às vezes, tão grande que a mulher não pensa, frequentemente, senão a uma coisa, é confiar sua criança a alguém mais digno que ela de ser Mãe, por exemplo, sua própria mãe ou mesmo uma instituição *ad hoc*. É preciso sublinhar que esta rejeição da Mãe pela mulher – e não da criança – prepara uma adoção por outras.

A criança percebe este enfrentamento subjetivo, da mulher com uma identificação materna, como sendo maior que ela, afrontamento que a dirige e do qual ela, a criança, é frequentemente um desafio secundário. Este processo de divisão vai comandar o reconhecimento subjetivo entre a mãe e sua criança.

Sua divisão comum funda sua proximidade, eles que são ambos confrontados ao Outro simbólico: este "muito-alto" domina talvez a situação, mas ele não é finalmente ninguém. "Ninguém" é esta pessoa esmagadora que rege a situação desde a mais longe noite dos tempos. A partir de uma risada, da fratura de um sorriso, se cumpre um reconhecimento mútuo entre dois sujeitos divididos: existe uma Mãe maior que a mamãe, uma outra Mãe, em relação à qual, este sujeito lá, que sorri para sua criança, não é senão uma mãe adotiva. A criança adota sua mãe neste momento, antes que ela seja adotada por ela. Esta mulher não se torna verdadeiramente mãe senão no momento do reconhecimento de sua divisão, quando a sua criança a adota, lhe perdoa seus excessos de Mãe, esta incrível tirania que ela ousou exercer em colocando-a no mundo, para ela[408].

O complexo paterno desdobra-se, também, engendrando igualmente um fantasma de adoção. Sua problemática é mais bem conhecida e muito frequentemente sacralizada. No texto "*Totem e Tabu*", Freud[409] mostra **dois tipos de pai**: de um lado, o pai único que descreve um pai primitivo, violento e castrador, e do outro, seus filhos que são, também, pais. Podemos distinguir, assim, um pai mítico assustador, e um pai ordináio educador, de preferência um bom menino.

Esta divisão do complexo paterno é "impressionante", se podemos dizê-lo, eis que uma das instâncias do complexo paterno – o pai mítico – é este agente castrador que faz violência à criança. ***A criança "é batida" por um dos pais de seu complexo paterno e graças a este golpe, ela entra no gozo fálico e na humanização*** *(o primeiro pai do Édipo tenta lhe matar). Esta violência atribuída ao pai corresponde à* ***angústia de castração*** *ressentida pela criança, que receia de ser feminizada e maltratada como ela imagina que sua mãe o é. E se* ***ela receia de ser feminizada****, é em razão de seu* ***amor por este mesmo pai****: estas* ***duas instâncias da paternidade*** *resultam da ambivalência, a seu ver, (elas podem brincar entre elas eis que a paternidade de um homem não representa senão uma de suas identificações no curso de sua existência).*

---

(406) POMMIER, Gérard. Légitimité de l'adoption..., p. 74-75 [tradução livre da autora].

(407) POMMIER, Gérard. Légitimité de l'adoption...

(408) POMMIER, Gérard. Légitimité de l'adoption..., p. 76 [tradução livre da autora].

(409) FREUD, Sigmund. Totem e tabu e outros trabalhos...

*Esta linha divisória do complexo paterno se traça ao mesmo tempo em que se afirma a subjetividade, pois "**o sujeito**" situa-se no momento em que ele pega o **nome de seu pai em se colocando no seu lugar**, isto é, matando-o fantasmaticamente, a título de vingança da violência sofrida. Este nome lhe foi talvez dado, mas ele não se apropria dele antes deste instante assassino.*

*O que é um pai, e a que ele serve? É a primeira questão, quase metafísica, que se coloca imediatamente à criança. Ele não entende a função deste personagem que, manifestamente, tem ao lado de sua mãe. **Do ponto de vista das teorias sexuais infantis, a relação sexual não existe**, e a reprodução da espécie se assegura pelo engendramento pulsional. A criança imagina que as crianças nascem oralmente ou analmente, sobre o mesmo modelo que ela sofre: ela é, ela-mesma, instrumentada pela demanda materna, suportada pelas pulsões. Por conseguinte, as pulsões deveriam lhe permitir de ter crianças, por sua vez (e de ser, assim, desembaraçada desta alienação da criança). Dia após dia, ela sente pesar sobre si a dor da demanda materna, e ela se diz que deve ter uma causa.*

*O que pode ser a função do pai, senão aquela de agente da castração materna? Isso lhe explica porque sua mãe exige tanto dela. O mito do pai explica a demanda pulsional: a demanda da mãe é assim insistente porque ela foi castrada pelo pai, que aparece então, primeiramente, como o agente de sua castração. E a criança poderá recear de sofrer o mesmo destino. Esta função violenta do pai foi aquela do primeiro pai do Édipo, que queria matá-lo (o assassinato é a representação ordinária da castração). Esta divisão entre dois pais programa antecipadamente o "**traumatismo sexual**" de um estupro, que o pai violento é sempre suspeito de querer cometer. Tanto que o fantasma de ter sofrido a sedução de um pai resta subjetivo, este traumatismo comanda o ordinário da neurose e da normalidade. Esta sequência violenta do complexo paterno produz todas as sortes de fobias, graças às quais **o ódio é recalcado ao proveito do amor**: estas representações paternas desencadeiam um fantasma mortífero, finalmente recalcado. A ideia de ter sido adotado prolonga este processo e o recobre*(410).

O fantasma de adoção representa, neste sentido, uma forma banal do fantasma de sedução histérica, frequentemente ilustrada nos romances. "*O fantasma tão ordinário de sedução prolonga a estrutura que programa a adoção*"(411). Os fantasmas de abandono aparecem também misturados e no primeiro plano nos fantasmas de adoção. Então, "*A adoção é **'legítima'** na medida em que ela participa do fantasmático de toda criança que **normatiza seu desejo** na ocasião da **complexificação das figuras parentais***".(412)

Podemos também considerar a legitimidade da adoção do ponto de vista do desejo de ter uma criança, tal qual aparece no fim da fase de latência da sexualidade. A resposta à questão da criança – ***a que serve um pai?*** –, vai aparecer na adolescência. O adolescente capta subitamente a dimensão de gozo, inclusa no que ele imaginava somente como violência. Neste tempo, se produz um tipo de *reversão*: até aqui, ele não era senão uma criança, de um certo modo adotada. Subitamente, se coloca a questão de ter ou de adotar uma criança, questão que aparece também como solução inversa da passagem à idade adulta.

O desejo de ter uma criança segue este mesmo caminho traçado pelos devaneios de adoção. Os futuros parentes querem encarnar, no nível do ideal, os parentes adotivos de seus fantasmas. Eles começam por imaginar que eles vão dar a sua criança o que lhes faltou durante a infância. Os futuros parente vão sonhar que eles serão como aqueles pelos quais eles teriam querido ser adotados. Mas esta idealização coloca-os em falta em relação aos parente efetivos. Ao contrair esta dúvida, a filiação simbólica se cumpre por uma contrariedade. A nova geração reconhece a precedente sob a forma da *negação*. "*A recusa do passado identifica-o e cumpre, senão, sua repetição, pelo menos seu reconhecimento*".(413)

O desejo de ter uma criança pega nascimento a partir, de um lado, da dívida que cada um dos cônjuges contratou a vista de sua própria filiação e, de outro lado, por amor para este cônjuge. Mas no momento de colocá-la em ato, ele busca a realizar um ideal de parente. De fato, no primeiro movimento, é preciso fazer pagar aos parentes os sofrimentos da infância. Mesmo quando a infância parece sem nuvem, ela engendra uma alienação tanto mais violenta que ela não tenha qualquer lugar de se queixar. A criança serviu de promessa, de dom, de refúgio para esperanças desapontadas. Ela o sabe sem saber formular esta reprovação, sua própria vida. Depois, ainda que o dom dos parentes tenha sido feito sem a mínima demanda de uma contrapartida, eles não serão menos responsáveis de um traumatismo sexual subjetivo. É preciso então mostrar-lhes como devem se comportar os parentes à altura.

Mas o desejo de engendrar uma criança merece ser detalhado em função do sexo. No momento da passagem à exogamia, existe do lado feminino um voto de romper o charme do traumatismo sexual causado pelo amor do pai. Para que a Bela Adormecida acorde, não basta que o príncipe chegue. Ainda é preciso que ele suplante o amor deste pai, e como o amor não suporta partilha, a saída exogâmica vale como um assassinato fantasmático. Na maioria das sociedades, o assassinato do pai é simbolizado pelo casamento, na ocasião do qual o Nome-do-Pai é trocado contra o

(410) POMMIER, Gérard. Légitimité de l'adoption..., p. 77-78 [tradução livre da autora].
(411) POMMIER, Gérard. Légitimité de l'adoption..., p. 79 [tradução livre da autora].
(412) POMMIER, Gérard. Légitimité de l'adoption..., p. 79 [tradução livre da autora].
(413) POMMIER, Gérard. Légitimité de l'adoption..., p. 80-81 [tradução livre da autora].

> *nome do marido: trata-se de uma condição do parentesco. Uma dívida é assim contraída para com o pai, matado por este assassino fantasmático que é o marido: o preço do ato consiste em ter uma criança, certamente com este último, mas também para pagar esta dívida para com o pai. Do simples fato desta condição de desejo, a criança por nascer encontra-se situada desde antes de seu nascimento em relação a uma dupla valência da paternidade. O complexo paterno está já clivado antes de sua vinda ao mundo: o pai, é o homem com o qual esta mulher vai ter sua criança. Mas esta mulher deseja também este nascimento em relação ao seu próprio pai, fantasmaticamente matado. Sua traição terá sido a condição de sua fidelidade. O pai mítico, responsável do traumatismo sexual, deixa sua pele neste caso e [...] uma mulher sabe como se desvencilhar deste fardo. Bem longe dos clichês floridos sobre a maternidade, é a violência da pulsão de morte que habita uma mulher quando ela deseja ter uma criança. Pois, de qual pai ela está grávida no momento em que o desejo se realiza segundo vias que podem angustiá-la ao extremo? E, tão forte quanto o desejo de ter esta criança, pode surgir o desejo de abortar – menos da criança que do pai. Mas o qual? O desejo* ***de um homem de se tornar pai*** *pode ser bastante forte para que esta pulsão de morte se cristalize no nome: o nome do marido no lugar do Nome-do-Pai é uma boa metáfora de tal cristalização. Não é que o desejo de um homem de ser pai contrabalançaria uma violência latente do desejo feminino: o desejo de ser pai lhe proporciona uma válvula de segurança conveniente: pode-se matar tanto quanto se queira, ele já está para sempre morto.*[414]

Após ter teorizado sobre a **legitimidade da adoção** do ponto de vista do desejo da mulher de ter uma criança, Pommier[415] interroga-se, então, sobre a simetria neste processo de desejo, do homem, de ser pai. Ele pergunta-se, em breve, se poderíamos dizer que o homem, do mesmo modo que a mulher, espera uma criança para a sua própria mãe com sua esposa? Todavia, salvo uma neurose, a mulher "não é" a mãe. Mas esta negação significa também uma inversão exogâmica das qualidades da mulher, virgem e na possibilidade de ter crianças, qualidades que todo neurótico teria desejado atribuir a sua mãe.

Portanto, ele diz que esta simetria do homem e da mulher em relação ao desejo *de* criança carece de pertinência nas sociedades em que o **patriarcado** resta prevalecente. Neste sistema simbólico, mais tradicional, o homem implanta seu desejo de criança mais em relação a seu próprio pai que a sua mãe.

> *Ele quer ser pai no lugar de seu pai, e pelo preço deste voto mortífero, a criança deve portar o nome de seu avô para pagar sua dívida em relação a este. De fato, o fantasma de matar o pai é causado pela angústia de ser feminizado e castrado por este (como sua mãe lhe parece ter sido) trata-se de recalcar o amor homossexual do pai, conteúdo latente do desejo de criança nos homens. Não é lógico que o voto de ter uma criança, para o pai, resulta de um amor a ele endereçado? Não é a rivalidade edipiana que porta um desejo de criança, mas o traumatismo sexual que resulta do amor do pai. A rivalidade edipiana, pela conquista da mãe, não se instaura senão em seguida do assassinato fantasmático, uma vez que a identificação ao pai se produziu (mas como a gente não vê senão o resultado clássico da triangulação, se oculta sua gênese traumática). Dar a uma criança o nome de seu avô é uma tentativa de reparar o fantasma de assassinato*[416].

Após ter detalhado elementos importantes da adoção do ponto de vista dos fantasmas da criança, mas também, do ponto de vista do desejo de ter uma criança, nos diferentes lados da mulher e do homem, Pommier[417] diz que este esquema é mais ou menos verificável para a maioria das sociedades ocidentais. Nesta estrutura que permite cinco posições mais ou menos em concordância de fases, o "desejo de criança" pode ser polarizado pelo "desejo de ter" uma criança "para a mãe" e/ou "do pai" do lado da mulher, e mesmo do lado do homem. Cada um nesta operação serve-se de seu cônjuge para assumir sua dívida com seus ascendentes. A filiação simbólica do desejo de criança é sempre subjacente ao desejo de criança tal como resulta do amor entre os cônjuges. O amor de um homem e de uma mulher desemboca sobre a procriação, ocultando as determinações simbólicas da filiação. A criança está, então, idealizada como fruto do amor parental. É a realização do ideal que faz sobressair a dívida em vista da linhagem simbólica, de outra forma mascarada. O potencial do amor parece rejeitar a família e todo o passado ancestral, mas é justo a partir desta rejeição que a filiação simbólica se transmite.

Pode existir um acordo entre o homem e a mulher sobre o *lugar* que vai ocupar uma criança na família, mas ocorre também que estes desejos não se concordem.

> *De modo que uma vez a criança tendo nascido, ela torna-se uma fonte de discórdia. Qualquer que seja. Existirá um desdobramento de cada posição parental, e o pai e a mãe vão se situar em relação a pais e mães adotivos, não somente para sua criança, mas em relação a seus próprios parentes.* ***Existe um desdobramento de princípio entre os parentes "reais" e aqueles do fantasma****, e o próprio desdobramento procede do* ***ato*** *do sujeito, da força de*

(414) POMMIER, Gérard. Légitimité de l'adoption..., p. 80-81 [tradução livre da autora].

(415) POMMIER, Gérard. Légitimité de l'adoption...

(416) POMMIER, Gérard. Légitimité de l'adoption..., p. 81-82 [tradução livre da autora].

(417) POMMIER, Gérard. Légitimité de l'adoption...

seus sonhos. Significa dizer que sua filiação se situa em uma linhagem, e que não tem a ver com a herança genética.

***O risco principal da adoção legal é de operar uma inversão do lugar do parente real e do parente fantasmático.** Neste caso, tudo ocorre como se a criança tivesse sido adotada pelos seus parentes fantasmáticos e como se eles houvessem realizado seus votos de abandonar seus parentes reais. Como fazer para fantasmar as cenografias edipianas, já que o fantasma terá sido realizado pela adoção? Contudo a situação não se tornará realmente explosiva a não ser que estes parentes adotivos se considerem a si mesmos como parentes ideais fantasmados. Ela pode até tomar um giro dramático, se esta idealização não gerar **dívida** na **filiação simbólica** em relação aos parentes dos adotantes. "Normalmente", os parentes querem, em uma certa medida, ter crianças para seus próprios parentes. Não é certo que este voto funcione facilmente na adoção. A adoção pode mesmo ser pega como um ato de hostilidade contra os parentes daqueles que adotam.*

*Vemos o risco da adoção efetiva: os parentes vão primeiro querer realizar o ideal, como qualquer pessoa que tem o desejo de ter uma criança. Mas ao adotar, eles não contratam dívida em relação a seus próprios parentes, ou, mais exatamente, a **dívida se desloca**: ela será menos devida aos parentes daqueles que adotam que **aos parentes efetivos da criança adotada**, mesmo se eles são desconhecidos. A idealização arrisca então de exercer seus estragos. É um perigo somente, mas ele é certo. Quando a encarnação ideal se mantém, ela é explosiva, já que as **identificações do fantasma** programam o assassinato e o incesto*[418].

A encarnação do fantasma encontra um limite nas filiações ordinárias. Os novos parentes, mesmo que eles queiram fazer diferentemente, reconhecem seu lugar e pagam a dívida simbólica a seus próprios parentes. As suas idealizações guardam medidas suportáveis. Eles fazem o que eles podem e continuam crianças sob seus disfarces de adulto. Mas no caso de adoções, os parentes efetivos da criança adotada desviam involuntariamente a dívida ao seu proveito, e isso mesmo que sejam desconhecidos.

A violência fantasmática pode sempre se dialetizar. É, por exemplo, de sua força que procede o gosto da competição, do esforço, do trabalho etc. Em contrapartida, a violência pode voltar-se contra os parentes adotivos caso eles se encontrem no lugar dos parentes fantasmáticos[419].

Pommier[420] na última parte deste artigo fala dos problemas marcantes em relação à *legitimidade* da adoção. Ele diz que:

*De um lado, o desejo de criança situa-se como solução da tensão engendrada pelo amor heterossexual e, de outro lado, esta solução exogâmica do amor coloca finalmente em evidência a filiação simbólica, eis que **o amor procede da angústia de castração**, cujos agentes se situam na **genealogia simbólica**. Consequentemente, a **legitimidade da adoção** se situa em relação à **angústia de castração** e à **diferença dos sexos**. A **adoção por** uma única pessoa ou por **casais homossexuais traz problemas**, eis que nesse caso não se pode falar de legitimidade da adoção. Se a sociedade quer confiar crianças a pessoas sozinhas ou a casais homossexuais, seria melhor definir esse ato como um **apadrinhamento,** assegurando que **a criança guarde seu nome**, e que o **estado civil** guarde o traço de sua história efetiva. **Porque não dizer a uma criança a verdade sobre seu nascimento?** Não fazê-lo, é sustentar antecipadamente os **estragos da idealização.***[421]

A regulamentação da adoção variou segundo as sociedades e as épocas, mas **os problemas atuais em relação à filiação são inéditos**. E a confusão instaura-se em vista, também, da marginalização das estruturas patriarcais coercitivas. Pommier[422] diz que:

*Trata-se de situar o **apadrinhamento** em contraponto a uma **legitimidade da adoção** do ponto de vista da lei do inconsciente, mais que daquela das regulações sociais (e ela deveria ser levada em consideração no debate atual sobre a homoparentalidade). Se o termo da adoção corresponde a uma **legitimidade do inconsciente**, ele terá como consequência que uma criança considerará aqueles que a adotaram como o tendo feito devidamente, sem impostura e sem jogar com sua miséria na ocasião da sua adoção. Do mesmo modo, aqueles que adotaram poderão considerar, não que pegaram esta criança de parentes em desgraça, mas que eles a lhes deram: ela vai ser a deles. Esta legitimação da adoção tem um sentido, bem mais que as pretensões do amor. De fato, a capacidade de amar faz parte hoje em dia dos argumentos de uma adoção em um sentido largo. Mas, **o amor não legitima nada**, e **ele pode facilmente servir de pretexto à tirania**! Ele não tem senão uma importância relativa. Esta observação vale, além disto, também para os parentes de sangue: pode ocorrer que eles também não sejam legítimos, ou que eles se deslegitimem exatamente no mesmo sentido. Um julgamento pode lhe retirar a autoridade parental em caso de violência manifesta e grave, considerando-se que se trata, mais frequentemente, de parentes que se colocam em uma posição de impostura e de crianças que não os adotam*[423].

---

(418) POMMIER, Gérard. Légitimité de l'adoption..., p. 83-84 [tradução livre da autora].

(419) POMMIER, Gérard. Légitimité de l'adoption..., p. 84 [tradução livre da autora].

(420) POMMIER, Gérard. Légitimité de l'adoption...

(421) POMMIER, Gérard. Légitimité de l'adoption..., p. 84 [tradução livre da autora].

(422) POMMIER, Gérard. Légitimité de l'adoption..., p. 85 [tradução livre da autora].

(423) POMMIER, Gérard. Légitimité de l'adoption..., p. 85 [tradução livre da autora].

Pommier[424] afirma que os casos favoráveis segundo este esquema, eis que eles engendram uma dialética frutuosa, são aqueles nos quais converge um duplo ponto de vista: de um lado, o *fantasma da criança de ter sido adotada*, de outro lado, o *desejo de criança*. Esta convergência quer dizer que os parentes efetivos e os parentes fantasmáticos não se interpenetram e são em discordância de fase. É sempre melhor que o sonho cruze a realidade sem acordá-la. É justo esta discordância que pode "harmonizar" uma relação, na qual para os parentes, a criança fica aquela que eles vestem com seus sonhos, do mesmo modo para a criança, os parentes permitem a construção de **parentes oníricos**, totalmente Outros.

Pommier[425] prevê que é necessário prestar atenção se o sonho se toma pela realidade e vice-versa. Ele dá o exemplo do caso, quando os parentes adotivos se tomam por parentes do sonho e, onde por consequência, a violência, que pode apresentar-se sem problema no devaneio, se exprimiu de maneira inapropriada e fantasmática na realidade. O mito do Édipo mostra claramente este **jogo de papel invertido entre sonho e realidade**, entre posição de seus parentes efetivos e de seus parentes fantasmáticos. O drama se efetuou na realidade de sua vida, no lugar de jogar sua partida no devaneio. Sua violência não amortizada se endereçou a seu pai e seu desejo sexual foi imantado pela sua própria mãe.

> *Nada proíbe de matar seu pai nem de deitar-se com sua mãe na imaginação, e este cruzamento entre sonho e realidade define uma harmoniosa discordância de fase, a harmonia querendo somente dizer que ninguém não sofrerá concretamente de um assassinato e de um incesto de fantasia. A coisa torna-se mais embaraçosa quando o assassinato e o incesto vão concernir pessoas "reais" que teriam dado o passo em falso de se colocar no lugar do sonho. Dizer que se trata de pessoas reais não significa que se trata do real biológico, mas que personagens são encarnadas "realmente" no lugar de serem somente o suporte de fantasmas. É o que arrisca ocorrer quando parentes adotivos se comportam como parentes de sonho que cada criança fantasma. Este tipo de harmonia de sonhadores que se cruzam sem se interpenetrar não significa uma felicidade perfeita. Ela somente reduz o drama a uma dimensão teatral que remete talvez cada um a sua solitude, mas preservando a existência.*
>
> *A **legitimidade da adoção** resulta de um movimento entre **quatro termos**, o pai, a mãe, o pai fantasmático (adotivo) e a mãe fantasmática (adotiva). Na filiação a "legitimidade" vem dobrar a guerra do amor: quando um homem casa com uma mulher, este ato representa para ela a saída de sua família, a morte de seu laço com seu pai. Ao mesmo tempo, a mulher representa para seu marido não sua mãe, mas uma pessoa bem diferente, cujas qualidades são aquelas de sua mãe tal como ele teria querido que ela fosse. O **complexo parental** situa estas **quatro figuras** em uma filiação que simboliza a inexistência do Outro, isto é, a **pulsão de morte**, e isso graças ao assassinato do pai. Todo sujeito é trabalhado pela pulsão de morte, isto é, pela **impossibilidade de identificar seu corpo ao falo de sua mãe** (o que ela lhe pede pulsionalmente). Esta pulsão de morte encontra um equivalente com o assassino do pai, cujo **nome simboliza o falo, ao preço de uma dívida contraída na filiação**. De modo que **a pulsão de morte se ameniza na árvore genealógica**, limitada que ela é pela perenidade do Ancestral que está no trono, lá no alto, desde a noite dos tempos. **O impossível do amor** se dialetiza em desejo de criança em função desta dívida simbólica.*[426]

Portanto, **a adoção legitima-se pela simbolização da pulsão de morte**, processo que conduz para a vida. O futuro da criança é levado pelo amor não "para sempre", mas "para vida", contra a morte. Pommier[427] observa que **nem todo amor é "para a vida", contra a pulsão da morte. Há amores para a morte que podem parecer perturbadores**. Um homem e uma mulher, mesmo no meio do seu amor jurado, sentem o trabalho do nada. A pulsão de morte está sempre lá no *impossível do amor*, e lhes impõe alguma coisa de muito grande. **O "desejo de criança" simbolizou a luta da pulsão de vida contra a pulsão de morte no que une e desune um homem e uma mulher**. Para concluir, Pommier[428] afirma que:

> *"A **adoção**" precede o nascimento, ela representa o **impasse de um amor** do qual a criança remete a solução para mais tarde. A "vida" é este ganho de tempo incompreensível. Esta pulsão de morte simboliza-se para eles na filiação. Uma mulher quer ter uma criança com um homem em função do lugar que ele ocupa em relação a seu próprio pai e simetricamente. **A pulsão de morte engendra o movimento "para a vida" quando ela é inscrita não somente na filiação, mas** igualmente **na diferença dos sexos**. A "legitimidade" resulta do assassinato simbólico, que obriga a sair do incesto cada um dos protagonistas de uma filiação: seus protagonistas lhe pertencem, mas lhe são, também, isolados.*
>
> *Em um **casal homossexual** e qualquer que seja a força de seu amor, a questão do assassinato simbólico em relação à filiação não se coloca. Disso pegaremos como prova uma de suas consequências: durante os debates para a instauração do PACS, as associações de homossexuais não reclamaram uma mudança de nome de um dos protagonistas.*
>
> *Uma tal mudança de nome funciona metaforicamente como assassino simbólico quando o Nome-do-Pai da mulher*

(424) POMMIER, Gérard. Légitimité de l'adoption...
(425) POMMIER, Gérard. Légitimité de l'adoption...
(426) POMMIER, Gérard. Légitimité de l'adoption..., p. 86-87 [tradução livre da autora].
(427) POMMIER, Gérard. Légitimité de l'adoption...
(428) POMMIER, Gérard. Légitimité de l'adoption..., p. 87-89 [tradução livre da autora].

se perde em proveito do nome do marido. A diferença que existe entre o casamento e o PACS se encontra a propósito daquilo que distingue a ***adoção*** *do* ***apadrinhamento. Um homossexual não pode ter uma criança com outro homossexual****, não tanto por razões de ordem orgânica ou fisiológica (o que, afinal, a ciência poderia talvez um dia arrumar),* ***mas porque o desafio do amor homossexual não prevê tratamento da pulsão de morte graças à diferença de sexos nem à filiação.***

Se uma criança é confiada a um casal homossexual, não se trata então de uma adoção "legítima", independentemente da questão do amor. Certamente, todo amor carrega em si um impasse que o desejo de criança quer atravessar. Mas um peso esmagador pesaria sobre os ombros de uma criança se dois homossexuais lhe demandassem ***regular o problema que coloca o amor****, visto que ele não pode ser simbolizado na filiação. Esta dívida não lhe concerne em nada. É verdade que é doloroso de não ter criança, e os homossexuais carregam para muitos este fardo. Porém,* ***qualquer que seja o sofrimento de ser privado de descendência, ele resulta de uma escolha que sem dúvida não foi feita conscientemente, mas que é afinal de tudo questão de assumir****. As dificuldades do amor homossexual não podem se regular como se elas fossem as mesmas que aquelas do amor heterossexual (exceto gosto pela provocação, sempre fonte de gozo).*

Porque a sociedade atualmente hesita a propósito de uma questão que poderia se regular em ***distinguindo a adoção do apadrinhamento****. Importantes mutações se produzem hoje em dia na distribuição dos nomes do pai. Atualmente, os pais podem cada vez menos se prenderem aos valores do patriarcado para legitimar suas posições. De modo que eles asseguram suas funções bem melhor do que eles jamais o fizeram. Melhor, em todo caso, do que quando eles preferiam os bares, compras ou reuniões à companhia de suas crianças. Contudo, uma incerteza instala-se sobre a legitimidade desta paternidade. Contudo,* ***no fantasma neurótico, o pai é um personagem duplo e ambíguo, responsável do traumatismo sexual****. Este traumatismo resulta de um* ***fantasma de sedução****, que, na imensa maioria dos casos, resulta somente do devaneios do sujeito concernido (na realidade, nada aconteceu). De modo que o fantasma se complementa do seguinte modo: de um lado,* ***o pai provoca o desejo, é então um sedutor****; mas por outro lado, nada ocorre: este* ***pai é então finalmente ou impotente, ou morto, ou homossexual****. Na sociedade atual,* ***o homossexual representa uma das novas figuras da paternidade****. Como compreender diferentemente o tipo de terrorismo que fazem pesar sobre a opinião pública e o legislador, as demandas das associações homossexuais? Enquanto que o número de casamentos heterossexuais decresce de mais em mais na sociedade,* ***os homossexuais parecem os últimos defensores da família e do patriarcado****. Já numerosos no rangs do clero, ei-los agora inteiramente na família*[429].

6. O HOMOPARENTESCO

Nesta mesma linha de pensamento, o psicanalista Jean-Pierre Winter[430] escreveu o livro "*Homoparentesco*", colocando em causa, não as escolhas sexuais das pessoas, mas as eventuais consequências do **projeto de apagar da filiação a diferença dos sexos**, com a legalização da "**homoparentalidade**", para o conjunto dos homens, mulheres e crianças.

Inicialmente, ele reflete sobre o conceito contemporâneo de "**parentalidade**", substituindo-se, regularmente, àquele de "**parentesco**", o qual remete à estrutura dos laços entre as gerações. Ele questiona o motivo de substituir uma palavra por outra. Assim, ele afirma que a confrontação entre ambos os termos revela um deslocamento do sentido, uma *decalagem* entre as formas convencionais do parentesco e a inflexão a que atualmente se submetem. "*A introdução do termo 'parentalidade' anuncia uma transformação, ou até* ***uma deformação da noção de parentesco***". Este termo significa uma *negação* dos desafios desta "*novlangue*" familiar, que parece vem impondo-se nos meios de certos sociólogos e nas mídias, e sendo retomada pelos políticos.

> *O* ***parentesco*** *é um sistema de lugares centrado sobre a* ***diferença de gerações****, ou seja, sobre o reconhecimento do fato da* ***procriação****: houve relação sexual entre dois seres, um masculino, e outro feminino, houve desejo e reprodução dos corpos; se deste ato dos corpos resulta uma procriação, estes dois seres tornar-se-ão parentes, o que significa que eles terão o dever de cuidar da criança e de criá-la. "****Parentalidade****" afasta-se em relação a este primeiro significado e acentua, quase exclusivamente, sobre o* ***papel educativo*** *dos parentes. Enquanto o vocábulo parentesco, como o veremos, recobre outra coisa*[431].

As mudanças de nome escondem um *desvio* de significado, fingindo reforçar o seu valor de uso. Este desvio pode constituir um verdadeiro **oximoro**, projetando-nos em uma confusão, quando consideramos as perturbações psicológicas e sociais induzidas pelos avanços das biociências.

O termo "homoparentalidade", adotado pelas mídias ocidentais, foi utilizado para designar novas realidades. Todavia, os problemas suscitados com seu emprego mostram-se muito numerosos e complexos, tornando estranha a leviandade com a qual ele foi inapropriadamente utilizado, como sinônimo de "parentesco". Esta fácil substituição das palavras, em circunstâncias desnecessárias, acarreta consequências políticas, legais e educativas, para todos, independentemente da conduta sexual.

---

(429) POMMIER, Gérard. Légitimité de l'adoption..., p. 87-89 [tradução livre da autora].

(430) WINTER, Jean-Pierre. Homoparenté... [tradução livre da autora].

(431) WINTER, Jean-Pierre. Homoparenté..., p. 12 [tradução livre da autora].

> *Veremos que a primeira, porém não a mínima, destas consequências consistirá logicamente em despojar-se dos termos de "pai" e de "mãe" ao custo de uma noção indiferenciada de "parente", reduzida à indeterminação sexual e à função educacional. A função parentesca é dita então "**intencional**", o que seria muito reduzi-la, como já é o caso com a nova legislação canadense. Uma segunda consequência, mais sutil, porém não menos problemática, constará na mudança do próprio significado de **estado civil**. De fato, o estado civil era, pelo menos no estado atual das nossas democracias, como seu nome indica, um estado: a **identidade jurídica** de um sujeito não depende dele, mas de algumas inscrições legais – seu nome, seu prenome, seu sexo, seu lugar e data de nascimento, sua nacionalidade e eventualmente as mesmas informações concernentes às pessoas que o sustentaram na vida, pais biológicos ou pessoas titulares. E eis que com a noção de "parentesco", particularmente, se é homo –, a conduta sexual dos pais tornar-se-á legível na certidão de registro civil. Apesar do apagamento dos nomes de "pai" e de "mãe", aparecerá necessariamente que os pais são homossexuais ou heterossexuais. "Parente A" e "Parente B" não impedirão de saber que Paulo é dito ser filho de Pedro e Jacques e não aquele de Pedro e Solange. É fácil apagar, mas é impossível **apagar os traços do apagamento.**[(432)]*

Winter[(433)] questiona o fato de um elemento da personalidade, por exemplo, um **comportamento homossexual, se transformar em estado civil**. Ou seja, o fato de tal comportamento se inscrever na sociedade da mesma maneira que as coordenadas da existência legal. Uma vez que o estado da pessoa, no nível legal, define-se mediante fatores de ordem natural (sexo, idade, saúde...) e mediante fatores de ordem social (nome, sobrenome, casamento, filiação...), esse tipo de inscrição de um elemento da personalidade, sob o manto do "liberalismo" ou do reconhecimento do "direito à diferença" abre caminho para a possibilidade de promover os dados pessoais para o nível de estado permanente.

Ele[(434)] afirma que o que uma minoria ganha em nome da "igualdade" importaria na perda de liberdade para todos, uma vez que a ideologia genética, com suas marcas, encontraria nisso também a sua vantagem. Ademais, este modo de inscrição sociolegal – a partir de um elemento da personalidade, de uma conduta, de um comportamento sexual... –, levaria a trancar, definitivamente, qualquer questionamento etiológico, tanto da homossexualidade quanto da heterossexualidade. Assim, "*o que Freud denomina a '**escolha de objeto**', especificando que a mesma pode variar segundo as circunstâncias, tornar-se-ia um dado permanente*".[(435)] O uso deste tipo de inscrição de um elemento transformador da personalidade, para descrever o estado civil, é preocupante, tanto de ponto de vista político, no sentido de vida na cidade, quanto psicológico, eis que reduz a identidade de cada um a alguns de seus atos.

Trata-se, segundo ele, para um psicanalista de se interrogar e de refletir acerca dos efeitos eventuais dos temas de sociedade nas gerações futuras. Trata-se de pensar as perturbações que surgem na cena onde acontece a transmissão da vida, tanto psíquicas como físicas: a cena das **filiações reais** e **simbólicas**. Mas, também, não se apressar em promulgar leis, cujos efeitos poderão ser lamentados.

Winter[(436)] questiona outro aspecto do problema:

> [...] *É a **homofobia** que impede os casais homossexuais de se tornarem parentes "de pleno direito"? Não haveria, no entanto, nas nossas sociedades uma espécie de **heterofobia**, no sentido do ódio à diferença? Alega-se que não deveríamos nos alertar, pois a diferença de sexos seria inapagável. Certamente. Mas, a sua significação e seu papel na estruturação social e psíquica seriam apagados, caso ela fosse reduzida, de um lado, a um dado da natureza, em menosprezo da dimensão subjetiva implicada na vida sexual, e de outro lado, no plano da singularidade, a um "fingimento" cortado das realidades fisiológicas e psíquicas*[(437)].

Ele[(438)] critica os argumentos utilizados pelos políticos para justificar "a homoparentalidade". Eles não deixam nenhum espaço para a reflexão sobre o emprego de estatísticas de crianças concernidas pela situação, e em que estes dados deveriam justificar a modificação dos direitos da filiação para todos. Ninguém contesta que todas as crianças tenham os mesmos direitos, como o de ter parentes. Porém, **trata-se realmente de um direito**, o autor se pergunta? Mas, também, ele se questiona se o álibi do direito das crianças não seria posto para, na realidade, ocultar um "direito" dos homossexuais, reivindicando o reconhecimento como casal parental? Ele lembra que, na França, a proteção das crianças é assegurada desde a lei de 1972, abolindo o privilégio da **filiação legítima**: todas as crianças, independentemente das circunstâncias dos seus nascimentos, possuem os mesmos direitos.

---

(432) WINTER, Jean-Pierre. Homoparenté..., p. 14 [tradução livre da autora].
(433) WINTER, Jean-Pierre. Homoparenté...
(434) WINTER, Jean-Pierre. Homoparenté...
(435) WINTER, Jean-Pierre. Homoparenté..., p. 14 [tradução livre da autora].
(436) WINTER, Jean-Pierre. Homoparenté..., p. 15-16 [tradução livre da autora].
(437) WINTER, Jean-Pierre. Homoparenté..., p. 15-16 [tradução livre da autora].
(438) WINTER, Jean-Pierre. Homoparenté...

Desde que não podem ser previstas, a longo prazo, as consequências do fenômeno da homoparentalidade, o autor(439) busca estabelecer critérios mais concretos, evocando diversas questões importantes.

> *Trata-se de uma simples extensão do direito, ou de um modo de pensamento que leva a* ***questionar os laços de filiação****, e então de um certo* ***estado do simbólico****, renunciando até o tipo de procriação em uso até o momento? Tal desconstrução é anunciadora de um novo mundo? Trata-se de uma simples passagem pela negação, ou, ao contrário, do estabelecimento de uma nova continuidade voltada a transformar o mundo? Se for o caso,* ***a lógica desta nova construção é mais construtiva que destrutiva?****(440)*

Winter(441) coloca a questão do "desejo *de* criança". Ele questiona se o seu surgimento nas pessoas que não podem ter crianças é tão autêntico e enigmático, quanto num ou numa homossexual. Ele afirma que uns e outros são capazes de desenvolver qualquer tipo de estratégias, mais ou menos complexas, "*para ter crianças que não seriam deles*"(442). Portanto, é importante saber se é desejável legalizar estas estratégias sinuosas.

> *É necessário* ***legalizar a implementação de um fantasma*** *que poderia provar-se nefasto, mesmo parecendo adequado com as mudanças científicas e políticas de nossa sociedade? Sejamos claros: não se trata nesta obra de tentar impedir os homossexuais de criar crianças! Eles mesmos provam não serem piores que outros na função de parentes(443)*

O principal problema que o autor(444) evoca diz respeito à reivindicação de certos homossexuais para conseguir um título legal de parentes, mediante da inscrição, na lei jurídica, da homoparentalidade.

> ***A questão do "homoparentesco"*** *não se confunde com a questão da* ***homossexualidade****, nem com a questão do seu lugar na sociedade. Estas duas questões não são contínuas, elas não são da mesma natureza. Pois a demanda dos "homoparentes" transborda sobre outra questão, a qual a* ***concerne todo mundo****: aquela da* ***filiação****, na sua dimensão ao mesmo tempo simbólica e biológica, aquela das repercussões da perturbação desses laços, particularmente se ela é voluntária ou legal. Não há evidentemente nenhuma certeza sobre o que poderia disso resultar no futuro, mas a presente obra é destinada a* ***refutar a ideia segundo a qual bastaria emitir uma proposição nova para que esta seja considerada ao mesmo tempo como progressista e democrática****(445).*

Ele(446) assinala que, se no debate atual as questões da filiação continuam a concentrar-se acerca da homoparentalidade, esta poderia, também, ser considerada como o exemplo da árvore que esconde a floresta.

> *Pois os problemas ligados à filiação são atualmente infinitamente mais numerosos: nascimento sob X (nascimento anônimo), monoparentalidade escolhida, PMA – procriações medicamente assistidas, (GPA – "grosses pour autrui") barrigas de aluguel etc., perturbam a ordem geracional e* ***colocam em causa os interditos fundamentais****. A "homoparentalidade", que possui efeitos comparáveis, é então um problema particular considerado em um conjunto muito mais amplo. Sua audiência resulta do fato de que é o único dos problemas que se afigura sustentado por um grupo de pressão, constituído em nome de interesses mais ou menos convergentes.(447)*

Winter(448) explica que o psicanalista não é um perito, ele não tem a tarefa de produzir normas sociais, tampouco contestar seus avanços, mas acompanhá-las. Contudo, ele lembra que Freud preocupou-se em contribuir na compreensão dos fenômenos coletivos. Examinando, de maneira inédita, a história no texto de "*Moisés e o monoteísmo*"(449), Freud evidencia a existência de *traumas coletivos*: os mecanismos de defesa, que se encontram em trabalho tanto nos povos como nos indivíduos, e que em parte determinam a história dos povos. Assim, a Psicanálise mostra os limites da psicologia "individual", que negligencia, ao mesmo tempo, as repercussões da história e das redes dos símbolos, das influências e das identificações que constituem cada ser humano. Donde a eflorescência, em Freud, de textos consagrados à articulação do coletivo e do

---

(439) WINTER, Jean-Pierre. Homoparenté...

(440) WINTER, Jean-Pierre. Homoparenté..., p. 17 [tradução livre da autora].

(441) WINTER, Jean-Pierre. Homoparenté...

(442) WINTER, Jean-Pierre. Homoparenté..., p. 17 [tradução livre da autora].

(443) WINTER, Jean-Pierre. Homoparenté..., p. 17 [tradução livre da autora].

(444) WINTER, Jean-Pierre. Homoparenté...

(445) WINTER, Jean-Pierre. Homoparenté..., p. 18 [tradução livre da autora].

(446) WINTER, Jean-Pierre. Homoparenté...

(447) WINTER, Jean-Pierre. Homoparenté..., p. 18-19 [tradução livre da autora].

(448) WINTER, Jean-Pierre. Homoparenté...

(449) FREUD, Sigmund. Moisés e o Monoteísmo, Esboço de Psicanálise e outros trabalhos. O Trabalho Prático. Parte II. A Técnica da Psicanálise. Capítulo VI. Obras Psicológicas Completas de Sigmund Freud. 2. ed. Rio de Janeiro: Imago, 1987, vol. XXIII.

singular: "*O futuro de uma ilusão*"(450), sobre a neurose religiosa; "*Mal-estar na civilização*"(451) que explica porque nós não somos duravelmente protegidos contra a guerra e contra os outros males; "*Totem e Tabu*"(452) que versa sobre as relações entre o sagrado e a **diferença dos sexos**, a **filiação** etc.; "*Considerações atuais sobre a guerra e a morte*"(453) depois da guerra de 1914; "*Moisés e o monoteísmo*"(454) que responde à subida do nazismo por meio de uma reflexão sobre as **origens da lei**: a invenção do monoteísmo e seus limites.

> *O auge das suas pesquisas articulando o coletivo e o individual encontra-se na "Psicologia das massas e análise do eu", em que são expostos notadamente os **três diferentes mecanismos da identificação**. Nesta obra, Freud evidencia que não podemos compreender como o sujeito insere-se no mundo, nem como o mundo penetra no sujeito, se não levamos em consideração o mínimo sociológico, o átomo da sociedade **que é o casal procriativo**, com seus laços de amor, de ódio e de dever. O antropólogo Claude Lévi-Strauss acrescentará somente uma pessoa a este núcleo social: **o tio, paterno ou materno** conforme os casos, **que é o representante da sociedade em geral**, da coletividade. [...] Quando Freud falava da família, era para ampliá-la aos complexos de amor, de ódio e de libido que caracterizam as relações fraternas e intergeracionais. Em todas estas ocorrências, a **família** é para ele, como para nós, a "**célula germinativa da civilização**". Somente um postulado permite ultrapassar o estádio da horda para alcançar a civilização: **o "pressuposto necessário do amor igual do pai para todas as crianças"**, que não se impõe senão após o seu assassinato, permite por si de ultrapassar o estádio da horda para ir ao encontro da civilização.*
>
> *A divisão entre o individual e o coletivo mostra também seus limites desde que se introduza o fato da linguagem. A linguagem é evidentemente coletiva, mesmo se cada um aí toma a palavra de uma maneira singular. Quando Lacan disse: "O inconsciente é o discurso do Outro", este Outro incluiu evidentemente o coletivo, o social e o político, desde que, como a psicanálise o descobriu, o inconsciente é também tomado na linguagem. "Estruturado como uma linguagem", diz ele, o que quer dizer que o funcionamento inconsciente é da mesma natureza que aquele da linguagem. Como, se não fosse o caso, a palavra, simples palavras poderiam atingir a dimensão inconsciente? Contudo, é bem isso que acontece em uma psicanálise, e que leva a verdadeiras mutações subjetivas; mas é já o que cada um pode constatar quando simples palavras têm o poder de fazer rir ou chorar, de angustiar ou de acalmar.*
>
> *Assim sendo, a psicanálise não se pratica senão "um por um". Não há psicanálise coletiva; se alguns oferecem práticas ditas "grupais", nestas os sujeitos são, de qualquer modo, engajados e compreendidos um por um. O motivo disto é que somente há prática analítica quando há **transferência**, e a transferência, que é uma "**colocação em ato do inconsciente**" é movimento de uma pessoa para uma outra pessoa*(455).

Portanto, o saber psicanalítico não está confinado ao individual, conquanto não procede também por generalização. Este saber não conduz a nenhuma visão de mundo, é um saber parcial mais sólido "composto de rasgos de real". Ele nunca é abrangente como o saber da sociologia ou da filosofia. Nele, a **categoria do *impossível*** possui um papel importante. Todavia, o fato de não poder *tudo* saber ou fazer não impede de tirar as consequências do aprendizado das curas individuais. O psicanalista não é um perito e não se considera como tal. Mas, seu saber particular lhe autoriza a tomar parte nos debates sociopolíticos e democráticos, versando sobre questões que interferem na prática.

Os psicanalistas se opõem à prescrição de normas ou da normalidade, mas eles sabem também que "***alguém que é criado fora de toda norma vive na angústia, e que esta angústia transforma-se facilmente em violência****. A ausência de normas é tão angustiante quanto a sua presença excessivamente impregnante*"(456).

Os psicanalistas sabem que as normas já estão presentes na cabeça dos pacientes, e que a análise lhes permite rever suas relações com tudo o que deles é esperado, demandas, exigências, e normas. É impossível conformar-se completamente a uma norma. Totalmente escapar dela, todavia, leva ao nihilismo.

Winter(457) se interroga sobre o que adviria de crianças concebidas, nascidas e criadas no meio de um casal "homoparental" se uma lei fosse promulgada. Ele observa que com a promulgação de lei autorizando a "homoparentalidade", por meio da procriação medicamente assistida, será a primeira vez na história da França que será consentida uma filiação, privando *a priori* uma criança, seja de um pai, ou, seja de uma mãe.

---

(450) FREUD, Sigmund. O futuro de uma ilusão e outros textos. (1926-1929). Obras completas volume 17. Inibição, sintoma e angústia, o futuro de uma ilusão e outros textos. Tradução de Paulo César de Souza. São Paulo: Companhia das Letras, 2014.

(451) FREUD, Sigmund. O mal-estar na civilização e outros textos. (1930-1936). Obras completas volume 18. O mal-estar na civilização, Novas conferências introdutórias e outros textos. Tradução de Paulo César de Souza. São Paulo: Companhia das Letras, 2010.

(452) FREUD, Sigmund. Totem e tabu e outros trabalhos...

(453) EINSTEIN, Albert ; FREUD, Sigmund. Pourquoi la guerre?... [tradução livre da autora].

(454) FREUD, Sigmund. Moisés e o Monoteísmo...

(455) WINTER, Jean-Pierre. Homoparenté..., p. 30-32 [tradução livre da autora].

(456) WINTER, Jean-Pierre. Homoparenté..., p. 30-32 [tradução livre da autora].

(457) WINTER, Jean-Pierre. Homoparenté...

> *A questão não é somente de saber se vamos autorizar duas mulheres ou dois homens a terem em conjunto legalmente uma* ***criança gestada****, necessariamente,* ***por uma terceira pessoa. A questão é de saber se podemos privar radical e voluntariamente uma criança da filiação paterna, ou materna****. Que seria uma sociedade que o autorizaria? Qual movimento conduz a isso? O movimento não começou com a "homoparentalidade", mas com a legitimação da "família monoparental", isto é, com o direito à* ***adoção por uma pessoa sozinha****. Todavia, com a adoção por uma pessoa sozinha, ficamos ainda na ordem do direito como ficção. Mas, não é a mesma coisa a concepção por uma pessoa sozinha, pois nela entraríamos na ordem do fato. Se nenhum pai se declara, o lugar do pai fica de qualquer modo marcado, mesmo se ninguém vem ocupá-lo. É, porém, sobre esta confusão que os militantes "homoparentais" apoiam-se, lembrando que uma mulher sozinha pode adotar uma criança e que não se lhe pergunta se ela é heterossexual ou homossexual. O argumento é ilusório, pois* ***a criança adotável*** *teve dois genitores passíveis de se tornarem parentes, mesmo se ela os perdeu no nascimento. Um único parente é substituído,* ***o lugar do outro continua vazio na realidade****, mas ocupado no psiquismo do adotado e nas estruturas sociais. Isso não é assimilável ao fato de sobrepor um homem no lugar de uma mulher ou uma mulher no lugar de um homem. Mas, é verdade que nós podemos interrogar-nos: como nós chegamos a promover uma lei autorizando a adoção por pessoas sozinhas?* ***Qual concepção de criança se infiltrou neste momento na sociedade*** *francesa sob o manto de pragmatismo?* [(458)]

Ele observa que uma **nova norma** está sendo elaborada. Assim, ele indaga-nos se o fato de gerar uma criança, em condições que sabemos necessariamente acrobáticas, utilizando todas as fontes da tecnologia médica contemporânea, esticando ao extremo o raciocínio e os recursos do Direito e pegando apoio sobre a complacência mediática, não significa a produção de uma nova norma? Uma norma que não quer confessar-se como tal, visto que, segundo seus predecessores, ela tem por **fundamento o amor** e a **educação**.

A Psicanálise não está aí para contestar os avanços sociais, mas para acompanhá-los e interpretá-los. Certamente, a interpretação psicanalítica causa um efeito de ressonância no discurso e no ser. Ela necessariamente suscita resistência. Daí que, munido deste método, como abordar enquanto analista a questão da "homoparentalidade"? Eis uma das saídas possíveis:

> *A primeira questão que se coloca um psicanalista não é de saber se é pertinente tomar tal ou tal medida, por exemplo, confiar crianças a casais homossexuais. Ele se pergunta, sobretudo como um sujeito pôde ter uma ideia tão evidentemente paradoxal: a de colocar no mundo uma criança, enquanto seu sexo fisiológico ou suas escolhas sexuais o impedem, ou de reivindicar o direito de se dizer parente de uma criança que foi colocada no mundo por um outro. Isso, como o havíamos observado, equivale a destituir a criança de sua posição de filho, ou filha, de um pai ou de uma mãe. É a própria função do psicanalista de se questionar* ***qual fantasma*** *é* ***subjacente a tal ou tal comportamento****, a tal tomada de posição. Quando aparece uma tal reivindicação, qual fantasma, qual história desconhecida é colocada em ato? E se este fantasma torna-se realizável graças aos avanços científicos e medicais, e se sua realização é suficiente para transformá-lo em um desejo legítimo? Trata-se de um avanço igualitário ou de uma regressão?* ***A realização de um fantasma o transforma em conduta legal?*** [(459)]

A atenta escuta de certos argumentos, evocados pela "homoparentalidade", poderia bem incitar a questão. Um de seus argumentos se apoia sobre o fato de que certas crianças já vivem nesta situação, na qual os homossexuais, em casal, assumem um papel parental. Eles argumentam que estas crianças devem ter os mesmos direitos que os outros, de ter "verdadeiros parentes".

> *Ninguém o contesta, tanto que, justamente, estas crianças possuem exatamente os mesmos direitos que aquelas de uma família monoparental: uma criança criada pela sua mãe que vive com uma companheira possui estritamente os mesmos direitos que uma criança criada sozinha pela mãe. Mas, contesta-se, o que será aí da continuidade dos cuidados? Da transmissão da herança? Se a mãe morre, sua companheira pode ser impedida de cuidar das crianças. Legalizar a "parentalidade" homossexual resolveria o problema. Mas, nisso não há nenhuma novidade. Numerosos padrastos ou madrastas já se encontram nesta situação, e a lei previu soluções: a* ***adoção simples****, a* ***herança por via testamentária. As leis existentes permitem preservar e proteger estas crianças como qualquer outra criança****. Há nisso, também, um sofismo, um raciocínio que se pretende lógico, mas cujos argumentos são puramente retóricos.*
>
> *Em contrapartida, podemos questionar-nos se é bem a criança que se trata de proteger, ou mais exatamente o* ***parceiro do parente legítimo que receia de ser rejeitado pela criança que não lhe pertence legalmente****. Eis porque ele quer estabelecer um laço legal com a criança.* ***A "prevenção" protegeria então o "não parente", enquanto ele poderia adotar, mais do que a criança****. A mesma ansiedade encontra-se nas famílias recompostas, particularmente quando a dissolução ameaça. Certos padrastos ou certas madrastas preservam-se de muito investir nas crianças do companheiro, de medo de serem rejeitados em caso de separação e assim sofrer. Quanto às crianças, elas sabem muito bem que o padrasto ou a madrasta podem ser transitórios; frequentemente, eles evitam apegar-se, ou tornam o apego impossível, mostrando-se odiosas, e* ***colocando em rivalidade a mãe real com a mãe adotiva*** *etc. Tudo isso revela a antecipação neurótica. Porque seria diferente dos casais "homoparentais" e das crianças que*

---

(458) WINTER, Jean-Pierre. Homoparenté..., p. 39-40 [tradução livre da autora].

(459) WINTER, Jean-Pierre. Homoparenté..., p. 45-46 [tradução livre da autora].

eles criam? É o adulto que busca se premunir de uma lei contra uma angústia que sentiria do mesmo jeito se estivesse implicado em uma relação heterossexual. São esses adultos que, brincando com a sentimentalidade do público que voluntariamente se compadece sobre o destino das "pobres crianças", reclamam uma lei suscetível de ***modificar os próprios fundamentos da filiação*** *unicamente para se proteger de uma angústia, a qual se impuseram.*

Na França, desde a reforma da lei de filiação, ou seja, desde que não há mais "bastardos", todas as crianças são iguais juridicamente. ***Um argumento, que invoca a igualdade dos casais para reclamar uma redefinição da filiação sem laço com a diferença dos sexos, é inepto.*** *Os homens e as mulheres nascem livres e iguais em direito; não é o caso dos casais nem das comunidades. Não se trata de uma lei que interdita aos homossexuais de fazer crianças. O problema está alhures.*[460]

Após ter concluído uma análise aprofundada sobre os argumentos da maioria dos defensores da causa da "homoparentalidade", sejam eles homossexuais ou heterossexuais, justificando a reivindicação de uma lei autorizando-os a se tornarem parentes de pleno direito, isto é, não somente a adotar crianças, mas inclusive, a se **beneficiar dos avanços da tecnologia para se fazer "fazer" crianças, em nome do amor**, Winter[461] diz que esta afirmação do amor aparentemente encerra a discussão, pois *o amor não se prova, experimenta-se*. Há pessoas que têm o amor pelas provas, chamamo-las paranoicas. É verdade que o estado amoroso favorece certa paranoia e conduz-nos frequentemente à busca inquietante das provas de amor, mesmo se nenhuma prova seja concludente. Este caráter imperceptível provém do fato de que **o amor é em grande parte inconsciente**.

Nenhum critério certo, portanto, pode diferenciar entre o amor verdadeiro e a alegação de amor. Este argumento do amor, segundo Winter, poderia de fato se provar falacioso. Ele diz que estamos em um tipo de falsa-aparência, eis que a reivindicação atual possui um duplo sentido: de um lado, ela versa sobre crianças que independentemente de suas escolhas poderiam ser confiadas a homossexuais; de outro, ela é uma mensagem à sociedade visando um objetivo de *reconhecimento*, por meio de todas as manifestações dos signos exteriores do amor. Se amanhã, eles obtiverem ganho de causa, nada mais os obrigaria a amar "como é preciso". Porque, então, eles não cairiam no lote comum, no qual é impossível de manifestar o amor *a priori*? Ele insiste sobre "*a priori*" – a diferença entre o que revela do amor e o que não faz senão miná-lo. **O amor nunca é puro, ele é sempre misturado de ódio**. Então, é preciso apreciar as consequências destes discursos não somente sobre o plano moral, mas também sobre o plano sociopolítico, eis que se pretende inovar no nível do direito comum. Os militantes reivindicam uma lei justa, eis que **o amor não é suficiente para fundar um laço social e edificar uma comunidade estável**. Com o argumento de novidade, eles ridicularizam não apenas a lei jurídica, mas, também, ao mesmo tempo, a lei mais fundamental da humanidade, o *interdito do incesto*, e o laço social mais elementar, a *linguagem*.

No Capítulo 2 de seu livro: "*O amor não basta*", Winter[462] discorre acerca da importância dos **nomes** e dos **lugares** na **genealogia**. Ele explica que esta zombaria sobre a linguagem autoriza práticas julgadas condenáveis, ou pelo menos "complicadas" para a maioria das pessoas quando as palavras conservam seus significados. Mas, quais são os limites para mudar as convenções do sentido ou do não sentido das palavras, por exemplo: "pai", "mãe", "tio", "tia", "irmã", "irmão", "mulher", "homem", "cavalo", "burro"?

Todavia, a filiação genealógica, que é um dos fundamentos da ordem simbólica, implica que exista a cada geração um ***laço fixo entre os lugares de cada um em relação à concepção e aos termos que designam estes lugares****. É o que se inscreve em uma árvore genealógica. Os lugares são organizados em sistema, pai-mãe-filho, tio-sobrinha etc. Eles são relativos uns aos outros. O* ***interdito do incesto*** *pode formular-se assim: um pai e um irmão não podem ocupar o mesmo lugar, do mesmo modo uma mãe e uma irmã. O interdito dos interditos é a confusão das gerações, que é uma confusão regressiva ao serviço de um fantasma de volta à origem. A questão do incesto intervém precisamente a este nível da* ***representação dos lugares mediante palavras adequadas****, muito mais que ao nível de sua realização concreta, isto é, o relacionamento sexual.*

Assim, quando um casal de lésbicas solicita às alocações familiares, para uma delas, uma licença-paternidade, isso não significa que se está no registro do incesto, mas naquele de uma ***desintegração da linguagem****. Esta mulher coloca no seu próprio lugar, aquele de uma mulher, o significante "pai" que neste caso não cobre nenhuma realidade. Ela* ***desvia*** *o sentido do* ***significante "pai"****, tal como funciona para cada um de nós. E, de zombaria em zombaria surgem consequências, na maioria das vezes embaraçosas.*

Certamente, Lacan dizia que, ***no inconsciente, pai, mãe e criança são apenas significantes****. Mas, isso não*

---

(460) WINTER, Jean-Pierre. Homoparenté..., p. 47-48 [tradução livre da autora].

(461) WINTER, Jean-Pierre. Homoparenté...

(462) WINTER, Jean-Pierre. Homoparenté...

ocorre no nível consciente, e é bem por isso que o inconsciente e o consciente frequentemente entram em conflito. Dizer que são significantes, significa que ***se pode fazer deles um uso metafórico ou metonímico****, como quando se diz do seu cachorro ou do seu gato: "É meu bebê". Mas, mesmo assim, o significante "criança" não se substituiria ao significante "parente" senão por jogo. E mesmo, no jogo, a polaridade dos lugares será mantida: se um representa o bebê, o outro se encontra imediatamente na posição de parente, às vezes de "tio". Mas a brincadeira termina quanto se trata de nascimento. Pois se os fatos da procriação regulam-se unicamente pelo jogo ordinário do significante, o que pode impedir a confusão das gerações, por exemplo,* ***a pedofilia****, se "criança" reduz-se a um significante? Mergulha-se na magia das palavras, não há mais corpos, somente linguagem. Quando Freud dizia: "A anatomia, é o destino", precisava-se entender que não se pode esquecer que os corpos são sexuados.* ***Ao isolar completamente o registro do significante daquele do real, chega-se com isto a aberrações****. La Fontaine expõe uma loucura parecida na fábula "As rãs pedem um rei": elas estão tão apressadas de ter um rei que um pedaço de madeira pode fazer ofício, e fazer reinar o terror*[463].

Nós não sabemos como o corpo e a linguagem articulam-se, todavia não é porque seu laço fica enigmático que eles não devem ser articulados. Em um tempo no qual se pode servir de "paillettes" de mercado de esperma congelado para fazer uma criança, Winter[464] indaga se: "***O pai assim reduzido a uma operação fisiológica desaparecerá do registro da linguagem?***" e "*Como não se interrogar, principalmente se a sociedade acabaria legitimando este processo?*".

O **amor** e a **educação** são indispensáveis para a criança, mas, certamente, eles **não são critérios suficientes para legitimar o parentesco**.

A questão do sobrenome do parente não conduz a predizer se uma criança será normal, se irá bem, ou mal, se ela arrisca de ser psicótica. Não é nem para saber se ela arrisca de sofrer, ou de não poder sofrer. Um parente não é necessariamente um "bom" parente, conforme o ideal do momento, e o parentesco não sobrevêm como recompensa de uma boa conduta. Sua realidade é de outra natureza. ***O que funda o parentesco é que a criança desenvolva-se de modo a poder, ela mesma, mais tarde, transmitir a vida****. Quando disse, exagerando, que* ***as crianças criadas fora do sistema do parentesco arriscariam*** *mais frequentemente que outras de ir mal ou* ***de ficar psicóticas****, não era por causa do risco de loucura – quem pode predizê-lo? – mas porque* ***a*** *psicose* ***é a parada da transmissão da vida****, pela recusa de coisas vivenciadas como incompreensíveis. Julgada impossível, a filiação não é mais transmitida. Modo de dizer que não são heróis que através dela nascerão, mas "deuses".*

É certamente desejável e indispensável que a criança receba amor e educação. Mas, isso não basta para a ***construção do psiquismo****. As perturbações, das mais graves até a neurose banal – da "infelicidade banal" como diz Freud, que se deve aprender a admiti-la como um imprevisto da condição humana –, até a maior miséria histérica, as perversões graves, e as psicoses, não são necessariamente o resultado de um defeito de amor ou de uma educação desleixada. Certamente, a negligência e os maus-tratos têm seus efeitos negativos. Mas, quando se tem experiência na patologia mental, sabe-se que uma criança negligenciada pelos seus parentes não se torna necessariamente doente, e que, ao contrário, crianças envolvidas de cuidados podem desenvolver sintomatologias graves.*

*Um índice importante desta decalagem: os mais advertidos psicanalistas consideram com François Dolto que precisa no mínimo de "****três gerações para fazer um psicótico****". Os impasses que se transformarão em sintomas transmitem-se em três gerações, às vezes mais. Um outro indício extraído da experiência cotidiana vai no mesmo sentido: pessoas que não estão nem aí por nada, nem no dom do amor ou da educação, podem contribuir grandiosamente nas desordens psíquicas das futuras gerações. Para construir um sujeito viável, o amor e a educação devem ser acompanhados de outra coisa*[465].

A Psicanálise não propõe uma "boa" pedagogia. Segundo Freud[466], nos seus "*Três ensaios sobre a teoria da sexualidade*", o "período de latência" coincide com a idade da escola, ou seja, com o momento culminante da educação, durante a qual se edificam forças psíquicas, erguendo-se mais tarde como *obstáculos* no caminho da pulsão sexual, para que, tais como barragens, apertem seu curso (o desgosto, o pudor, as aspirações ideais estéticas e morais). Diante da criança da civilização, experimenta-se o sentimento de que esta edificação é a obra da educação. Mas, a educação pode também ter um papel nefasto, ao impedir o encontro da evolução do corpo (e do psiquismo) com a civilização.

O importante na educação é não impedir o kulturarbeit [*trabalho cultural], o trabalho da civilização que se produz na criança. A educação deveria se limitar a *nomear* as coisas no momento em que elas acontecem, insistindo para fazer passar estes estados do corpo ao registro das coisas das quais se pode falar.

Em relação a tal processo, os princípios educativos parecem artificiais. Eles, sozinhos, são apenas suscetíveis de impedir este desenvolvimento natural do qual fala Freud.

---

(463) WINTER, Jean-Pierre. Homoparenté..., p. 57-58 [tradução livre da autora].

(464) WINTER, Jean-Pierre. Homoparenté..., p. 58.

(465) WINTER, Jean-Pierre. Homoparenté..., p. 64-66 [tradução livre da autora].

(466) FREUD, Sigmund. Um caso de histeria e três ensaios sobre a teoria da sexualidade. Obras Psicológicas Completas de Sigmund Freud. 2. ed. Rio de Janeiro: Imago, 1987, vol. VII.

> *Este ponto é muito importante no que concerne à "homoparentalidade". Abster-se de contrariar o que foi fixado hereditariamente e organicamente, tal seria o papel de uma educação "freudiana". Por exemplo, o bom educador é aquele que saberá valorizar o ato pelo qual a criança abandona suas fraldas, simplesmente nomeando seu ato e sem felicitá-lo exageradamente, o que transformaria seu acesso à limpeza um presente endereçado ao pai ou à mãe.*
>
> *Observamos também que Freud dá muita importância à hereditariedade: hereditariedade psíquica, social, orgânica, o que não deixa de surpreender e necessitar algumas explicações [...] Lembramo-nos somente que a educação consiste, em um primeiro tempo, em não desviar, isto é, em não seduzir, seja para fins religiosos, ideológicos ou outros*(467).

A Psicanálise não é construtivista e ela opõe-se à crença de que o gênero – diferente do sexo – é uma pura construção social como pretendem certas militantes homossexuais. Frequentemente, elas invocam as teses feministas e buscam aplicá-las quando têm crianças a criar. Elas acreditam poder livrar-se dos homens graças aos progressos da tecnociência. Nos Países Nórdicos ou na Califórnia, estas mulheres dizem que as coisas poderiam mudar, se os pequenos meninos fossem educados, desde a sua tenra idade, a mostrarem-se ternos e não agressivos com as pequenas meninas, se os valores femininos lhes fossem ensinados, e se, ao mesmo tempo, às pequenas meninas fossem ensinados valores masculinos, os menos agressivos. Estas heroínas da pedagogia, ao assimilar as construções sociais à puras convenções, deduzem disso que a atitude em relação ao sexo pode ser reformatada pela educação.

A fórmula lacaniana "homem, mulher, criança, são significantes" em nada implica este registro, pois os significantes não obedecem a nossa vontade consciente. **O significante nunca alcança o sentido objetivo do significado**. O significante faz-se compreender no equívoco, na polissemia das palavras, e descobre-se por meio da sua repetição. Ele transmite-se, porém, inconscientemente, independentemente do sujeito, de geração em geração. Freud denomina tal processo de "**transmissão de superego a superego**".

> *Exemplos comuns podem ilustrar este tipo de transmissão, que se produz habitualmente ao cabo de três gerações. Assim, não é raro encontrar parentes, criados em uma religião que detestaram, decidirem criar suas crianças no ateísmo; mas, eis que, de modo aparentemente incompreensível, estas crianças ou as crianças das suas crianças voltam à crença religiosa, frequentemente na sua versão mais integrista: o superego dos pais transmitiu a religião que os marcou mas da qual, conscientemente, eles não queriam mais escutar falar sem dela cessar de falar, por exemplo, para se queixar.*
>
> *A transmissão do que foi assim inscrito em nós pode ultrapassar uma geração, eis que cada um de nós é capaz de dobrar-se à vontade dos pais, qualquer que seja o preço. No exemplo precedente, que concerne à construção da virilidade e da feminidade, o pequeno menino que foi castrado de sua virilidade por razões ideológicas, igualitárias, pretensiosamente democráticas, se mostrará talvez um homem muito doce, ou se revoltará desajeitadamente; de qualquer modo, ele arrisca muito de transmitir às suas crianças, sem sabê-lo, ideais machistas e violentos que não podem ser transformados pelo trabalho da cultura, eis que a sua submissão à educação recalcou-os. E se não diretamente às suas crianças, será aos seus netos. Na terceira geração, o voluntarismo pedagógico sucumbe diante da transmissão de superego a superego*(468).

No Capítulo 3 de seu livro: "*Homofobia ou heterofobia*", Winter(469) analisa as consequências desta pretensa reforma sobre o conjunto do sistema da filiação. A instauração da lei da "homoparentalidade" acentuaria, de um lado, o movimento geral de simbolização de massa, e de outro lado, os efeitos globais sobre o conjunto do sistema da filiação. Isso acabará afetando o conjunto das relações de nominação e de filiação para todos, dando lugar ao que Legendre chama a justo título uma "**regressão social**". Em outras palavras, menos as coisas são estruturadas sobre o plano das *gerações*, mais a questão da origem faz-se premente, pois o desafio é aquele da "**abolição da morte**". É o que ocorre quando a lei jurídica do Estado despreza a lei natural, e "*não garante mais que os nomes da filiação designem um, e somente um, lugar que leva em conta os corpos*".(470)

A biologia não comanda a vida familial e social. Para Lévi-Strauss(471) **o parentesco é assimilável a uma linguagem**. Ela se define como um sistema de símbolos de parentesco da realidade, organizado segundo uma combinação estreita. As diferentes figuras possíveis nesta combinação ficam sem relação com os laços naturais da filiação ou da consanguinidade. Mas, segundo Lacan, este sistema simbólico do

---

(467) WINTER, Jean-Pierre. Homoparenté..., p. 68-69 [tradução livre da autora].

(468) WINTER, Jean-Pierre. Homoparenté..., p. 71-72 [tradução livre da autora].

(469) WINTER, Jean-Pierre. Homoparenté...

(470) WINTER, Jean-Pierre. Homoparenté..., p. 98-99 [tradução livre da autora].

(471) LÉVI-STRAUSS, Claude. Antropologia estrutural. São Paulo: Cosac Naify, 2008.

parentesco lévi-straussiano, ao mesmo tempo suave e rigoroso, apresenta um defeito: ele não é "furado", ele nunca é relativizado pelo *Real*. Os lugares deixados vazios pelo fato da história ou da biologia serão sempre ocupados por alguém. Então, a ausência da *categoria do vazio* (este *vazio* que nos faz falar e que a psicanálise denomina o *Real*) no sistema, conduz a uma espécie de nominalismo, ou de construtivismo, ou de voluntarismo, que não se adapta à clínica.

Descobrimos na clínica que tudo não é *Simbólico*, e que o *Real* não cessa de tocá-lo fazendo aparecer a dissimetria, o incomunicável, a perda, o não sentido. O neurótico se inventa sempre um "mito individual", inassimilável a qualquer mitologia. Ele idealiza um romance familial, mas do qual nunca poderá acreditar totalmente. "*O sujeito se projeta em uma família imaginária, sonhada, mas edificada, como os sonhos, a partir dos traços deixados com certas experiências ancestrais.* ***O romance familial nunca é puramente imaginário, ele é uma tela estendida entre estes significantes***".[472] Uma maneira *metafórica* de designar o imperceptível da origem.

No Capítulo 3 de seu livro: "*Homofobia ou heterofobia*", Winter[473] explica, igualmente, a importância de **dar um lugar ao significante do impossível**. Ele diz que o parentesco é o resultado de uma operação de pensamento, diferente das fantasmagorias imaginárias, mesmo se a imaginação cumpre nela seu papel. Winter[474] sublinha que:

> *É o pensamento que faz a ponte entre o dado natural incompreensível e o ordenamento sociocultural: o pai é o resultado de uma tal cogitação. O segundo ponto a sublinhar é que a certeza que disto resulta, "Um tal é meu pai", não é da mesma ordem de evidência no sentido no qual se fala hoje de uma "evidência baseada na medicina", isto é, pretensamente apoiada sobre fatos (em realidade, estes "fatos" são estatísticas). A certeza, eu não diria que ela não pode ser colocada em dúvida, mas ela resta sempre questionável, enquanto que o que é apresentado como fato resta incontestável.* ***O pai nunca é reduzido a um fato.*** *Ele é o produto de um processo de dedução que se combina com as regras de parentesco em uma dada sociedade. Depois, vem o processo de apropriação subjetiva que conduz a dizer: "****Este homem é meu pai****". Sabe-se que este último processo é evolutivo: a ideia que cada um se faz do seu pai não cessa de evoluir no decurso de sua vida, mas* ***ele se constrói a partir da existência daquele que fez de uma mulher uma mãe.***
>
> *Uma vez que o pai é produzido como objeto mental, ele se repercutirá sobre o parentesco biológico, todavia distanciando-se mais. "Meu pai", "meu papai", o "homem da minha mãe", são personagens diferentes e totalmente irredutíveis ao genitor. Nunca haverá coincidência. O pai das origens está para além de tudo o que se pode pensar, ele disto é o resto. Mas, sem este* ***retorno reflexivo retroativo*** *sobre os diversos aspectos do pai, este resto nunca aparecerá. E assim ocorre com os outros termos do parentesco, da mãe, dos irmãos, das irmãs, dos tios... Todavia, as concepções do parentesco como ficções convencionais ou como mitologias de referência não deixam lugar a este retorno reflexivo. Elas funcionam em conformidade ou em contestação, sem ponto de referência. É a este custo que pode ser mantida a ficção de uma adequação entre o* ***regime de parentesco*** *e o* ***registro da imaginação****, do romance, do mito, quiçá do delírio.*
>
> *Para conceitualizar as ocorrências do pai na clínica, Lacan introduz uma distinção entre o pai simbólico, o pai imaginário e o pai real. O pai simbólico, pai morto da horda mítica, dá a Lei e permite o desejo; o pai imaginário, às vezes, é o personagem todo-potente infinitamente receado, às vezes o pai ideal que gostaríamos de ter, às vezes a personagem decepcionante "que tão mal nos ferrou", como diz Lacan. Quanto ao* ***pai real****, este é o mais difícil de definir: é este homem encarregado da família que entra e sai da casa? É o Deus criador através dos tempos, ou ele se reduz ao espermatozoide decisivo?* [475]

O sistema simbólico do parentesco, proposto por Lévi-Strauss[476], pode ser analisado de maneira mais aberta a partir das diferentes figuras paternas. O cruzamento entre o pai simbólico e o pai imaginário, proposto por Lacan[477], com seu ponto de fuga, abre a perspectiva ao infinito de um pai real. Ele reabre a verdadeira dimensão do mito, dando lugar ao *significante do impossível*. Além do seu jogo simbólico de oposições, os mitos incluem uma anomalia, um evento estranho ou anormal, um acontecimento inexplicável, a partir do qual a história começa.

> *As concepções plásticas atuais de parentesco (parentalidade, homoparentalidade etc.) ignoram a necessidade de dar lugar a este significante do impossível na ordem simbólica. Todavia, como assinalado por Lacan, aquilo que não encontra seu lugar no simbólico volta ao real, e sob uma forma desenfreada. Se não há mais lugar na ordem simbólica do parentesco para o significante do impossível, este impossível de dizer o que é a diferença dos sexos, o impossível vai se reencontrar no real. Por exemplo, duas pessoas do mesmo sexo serão realmente supostas ter feito uma criança. O real torna-se então um romance. Tal é o preço de um sistema que se quer total, ou seja: totalitário, sem furo. Nada é impossível em um tal sistema, eis que o fantasma se faz equivalente ao real racional. O sistema se torna uma pura*

---

(472) WINTER, Jean-Pierre. Homoparenté..., p. 102 [tradução livre da autora].

(473) WINTER, Jean-Pierre. Homoparenté...

(474) WINTER, Jean-Pierre. Homoparenté..., p. 106-108 [tradução livre da autora].

(475) WINTER, Jean-Pierre. Homoparenté..., p. 106-108 [tradução livre da autora].

(476) LÉVI-STRAUSS, Claude. Antropologia estrutural...

(477) LACAN, Jacques. *Passim.*

ficção, referindo-se apenas a si mesmo, e a realidade emigra para outro lugar. As verdadeiras coisas ocorrem em outro lugar. A descoberta dos sistemas do parentesco e dos mitos por Lévi-Strauss pode ser utilizada neste sentido[478].

Os profissionais da democracia não constatam nenhuma malícia na argumentação dos militantes da causa "homoparentesca". Os homossexuais consideram-se vítimas de uma discriminação, sua comunidade vê-se recusada de um direito reconhecido a outros. Porém, ninguém é proibido de fazer crianças e, nesse caso, ninguém é questionado sobre sua orientação sexual. **Não é a lei jurídica que impede os homossexuais de fazer crianças**. Então, há uma confusão mantida em relação à questão das crianças criadas por um casal homossexual.

Há crianças geradas inicialmente em um quadro heterossexual, e outras **geradas com a assistência de um terceiro anônimo**, ou tornado anônimo, mas "encomendado" por homossexuais.

Winter[479] afirma que estes dois problemas são completamente diferentes.

> *A principal diferença reside no fato de recorrer a terceiro para gerar a criança. Certas preferências no exercício do gozo sexual são compatíveis com a procriação, outras não:* ***trata-se de um fato, não de um assunto de legislação.*** *O mesmo raciocínio adequa-se para pessoas que, em matéria de sexualidade, praticam exclusivamente a* ***sodomia*** *ou a* ***felação. Isso implicaria que os heterossexuais possuindo gosto exclusivo destas práticas agrupem-se em associações para exigir uma lei autorizando-os a gerar crianças segundo as teorias sexuais infantis?*** *Ou segundo as práticas sexuais que eram as suas quando se questionavam: "****Donde vêm as crianças?****".*
>
> *Somos assim reenviados a uma interessante questão política, a de* ***uma comunidade fundada sobre a única particularidade do seu gozo sexual.*** *Como o caráter particularmente segregativo de tal comunidade não é imediatamente percebido pelos democratas?*
>
> *Em "O avesso da psicanálise", no momento em que ele se interroga sobre a inevitável subida do racismo nas nossas sociedades, Lacan faz alusão a estas pessoas que fazem de sua pertença ao grupo um ponto de "iluminação". Ele cita a este propósito uma "encantadora" que lhe dizia: "Eu, sou de pura raça proletariana!" Assim, alguns não mais hesitam atualmente em comunicar que seriam de "pura condição homossexual"*[480].

Este tipo de discurso cria uma nova "comunidade", isto é, um novo incluído e um novo excluído que se tornarão inimigos diante da mínima contestação. Esta afirmação produz como seu polo oposto imaginário a ideia louca de uma "comunidade heterossexual", que somente aspiraria ao mal à primeira, sobretudo se esta se considera como minoritária. Há que se lembrar de que a Psicanálise teve um papel importante no fim dos ostracismos causados pela orientação sexual. Desde Freud, a sexualidade, em geral, é encarada como um processo complexo e frágil, levando a uma "**escolha de objeto**". Esta própria escolha está determinada em parte pela história do sujeito e em parte pela sua constituição inicial. Mas a Psicanálise mostrou também que os perseguidores mais ativos dos homossexuais buscavam, sobretudo, se defender de sua própria homossexualidade latente:

> [...] *é seu próprio fantasma que eles excluíam do jogo com violência. Enfim, a pequena diferença posta em relevância esconde outra diferença, muito mais problemática, pois ela é real e ninguém consegue vencer: a diferença dos sexos.*
>
> *Atualmente, a situação parece se inverter. As antigas vítimas da persecução reivindicam uma diferença que para eles continua gerando sofrimento, ou que continuaria se a comunidade homossexual deles não os protegesse, permitindo-lhes denegá-la. Esta necessidade de proteção e de identificação é compreensível, mas a sua tradução em termos indentitários causa questionamentos. Não há mais comunidade indenitária de homossexuais, como não há comunidade de jovens, ou de velhos, ou amanhã de clonados. Em termos de comunidade "outra", o quase desaparecimento do proletariado deixou um lugar vazio. Ao meu ver, seria pertinente deixá-lo vazio, a fim de se proteger daquelas que Lacan percebe como comunidades de iluminados*[481].

Retomando a questão da "homoparentalidade", Winter[482] insiste sobre o caráter suspeito do **entusiasmo das mídias a respeito desta causa**. O emprego público de duvidosas cifras e estatísticas de crianças concernidas é frequentemente errado, mesmo por aqueles que desaprovam em privado esta reivindicação. Neste circo mediático e comunitarista, ele considera também como significativa a propensão a apresentar estas reivindicações como "progressistas". Ele denuncia também a estigmatização de toda expressão de perplexidade de "reacionária", ou ainda de "homofóbica". Ele pergunta-nos se precisaria

(478) WINTER, Jean-Pierre. Homoparenté..., p. 109 [tradução livre da autora].

(479) WINTER, Jean-Pierre. Homoparenté..., p. 111-112 [tradução livre da autora].

(480) WINTER, Jean-Pierre. Homoparenté..., p. 111-112 [tradução livre da autora].

(481) WINTER, Jean-Pierre. Homoparenté..., p. 112-113 [tradução livre da autora].

(482) WINTER, Jean-Pierre. Homoparenté...

esperar trinta anos para que possamos, neste domínio, lembrar certas realidades?

> *Vamos consentir sacrificar duas ou três gerações de crianças para descobrir os efeitos reais das questões que não queríamos colocar? Freud havia previsto o fracasso do comunismo soviético, tendo em vista que era uma utopia que recusava levar em consideração a destrutividade humana. A denegação da pulsão de morte custou-nos milhões de mortes. Hoje, o que é denegada é a importância da diferença dos sexos na filiação e na transmissão. Ao meu ver, esta é a questão mais difícil que enfrentamos nesta corrida, que Legendre denomina o "triunfo da experimentação humana"*[483].

Winter[484] sustenta, quaisquer que sejam as manobras de intimidação do pensamento, que **o ponto nodal da questão não é a homofobia, mas a heterofobia**. Ele afirma que há uma forte reversão, pois aqueles que não suportam o *real* da diferença (o que quer dizer "heterofobia") dos sexos acusam os outros de homofóbicos. Eles consideram que a diferença dos sexos é uma construção cultural, assim como qualquer espécie de heterogenia. Destarte, ele se questiona se a reivindicação de um direito de "**homoparentalidade**" não seria um tipo de **defesa psíquica**, um dos numerosos subterfúgios que cada um inventa para escapar da "**angústia de castração**"? Ele lembra que a angústia da castração é um assunto pessoal. Nela, cada um deve encontrar sua própria resposta, e a sociedade não deve ser cúmplice de uma lei jurídica, que a ignoraria.

No Capítulo 4 de seu livro: "A diferença dos sexos", Winter[485] se questiona se "a indiferenciação sexual é um progresso da democracia?". Para responder a esta questão, ele convida a uma reflexão sobre as frases de Lacan: "O Outro não pode ser senão o outro sexo?" ou "O Outro deve ter alguma relação com o que aparece como o outro sexo".

Nestas afirmações, não se trata de um outro sexual, que despertaria o desejo. O "grande Outro" (escrito por Lacan com "A" maiúsculo) não é somente uma pessoa. Ele é essencialmente "um lugar". Este lugar (núcleo de nosso ser) mais íntimo, e ao mesmo tempo mais externo a nós mesmos, em que se esconde o "tesouro dos significantes" do desejo, é o lugar da linguagem, ou seja, o lugar de tudo o que pode e não pode se dizer. Por exemplo: Eu falo e penso no Outro. Pessoas (designado pelo "a" minúsculo), regularmente vêm encarnando este lugar. Mas, como podemos observá-lo, há uma distância nesta relação do sujeito ao outro. "*A situação de desejo ou de tensão sexual nasce quando este pequeno outro que provisoriamente encarna o Outro se encontra contendo os significantes de desejo*"[486]. Alguma coisa em um outro, do fato de sua situação ou de sua composição, evoca os objetos sobre os quais as pulsões sexuais foram concentradas. O desejo, às vezes, o amor, apoia-se sobre o corpo daquele que momentaneamente encarna o grande Outro. Às vezes, a aproximação não se consuma senão por meio das palavras ou das escritas.

Winter[487] nos fala de um "Outro sexuado", tendo em vista que a "diferença dos sexos" se inscreveu, uma vez por todas, como um mistério, ao mesmo tempo emocionante e assustador. Ele diz-nos que **não se trata da repartição dos papéis sociais**, nem das reflexões filosóficas de diversas tendências, naturalistas, machistas, feministas, igualitárias etc.:

> *Para o funcionamento psíquico de base, a diferença dos sexos é a diferença que a criança, menina ou menino, percebe no corpo de sua mãe, secundariamente entre o corpo de seu pai e aquele de sua mãe. É primeiro a diferença entre um corpo de adulto e um corpo de criança. Para ele, esta diferença evoca imediatamente o enigma do desejo que o colocou no mundo mediante a reunião de duas pessoas de sexo diferente. A diferença de sexos, para a criança, é a relação que esta mantém com o que ela observou, escutou, imaginou e que profundamente a perturbou. Nisso, ela constata, mais tarde, o caráter real. Mas, desde o início, tudo isso é apreendido em um discurso simbólico: o homem, a mulher, o senhor, a senhora, o pai, a mãe... A diferença de sexos é com o que a criança se depara quando confrontada ao que se passa na cama de seus pais*[488].

Ele afirma que a diferença dos sexos surge no quarto dos pais, não na escola, nem na televisão. Ela compõe-se de uma ajustagem improvável de corpo, de discurso e de mistério, como um

---

(483) WINTER, Jean-Pierre. Homoparenté..., p. 114 [tradução livre da autora].

(484) WINTER, Jean-Pierre. Homoparenté...

(485) WINTER, Jean-Pierre. Homoparenté...

(486) WINTER, Jean-Pierre. Homoparenté..., p. 134 [tradução livre da autora].

(487) WINTER, Jean-Pierre. Homoparenté...

(488) WINTER, Jean-Pierre. Homoparenté..., p. 134 [tradução livre da autora].

ponto de fuga do Outro para o corpo. Mas, ele acrescenta que a malha do parentesco, em que os fenômenos corporais se imbricam (corpo de homem, corpo de mulher, desejo, reprodução, nascimento e morte) em um quadro simbólico, caiu. **Quando a cena da concepção é remetida aos laboratórios medicais, há um apagamento imaginário da diferença dos sexos**. Claude Lévi-Strauss[(489)] considera inédito este fenômeno. Segundo ele, não pode existir uma sociedade na qual os papéis masculinos e femininos seriam indiferenciados.

Winter[(490)] afirma que, atualmente, **a indiferenciação sexual é apresentada como "a última palavra" do progresso democrático**, e, até para alguns, o caminho de acesso ao gozo. E, ele igualmente assegura que sob pretexto de defender os direitos das minorias sexuais, dos casais estéreis, dos futuros clones etc., as mídias percebem em toda parte homofobia.

> ***Mas estas acusações de homofobia não dissimulariam um verdadeiro horror da diferença?*** *A extensão indefinida deste famoso "direito à diferença" poderia bem resultar da denegação da mais universal diferença e da mais pesada consequência:* ***a diferença dos sexos, constituindo a base da denegação da diferença entre a vida e a morte****. Sobretudo quando se acrescenta a estas diferenças a exigência de um direito, enquanto que as diferenças são de fato. Para pegar a sua revanche sobre leis inócuas e desde muito abolidas, aqueles que disso teriam sido vítimas, querem agora que suas singularidades ditem as leis.*
>
> *Assegura-se que não há motivo para se inquietar, que a* ***diferença dos sexos*** *é de qualquer modo inapagável. Isso equivale a ignorar* ***a perversão, que se define precisamente pela denegação desta diferença****. Tal argumentação mostra, sobretudo, que os seus adeptos são absorvidos em um modo perverso de pensar os fatos do sexo até não mais perceber onde está o problema. Precisamos que tal desaprovação não resulta de um desconhecimento da diferença, mas de um discurso que a reconhece para, no mesmo movimento, desaprová-la: uma* ***denegação***[(491)].

Winter[(492)] lembra as observações clínicas do sentimento de colapso que comove, anos após o **aborto**, as mulheres, independentemente de qualquer convicção religiosa. Ele acrescenta que ainda estamos longe de ter iniciado a avaliar **os efeitos dos abortos sobre os homens**, notadamente, **quando praticados sem serem consultados**. Mais ainda, quando, ao mesmo tempo, eles são censurados pela sua indiferença e irresponsabilidade. Com este exemplo, ele explica que tudo o que concerne à vida do corpo não revela somente do naturalismo, mas questiona **o laço entre o real do corpo e o real do simbólico**.

Esta questão é pertinente quando um casal *gay* ou lésbico engaja-se na via de engendrar uma criança. Tal propósito provoca verdadeiras questões ligadas à "homoparentalidade", à **gestação por outrem** (mãe portadora ou "mãe de aluguel") ou à "monoparentalidade" voluntária.

> *Como imaginar que a existência e o* ***ato do terceiro, doador anônimo ou não****, mãe portadora, ou amigo(a) generoso(a), que será evacuado da filiação, não possam se inscrever duradouramente, seja no corpo daqueles que queriam que lhe seja dada uma criança deste modo, ou no corpo da criança dos quais é produto?* ***O que ocorre com o desejo e o psiquismo daqueles que obtêm uma criança nestas condições? É deles que esperaremos respostas, outras que ideologistas ou racionalistas***[(493)].

Nesta questão, ainda, ele aborda a importância do que a Psicanálise denomina o "**objeto de um desejo**", colocando as seguintes questões: "***O desejo de criança incansavelmente evocado é um desejo, e seu objeto é realmente uma criança?*** *Uma criança pode ser o objeto de um desejo no sentido psicanalítico do termo?*"[(494)]

Winter[(495)] explica que **um objeto não se torna desejável enquanto não acessar a ordem da linguagem**, ou seja, no registro da *ausência* da coisa. O objeto possui desde já uma função simbólica. Isto quer dizer que no mesmo momento em que o sujeito vai reencontrar seu objeto, ele o perde, pois ele já está na linguagem:

> *A relação com o objeto, não é um reencontro com um objeto que se perdeu, mas uma perda de um objeto em o fazendo mudar de registro. Eis porque o amor se canta: a nostalgia do real conduz o sujeito a colocar um ato simbólico. Eis porque o objeto importa menos pela sua forma, tamanho, etc., do que pelo seu* ***lugar no psiquismo****, isto é, pelos significantes aos quais ele se associa*[(496)].

---

(489) LÉVI-STRAUSS, Claude. Antropologia estrutural...

(490) WINTER, Jean-Pierre. Homoparenté...

(491) WINTER, Jean-Pierre. Homoparenté..., p. 135-136 [tradução livre da autora].

(492) WINTER, Jean-Pierre. Homoparenté...

(493) WINTER, Jean-Pierre. Homoparenté..., p. 145 [tradução livre da autora].

(494) WINTER, Jean-Pierre. Homoparenté..., p. 145[tradução livre da autora].

(495) WINTER, Jean-Pierre. Homoparenté...

(496) WINTER, Jean-Pierre. Homoparenté..., p. 146-147 [tradução livre da autora].

O objeto é desejado porque é recuperado pelo sujeito como um eco, ele é percebido como algo que pode satisfazê-lo completamente. Mas, o sujeito sempre se olvida de que **a capacidade de desejar será perdida caso não lhe faltar este objeto**. A relação do desejo ao seu objeto pode nos fornecer algumas lições, se queremos colocar a criança como objeto de desejo entre dois seres que seriam do mesmo sexo. É a ambiguidade do objeto, no sentido de que onde há uma perda e uma recuperação, mas **perda real do objeto** e **recuperação** desta **perda** somente no **nível simbólico**. Ou seja, há uma decalagem que vem limitar a ideia de uma completude do ser. A inveja odiosa, que a criança ressente quando percebe seu pequeno irmão no seio de sua mãe, não significa seu desejo do seio, o que seria um sentimento normal de inveja. O que o decompõe, é a imagem de completude, remetendo à sua própria incompletude, à incompletude do seu ser.

> *Constatamos em psicanálise, que o objeto-pai, o objeto-mãe, o objeto-criança se sustentam graças a sua* ***posição ambígua entre o real e o simbólico****. Sem isso, a incompletude do ser anula-se e a* ***dimensão do equívoco****, mais uma vez, se expulsa.* ***Se a demanda de "homoparentalidade" acaba sendo satisfeita, a ambiguidade do objeto acabaria****. Não estaríamos lidando com o objeto real, mas somente com a sua recuperação simbólica. O objeto-criança seria colocado seja do lado do real, seja do lado do que os "homoparentes" e seus defensores menosprezam:* ***o significante como articulação do corpo e da linguagem****.*
>
> *Sem que se perceba, esta abolição da dimensão do equívoco entre o objeto real e o objeto simbólico se encontra atuando na ideia de encarnação do verbo. Pois a partir do momento no qual o verbo se faz carne, o equívoco do significante abole-se, eis que não se pode escolher senão uma dimensão do sentido, aquela da encarnação: mais equivocidade, mais metáfora!* ***Se o estatuto da criança é apenas jurídico, ou apenas biológico, o espaço entre-dois que favorece sua liberdade criadora desaparece****.*
>
> ***Até agora, a diferença dos sexos dos parentes assegurava à criança a dimensão do equívoco e a necessidade de metaforizar a vida****. Pois a incompletude para um homem não é a mesma que a incompletude para uma mulher. A criança pega entre dois tipos diferentes de incompletude, torna-se o autor de sua própria relação à falta. Ela criará alguma coisa de completamente inédita e que não pode ser prevista, mas na condição de que um lugar seja disposto para este inédito*(497).

Quando a criança é considerada objeto de desejo, não se lhe dá outra possibilidade senão encarnar este objeto, de modo positivo ou negativo. Para as crianças de parentes possessivos, **o acesso à metáfora arrisca de lhes ficar fechado**. É, portanto, a isto que a criança deverá se afrontar quando ela mesma, por sua vez, irá querer crianças.

> *Há dois modos de encarnar o verbo: um modo histérico, ao apreender inconscientemente e de modo pontual uma palavra por uma coisa, o sintoma histérico vindo no lugar da palavra faltante; uma maneira psicótica, que consiste em pegar as palavras e as coisas como equivalentes. Para o psicótico, o copo de água no qual ele se afunda não é mais uma metáfora, é uma angústia de morte. O que eu receio então nesta questão, é a desmetaforização do ser pelo lado da cadeia exclusivamente significante. De um lado, os defensores do "parentesco" intencional, denegando à concepção física qualquer importância psíquica; de outro, aqueles que se inclinam para um parente estritamente biológico, o parentesco pelo sangue, isto é, a filiação provada pelos testes de DNA*(498).

Diante deste risco de **mudanças das relações** do **ser** às **regras da linguagem**, o autor desenvolve minuciosamente o conceito do simbólico. Ele(499) situa, a partir de Lacan, a **morte** não no fim, mas no próprio meio do **processo** da **vida simbólica**. Torna-se, por conseguinte, falante matando simbolicamente aquilo do que se fala. "*A morte é ao mesmo tempo real e simbólica. Em sendo mortal, para o homem* ***o simbólico é a presença da morte*** *enquanto ainda está vivo. O automatismo de repetição não é somente uma repetição cega, mas instância significativa*"(500). Segundo o autor:

> *Este livro é um protesto contra a mudança do parentesco em "parentalidade", e particularmente contra a "homoparentalidade", se este termo devia ser legalizado. Sinto* ***a reivindicação sustentada por certos homossexuais como um ataque contra o simbólico****, contra a língua, e eu me esforço não somente de explicar este sentimento, mas também sua razão a partir de minha experiência de psicanalista e de sua conceitualização, que é nitidamente de inspiração lacaniana*(501).

O simbólico lacaniano possui uma concepção muito mais larga. O simbólico não existe senão como terceiro, isto é, ele ganha sentido somente quando relacionado às duas outras categorias de funcionamento psíquico, o real e o imaginário. Há diferentes enodamentos entre real, imaginário e simbólico.

> *Em termos lacanianos, se dirá, por exemplo: imaginar o simbólico (o que fazem, por exemplo, os mitos), simbolizar o ima-*

---

(497) WINTER, Jean-Pierre. Homoparenté..., p. 148-149 [tradução livre da autora].

(498) WINTER, Jean-Pierre. Homoparenté..., p. 150 [tradução livre da autora].

(499) WINTER, Jean-Pierre. Homoparenté...

(500) WINTER, Jean-Pierre. Homoparenté..., p. 161 [tradução livre da autora].

(501) WINTER, Jean-Pierre. Homoparenté..., p. 151 [tradução livre da autora].

ginário (por exemplo, o estudo estrutural dos mitos ou dos contos), simbolizar o real (a ciência coloca o real em equações por meio de pequenas letras), imaginar o real (produzir obras de ficção, um filme) etc. Interpretar os sonhos é simbolizar o imaginário, pois um sonho é uma produção imaginária e sua interpretação remete o analisante aos "algarismos" do seu desejo, denominados também seus "significantes". ***O simbólico****, então, não é captado como tal, como um objeto, mas pelo menos se pode lhe dar uma apresentação.* ***Não é o homem que o cria, é ele que cria o homem***[(502)].

No último capítulo de seu livro: "*Direitos, identidade e sexualidade*", Winter[(503)] se questiona sobre o que acontece no espírito daqueles e daquelas que projetam, sem receio, de **ofertar a vida a uma criança, privando-a, ao mesmo tempo, intencionalmente, de um parente**: "*Para além das condições materiais, qual fantasma ou qual repetição de um desejo infantil é movido por meio de tais práticas? E como se faz, que o que restava até aqui no estado de fantasma tenha sido admitido na realidade, e até mesmo legalizado em alguns países?*"[(504)].

O limite entre o campo do real e o campo do fantasma foi abolido, por motivos históricos e de busca de "pureza da raça", não pulsionalmente como em decorrência dos excessos ligados a um estado de guerra, mas **em nome de ideais** considerados "superiores". **A confusão entre o real e o fantasma torna-se a lei do gênero**. Após a caída dos impérios totalitaristas, que constituem ainda os fantasmas sádicos, nossa sociedade prossegue no mesmo movimento de *atravessamento dos interditos*, indo ao encontro de uma **confusão entre o virtual e o real** (o filme *Matrix*, o jogo *Second Life*). Neste contexto virtual, outro nome do fantasma, **a "homoparentalidade" é um modo de subverter a diferença entre o fantasma e a realidade**, que era operante até lá. Existe uma desvalorização do real, e um virtual que passa cada vez mais "como sendo o único real considerado digno, nesta disjunção, como humano".

Segundo Winter[(505)], esta dominação virtual pode também ocasionar confusões sobre a **noção de "democracia"**. Ele nos lembra que a **Declaração Universal dos Direitos Humanos** estabelece que todos os seres humanos são iguais *em direito*. Isso significa que todos possuem os mesmos direitos que a Declaração atribui a todo Homem. Daí que o autor questiona se esta norma: "É uma base para tentar impor a igualdade das condutas em nome da igualdade dos casais? ***Podemos nos apoiar sobre este direito para reivindicar a igualdade dos casais homossexuais e heterossexuais diante da fecundidade?***"[(506)].

Neste caso, o Direito poderia ser considerado como uma virtualidade. Ele seria esvaziado de sua vocação universal e de uma das suas maiores funções, qual seja a proteção da vida privada.

> *A democracia não tem que se preocupar com as escolhas íntimas dos indivíduos, ela não as apoia nem as critica. Ela deve apenas velar pelo reconhecimento dos direitos de todos para proteger a liberdade de cada um. O direito reparte os gozos, autorizando o que é possível e proibindo o que não é. Se a igualdade dos casais na procriação fosse votada, seria um passo ao encontro do* ***direito comunitário****, onde cada comunidade é livre de aplicar suas próprias regras, tradicionais ou reformadas. Que fariam então aqueles que não se inscrevem em uma única comunidade, o que é o caso de quase todo mundo atualmente? Sem contar a multiplicação indefinida dos pequenos reinos...* ***Seria denegar qualquer valor à noção de interesse geral.***
>
> ***A democracia, não é a igualdade de todos os laços, quaisquer que sejam.*** *Todo indivíduo possui certamente o direito de escolher sua própria vida; o problema começa quando ele reclamar que sua escolha seja reconhecida como lhe conferindo os mesmos direitos que uma* ***escolha inversa****, sem nenhuma consideração ao que é* ***compatível*** *ou* ***incompatível*** *com o* ***real****. Porque não reivindicar então para os casais o direito de voar como os pássaros?* ***Não é antidemocrático negar que o laço do casal deve permitir de voar, já que os pássaros voam?*** *Reclamamos direitos incompatíveis com a realidade, para não ter que reconhecer que a realidade não nos faz iguais. Como o "eu não posso" parece insuportável,* ***exige-se do direito tornar o impossível possível****. Responderam-me que o avião permite de realizar o desejo de Ícaro. Mas, um avião não tem direito, nem angústia, nem desejo! Uma mãe portadora ou um espermatozoide congelado são outra coisa que simples meios de transporte*[(507)].

Em um regime político democrático, no qual o povo é soberano, **as leis jurídicas não se preocupam com as escolhas individuais**. Mas, aqueles que sustentam as teses "homoparentescas" invocam um importante argumento para alguém que, como o autor, possui convicções democráticas e quer se distanciar de certo moralismo. **Eles reivindicam a igualdade dos cidadãos perante a lei. Então, pode-se**

(502) WINTER, Jean-Pierre. Homoparenté..., p. 152 [tradução livre da autora].
(503) WINTER, Jean-Pierre. Homoparenté... [tradução livre da autora].
(504) WINTER, Jean-Pierre. Homoparenté..., p. 189 [tradução livre da autora].
(505) WINTER, Jean-Pierre. Homoparenté...
(506) WINTER, Jean-Pierre. Homoparenté..., p. 189 [tradução livre da autora].
(507) WINTER, Jean-Pierre. Homoparenté..., p. 190. [tradução livre da autora].

pensar que há um direito a ter crianças do qual os homossexuais são excluídos. Mas, Winter[(508)] afirma que é nisso, justamente, que se situa a mágica sofística desta questão. Ele observa que "***conceber crianças nunca foi um direito*** *e seria lamentável para todo mundo que se tornasse*"[(509)]. Tal direito não existe. A concepção de uma criança pode revelar um desejo, uma vontade explícita (de mais a mais, com o que a ciência autoriza atualmente), um evento feliz ou infeliz (no caso, por exemplo, de um estupro), mas, **em nenhuma circunstância, o direito positivo intervém seja para autorizar ou para interditar.**

Requer-se de nós "simplesmente" estender o campo de aplicação de um direito, mas este direito não existe, e eis-nos alvos de armadilha por causa de uma reivindicação exorbitante e perigosa de ***ter que criar um novo direito*** *para autorizar alguma coisa do qual nunca se necessitou.* ***A concepção de uma criança é fora do direito,*** *como a caída dos corpos: se soltamos uma bola ela cai. Apaixonar-se, ficar grávida, fazer crianças, tudo isso ocorre independentemente do direito.*

No jornal "Le Monde", Sylviane Agacinski[(510)] escreveu: "A reivindicação do 'casamento homossexual' ou da 'homoparentalidade' não pôde ser formulada senão a partir da construção ou da ***ficção de sujeitos de direito que nunca existiram:*** *os* ***heterossexuais.*** *Ao colocar como um dado real esta classe ilusória de sujeitos, a questão da igualdade dos direitos entre homossexuais e heterossexuais pôde ser formulada. Trata-se, porém de uma ficção, pois* ***não é a sexualidade dos indivíduos que desde sempre fundou o casamento nem o parentesco, mas, primeiramente, o sexo,*** *ou seja, a distinção antropológica dos homens e das mulheres"[(511)].*

Consequentemente, segundo Winter[(512)], a discussão acirrada acerca da "homoparentalidade" é uma construção efetivamente produzida de *silogismos*, tendo por única base a criação de uma *ficção*. Esta criação fictícia tornou-se pelos seus artifícios uma realidade. Ela obriga os cidadãos a se definir sobre um plano, no qual não tinham nenhuma intenção de fazê-lo.

Pois até agora ***nunca se considerou que as práticas sexuais*** *seletivas de um sujeito façam parte integrante de sua* ***identidade.*** *Nem a antropologia, nem o direito tinham levado em consideração a sexualidade dos indivíduos, mas somente seu sexo, o que não é a mesma coisa. Era assim até a emergência da homossexualidade na cena da "paternalidade".* ***A identidade nunca inclui as escolhas sexuais.*** *Ocorre, em contrapartida, que na análise, e às vezes na literatura, um sujeito procurando "quem ele é" remete ao seu tipo de sexualidade. Mas, na análise, ou na literatura, oermo de "identidade" não possui o mesmo sentido que na antropologia ou no direito[(513)].*

Segundo a psicanálise, a identidade não é uma. A identidade não é a essência de um ser, pois não há essência do ser.

No sentido analítico, não há também identidade no nascimento, pois ***a identidade é feita de identificações,*** *isto é, de movimentos psíquicos que consistem em incorporar certos traços elevados sobre outros. As identificações são então múltiplas e o que se afigura mais próximo de uma identidade é o que se denomina o* ***"eu"****, isto é, a* ***soma destas identificações.*** *Algumas tocam à sexualidade, outras reúnem escolhas de vida: escolhas culturais, escolhas de valores, mas também o lugar mantido nas trocas (eu sou conquistador, eu sou um perdedor, aquele que concilia, aquele que observa corretamente etc.) A nacionalidade, as convicções, a religião, a filosofia, decorrem igualmente de identificações. É preciso ainda saber que, para a vida psíquica, estas escolhas importam menos que aqueles ou aquelas de quem são emprestados, elas exprimem uma devoção do sujeito a estes modelos. Por exemplo, mais do que o fato de ser evangélico, é o fato de ser evangélico como o pai (ou como a mãe) que é determinante. Lacan chamava o "eu" de "miroir aux alouettes"* [= *armadilha para pássaros], *pois ele o percebia constituído de uma infinitude de pequenos pedaços colados uns aos outros, seu conjunto não necessariamente constituindo uma forma, mas podendo ser dividido em muitos pedaços.*

O "eu" *não é idêntico ao sujeito. O sujeito provém do inconsciente, e o inconsciente pode se encontrar em total contradição e oposição com esta construção, esta ficção que é o "eu". Do ponto de vista psicanalítico, pode-se então sustentar que não há identidade senão quebrada, sem real consistência, no mínimo um pouco vaga. Do resto, uma identidade que não é suficientemente vaga é ressentida como patogênica pelo sujeito ou pelo seu redor – fala-se, por exemplo, de uma personalidade "****psicorrígida****". Inversamente, uma identidade excessivamente instável é igualmente má ressentida – "nunca se sabe a quem se endereça" –, contudo o que poderia lhe conferir ossatura não é a ordem da identidade, mas, precisamente, um desejo suficientemente afirmado.*

Por conseguinte, ***nem do ponto de vista jurídico,*** *por razões evocadas por Sylviane Agacinski,* ***nem do ponto de vista psicanalítico, a homossexualidade por si pode ser considerada como uma identidade.*** *Ela não é nem a sua verdadeira fonte nem a sua causa profunda.*

Esta reflexão não surgiu da psicanálise. Como seria possível que ao mesmo tempo em que a menção da religião nos passaportes afigura-se escandalosa, o traço distintivo "homossexualidade" seja admitido como a base de uma identidade, quase igualmente àquele de uma nacionalidade?[(514)]

---

(508) WINTER, Jean-Pierre. Homoparenté...

(509) WINTER, Jean-Pierre. Homoparenté..., p. 191 [tradução livre da autora].

(510) AGACINSKI, Sylviane. L'homoparentalité en question... apud WINTER, Jean-Pierre. Homoparenté..., p. 192.

(511) WINTER, Jean-Pierre. Homoparenté..., p. 191-192 [tradução livre da autora].

(512) WINTER, Jean-Pierre. Homoparenté...

(513) WINTER, Jean-Pierre. Homoparenté..., p. 192-193 [tradução livre da autora].

(514) WINTER, Jean-Pierre. Homoparenté..., p. 193-194 [tradução livre da autora].

Ele[(515)] menciona Proust[(516)], e se questiona porque ele compara a "raça" judaica, termo de conotação mais misteriosa que estigmatizadora, com os homossexuais? Winter[(517)] explica que uns e outros são divididos pelo que já vinha sendo denominado "ódio de si". Ele fala de uma *clivagem* ressentida entre o fato de ser homossexual e um detrator da homossexualidade.

> *Atualmente, quando se ressalta que* ***as crianças criadas por homossexuais sofreriam do olhar dos outros****, os militantes "homoparentescos", sempre prontos a defender a sua ideologia, insinuam que as coisas são simples: já que o drama vem do olhar dos outros, é preciso mudar o olhar dos outros. Como? Pela educação, certamente. Alguns vão além, dizendo que o olhar das outras crianças durante a recreação seria a única dificuldade encontrada por estas crianças.*
>
> *Há alguma coisa que eles não querem saber nesta história de olhar dos outros, é que além dos sarcasmos ou da hostilidade muda, há a* ***angústia****. O forçamento que constitui para uma criança, qualquer que seja* ***o fato de ter que se apresentar como o filho ou a filha de dois parentes do mesmo sexo, é fonte de angústia para as outras crianças****. A angústia pode exprimir-se de diferentes modos: o primeiro reflexo diante do que é angustiante consiste em manter-se distante como diante de um tabu. Se não conseguimos,* ***a ansiedade se exprimirá sob a forma de agressão, de violência ou de sarcasmo. Uma criança que ironiza****, que zomba ou mesmo que chega até uma certa violência (nem sempre apenas verbal) para com outra criança que possui "dois pais" ou "duas mães"* ***manifesta mediante suas atitudes a angústia nela suscitada por causa de uma filiação que concebe como "anormal", eis que ela não corresponde aos critérios de filiação na qual ela nasceu****, ou justo porque ela reproduz os ferimentos de* ***sua genealogia****. É um verdadeiro questionamento, pois até agora ela estava certa de que todas as crianças tinham forçosamente um pai e uma mãe ("é obrigatório") mesmo se um dos dois, até ambos, pudesse estar ausente, morto ou desaparecido.*
>
> [...] ***todas as angústias não são patológicas****. Certas são* ***legítimas****, como aquelas que são ligadas a questões vitais remetendo à* ***filiação****, ao desejo, aos segredos de família, mesmo à sexualidade... Todavia,* ***a educação não pode nada contra estas angústias****. As crianças que resistem à escola ou à educação são frequentemente crianças angustiadas*[(518)].

Portanto, é ilusório este argumento, segundo o qual **o olhar desaprovador poderia ser reeducado**. Winter afirma que o mais grave é a verdadeira denegação da realidade psíquica pelos homoparentes. "*Eles* ***denegam*** *a legitimidade da* ***angústia*** *ligada a qualquer intervenção demonstrativa e voluntarista da* ***filiação***"[(519)]. Esta *denegação* pode conter uma outra, aquela da relação dos homossexuais para com **a sua homossexualidade**. Ele[(520)] lembra que Proust[(521)] teve a coragem de dizer que esta relação não é tão simples nem pacificada. Então:

> *É o olhar da sociedade que os condena e que eles interiorizariam? Alguns o afirmam. Mas, atualmente, a condenação social não é tão pesada, pelo menos na sociedade ocidental. Mesmo se, em certos casos, esta interiorização existe, ela escamoteia alguma coisa que podemos constatar quando homossexuais aceitam revelar coisas mais profundas, por exemplo, quando fazem uma análise ou em certas testemunhas literárias. Constatamos que a homossexualidade causa problema ao homossexual, apesar do "coming-out" tornar-se habitual e da reprovação social se dobrar atualmente de um interesse principalmente cúmplice.*
>
> *Talvez as seguintes observações mereçam consideração, para além das controvérsias intermináveis entre fisiologia ("está nos genes") e psicogênese. Não é necessário ser heterossexual, ou homossexual, para formular* ***a questão da transmissão da vida, tornada impossível pela prática sexual da homossexualidade: basta ser mortal****. Sejamos homossexuais ou heterossexuais, cada um vive em conflito entre a parte da eternidade nele, isto é, a parte da vida que vai dever se transmitir, e a parte da finitude, isto é, o fato de que* ***o corpo é um futuro cadáver***[(522)].

Gerar crianças como uma *formação de compromisso* a este conflito entre a vida e a morte não vale *a priori* senão para os heterossexuais. Mas, pode-se também viver com a **angústia da morte** sem buscar consolo na descendência. Pode-se fazer um outro arranjo, ao recusar um dos termos do conflito psíquico, por exemplo, **desconsiderar a morte**, e **subsistir no outro** em um **eterno presente**. A **homossexualidade** pode ser uma tentativa vivida como sintoma, isto é, um "***compromisso*** *entre* ***o desejo de eternidade*** *e a* ***finitude real***".

> *Muitos heterossexuais, atormentados por um real que os impediria de encontrar uma saída para este conflito, qual*

(515) WINTER, Jean-Pierre. Homoparenté...

(516) PROUST, Marcel. La race maudite. In : PROUST, Marcel. Contre Sainte-Beuve. Paris : Gallimard, 1954. (Collection Folio/Essais) apud WINTER, Jean-Pierre. Homoparenté...

(517) WINTER, Jean-Pierre. Homoparenté...

(518) WINTER, Jean-Pierre. Homoparenté..., p. 196-197 [tradução livre da autora].

(519) WINTER, Jean-Pierre. Homoparenté..., p. 196-197 [tradução livre da autora].

(520) WINTER, Jean-Pierre. Homoparenté...

(521) PROUST, Marcel. La race maudite... apud WINTER, Jean-Pierre. Homoparenté...

(522) WINTER, Jean-Pierre. Homoparenté..., p. 197-198 [tradução livre da autora].

seja, poder gerar crianças, encontraram outra solução: a ***adoção****. Porque os homossexuais não poderiam "adotar" a mesma solução? Por que não, com efeito, se a questão da identificação sexual não se impõe no momento? Poder-se-ia imaginar que as crianças sejam criadas por um casal de homens, ou de mulheres, na condição de que certa quantidade de proteção seja posta: que estas crianças sejam também informadas, o mais possível, das circunstâncias de sua concepção, das condições de seu nascimento, de seu abandono e de sua adoção.*

Mas, certos homossexuais não propõem isso atualmente. Eles querem "fazer família", imitando aquilo ao que eles não têm acesso, e fazendo passar a mímica pela realidade que estão minando: ***fazer-se crianças e eliminar de um modo ou de outro o terceiro graças a quem o "fazer como se" se tornou possível.*** *Enquanto uma grande quantidade de homossexuais, fazendo parte até o momento da maioria silenciosa, recusa esta solução, por que outros têm tanta necessidade de se inscrever na norma familial?* [523]

Novamente, referindo-se a Proust[524], o autor diz que, neste contexto, o **desejo** dominante seria aquele de **normalizar-se**. Para ser conforme à norma dominante "heterossexual", os homossexuais devem ser dispostos aos mesmos desejos dos heterossexuais: casar-se, fundar uma família, ter crianças. Porém, um aspecto não é previsto, pelo fato de esta norma heterossexual ter uma consequência de mudança da finalidade da sexualidade.

Ela legitima a sexualidade pela sobrevivência da espécie, impondo, todavia, à família e ao casal recalcar parte dela: a parte que não é destinada à reprodução e que, como pura sexualidade, é dedicada exclusivamente ao gozo pulsional. Até aqui, os homossexuais não disponibilizavam deste meio de desculpabilizar a sexualidade através da reprodução. Dependendo do ponto de vista sob o qual se coloca, pode-se dizer que eles tinham a chance de poder gozar sem recalcamento; ou que eles tinham a desvantagem de não poder fazer crianças, de não ter uma família. Mas, do momento em que eles querem fazer uma família, eles vão se normalizar, isto é se neurotizar, porquanto o fato de ter crianças vai obrigá-los a recalcar seu tipo de sexualidade – salvo não querendo ou não podendo fazê-lo e, neste caso, seríamos levados a questionar sobre o tipo de desdobramento no gozo que seria imposto às percepções das crianças nestas famílias.

Donde a inquietude dos heterossexuais que sabem quantos sacrifícios de gozo custa o fato de ter uma família. Os "homoparentais" não seriam pessoas que querem crianças sem pagar o preço? Questão ao mesmo tempo angustiante e fascinante. Nas mídias, onde somos tão ávidos de espetáculo, isto é, de medo e fascinação misturados de um traço de transgressão, os animadores se apaixonam pelo "homoparentesco". Como fizeram, eles perguntam-se, para lograr sem esforço o que cada um deseja secretamente, enquanto que, desde sempre, todos os outros pagaram caro o preço?[525]

Ele[526] cita o exemplo do caso de lésbicas canadenses, que processam o médico, por estarem descontentes com o nascimento de gêmeas. Elas reclamam uma indenização das despesas ocasionadas pela **criança indesejada**. A "**homoparentalidade**" então não é senão **um dos sintomas da fabricação mercantil de crianças**. Ela sublinha um verdadeiro escândalo, que é "***a instrumentalização das crianças, tratadas quase como produtos*** *e descartadas quando não satisfazem mais – sem falar dos* ***médicos****, considerados como* ***fornecedores****!*"[527]. Trata-se da **mercantilização das crianças**:

[...] *que se tornam seja produtos, seja uma parte do corpo dos parentes, como órgãos, e que possuem, na melhor das hipóteses, o estatuto de* ***fetiches modernos****. Nesta inclinação da sociedade, em que se estimaria* ***normal de "encomendar" crianças****, a "homoparentalidade" encontraria naturalmente seu lugar. Vamos progressivamente para um certo* ***eugenismo****, disfarçado em higiene para a racionalização da saúde? Por que as autoridades sanitárias americanas recusariam atualmente a entrada no território das paillettes de esperma dinamarquesas? Porque a Dinamarca é um país em que se receou a extensão da epidemia da vaca louca (doença de Creutzfeldt-Jacob)*[528].

Quando **as crianças se tornam um objeto**, nascendo sem o intermediário dos nossos desejos inconscientes, o higienismo policial transparece na polêmica sobre os testes de DNA no quadro do agrupamento familial. A regulamentação destas extrações sob pretexto de evitar abusos tem por efeito **reduzir a filiação à sua parte biológica**. Constatamos, então, uma:

[...] *disjunção radical entre, de um lado, a filiação como efeito da vontade (duas mulheres ou dois homens dizem: "Queremos uma criança" sem consideração às suas possibilidades biológicas) e, ao oposto, uma filiação exclusivamente biológica, considerando negligentes ou secundários os laços jurídicos ou simbólicos. Eis que esta disjunção aplica-se no campo político:* ***duas leis funcionam paralelamente****, com dois critérios de filiação diferentes* [...][529].

---

(523) WINTER, Jean-Pierre. Homoparenté..., p. 199-200 [tradução livre da autora].

(524) [...] *raça que põe seu orgulho em não ser uma raça, em não diferir do resto da humanidade, para que seu desejo não lhe apareça como uma doença* (PROUST, Marcel. La race maudite..., p. 253 *apud*

(525) WINTER, Jean-Pierre. Homoparenté..., p. 200-201 [tradução livre da autora].

(526) WINTER, Jean-Pierre. Homoparenté...

(527) WINTER, Jean-Pierre. Homoparenté..., p. 203 [tradução livre da autora].

(528) WINTER, Jean-Pierre. Homoparenté..., p. 203 [tradução livre da autora].

(529) WINTER, Jean-Pierre. Homoparenté..., p. 204 [tradução livre da autora].

Toda legislação restringe mais do que amplia a liberdade. Então, há que se atentar, trata-se de uma armadilha na qual caímos caso endossarmos este sofismo, segundo o qual se os casais têm direito a ter crianças (sem se justificar), então os casais homossexuais são igualmente concernidos. **Conceder**, amanhã, às autoridades do **poder legislativo dizer quem pode fazer crianças**, não significa uma nova liberdade adquirida, mas, ao contrário, um espaço de liberdade aniquilado.

> ***Não é a lei que interdita aos casais homossexuais o direito de ter crianças.*** *Não é proibido a um homossexual de fazer um filho, mas ele somente vai consegui-lo por via heterossexual, com ou sem assistência científica. Com a clonagem, isso seria talvez diferente, mas não sem criar outros problemas vertiginosos. Atualmente, no que concerne à concepção, os homossexuais e os heterossexuais são iguais perante a lei. Eles não o são à igualdade de potência, mas o são à igualdade de direito. O que se tenta fazer esquecer, na reivindicação da igualdade dos casais* ***homossexuais****, é que no caso deles não é o casal que fará a criança,* ***mas um trio. Um trio no mínimo, um quarteto em certos casos, mas não um casal.*** *E não há como ser diferente.* ***A reivindicação da igualdade dos casais é, portanto sem fundamento****, e todos estes argumentos parecem bem distorcidos. Pois sob o argumento do casal "como os outros" esconde-se o apagamento do fato de que* ***há três no assunto, três do qual um é excluído****, simples instrumento a serviço dos dois outros.*
>
> *Do lado dos heterossexuais, o real da concepção não se faz senão a dois. Certamente, outros têm seu lugar na história desses sujeitos, mas somente a título imaginário e simbólico. E estes lugares não são apagáveis*[530].

Para concluir, Winter[531] afirma que podemos considerar a "homoparentalidade" como o sintoma de um ataque contra o simbólico. Isso, no modo como os homossexuais, os quais decidem de se "*pacser*", anunciam seu "PACS", fazendo **desaparecer seus nomes de família**. Esta estranha novidade coloca uma questão, que ultrapassa, de longe, a única prerrogativa dos homossexuais; ela repercute sobre o conjunto dos laços sociais e dos laços de família na sociedade.

O desaparecimento do nome de família mostra, no mínimo, que este tipo de pacto – eis que o "PACS" é um pacto – se funda sobre certa exclusão.

> *Trata-se de um contrato que, em sentido analítico, exclui terceiros que são os outros membros das famílias.*
>
> *O casamento, ou qualquer outra forma de união desembocando em um nascimento, é uma associação de fato entre duas filiações, aquela do pai e aquela da mãe; a orientação sexual de um e de outro é indiferente a este fato. Nele está implicado um reconhecimento não somente dos laços de novos casados ou novos unidos, mas também uma aceitação destes laços de família a família. Que esta aceitação se faça de modo voluntário ou forçado, pouco importa, pois a questão não está nisso. Ao contrário, as famílias que se criam, excluindo os nomes de família, não são mais referidas à sua própria filiação. Elas não são mais inscritas no tempo e no espaço, elas se apresentam como o início de uma filiação e não como a sua continuidade. É como se se partisse do zero, como uma primeira procriação, como se todos e todas fossem fundadores. Os anúncios dos "avisos do dia nos jornais" anunciam-nos o fato de que tudo que se encontrava antes da construção desta nova família "homoparental" deve ser apagado*[532].

Winter[533] questiona **como este apagamento poderia ficar sem efeitos sobre as crianças criadas nestas condições?** Ele constata estes efeitos na sua clínica com crianças tendo grandes dificuldades escolares, incapazes de memorizar o ensino, diante da ausência de referências permitindo-lhes situar-se na sua história familial. Este sintoma público legível nos jornais confirma o que ouvimos cotidianamente, a saber, que as mulheres ou os homens que entre si decidem ter criança, sem pai ou mãe, querem romper com as famílias que os concebeu de um modo muito particular:

> [...] ***Eles se imaginam não ter nascido de uma relação entre duas filiações às quais eles pertencem.*** *Não é isto que eles colocam em ato fazendo crianças não somente sem pai, ou sem mãe, mas também, sem genealogia? Eu penso, entre outros, a um analisante homossexual que queria fazer uma criança nas condições do "homoparentesco". Desde a primeira sessão e a partir de tudo o que narrou em seguida, ele não se via oriundo de uma relação sexual entre seus pais, os quais ele assegurava que não a mantinham, mas de uma relação sexual entre sua mãe e uma instância divina. Trata-se, então, mais uma vez, de um terceiro excluído, de* ***excluir um terceiro****.*
>
> *Que duas mulheres projetem criar em conjunto uma criança é uma coisa, mas é outra que elas decidam realizar este anseio, de modo tornando impossível à criança de conhecer o homem cujo corpo e desejo lhe permitiram a vinda ao mundo. Com o auxílio da lei, elas poderiam até mesmo proibir-lhe o acesso a este conhecimento. Um* ***interdito***

---

(530) WINTER, Jean-Pierre. Homoparenté..., p. 205 [tradução livre da autora]

(531) WINTER, Jean-Pierre. Homoparenté...

(532) WINTER, Jean-Pierre. Homoparenté..., p. 208 [tradução livre da autora].

(533) WINTER, Jean-Pierre. Homoparenté...

> *apoiado sobre a **lei jurídica** não tem as mesmas consequências que uma pura e simples censura; ele pode chegar a uma **forclusão**. Mas, em um ou em outro caso, **há a decisão de excluir o pai como terceiro**, conquanto recorrendo ao seu desejo. Conhecemos este tipo de elaboração na clínica psicanalítica: é o acionamento de um fantasma perverso. Não digo que estas mulheres são perversas, mas que **elas acionam um fantasma perverso**, o que pode ocorrer a qualquer neurótico*(534)*!*

O autor(535) afirma que o fato de **criar uma criança** na dimensão do **terceiro excluído**, que seja o pai ou a mãe, como condição para sua concepção, **exporá a criança a** um **desenraizamento** procurado, e **legitimado** pela **lei jurídica**, em caso de legalização da "homoparentalidade". Esta "evolução" é suposta, porém, fazer-se em nome do alargamento da família tradicional. A criança teria, também, a possibilidade de ter muitos pais e mães, tios e tias. Na realidade, este pseudoalargamento faz-se ao custo de uma redução meticulosamente elidida.

> *Ademais, a **Convenção internacional dos direitos da criança** diz, no seu artigo 9.3, que a **criança, se o deseja, deve poder ter relações regulares com seus dois pais**. É um dos pontos que juristas e sociólogos terão que desenvolver, pois é claro que, nesta convenção, os "parentes" designam as pessoas tutelares, embora não seja menos certo que inicialmente trata-se bem do pai e da mãe*(536)*.*

Winter(537) entende fraco o argumento das associações de "homoparentes", de que a França encontrava-se ainda em atraso perante outros países, pois para estes, que o legalizaram, a sua temática foi banalizada. Este argumento poderia, porém, conseguir certo alcance a nível europeu, na medida em que uma maioria destes Estados declara-se favorável ao "homoparentesco". Os outros poderiam ser forçados a acompanhar pela Corte Europeia de Justiça. Até o momento da publicação de seu livro, alguns o legalizaram de modo bastante diferente por razões de política interior ou de história das religiões: a Bélgica, os Países Bascos, a Espanha, a Inglaterra, um pouco a Alemanha. Portugal, por sua vez, autoriza, desde 8 de janeiro de 2010, o casamento homossexual, proibindo, ao mesmo tempo, as diversas formas de "homoparentesco". Não há, portanto, homogeneidade e, atualmente, todos os outros países são contra, ou seja, mais do que dois terços dos vinte e sete Estados da União Europeia.

> *Outro argumento, este tradicional, consiste em recorrer à história da **Grécia antiga** onde teria existido uma idade de ouro da homossexualidade, como o invocamos no início desta obra. Depois, teria sobrevindo um período regressivo, do qual estaríamos apenas começando a sair. Mas, quando se inclina seriamente sobre a questão, vê-se que as coisas não são tão simples. Se é verdade que na Antiguidade grega e até o início da história romana uma certa tolerância parece mostrar-se ao encontro da homossexualidade, isso não se dá inteiramente. A tolerância, notadamente, não beneficiava senão os homossexuais ativos. O **homossexual passivo** era extremamente desprezado. Era sobre ele que se dirigia o tabu da homossexualidade, que era algo bem real levando às vezes até ao interdito legal. De outro lado, temos o direito de perguntar-nos **o que a homossexualidade grega tem a ver com o "homoparentesco"**. Mas, já que aqueles que militam em favor dos benefícios de uma tolerância generalizada para a homossexualidade mantêm habilidosamente a confusão, tentamos refreá-la, em se referindo a esta época histórica. O que eles não dizem, é que a sociedade grega e a sociedade romana, às quais se faz referência, eram sociedades escravistas. **Os homossexuais passivos eram escravos**, adquiridos, vendidos, às vezes emprestados pelos homossexuais ativos. É esta a sociedade ideal sonhada, sem sabê-lo, pelos seus militantes? O que ocorria naquela época, em que jovens adolescentes, escravos, eram utilizados por homens mais ou menos ricos para seu serviço sexual, não é certamente transponível na nossa sociedade, que aboliu o escravismo e então, também, de certo modo, o escravismo sexual – mesmo se continua praticando-se diferentemente. Talvez seja oportuno lembrar que para os Gregos, como para a psique em geral, **a oposição entre homossexual e heterossexual não era pertinente. A oposição pertinente era entre ativo e passivo**. Tudo o que era ativo era valorizado e considerado como positivo; tudo o que era passivo era remetido à pretensa passividade feminina, a qual é, em grande parte, um fantasma dos homens. Freud explica no seu texto "A feminidade", que este termo de "passividade feminina" não descreve corretamente a posição feminina, mas que ele não encontra termo adequado. O homem que se fazia sodomizar era rebaixado ao nível daquele que, naquela sociedade, não era valorizado, isto é, o feminino. Esta sociedade escravagista não queria nada saber do gozo feminino e deixava as mulheres na medida do possível afastadas. Certamente, a homossexualidade feminina não gozava dos mesmos privilégios que a homossexualidade masculina. Afinal, não tenho certeza de que a referência à Grécia antiga seja um bom argumento para os partidários dos benefícios da "homoparentalidade"*(538)*.*

Os psicanalistas sabem como o "desejo *de* criança" é pessoal, ou seja, como o desejo de criança é distinto

(534) WINTER, Jean-Pierre. Homoparenté..., p. 209 [tradução livre da autora].

(535) WINTER, Jean-Pierre. Homoparenté...

(536) WINTER, Jean-Pierre. Homoparenté..., p. 210 [tradução livre da autora].

(537) WINTER, Jean-Pierre. Homoparenté...

(538) WINTER, Jean-Pierre. Homoparenté..., p. 211-213 [tradução livre da autora].

em cada um dos parentes, mãe e pai de fato, heterossexual. Eles sabem também que o "desejo de criança" nos membros de um casal homossexual não é somente pessoal, ele é articulado com outra ordem simbólica. Então, como observado, é mais prudente preservar a norma existente. Com efeito, de acordo com as pesquisas sustentadas pela clínica, e acolhendo o **princípio de precaução** (seja a proteção das crianças, seja a extensão da reflexão em relação aos "efeitos discursivos sobre a subjetividade"), estas mudanças de laços familiares, por serem ainda muito recentes, não nos permitem concluir uma legalização. Observe-se que, na maioria destes países, os atuais quadros jurídicos das leis de **direito da família**, de **filiação** e de herança, **já possuem instituições** e **instrumentos** de procedimento suficientes para gerir situações circunscritas nas demandas minoritárias de "**homoparentalidade**", assim como em outras novas parentalidades atuais.

Os seres humanos continuam nascendo, "colocados no mundo", pelos seus pais e mães biológicos. E mesmo quando a ciência alcança avanço prodigioso, ela o consegue graças a doadores ou a mães portadoras. Que sejam anônimos ou não, eles são ainda de carne e osso, e inscritos na diferença genética e simbólica.

Para analisar as novas problemáticas da adoção legal das crianças, é preciso separar o debate entre "direito da criança", "direito a ter uma criança", "novas parentalidades de hoje", "homoparentalidades" e "homossexualidades".

A nova concepção da **medicalização do corpo** obriga o Direito a compreender um pouco mais sobre o sujeito e a **construção da subjetividade**. A concepção da **lei jurídica como uma *instância*** participando na "instituição da vida e da subjetividade", para além das elaborações legislativas, incita os juristas contemporâneos a buscar conhecimentos acerca das diferentes intenções, angústias ou desejos dos pretendentes à **adoção de crianças**.

Para abordar, então, esta difícil questão da adoção por parceiros homossexuais, há que sublinhar a importância crucial do que Lacan denomina *Lalangue*. Ela não significa a língua materna ou paterna, mas a língua na qual é acolhido o pequeno *parlêttre* [= *ser falante], no sentido em que ela lhe assegura a possibilidade de aí encontrar um "lugar de sujeito". Cyril Veken(539) fez uma síntese de aspectos psicanalíticos importantes a guardar na memória para abordar a questão da **adoção** em geral:

> *Esta* lalangue *reveste-se de um papel cada vez mais importante de modo que não é de uma pessoa que se trata, mas de uma construção cuja parte de recalcamento vai permitir o acesso do imaginário e do real ao simbólico e ao mesmo tempo ao seu enodamento, ou seja, a possibilidade de arranjar-se um lugar no Outro. É a partir disso, com efeito, que um sujeito vai poder advir, historicizar-se, e achar o que vai constituir uma filiação suscetível de abrir a dívida simbólica que permite a vida(540).*

Uma filiação não opera sem o sobrenome e o prenome. Um **sobrenome**, um patrimônio se impõe como emblemático desta dívida para com a linguagem de adoção. Este sobrenome próprio é indissociável da função de sujeito, visto que ele especifica o "**enraizamento do sujeito**" na linguagem, no campo do Outro.

A especificidade do sobrenome próprio provém não somente da ausência de sentido, ou da sua única caracterização sonora, mas por ser traço, escrita, marca, letra. O sobrenome próprio é o que é dado ao nascimento com o corpo, como a única marca significante. Ele designa no mínimo esta operação necessária a que um sujeito possa se dizer e não somente ser dito. Neste ponto de ancoragem, em que o **nome próprio** designa não somente o sujeito, mas o *inominável da perda*, a criança vai encontrar seu lugar. Este **lugar** será o seu na realidade da **genealogia**, respeitando a singularidade do seu percurso.

A "homoparentalidade" fica, então, como um objeto de reflexão. Convém, portanto, terminar esta pesquisa acadêmica com um convite à "confiança", mantendo as questões colocadas, de preferência, abertas e não fechadas com respostas ou com sugestões de enquadramento legal, que podem ser precoces ou nocivas ao **direito das crianças** e à construção da subjetividade.

Se queremos ter um parecer mais coerente sobre estes fenômenos de atualidade, e chegar a legiferar no campo do Direito sobre as novas demandas dos parceiros homossexuais, de um "**direito a fazer uma**

(539) VEKEN, Cyril. Mon père est tailleur. *La Clinique Lacanienne* : L'adoption, 2004, vol. 1, n. 7, p. 51-60, Paris : Éditions Érès. DOI : 10.3917/cla.007.0051. Disponible sur : <www.cairn.info/revue-la-clinique-lacanienne-2004-1-page-51.htm>. Accès : 09 mar. 2012.

(540) VEKEN, Cyril. Mon père est tailleur..., p. 57 [tradução livre da autora].

criança", ou a "**adotar**", é preciso, no momento, **manter abertos a problemática e os debates**, em vista da complexidade de uma análise que toca o modo de transmissão da identidade do sujeito e do sexo: os **sistemas de parentesco, patriarcado e matriarcado**.

É preciso levar a sério estas temáticas que fazem parte de uma mutação profunda e inédita na Sociedade, aparentando introduzir um **novo modelo de família**, fora das estruturas e das referências conhecidas. Nesse movimento surge um tipo de família, não mais "sacralizada" desde a era comum na qual o pai e a mãe tendiam a se reduzir a significantes. Nas novas famílias, seus significantes tendem a se apresentar sem relação com seus corpos reais. Surge, assim, **outro núcleo fundamental da sociedade**, cada vez menos natural, no qual os homens e as mulheres, heterossexuais ou homossexuais, entendem "**conceber**", **dispensando-se** do **laço carnal**, da **diferença de sexos**, e da **diferença de gerações**.

Nesta mutação inédita e profunda da *Sociedade Humana*, vem surgindo um ser humano distanciado de *sua natureza* e das referências tradicionais, cada vez mais procriado por meio da assistência médica ou "amigável", em um tempo no qual cada um faz tudo o que quer ou pode... Portanto, o que pode advir quando cada um abandona os caminhos tecidos pelo desejo, e pelo respeito do *impossível?*

CONCLUSÃO

Conforme eu já havia escrito por ocasião da publicação do livro "*O sujeito de direito na transferência. Uma perspectiva transdisciplinar por meio da teoria lacaniana dos discursos*", desta pesquisa entre a Psicanálise e o Direito, podemos concluir que: o que a teoria e a clínica psicanalítica têm a oferecer ao Homem na pós-modernidade é um outro estilo de reflexão e interpretação baseadas na *escuta flutuante* do sujeito do *inconsciente.* A técnica analítica, a qual nasce no interior do processo analítico, tem uma expectativa orientada para uma experiência dialética entre inconscientes por meio do fenômeno humano da *transferência*, principal elemento terapêutico a um sujeito que busca implicar-se na sua conduta e responsabilizar-se pelos seus atos. A psicanálise se faz mediante um trabalho analítico que vai no sentido de uma *retificação de posição subjetiva* discursiva, ou seja, um processo de reelaboração da relação do sujeito consigo mesmo e com o mundo a partir de seu *Significante* primeiro, e de sua *alteridade inconsciente* a qual porta uma *falta-a-ser originária*, que lhe é estruturante.

A contribuição que pode advir da inserção dos conhecimentos advindos da teoria e da prática psicanalítica no campo do Direito é de fundamental importância, pois a consideração da dimensão do *inconsciente* da subjetividade pode levar a uma melhor compreensão do processo de legalidade, legitimidade e institucionalidade. Esta mediação leva à compreensão dos fundamentos da Lei enquanto *instância simbólica* e Cultural.

Distintamente das tradições filosóficas e científicas dominantes até nossos dias, a Psicanálise demonstra que o sujeito *não existe de modo uno*, e que existem *forças inconscientes* que influenciam suas ações e escolhas. Ela nos apresenta então a noção de *sujeito clivado* entre significantes, marcado por uma *falta-a-ser originária*, e que emerge como *efeito* de discurso. Um sujeito que fala e que se estrutura na metáfora, dita *Metáfora* ou *Lei do Nome-do-Pai.*

O *princípio do vazio*, a *alteridade* inconsciente em relação ao Outro sexo, o mistério e a morte estão no coração da noção de subjetividade em Psicanálise. Assim sendo, a fala e a *verdade subjetiva* no ser de linguagem, apresentam-se sempre, respectivamente, equivocada e velada. É justamente este *Abismo originário*, entre o ser e si mesmo e entre o ser e as coisas do mundo, que permite o jogo de palavras, a reflexão, o pensar. Esta clivagem estrutural que rege a cadeia simbólica faz com que não exista nem completude subjetiva nem teoria absoluta.

O *sujeito clivado* aparece como um ser que sofre e tem dificuldades de tomar consciência de suas limitações e *identificações inconscientes.* Portanto, é a partir deste conflito experimentado entre as forças normativas inconscientes e conscientes, que podemos pressupor um conceito de sujeito na Psicanálise. Trata-se de um conflito de *autonomia* e *heteronomia* que se instala a partir das ***identificações*** com os primeiros outros que acolhem a criança num processo de aceitação ou não da "interiorização dos ***interditos fundamentais*** de assassinato e de incesto", conforme os valores dominantes na família, mas também na cultura.

A linguagem humana é concebida como produto do psicossoma, e o atravessamento desta concepção subjetiva nos demais discursos abre novas possibilidades críticas ao *sujeito metafísico.*

Antes de ser um indivíduo social regulamentado pelo sistema do Direito e classificado pelas Ciências, o *sujeito clivado* entre as representações significantes familiares emerge como *efeito* lógico de uma "Referência Terceira paternal ao Outro sexo", pela via da transmissão superegóica dos tabus. Num segundo plano, a emergência do sujeito sofre também, no fio das gerações, a influência dos ideais da Sociedade e da normatividade do Direito.

A aplicação desta visão crítica na prática científica remete em causa os motivos de certas ações e opções que utilizam as novas tecnologias medicais em nome do progresso. Portanto, a consideração da *patologia*, típica do período arcaico da subjetividade infantil, no discurso científico reabre a discussão sobre o *deslocamento* de *tabus* e a necessidade de se estabelecer *novos limites*, por exemplo, à doação e/ou à comercialização de gametas humanos para "procriação assistida", ou ainda, à utilização de medicamentos na "assistência ao suicídio", já autorizada em alguns países ainda que não se trate de pessoa em fim de vida em decorrência de doença incurável.

Nesta linha de pesquisa o Direto aparece então como uma escala institucional indispensável à instauração "da vida e da subjetividade" graças a uma ética menos universalista. Esta mediação transdisciplinar traz fundamentos sobre a *legitimidade* da Lei enquanto *instância* simbólica, permitindo assim o aperfeiçoamento do sistema jurídico e o aprofundamento do debate sobre a revisão e aplicação das leis de Bioética.

Ela amplia as possibilidades de escuta e compreensão das reivindicações dos direitos das minorias, por exemplo, dos que reclamam o ***"direito a ter criança" fora da sexualidade***, no quadro das novas parentalidades, mais especificamente, da **homoparentalidade**. Ela traz informações importantes sobre as condições mínimas necessárias à *constituição subjetiva simbólica*, num tempo em que os corpos humanos se encontram *medicalizados* desde o início até o final da vida.

No ponto de conectabilidade entre ambos os campos, do Direito e da Psicanálise, trata-se de *estatuto*. Estatuto de nominação subjetiva – de inserção do ser humano no mundo, como indivíduo social; e de sua identificação e regulamentação como um sujeito de Direito. Tais inscrições dependem da coerência no enodamento entre o *real* e o *simbólico* da subjetividade, buscando-se evitar uma inflação imaginária individual-social e de Direito.

Assim, face à complexa *relação do sujeito* com a Lei do Nome-do-Pai e as leis jurídicas, afirmamos a pertinência e a necessidade da aproximação e da articulação entre conhecimentos advindos de campos discursivos distintos, numa abordagem lacaniana dos *discursos*.

Desde uma perspectiva epistemológica crítica do Direito, propomos a *justificação ética do sujeito de Direito*. Propomos a consideração como lineamentos, de uma axiomática transdisciplinar *juspsicanalítica*, construída em consequência da alteração no giro topológico do funcionamento das *Quatro Estruturas Discursivas* de Lacan. Fazemo-lo considerando a possibilidade de articulação entre a subjetividade psicanalítica e a subjetividade jurídica, entre a Lei do inconsciente e as leis jurídicas, por meio do fenômeno denominado *transferência*, considerado como uma experiência dialética.

Almejamos uma ciência do Direito que, antes de estabelecer dinamicamente a normatividade, se interrogue – ***Quem é o ser humano identificado e regulamentado pelo Direito?*** –, a fim de nela incluir irredutivelmente a *singularidade* subjetiva. Uma ciência do Direito que tenha o respeito dos seres humanos e dos bens da vida como axioma vetor da normatização das relações jurídicas de interesses individuais e coletivos, restabelecendo a natureza dinâmica do Direito no redirecionamento dos destinos da humanidade e da natureza. Visamos, assim, contribuir com o desenvolvimento da ciência do Direito, no que diz respeito à construção de uma *teoria do sujeito*, numa nova prospectiva ética.

Podemos concluir, preliminarmente quanto aos aspectos teóricos, que: a modificação produzida, pelos *três quartos de giro* nas Quatro Estruturas de Discursos lacaniana, faz surgir um ***outro estilo de significante de Direito.***

A revisão e o restabelecimento do conteúdo moral e do princípio de justiça, os quais dão um sentido ao simbólico do Direito, requerem a construção de um *novo estilo jurídico* efetivamente ético. Um novo estilo engajado no desenvolvimento da cidadania, visto que o sujeito consciente e racional emana das derivações do *Superego primordial*, o qual incorpora a *Lei da proibição do incesto e a influência crítica dos pais* e também, progressivamente, *a influência da sociedade* no seu conjunto.

Lembramos para tanto que a teoria freudiana de *pulsão de vida* e *de morte*, e a do *princípio do prazer* que deve ser equilibrado pelo *princípio de realidade*, teve sua primeira inserção na filosofia geral a partir de Herbert Marcuse[(541)], em ensaio intitulado "A noção de progresso à luz da psicanálise". E ainda, que a articulação da Psicanálise com a Filosofia do Direito se fez exaustivamente na obra do jurista e psicanalista Pierre Legendre o qual ressalta a importante *função* do Direito como reprodutor do ***Interdito**, ou seja da **Referência** ao Pai.*

(541) MARCUSE, Herbert. La notion de progrès à la lumière de la psychanalyse (1968). In : MARCUSE, Herbert. *Culture et société.* Tradução de Gérard Billy, Daniel Bresson, et Jean-Baptiste Grasset.

O sujeito, a espécie e o coletivo, ao circunscreverem de modo significativo o *vazio* da existência, a partir de uma instância de *Ideal compartilhado*, fazem surgir da solidão real de cada um, um discurso transcendente que se estabelece sobre as oposições, os dualismos. Desde este momento mítico, a *Referência Absoluta* ou *fundadora* que fabrica cada um dentre os homens deve falar. Segundo Legendre(542):

> *A ideia de justiça provém de um gesto de sobrevivência: que o humano se harmonize com o Abismo. As coisas do nascimento – que a etimologia aproxima do que denominamos Natureza – e os textos da tradição são como a tela de cinema, acolhendo o riso e os choros, o amor, a morte e o desejo de vida. Atrás da tela: o Nada. A justiça faz a balança entre o homem e a Natureza, o homem e a tradição, entre as palavras de cada um e as palavras que pertencem à espécie protegendo-a do abismo. A justiça busca o tom justo. Contudo, o homem quer experimentar o Abismo, ele transgride. A Fábrica do homem não é um laboratório zoo de experiência de animais. A justiça submete a transgressão à palavra. Assim, organizam-se o direito e a moral(543).*

Trata-se, assim, do surgimento de um Direito renovado pela complexidade da abordagem do *enigma subjetivo* pelo fenômeno *institucional*. O estudo de uma ordem estrutural que sustenta na humanidade as montagens da *reprodução* e transmissão do ***Interdito***.

Nesta mediação epistemológica o sujeito é determinado por um discurso no qual ele precisa se situar, e no qual ele não é mestre do sentido das palavras que empregaria conforme sua conveniência. Ele pode se questionar acerca do seu ser, por meio da linguagem, mas – contrariamente ao indivíduo concebido pela fenomenologia –, nenhum termo vem lhe assegurar uma resposta sem equívoco sobre si mesmo.

O que aparece na clínica psicanalítica é que a linguagem tem "***efeitos***" de **sentido**: como no caso da ***metáfora***, que faz surgir ressonâncias e conotações poéticas, sem, todavia permitir ao sujeito eleger uma *significação* unívoca. Nenhum discurso escapa a esta regra(544), pois os significantes não obedecem a nossa vontade consciente. Os significantes não se substituem mecanicamente, por exemplo, "homem" por "pai", "mulher" por "mãe" etc., pois o significante nunca alcança o significado objetivo, na melhor hipótese, ele faz-se entender no equívoco, na polissemia das palavras e das frases. Ele revela-se por meio da repetição *inconsciente* de geração em geração, ou seja, pela *transmissão de superego a superego*.

Então, após este estudo que aprofundamos sobre a teoria lacaniana dos *Quatro Discursos* – paradigma sustentado na metáfora –, a nosso ver, apesar das profundas mutações das coordenadas simbólicas, ainda há nos discursos correntes contemporâneos derivados do *quinto* discurso, ***Discurso do Capitalista***, um certo "***efeito*** de **sentido**" linguageiro. Todavia, este efeito aparece **cada vez mais metonímico** e **menos metafórico**, permitindo ao sujeito de reter certa *significação*, porém, mais unívoca e imaginária.

Conforme observamos, a ***quinta fórmula*** que Lacan propôs para designar o ***Discurso do Capitalista*** inverteu o *Discurso do Mestre* e, por conseguinte, inverteu também as outras estruturas do *aparelho* dos *Quatro Discursos*. Contudo, nestas novas posições discursivas derivadas da *inversão* liberal, a tendência é a produção de *significados* objetivos, isto é, a pura produção de *enunciados* no nível do sentido unívoco. Os palavrórios pós-modernos têm tendência a não mais produzir um *significante* que representa o *sujeito* ao remetê-lo sempre a *outro significante*. Isso significa que estas tagarelices fúteis e insignificantes tendem a não mais produzir *enunciações* no nível do equívoco, do *não senso* inconsciente e *metafórico*. Ou seja, os mais recentes discursos derivados do estilo capitalista são discursos que produzem e reproduzem *enunciados*, palavras muito cheias de sentido a partir da eleição de um significante, por exemplo, ecologia, tecnologia, marca, droga etc.

Em consequência, há efeitos desta báscula dos discursos organizadores da comunicação sobre a subjetivação, em um mundo regido pelo liberalismo selvagem. A contribuição lacaniana sobre as *estruturas* dos *Quatro Discursos* forneceu-nos um instrumento para enfrentar psicopatologias resultantes dos discursos modernos, que organizavam o mundo e mantinham o *gozo* como limitado e fora do campo da realização edipiana. Segundo Lesourd, o paradigma dos *Quatro Discursos* estruturou a comunicação conforme o ***Interdito*** que é a *castração,* prometendo a realização do *todo-gozo* somente após a morte.

---

(542) LEGENDRE, Pierre. La fabrique de l'homme occidental..., p. 25 [tradução livre da autora].

(543) LEGENDRE, Pierre. La fabrique de l'homme occidental..., p. 25 [tradução livre da autora].

(544) CHEMAMA, Roland; VANDERMERSCH, Bernard. Dictionnaire de la psychanalyse... Avant-Propos du Roland Chemama et Bernard Vandermersch [= Prefácio].

Porém, como havíamos observado, segundo Lesourd, **há uma relação** entre a **subjetividade**, a **loucura ordinária pós-moderna** e a **mudança dos discursos**. As novas comunicações descritas a partir da *quinta fórmula* lacaniana do *Discurso do Capitalista* são, portanto, "*palavrórios*" [= *tagarelices] pós-modernos que:

> [...] *em situando a realização da felicidade "no mundo terrestre" (*aqui em baixo do céu) confrontam o sujeito ao impossível da realização do gozo, o qual o sujeito não pode senão atribuí-lo a si próprio. A melancolização do sujeito, que vive o outro como um objeto de gozo, e se vive em contrapartida como objeto do gozo do outro, é então o mais "normal" dos afetos subjetivos*(545).

Nos discursos pós-modernos podemos perceber os efeitos do colapso do campo simbólico do Outro, e uma consequente melancolização dos sujeitos pela ausência de garantia das referências que, tradicionalmente, bem ou mal, estabeleceram mais diferenciações subjetivas.

Este olhar cruzado entre a ética do Direito do *ato moral* e a ética psicanalítica do *desejo inconsciente* leva-nos, pois, a refletir sobre os comportamentos humanos e as passagens ao ato, às vezes, mais violentas sob a égide exclusiva do Real. O campo do Real, para a Psicanálise, concerne à violência na sua relação à pulsão de morte e à destrutividade.

Os comportamentos do sujeito pós-moderno são analisados por meio do saber psicanalítico, campo no qual o engajamento do ser na sociedade e as suas subdeterminações são mais profundas e intrarrecíprocas. Isso invoca então as questões fundamentais para a constituição do **laço sociofamilial**. Este conhecimento nos ensina que quando há ausência de referências fiáveis no grande Outro, isto é, no "tesouro dos significantes" coletivos, para responder às questões dos indivíduos, não restam outras alternativas senão as violências contra si mesmo ou contra o pequeno outro semelhante. O saber psicanalítico ensina-nos, ainda, que estas **novas manifestações das violências Reais** do corpo convergem na direção da **insuficiência simbólica da função paterna** na sociedade pós-moderna, uma deficiência que não tem nada em comum com quaisquer nostalgias de um pai ideal.

O ***pai simbólico*** no Complexo de Édipo é uma *metáfora* referida ao *significante fálico* que se baseia sobre o princípio da *sublimação* dos significantes na cadeia. A metáfora do "Nome-do-Pai é um significante", que se introduz no lugar do "significante do desejo da mãe". A metáfora faz-se, portanto, objeto de um *recalcamento* e torna-se inconsciente. Diante da **ruína da função paterna nas sociedades pós-modernas**, o que surge, em geral, é um **gozo fora das normas** e **mais próximo do gozo arcaico da mãe**.

O pai resulta de uma necessidade da cadeia simbólica, e então, alguma coisa responde, ou não, no *discurso* concreto à função definida como Nome-do-Pai. O lugar efetivo do *pai real* na família varia, ao mesmo tempo em função da civilização, mas também, em função de sua história singular, com seus impasses ou suas inibições. É deste pai que muito se espera: que faça valer a lei simbólica, que é em primeiro lugar **proibição do incesto**, e que ele organize um acesso temperado ao *gozo sexual*.

> *O pai simbólico é aquele o qual remete a lei, o interdito estando sempre, na estrutura, proferido ao Nome-do-Pai. Pode-se acrescentar que é o pai morto: se Freud, no "Totem e Tabu" (1912-113), funda o interdito sobre a culpabilidade dos filhos após o assassino do pai da horda primitiva, é sem dúvida que, no inconsciente de cada um, a Lei é referida primeiramente a uma instância idealizada, ou melhor, ainda, a um puro significante. A partir do momento que há significante do Nome-do-Pai é que pode haver aí castração, isto é, esta operação é que limita e ordena o desejo do sujeito. Esta castração não é, certamente, uma castração real. Ela não se confunde, ademais, com as representações fantasmáticas de desmembramento* [...] *Porém, este imaginário está presente no sujeito, tornando-se mais saturante quando a castração simbólica tenha mal funcionado. Quanto ao* ***pai imaginário****, que aparece como terrível ou como bondoso, a este é atribuída acastração, ou melhor, a privação da mãe, eis que esta não possui o falo simbólico ao qual a criança primeiramente se identificou. Na lógica da teoria freudiana,* **é porque a criança tropeça contra a falta na mãe que lhe é introduzida a questão de sua própria castração**(546).

(545) LESOURD, Serge. La mélancolisation du sujet postmoderne ou la disparition de l'Autre. *Cliniques méditerranéennes*, 2007, vol. 1, n° 75, p. 13-26. DOI : 10.3917/cm.075.0013. Disponible sur : <www.cairn.info/revue-cliniques-mediterraneennes-2007-1-page-13.htm>. Accès : 09 mar. 2012. [tradução livre da autora].

(546) CHEMAMA, Roland; VANDERMERSCH, Bernard. Dictionnaire de la Psychanalyse..., p. 308-309 [tradução livre da autora].

A noção lacaniana da *metáfora* do *Nome-do-Pai*, segundo Melman(547), demostra que:

> [...] *cada significante, pelo fato de remeter não a um objeto mas a um outro significante, (F. DE SAUSSURE) é simbólico da falta que ele introduz no ser. Um significante vai se encontrar delegado para significar este efeito transformando-o: o Nome-do-Pai, na medida em que ele torna esta falta apta a suportar e a manter o desejo. Caso contrário, com efeito, esta falta é ressentida como devorante (cf. O "pequeno Hans", 1909b) ou aspirante, representativa de uma ferida do corpo materno, fonte de uma dívida para sempre não reembolsável. A criança descobre este nome como metáfora do objeto enigmático desejado pela mãe no seu pai real, como garante, pois, do falo. Abre-se assim o caminho de uma identificação ideal para este falo, seja tê-lo consigo, ou sê-lo, a fim de ser desejado.* ***O Complexo de Édipo torna o pai responsável pelo impossível acesso ao objeto causa do desejo.*** *Observa-se pela análise estrutural realizada por Lacan que o pai, ao contrário de se colocar como garante da lei simbólica, ele é aquele que autoriza o desejo. "A verdadeira função do pai é de unir um desejo à lei" (LACAN J., 1966). No Outro, o falo é também o símbolo de uma instância não mais devorante, mas que se regozija que o sujeito goze e procrie. Convenhamos que somente há um pai para assumir tal função, ao ponto de se identificar ao falo sob os traços do Pai morto.*
>
> *Concebe-se que a religião recusa como sacrilégio os gozos sexuais que não queiram pagar seu devido preço com a procriação, fraudando assim o* ***símbolo fálico*** *ao desafiar ou abusar do Pai morto. A sua função tradicional é de afirmar a* ***primazia*** *do* ***gozo sexual*** *contra os* ***gozos fora das normas****, mortíferos e em moda*(548).

Considerando as novas exigências éticas, os novos tipos de violências, e todas as recentes informações desenvolvidas no curso do século da Psicanálise, nós havíamos indicado os legados filosóficos à *razão do Outro*, em uma ética relativa de *Alteridade Inconsciente*, para incitar um sério debate com os juristas sobre a possibilidade de levar em conta os conhecimentos psicanalíticos. Evocamos pontos importantes que merecem ser considerados pelo campo jurídico: a "*clivagem*" psíquica do sujeito na transferência como lugar de sua verdade; a "palavra vazia" que não possui senão a "significação não unívoca" e que podia indicar-nos os passos dos caminhos traçados pelo significante e, talvez, a sua relação com o saber e o gozo.

Disso decorre que a pesquisa mais profunda sobre as referências pós-modernas, sobre o lugar da *diferença inaugural* do campo simbólico – ponto de *negação* que torna possível o **acesso à palavra**, ao exigir do sujeito renunciar ao gozo absoluto, negação que serve de fundamento à Lei da interdição do incesto e que, nas suas mutações, sempre gera novos comportamentos subjetivos –, continua interrogando-nos. É precisamente, a respeito disso, que nós conservamos a seguinte questão não resolvida: Qual **Referência** (*Interdito*) sustentaria a *capacidade de julgamento singular* do sujeito ético e responsável em relação aos seus atos, nas sociedades racionalistas seculares ocidentais?

Concluindo, sobre as bases teóricas apresentadas no Capítulo II, no que concerne aos fundamentos para a reflexão sobre os "**conflitos**", afirmamos que a "teoria da argumentação", como nova retórica do Direito, de Chaïm Perelman, seguindo a lógica lacaniana e a lógica quântica do "terceiro *incluso*" (terceiro *oculto*), e considerando uma realidade multidimensional e multirreferencial, poderá ser analisada segundo as diferentes dimensões da "metáfora" (esta não possui função de analogia e apresenta uma verdade sempre relativa), justamente porque "*a enunciação jamais se reduzirá ao enunciado de qualquer discurso*"(549). Segundo Lacan, é curioso que os linguistas não veem que:

> [...] *todo uso da linguagem, seja ele qual for, desloca-se na metáfora, que* ***só existe linguagem metafórica****. Qualquer tentativa de "metalinguajar",* [...] *demostra isso. Ela não pode fazer outra coisa senão tentar partir daquilo que sempre definimos, toda vez que avançamos num esforço dito lógico: uma linguagem-objeto.* [...] *Toda designação é metafórica, não pode fazer-se senão por intermédio de outra coisa*(550).

O estudo da argumentação retórica na contemporaneidade, nos diferentes níveis da metáfora, assim como a busca da pesquisa a respeito das *condições* de subjetividade e da humanização como efeito do *significante* discursivo, por meio do aporte lacaniano dos *Quatro Discursos*, poderá ajudar-nos, na melhor das hipóteses, a compreender os comportamentos, as violências e as loucuras mais clássicas.

De outro lado, devemos também considerar o estudo, mais recente, realizado por Lesourd, acerca dos novos palavrórios(551) derivados do capitalismo liberal como ***efeito***, a cada vez mais, de puros ***significados* no nível da *metonímia***, em uma observação atenta às suas *determinações* sobre os **comportamentos cotidianos** e sobre a **loucura ordinária** relacionadas aos discursos pós-modernos. O estudo da *quinta fórmula* lacaniana do ***Discurso do Capitalista***, produtor das *novas expressões psico-*

(547) MELMAN, Charles. À quel saint se vouer?...

(548) MELMAN, Charles. À quel saint se vouer?...

(549) LACAN, Jacques. La métaphore du sujet..., p. 363 [tradução livre da autora].

(550) LACAN, Jacques. Le séminaire : livre XVIII..., p. 49-50 [tradução livre da autora].

(551) LESOURD, Serge. A elisão do sujeito no "palavrório" tecnocientífico da medicina...

patológicas nos laços sociais, poderá largamente contribuir, pensamos nós, à compreensão das *clivagens subjetivas*, das novas demandas, e, por conseguinte, à *solução dos conflitos* sociojurídicos.

É preciso compreender que o simbólico não é da ordem do singular, eis que somos obrigados de passar pelo outro para ter acesso aos seus significantes de linguagem. Um sujeito, um grupo ou uma comunidade não podem se fechar sobre si mesmos. É a retórica que daria, nos arranjos de símbolos em coerência com o Real, seus quadros à nossa realidade sem que possamos dominá-la. No homem, o simbólico faz corte no campo imaginário das identificações. O laço social depende de um tipo de enodamento entre Real, Simbólico e Imaginário. Na sociedade contemporânea, parece que há uma inflação "imaginária" nos laços e nas passagens ao ato, às vezes repartida entre grupos, majoritários ou minoritários, a qual quer se fazer passar como Real. **Os atuais discursos liberais tendem a apagar o real da morte e da diferença dos sexos**. Porém, a morte e a diferença são Reais que nenhuma palavra pode dar conta. Como o havíamos observado com Winter, "*o que não pode se dizer não cessa, porém, de existir. Contestar o real da diferença dos sexos*", por exemplo:

> *[...] ao expô-la como uma construção ideológica, e acompanhar esta **negação** de uma ocultação da **dimensão simbólica** gera, ao longo, um **efeito** de **inflação narcísica**. O **imaginário** insinua-se e institui-se finalmente como uma **nova norma**. Pois se a diferença dos sexos não tem mais sua dimensão simbólica nem seu peso de real, não resta senão uma **diferença imaginária**. Contudo, o imaginário, por definição, remete à imagem de si; **a norma se torna** então **o narcisismo**. Deste ponto de vista, os construtivismos aparecem como teorias imaginárias racionalizando fantasmas de toda-potência*[552].

Acreditamos, pois, que práticas mais *significantes* poderão fazer emergir, em condições do respeito às *singularidades subjetivas inconscientes*, a produção de textos não canônicos e a aspiração de bem desenvolver a *capacidade de julgamento* mais equilibrado – isto é, um trabalho cultural de condições éticas favorável à formulação de decisões mais razoáveis e justificadas, sabendo evitar os excessos das paixões humanas e da violência – através desta mediação teórica e processo analítico, um ***outro estilo de significante do Direito***.

Isso nos exige um olhar e uma *escuta* mais suaves, no sentido de melhor elaborar e compreender nossas próprias *clivagens* constitutivas subjetivas. Isso nos leva também a procurar alguma coisa de um *saber real* de nossas relações humanas na *transferência*, como experiência de uma dialética mais inconsciente e amorosa.

Finalmente, antes de adentrarmos nas conclusões sobre "O direito a ter criança fora da sexualidade" apresentado no Capítulo III, nós gostaríamos de apresentar algumas observações a partir da noção de sublimação, processo que desvia o fluxo pulsional do seu objetivo imediatamente sexual, colocando a energia à disposição do desenvolvimento cultural. Com efeito, para mim, esta escrita é uma expressão sensível das minhas elaborações de vida e testemunho dos efeitos da minha análise pessoal. Uma mudança subjetiva que me permitiu criar um texto juridicamente considerado não dogmático e mais artístico.

Este trabalho de pesquisa doutoral prefigura um novo estilo de reflexão sobre o *sujeito do direito*. Nesta perspectiva, cada ser humano aparece sob a forma de um *desejo singular* antes de aparecer sob a forma de um sujeito de Direito. É o que se trata de cernir a partir da Psicanálise: o subjetivo não é o individual. Distinto do indivíduo tal como ordinariamente o percebemos, **a existência do sujeito do desejo inconsciente está ligada à *castração da mãe***, isto é, à *falta* de um significante no grande Outro coletivo. O efeito-sujeito que desta *falta* se produz nos discursos e nos laços sociais não é o indivíduo. O sujeito é representado pelos significantes dos quais ele é o *efeito* de linguagem, pois é isso que define um sujeito na sua singularidade. "*Efeito de linguagem, ele não é senão um elemento: ele 'ex-siste'* [= *fica fora e dentro] *ao preço de uma perda, a castração*"[553].

O sujeito não existe apenas sob a forma de uma pessoa física (um corpo natural, biológico...) submetido às leis jurídicas. Ele existe também no nível do "desejo" de um modo mais vago e "*clivado* entre o Eu e o Supereu". Durante o processo de constituição subjetiva infantil, o "Ideal-do-Eu" e o "Supereu" formam

(552) WINTER, Jean-Pierre. Homoparenté..., p. 163 [tradução livre da autora].

(553) CHEMAMA, Roland; VANDERMERSCH, Bernard. Dictionnaire de la psychanalyse..., p. 415 [tradução livre da autora].

com o "Eu-ideal" mais arcaico um agrupamento de instâncias, que, segundo a teoria lacaniana, se organizam pela linguagem. Ao contrário da *Ego-Psychology*, Lacan coloca o "Eu" no domínio do Imaginário. O "estágio do espelho" refere-se à constituição do sujeito pela *identificação especular* (Imagem).

Do ponto de vista da Psicanálise, *a estrutura do coletivo* é constituída no nível da relação do sujeito ao *Ideal*. Freud procedeu a uma análise, na qual ele divide o coletivo em uma multiplicidade de relações singulares. Isso foi lido por Lacan no texto freudiano como: "*O coletivo não é nada – o coletivo não é nada senão o sujeito do individual*". Ou seja, o individual não é o *subjetivo*, eis que o sujeito não é o indivíduo. O sujeito que aí se produz como *efeito de significante* é articulado ao grande Outro. O Outro escrito com um "O" maiúsculo, é o que se denomina o coletivo ou o social.

É preciso, então, explicitar esta noção de grande Outro: O Outro, é o *lugar da linguagem*, eis que a linguagem vem do Outro. Há muitos tipos de Outro. Pode haver um Outro não limitado, absolutista, que engole o sujeito. Nada pode faltar-lhe e seu saber suposto absoluto interdita a equivocidade. Contrariamente, pode haver um tipo de Outro incompleto, "barrado, limitado", que permite a um sujeito de funcionar. Então, é justamente a *falta* no Outro coletivo, isto é, a incompletude do Outro coletivo que deixa ao sujeito uma margem de liberdade para pegar *seu lugar* e sua *palavra* em seu próprio *nome*. Porém, o sujeito consciente detém que seu Outro não seja faltante. Para não ser colocado diante das suas próprias limitações (*falta-a-ser*), o sujeito prefere apresentar-se ele mesmo como *castrado*, ao invés de contemplar a castração do Outro.

O saber da Psicanálise situa-se então na junção do que há de mais singular no ser humano e daquilo pelo qual ele está associado à coletividade. O conceito que se encontra no centro desta junção do individual e do coletivo é a "**identificação**". A Psicanálise "é uma clínica da relação do sujeito ao Outro, como lugar de linguagem e, desse fato, como lugar de todos os outros, então do que chamamos de coletivo. O sujeito não pode ser dissociado do Outro, nem o Outro do sujeito"(554). Este saber permite de retrabalhar as discordâncias na relação do sujeito ao coletivo. Mas, não se trata de uma adaptação eis que:

> *"[...] nem um nem outro podem se fazer sem violência, depois e sobremodo porque a existência do inconsciente torna as discordâncias inevitáveis e particularmente resistentes. Estas discordâncias traduzem-se em sintomas que são frequentemente vividos como patologias – frequentemente, mas nem sempre"*(555).

Para a Psicanálise, os sintomas não devem ser erradicados a qualquer preço:

> *Um sintoma testemunha de um apelo do sujeito, um apelo que não necessita nada senão ser ouvido. O método psicanalítico visa a restabelecer uma certa continuidade entre o inconsciente, sempre estritamente individual, e a consciência, que se impõe como superego coletivo.*
>
> *A chave da relação do psicanalista à **família** encontra-se então na noção de **identificação**. Acabamos de ver que esta não é referida senão secundariamente às imagens dos homens ou das mulheres que podemos ver na televisão ou nas revistas. O **núcleo** de toda **identificação**, é a "cama dos pais", ou seja, das representações do **desejo** masculino e feminino que são em relação direta com a **concepção** e a **filiação**. Eis porque não é indiferente saber se o entorno imediato da criança compõe-se de homens e de mulheres entre os quais há desejo, ou se esta dimensão do desejo é recusada por um dos parceiros, ou ainda, se há recusa de todo desejo dirigido ao outro sexo.*
>
> ***A família** é o lugar no qual se formam as **identificações primeiras**. Nesse sentido, ela é também o primeiro mecanismo permitindo a transmissão daquilo que funda uma civilização, em termos freudianos, a **"célula germinativa da civilização"**. Em termos lacanianos, na família origina-se tudo o que no psiquismo vai ocupar o lugar do grande Outro*(556).

De outro ponto de vista, o Direito por meio das suas **categorias jurídicas** de **filiação**, por exemplo, participa da organização institucional na junção dos desafios da espécie humana entre o privado e o público da individualidade. A casuística jurídica relativa ao **parentesco** na atualidade faz aparecer a comunidade das problemáticas entre o campo do Direito e o campo mais profundo da subjetividade. Segundo Legendre, "*o direito deve ser considerado pela psicanálise, interpelados a compreender que **o direito é um intermediário simbólico não evacuável do determinismo subjetivo**, tanto que os juristas são convidados a esforçar-se para tomar medidas no que concerne ao direito, do ponto de vista dos desafios subjetivos*"(557).

---

(554) WINTER, Jean-Pierre. Homoparenté..., p. 180-181 [tradução livre da autora].

(555) WINTER, Jean-Pierre. Homoparenté..., p. 181 [tradução livre da autora].

(556) WINTER, Jean-Pierre. Homoparenté..., p. 181-182 [tradução livre da autora].

(557) LEGENDRE, Pierre. Filiation : fondement généalogique de la psychanalyse..., p. 169.

Por conseguinte, o Direito não pode ficar inerte, ele deve se não antecipar, pelo menos, acompanhar as mudanças importantes simbólicas na Sociedade. Como havíamos observado nesta pesquisa, o sistema jurídico não pode distanciar-se de seus polos factuais e axiomáticos. Mas, as questões perduram: *Como seria possível tornar independente a norma jurídica da ordem científica? E ainda, como estabelecer limitações aos desenvolvimentos de certas práticas científicas, que poderiam mostrar-se nocivas à humanidade? Seria possível estabelecer a política com uma outra ética no liberalismo?*

Esta nova linha de pesquisa que tentamos então construir para responder a questões tão complexas, que não podem ser clarificadas por um único homem nem por uma única disciplina, demonstra-nos que é necessário essencialmente refletir acerca da seguinte questão básica: "**Quem é o sujeito do Direito?**". É preciso, também, refletir sobre o desenvolvimento de *novos critérios de identificações* do sujeito de Direito, sem se deixar abusar pelo "ardil da razão".

De um lado, devemos interrogar-nos sobre a "Lei da Castração" na contemporaneidade, isto é, sobre a limitação simbólica necessária ao *gozo* em relação ao "objeto *a*" psíquico, para uma criança que se tornará um sujeito de Direito. Devemos interrogar-nos se este trabalho de "**Interdição**" subjetiva, ou ao menos de proibição no nível legal, como tarefa da cultura, está sempre ocorrendo? Vimos no texto de Lebrun que "*o ódio é sempre uma situação coletiva*" e que este trabalho de constrangimento para "*transformar individualmente e coletivamente as tendências mortíferas*"(558) desde a infância é uma tarefa das estruturas sociais ligadas à função do pai, do patriarca, e do programa do Estado, mesmo se este é laico.

As leis jurídicas, mesmo modernizando-se em nome de um **discurso democrático** e a **serviço do liberalismo**, não podem prescindir-se, totalmente, do "lugar de exceção" conferido ao sistema do Direito como instância organizadora da vida em sociedade. A escala institucional do Direito, mesmo apoiando-se sobre uma ética universalizante foi até o momento sustentada pelo ***recalcamento*** dos "**interditos maiores da civilização**" representado pela *interdição do incesto*. Lacan, no Seminário "*Encore*"(559), esclarece a relação "*do direito com o gozo.* [...], *a saber, a diferença que há entre o útil e o gozo.* [...]. *É nisso que está* ***a essência do direito*** *– repartir, distribuir, retribuir o que diz respeito ao gozo*".

Como pensar, portanto, as desordens reais do mundo contemporâneo, a partir da Psicanálise, e, ao mesmo tempo, aproveitar desta contribuição para propiciar fundamento à **função** do **Direito** de fazer repartir "o que é do gozo?" Articulando, transdisciplinarmente, a teoria e a prática destes dois campos de saber, no Capítulo III item 3 "A homoparentalidade como um dos componentes das diferentes parentalidades de hoje em dia", no que concerne ao doutorado, aprofundamos a pesquisa sobre "o sujeito de direito na *transferência*", ao focalizar, sobremaneira, um tema atualmente de grandes controvérsias no domínio do direito cível, em razão das mutações estruturais constatadas na Sociedade e resultantes das diferentes parentalidades atuais: a "**adoção das crianças**" no quadro de "**homoparentesco**".

A escala institucional do Direito teve por função estabelecer a alteridade e repartir os gozos, autorizando o que é possível e estabelecendo proibições na Sociedade. O poder conferido ao Direito no decorrer do tempo evoluiu em um ideal preocupado em manter a ordem e a organização social de um modo coerente e consistente. Contudo, considerando que somos todos iguais perante a lei, a **norma jurídica** é uma ficção fundada sobre o **princípio** da **diferença dos sexos** e das **gerações**. Os direitos de tradição cível geralmente consideram, por exemplo, este princípio na organização da **filiação** e do **parentesco**.

Porém, se não podemos conter o dito "progresso" liberalista, é preciso acompanhar as astúcias dos discursos atuais e renovar os debates e as doutrinas jurídicas, pois será de mais a mais difícil enquadrar as novas e complexas demandas e práticas induzidas pela sociedade contemporânea.

A partir de uma visão transdisciplinar, na primeira parte de nossa pesquisa (publicada no livro "*O sujeito de Direito na transferência*", no item 4.6), propusemos amplificar os *critérios de identificação do sujeito do Direito*, ao considerar o saber psicanalítico sobre as "identificações *imaginárias* constitutivas do eu" e a "identificação *simbólica* fundadora do sujeito". A outra proposição foi a de amplificar os critérios de estatuto legal do sujeito, ao considerar as estruturas clínicas, neurose, perversão, e psicose, as quais

(558) LEBRUN, Jean-Pierre. L'avenir de la haine..., p. 127 [tradução livre da autora].

(559) LACAN, Jacques. Le séminaire : livre XX..., p. 10-11 [tradução livre da autora].

resultam consequentes deste *processo de identificação* pelo qual um indivíduo torna-se semelhante ao outro, totalmente ou em parte. Atualmente, após muitos anos de estudo e de aplicação da Psicanálise a uma temática sociofamilial, a "**homoparentalidade**", constatamos os limites destas proposições.

O saber da Psicanálise pode auxiliar os juristas a melhor compreender "**Quem é o sujeito de Direito**" a partir de *dois regimes de* ***identificações*** *logicamente distintos*, o inconsciente e o consciente. O *primeiro regime* responde a uma *lógica singular* referida ao dom da Mãe, numa relação mais narcísica. Num *segundo tempo*, ainda *inconsciente*, esta mesma lógica *singular* passa a ser normatizada pelo Pai e se denomina *lógica fálica*.

Após um período de latência da energia libidinal infantil, inicia-se um *segundo regime*, herdeiro daquele período arcaico *singular* que se desenvolveu em dois tempos. Este *segundo regime* de identificações passa, então num *terceiro tempo*, a responder a uma *lógica universal* e coletiva.

Porém, esta aproximação transdisciplinar que produzimos mostrou-nos a dificuldade de diálogo entre este duplo sujeito linguístico: da enunciação (intenção implícita), e do enunciado (gramatical formal). Constatamos que o sujeito de Direito, como sujeito do *tudo* saber, desaparece como *sujeito* intrinsecamente *clivado* **$**. Ele torna-se impessoal, ou seja, manifesta-se através do "si" do "Supereu". Compreendemos, então, a dificuldade de dar um estatuto legal ao sujeito de Direito a partir dos elementos estruturais da constituição da subjetividade, em termos psicanalíticos.

Constatamos na temática do "**Homoparentesco**", o risco de fazer uma lei jurídica **identificando o sujeito** pelas características manifestas em *comportamentos*, de sua sexualidade e de sua "**escolha de objeto**" sexual. Estes elementos aparecem mais como um *sintoma* que confere certa originalidade, do que como um **estado permanente da subjetividade suficiente para definir a identidade** de um sujeito.

Uma conduta baseada sobre uma *relação de objeto* homossexual, no caso um comportamento sexual que manifesta um dos elementos da personalidade, não pode ser transformada em um "**estado civil**" da pessoa. Não se pode reduzir o *processo de identidade*, a partir do qual uma pessoa torna-se semelhante à outra, totalmente ou em parte, a alguns de seus elementos. Dito de outro modo, não se pode reduzir a estrutura subjetiva, que caracteriza a personalidade de cada um, a alguns dos seus atos ou das suas escolhas. Caso um elemento da personalidade, em nome do liberalismo, seja integrado à **identidade legal**, isso abre o caminho à possibilidade de içar dados pessoais, inclusive os dados genéticos, por exemplo, a carta genética, no âmbito de **estado da pessoa**.

Na questão do "***Homoparentesco***", escolhida para concretizar esta aproximação transdisciplinar, em caso de necessidade de criar novas leis jurídicas considerando as "**escolhas sexuais**" dos homossexuais como identidade subjetiva, poderemos ser iludidos pela **astúcia** do **sistema discursivo**, que integra os ***comportamentos*** **perversos** e também as **cumplicidades neuróticas**. Como explicou Winter(560), do ponto de vista psicanalítico, o "Eu" não é idêntico ao sujeito. O sujeito procede do inconsciente, mas este pode achar-se em total contradição com esta construção, esta ficção que é o "Eu". Por consequência:

> [...] *A homossexualidade em si mesma não pode ser considerada como uma identidade. Desta, ela não é a verdadeira fonte nem mesmo a sua causa profunda. Esta reflexão não esperou a psicanálise para ser compreendida. Como pode acontecer que no momento em que a menção da religião nos passaportes seja escandalosa,* ***o traço distintivo "homossexualidade" seja admitido como a base de uma identidade*** *quase com a mesma importância daquele da nacionalidade?*(561)

Há, portanto, que examinar as consequências eventuais para o conjunto dos indivíduos, homens, mulheres e crianças, do **projeto comunitário que visa apagar a diferença dos sexos da filiação ao legalizar a "homoparentalidade"**. Vimos, segundo Winter, que a legalização da igualdade dos casais perante a procriação "*seria um passo para o direito comunitário, em que cada comunidade é livre para aplicar suas próprias regras, tradicionais ou reformadas*". Desprezar aqueles que não se inscrevem em uma comunidade, o que é mais ou menos o caso de todo mundo atualmente, equivaleria a refutar qualquer valor à noção de **interesse geral** de uma Sociedade que **erige a heterossexualidade** em **valor normativo**, eis que correspondente à espécie humana e à sua reprodução sexuada.

---

(560) WINTER, Jean-Pierre. Homoparenté...

(561) WINTER, Jean-Pierre. Homoparenté..., p. 194 [tradução livre da autora].

O PACS, na França, institui a possibilidade para os homossexuais de se estabelecer legitimamente em casal, isto é, de ter haveres e bens comuns. Mas, contrariamente à lei civil do casamento que se organiza a partir da diferença de sexo, o PACS não inscreve a sexualidade na sua instituição. Isto é, ele não exige nenhum "**dever conjugal**". A instituição do casamento, ao contrário, impõe a obrigação e a realização concreta da heterossexualidade com o **objetivo de procriação**. Então, até o momento, na França, a obtenção de um tal estatuto reconhecendo a vida do casal homossexual por meio do PACS não opera uma "*subversão simbólica*"(562) rumo à **indiferença de sexo** ou de **sexualidade**, ou seja, o **PACS não instaura** uma **mudança** da **ordem jurídica para todos.**

É pouco provável que algum **ideal social** possa **impedir** a **geração sexuada** e a **filiação**, ou **não legitimá-las como a norma**. É por isso que as questões do nascimento e da produção de futuras gerações não podem ser separadas daquela do exercício da sexualidade, e que a legalização da união homossexual desemboca inevitavelmente sobre a questão da "homoparentalidade". Se a alternativa do PACS não é um casamento para os homossexuais, então ele não abre o caminho a um direito de procriação medicamente assistida ou a um "**direito de adotar** uma criança" ou a um "**direito a ter criança**". Observe-se que a recente lei francesa que autorizou o casamento homossexual e adoção de crianças, não autorizou, porém, a **procriação médica assistida** (PMA) para estes, o que vem gerando grandes celeumas, visto que a procriação humana dependerá, predominantemente em tais casos, da tecnociência.

Um modelo social que erige a homossexualidade em valor normativo, e que não mais legitima a reprodução sexuada das novas gerações, que não mais sustenta uma parte do laço amoroso sobre a procriação e a educação, e que abole "de fato qualquer devir histórico distinto daquele dos seus membros presentes: "*Seria à evidência uma* ***sociedade de morte****, voltada à morte, baseada no* máximo *sobre um fantasma de eternidade (e não de imortalidade)*"(563).

Porém, se não pode haver "reprodução", **porque não autorizar** a **"adoção"** por **casais homossexuais**, se há um número importante de crianças que são suscetíveis de serem adotadas?

Segundo o psicanalista Winter(564), não se trata de defender uma "boa família" contra uma outra forma de família, que poderia ser considerada "patogênica", ou como se diz atualmente "tóxica". É, antes de tudo, uma preocupação em relação a "**possibilidades** de ***identificação*** abertas a cada sujeito", de modo que continue transmitindo-se o que funda a filiação, que é indispensável, também, a uma ancoragem na sociedade. Ao contrário, aqueles que dizem que a "homoparentalidade" não é um problema e que somente reacionários se inquietam disso pretendem claramente um **projeto** de **refundar uma norma familial**, como o mostra a clínica. No caso de legalização distanciamo-nos da ordem do **Direito como ficção** e entrarmos na ordem do fato, ao substituir e ao **deixar anônimo o terceiro** – nesse caso, o genitor ou a mãe portadora [= *mãe de aluguel], e ao privar radicalmente e voluntariamente uma criança da filiação paterna, ou materna.

O psicanalista pergunta-se qual *fantasma* está subjacente a uma ideia e a um comportamento tão evidentemente paradoxais: "*aquele de colocar no mundo uma criança, enquanto seu sexo fisiológico ou suas escolhas sexuais o proíbem, ou de reivindicar o direito de se dizer parente de uma criança que foi gerada por outro*"(565). Ele interroga-se também sobre as mudanças sociais, uma vez que a realização de um fantasma não o transforma em conduta legal. Nesses casos, **o sistema do Direito pode servir de suporte de "projeção" para estatutos fantasmáticos**, os quais em sua maioria deveriam ser interditados. Observamos que, no caso em que o Direito não proíbe situações de fato determinadas, ele passa a **instituir formas** de **incesto legalizado**.

Trata-se na questão da "homoparentalidade", segundo Winter(566), como já havíamos observado, de interrogar os efeitos eventuais sobre as próximas gerações destas mudanças intervindo sobre a cena, na qual se desenrola a transmissão da vida, tanto física quanto psíquica: a **cena** das **filiações reais** e

(562) VINCENT, Thierry. L'indifférence des sexes..., p. 85-86-88 [tradução livre da autora].
(563) VINCENT, Thierry. L'indifférence des sexes..., p. 87-88 [tradução livre da autora].
(564) WINTER, Jean-Pierre. Homoparenté..., p. 185 [tradução livre da autora].
(565) WINTER, Jean-Pierre. Homoparenté..., p. 194 [tradução livre da autora].
(566) WINTER, Jean-Pierre. Homoparenté..., p. 89.

simbólicas. É com relação a esta complexidade que ele convida-nos a tomar um tempo de reflexão sobre todas as dimensões do problema, antes de se precipitar a promulgar leis cujos efeitos sobre as crianças das próximas gerações poderiam nos arrepender. Convém lembrar que esta **destruição** de **laços** de **filiação** é feita pelo acolhimento de uma demanda de **reconhecimento da homossexualidade e do direito dos homossexuais** por meio do álibi do "**Direito das crianças**".

Diante da incerteza dos efeitos que podem ocorrer sobre a subjetividade das crianças adotadas, do "*processo de identificação*" aos parentes adotantes no quadro da "homoparentalidade", e da impossibilidade de ter um aviso único dos peritos do campo da psicopatologia, ficamos convictos, no transcurso da pesquisa, que o campo do Direito, devendo encarregar-se do risco de um **novo sistema normativo para todos**, deve antes de legalizar esta questão, em forçando as instituições jurídicas, respeitar o "***princípio de precaução***"(567) sobretudo no "**Direito da criança**". Este princípio é oriundo da consciência que temos da imperfeição dos nossos conhecimentos. O princípio de precaução busca trazer uma resposta às atuais contradições da nossa sociedade, enquanto não há possibilidade de medir os riscos destes atos para a criança.

É nesta mesma direção que se encontra a opinião do psiquiatra e psicanalista Charles Melman(568) – o qual, comentando em um artigo publicado no "*O Cotidiano do Médico*", a respeito do projeto de reforma do PACS, propondo um reconhecimento legal da "homoparentalidade" –, afirmou que "*o princípio de precaução reclamaria que não se legifere.* Que se continue, em contrapartida, reconhecendo com simpatia os casais homossexuais e suas crianças, mas sem a lei, e que se protejam seus bens no mesmo modo assegurado pelo PACS"(569). Melman(570) convida, ainda, os parlamentares a considerar o princípio de precaução na matéria.

Considerando a teoria psicanalítica que é resultado de práticas clínicas, esta pesquisa transdisciplinar visa, portanto, informar ao campo do Direito, que surgem "efeitos discursivos" a respeito da "homossexualidade dos pais" na constituição da identidade da criança adotada, e **estes efeitos podem influir nas escolhas sexuais do adolescente**.

---

(567) COULON, Jean-Marie. Introduction au principe de précaution en droit. Mardi, 13 mai 2008, p. 37-40. Disponible sur : <http://www.institut-servier.com/download/pprecaution/4.pdf>. Accès : 09 mar. 2012 [tradução livre da autora].

(568) *Estamos prestes a legiferar, provavelmente antes da eleição presidencial de 2007, e sem dúvida em um sentido favorável, sobre a homoparentalidade, que se impôs no decorrer do tempo ao conjunto da população sem a intervenção do legislador" diz à revista "Quotidien" o Dr. Melman, antigo diretor (1963-1983) da Escola de Psicanálise Freudiana fundada por Jacques Lacan. "Vamos atingir uma forma de organização social elementar, constituída por uma mulher e um homem que se juntam para produzir e cuidar das crianças. Um agrupamento bizarro, denominado família, instituição antropológica, e não cultural, que distingue a espécie humana do reino animal no sentido que ela exclui a sexualidade entre parentes e crianças.*

A penalização do incesto poderia ingressar no Código Penal e a homoparentalidade nos Códigos Civil e da Família "com o tormento a curto prazo de assegurar o conforto a uma nova forma de organização do casal, do mesmo modo que existem medicamentos de conforto". Uma decisão "em nome do politicamente correto", enquanto, segundo Charles Melman, há um forte desequilíbrio entre a importância do campo familiar a marcar do selo da lei e a modicidade dos motivos que justificam "uma intervenção tão grave e pesada".

O Pacto Civil de Solidariedade oferece uma proteção jurídica (ou seja enquadrada), permite de viver em casal, e nada impede a este casal de ter uma criança gerada por um dos dois parceiros (adoção ou nascimento). Por que querer mais?

Qual é o sentido de um direito ao casamento religioso e social e de um direito legal à adoção, enquanto factualmente estas possibilidades são largamente implementadas e experimentadas?" O psicanalista interpela. "A menos que se queira fetichizar cerimônias cujo alcance simbólico é espiritual, sejamos religiosos ou laicos. A própria cerimônia do casamento ou da adoção não produz senão mais um fetiche pequeno-burguês a uniões que disso não precisam". Enfim, o psiquiatra argumenta, "de que direito nós vamos entregar crianças nascidas de uma mãe e de um pai a um destino cujo resultado ninguém conhece?

Princípio de precaução

Mais de duzentos estudos concluíram que as crianças criadas em famílias homoparentais não apresentam nem mais nem menos perturbações do que as que pertenciam a famílias clássicas. Quanto ao desenvolvimento psicológico, à identidade sexual, à estima de si, ao sucesso profissional ou à orientação sexual, nenhuma diferença significativa é percebida em relação às crianças de parentes heterossexuais, afirma o Apgl [= L'Association des Parents et Futurs Parents Gays et Lesbiens]. Segundo uma sondagem Luis Harris, realizada para o salão Rainbow Attitude (Paris, 21 a 24 de outubro), 66% dos franceses pensam que um casal homossexual pode criar uma criança tanto quanto um casal heterossexual.

Para o Dr Melman – pai de seis filhos, que não teria "especialmente vontade de remeter a parentes homossexuais" – "o princípio de precaução demandaria que não se legifere. Que se continue, em contrapartida, a reconhecer com simpatia os casais homossexuais e suas crianças, mas sem a lei, e que se protejam seus bens como o faz o Pacs". Segundo o psiquiatra, qualquer parlamentar que votaria para uma lei reconhecendo a homoparentalidade deveria assinar um texto no qual ele se engaja a autorizar a adoção de suas crianças por um casal homossexual, caso perdesse a vida. (MELMAN, Charles. Débat sur l'homoparentalité. Faut-il une reconnaissance légale?, *Le Quotidien du Médecin*, 21/10/2005. Disponible sur : <http://www.apgl.fr/presse/quotmed20051024.pdf>. Accès : 09 mar. 2012 [tradução livre da autora].

(569) MELMAN, Charles. Débat sur l'homoparentalité... [tradução livre da autora].

(570) MELMAN, Charles. À quel saint se vouer?...

Apoiando-se sobre a teoria lacaniana dos discursos, sobre a teoria edipiana e sobre os trabalhos dos psicanalistas, extensamente descritos aqui, e especialmente sobre o texto intitulado "*Nota sobre a criança*"(571) publicado em "*Outros Escritos*", lembramos a afirmação de Lacan que: "*O sintoma pode representar a verdade do casal familial. É o caso mais complexo, mas também o mais comum às nossas intervenções*"(572).

Segundo Lacan(573), a função de resíduo, que sustenta a família conjugal na evolução das sociedades, mostra a irredutibilidade da transmissão. A construção de uma subjetividade, implicando uma relação com um *desejo* que não pode ser um desejo anônimo, é o que produz *transmissão* do desejo – que é de uma outra ordem que aquela da vida segundo as satisfações das necessidades. É nesta ordem que se analisam as funções da mãe, cujos cuidados pródigos à criança carregam a marca de um interesse particular e particularizado do fato de suas próprias *faltas*; como eles carregam a marca, do pai, cujo *nome* é o vetor da Lei do Desejo. Quando a função paterna não assegura mais a mediação para manter "*a distância entre a identificação com o Ideal-do-Eu e o papel assumido pelo desejo da mãe*", a criança fica exposta a todas as capturas fantasmáticas, e torna-se o "*objeto* 'a' *na fantasia*" da mãe. A criança satisfaz, em um modo substitutivo a este objeto '*a*', ou seja, a *falta* que organiza o desejo da mãe, independentemente de sua estrutura subjetiva: neurótica, perversa ou psicótica. **A criança**, assim, **aliena em si a verdade da mãe**. Ela [a criança] a pega [a verdade da mãe] nela [na criança] inconscientemente e assegura mediante seu(seus) sintoma(s) a garantia desta ignorância. Seu sintoma, segundo o caso, funciona como um recurso "*a atestar a culpa, servir de fetiche ou encarnar uma recusa primordial*". A criança inscrita, em uma relação dual com a mãe lhe dá, "*aquilo que falta ao sujeito masculino: o próprio objeto de sua existência, aparecendo no real. Daí resulta que, na medida daquilo que ela apresenta de real, ela* [a criança] *se oferece a um suborno maior na fantasia*"(574).

É necessário dizer que não se trata de impedir aos homossexuais de criarem seus próprios filhos, pois eles mesmos sustentam que não seriam piores que os heterossexuais na função de parentes. A questão é de observar que é uma minoria dentre eles que, por motivo de suas necessidades psíquicas de se inscrever em uma família, militam por um título legal de parentes por meio da inscrição da "homoparentalidade". São os adultos que procuram defender-se de uma angústia, a qual igualmente experimentariam se estivessem envolvidos em uma relação heterossexual. Portanto, as questões da "homossexualidade" e da "homoparentalidade" devem ser separadas no debate, tendo em vista que os problemas atrelados à *filiação* são agora muito mais numerosos: nascimento anônimo, monoparentalidade, procriação medicamente assistida, gestação por substituição etc. Estes problemas afetam a ordem geracional e colocam em causa os *interditos fundamentais*, representados pelo interdito do incesto.

A filiação genealógica, um dos fundamentos da ordem simbólica, implica que exista **a cada geração um laço fixo entre os lugares de cada um em relação à concepção e aos termos que designam estes lugares**. Isto é o que se inscreve em uma árvore genealógica. Os lugares são organizados em sistema, mãe-pai-criança, tio-tia etc. Eles são relativos uns aos outros. O *interdito do incesto* pode se formular assim: um pai e um irmão não podem ocupar o mesmo lugar, assim como, uma mãe e uma irmã.

Por tais razões, e para que os profissionais do Direito possam encontrar melhores soluções para as complexidades destas problemáticas atuais referidas a *novos parentescos*, devidas à erosão do patriarcado e do quadro de filiação, mostra-se necessário um estudo aprofundado sobre os conceitos de "verdade jurídica" e de "ficção jurídica", colocando-os em relação com os conceitos psicanalíticos de "verdade psíquica" e de "fantasma da cena primitiva", pois a "**ficção fundadora estrutural**" da constituição psíquica apoia-se sobre uma "**presunção de paternidade**", a qual é sempre decorrente de uma representação. Do mesmo modo como Deus, o pai é também uma representação inconsciente. Desde o início, vivemos em um jogo de representações e de discursos míticos que são produtores de efeitos significantes nos sujeitos. Contudo, os progressos tecnocientíficos (que transformam o corpo em corpo medicalizado),

(571) LACAN, Jacques. Nota sobre a criança (1969). In: Outros escritos (p. 369-370). Rio de Janeiro: Jorge Zahar, 2003.

(572) LACAN, Jacques. Note sur l'enfant [1969], note de Jacques Lacan remise à Jenny Aubry, (10/1969), texte paru initialement dans Aubry (J.) et coll., Enfances abandonnées. La carence de soins maternels, Paris, Scarabée-Métailié, 1983 ; dans Lacan (J.), Autres écrits, Paris, Le Seuil, 2001, [p. 373-374], p. 374 [tradução livre da autora].

(573) LACAN, Jacques. Note sur l'enfant...

(574) LACAN, Jacques. Note sur l'enfant..., p. 374 [tradução livre da autora].

assim como, as transformações dos hábitos e dos discursos contemporâneos provocam uma **nova tomada de posição do Direito** em relação ao seu lugar e à sua função. Eles indicam a necessidade de reconstrução de um sistema que leve em conta fatores de *contingência* e que tenha por objetivo a "**constituição**, **reparação** e **proteção da subjetividade**". Estas mudanças conduzirão, talvez, à reconstrução das organizações jurídicas, nas quais as relações de poder serão sustentadas mediante outros princípios fundadores que aqueles de "culpabilidade, traçabilidade e responsabilidade".

Em colaboração com o "*Laboratório europeu para o estudo da filiação*", Legendre enfatiza a similitude das problemáticas entre o campo jurídico e o campo da subjetividade inconsciente. Ele afirma que, na sua clínica analítica, ele serve-se da orientação das *categorias jurídicas da filiação*, e que, do mesmo modo, o exercício do Direito, na casuística, pode apoiar-se sobre um esclarecimento ocasionado pelos saberes acerca da subjetividade.

Pierre Legendre[(575)] evoca a questão da possibilidade da adoção de criança por homossexuais, afirmando que, em tais casos, a **criança** é utilizada como meio de **complementação narcísica**, como **objeto de consumo**, eis que a sexualidade é um fato de representação e de linguagem. Ele explica-nos que qualquer sujeito, homem ou mulher, "*precisa conquistar a* ***concordância*** *entre sua* ***identidade sexual psíquica*** *e sua* ***identidade sexual biológica***"[(576)]. Para tornar-se homem ou mulher, todo sujeito deve realizar, ao custo de *recalcamentos* e outros agenciamentos do *fantasma*, o **trabalho subjetivo** de **apropriação** do **sexo biológico**. Esta apropriação é subordinada, para ambos os sexos, ao princípio simbólico do *Phallus*. Caso contrário, afasta-se do nível da representação e da palavra, e permanece-se no nível do corpo e do fato.

Ele afirma que o componente psicológico do sexo não pode ser redutível à *convicção* do sujeito.

> *Além disso, a convicção está presente como sintoma acompanhando importantes perturbações da personalidade, por exemplo, as perturbações paranoicas". Por conseguinte, não pode ser um elemento pertinente para definir o conjunto da psicologia do sexo. Este conjunto, em relação à bissexualidade psíquica estrutural, está ligado à problemática do limite. Para a espécie falante, o limite comporta, tais como os dois lados de uma mesma moeda, o sexo e a morte. Isso quer dizer que* ***o humano deve saber de si e se aceitar sexuado e mortal, para viver e se reproduzir****. Contudo, a convicção* ***transexual****, como o prefixo trans o indica, não remete unicamente a uma mudança, mas visa sobremodo o além do sexo – o além, isto é, a* ***pretensão inconsciente*** *de* ***libertação*** *da própria condição do* ***limite***.[(577)]

Em relação à questão, que afeta o Direito, da demanda de um sujeito transexual, Legendre comenta um caso jurídico no qual o sujeito é (diga-se "era?") pai de uma criança, e como tal, suporte simbólico de uma função e relé genealógico. Ele explica que, nesse caso, satisfazer tal demanda jurídica do pai (caso em que o sujeito se submete a uma faloplastia após ter tido uma criança e, em consequência, tendo retificado seu registro de estado civil), faz sobrevir uma *capitis deminutio*, isto é, uma *diminuição do estatuto* de sua criança sob o aspecto subjetivo, pois seu filho não tem mais referência paterna sobre a qual possa manter-se.

> *Eis porque o direito, enquanto barreira de proteção ao serviço dos interesses da espécie falante, pela sua recusa no mais alto nível de consagrar no plano jurídico mutações tocando o* ***estado das pessoas****, recusa, na realidade, de consagrar como um fato consumado a* ***manipulação da montagem humana****, isto é, a ofensa dirigida, por meio da* ***denegação do limite****, à própria lógica da estrutura*[(578)].

À guisa de conclusão a respeito destes assuntos, Legendre fornece-nos um exemplo clínico da sexualidade e da *identidade manifestada no discurso* já na ocasião da conclusão do "Complexo de Édipo":

> *Um menino de cinco anos, filho de um casal constituído sobre a base, se posso dizer, de uma mal combinação subjetiva sem recursos, filho abandonado diante disto ao exercício de um Arbitrário materno, que neste quadro o pai tinha por papel exclusivo de reforçar; criança inteligente, mas vivendo carente de todo limite e apresentando já em razão da única identificação que lhe é permitida – a* ***identificação materna*** *– o quadro de um* ***transexual*** *concluído, teve, um dia, a definição a mais refinada e engenhosa, a mais convincente em relação aos mais céticos sobre a natureza linguageira da questão última do sexo. Estando desenhado sob o tipo de um homem com vestido, coroou o todo*

(575) LEGENDRE, Pierre. Filiation : fondement généalogique de la psychanalyse...
(576) LEGENDRE, Pierre. Filiation : fondement généalogique de la psychanalyse..., p. 167 [tradução livre da autora].
(577) LEGENDRE, Pierre. Filiation : fondement généalogique de la psychanalyse..., p. 167 [tradução livre da autora].
(578) LEGENDRE, Pierre. Filiation : fondement généalogique de la psychanalyse..., p. 168-169 [tradução livre da autora].

por esta palavra: "[...] e ele, é um "fillon". Receando de tê-lo mal compreendido, eu pergunto: É uma menina [= *fille] *ou um menino* [= *garçon]*?" E ele repete: "É um 'fillon'!". Incrédulo, eu insisto: "Você quer dizer um menino?" Ele insiste até seguro: "eu te digo: é um 'FILLON'!"*[(579)] [= *mistura de menina e menino: fille + garçon = FILL...ON]

Desse modo, podemos com ele concluir que "**o nascimento não é somente biológico**, mas também **subjetivo** – e **subjetivo** em **diversos tempos**" na construção da **lógica das identificações**. Segundo Legendre, "*a **constituição subjetiva** – a construção de um dado sujeito – e a **reprodução** subjetiva – a sequência das gerações sucessivas – têm por denominador comum a implementação do **Interdito***"[(580)].

Segundo Lacan, "é do discurso que depende toda determinação do sujeito, *portanto do pensamento*"[(581)] e ao legalizar a "homoparentalidade" instaurar-se-ia simbolicamente como casal parental duas pessoas do mesmo sexo e colocar-se-ia em questão a **filiação bilateral** das crianças. Far-se-ia como se no momento da concepção, a criança a nascer não tivesse recebido uma cópia de cada cromossomo: uma cópia de sua mãe e de seu pai.

Segundo a filósofa francesa Sylviane Agacinski[(582)], **as instituições** do **casamento** e da **filiação**, regidas pelo Direito Civil, **não são puras construções convencionadas e alheias à sexuação e à geração. O laço de filiação** que une uma criança aos seus parentes é universalmente tido por **bilateral**, e:

> [...] *esta bilateralidade não seria inteligível se não se apoiasse diretamente sobre a* ***geração sexuada****. É, evidentemente, o casal complementar e dissimétrico macho-fêmea que fornece seu modelo à distinção dos lados paterno e materno da filiação. Que haja aqui dois lados não significa, é claro, que os parentes civis sejam sempre as mesmas pessoas que os genitores ou os parentes naturais. Sabemos muito bem que o parentesco civil não coincide necessariamente com a geração biológica, como se diz. Mas, isso não impede que, em geral, se tenha buscado fazer coincidir uma e outra: a fidelidade dos esposos sempre foi exigida para que os pais sejam, tanto quanto possível, os genitores.*
>
> *Não esqueçamos, também, que a ordem civil não apaga todo laço "biológico": o incesto permanece tabu entre parentes e filhos naturais, e a responsabilidade moral dos genitores, quando são conhecidos, não se apaga simplesmente por trás do parentesco legal.* [...] *A* ***alteridade sexual fornece seu modelo formal à bilateralidade dos ascendentes*** *(é por isso, e somente por isso que eles são dois, e não três ou quatro). Em suma,* ***a ordem humana, social e simbólica, fornece aos indivíduos uma filiação dupla, macho e fêmea, não em razão dos sentimentos que podem ligar os parentes entre eles, dos desejos que os animam ou dos prazeres que se dão, mas em razão da condição sexuada da existência humana e da heterogeneidade de toda geração cuja cultura até agora quis guardar o modelo.***
>
> *Trata-se, então, de saber se a instituição do casamento e da filiação deve continuar a inscrever cada um na ordem de uma humanidade ela mesma sexuada, ou se queremos destruir este modelo no qual se articulam a geração, a diferença dos sexos e aquela das gerações*[(583)].

Podemos, portanto, compreender a dificuldade de dotar de estatutos legais a "homoparentalidade" e o casamento homossexual, questões estas muito dificilmente dissociadas. Contudo, tendo em vista que havíamos proposto ao campo do Direito a consideração e o respeito ao "sujeito *clivado*" e a todas as singularidades da lógica do desejo inconsciente anunciado pela Psicanálise, **esta pesquisa aprofundada mostrou-nos que os conhecimentos específicos sobre a subjetividade não significam sempre a possibilidade de acolhimento, ao nível do Direito, de todas as demandas individuais e sociais**.

Vimos, em suma, que existem regimes lógicos distintos, contraditórios, mas também complementares, que organizam o sujeito. Ou seja, "*o nascimento não é somente biológico, mas também subjetivo – e subjetivo em vários tempos*"[(584)]. A subjetividade de cada um organiza-se, num primeiro tempo no nível *inconsciente*, em uma lógica *singular* (das identificações primárias dita "lógica do não tudo fálico", mais narcísica e em referência à mãe); e, num segundo tempo ainda numa singularidade inconsciente (das identificações secundárias dita "*lógica fálica*", por efeito da castração efetuada pela função paterna). No terceiro tempo no nível *consciente*, ela organiza-se em uma lógica *universal* (da Lei do "ato moral" válida para todo ser razoável).

---

(579) LEGENDRE, Pierre. Filiation : fondement généalogique de la psychanalyse..., p. 169 [tradução livre da autora].

(580) LEGENDRE, Pierre. Filiation : fondement généalogique de la psychanalyse..., p. 35 [tradução livre da autora].

(581) LACAN, Jacques. Le séminaire : livre XVII..., p. 178 [tradução livre da autora].

(582) AGACINSKI, Sylviane. L'homoparentalité en question...

(583) AGACINSKI, Sylviane. L'homoparentalité en question... [tradução livre da autora].

(584) LEGENDRE, Pierre. Filiation : fondement généalogique de la psychanalyse..., p. 173-174 [tradução livre da autora].

A aproximação entre Direito e Psicanálise conduziu-nos para a complexidade, e mostrou-nos que esta lógica *universal* consciente entre o indivíduo e a espécie, em um antagonismo/complementar, encontra suas raízes na *lógica fálica singular*, conquanto esta seja herdeira de toda a complexidade do período arcaico de cada sujeito. Contudo, essa lógica universal consciente institui-se sobre a **rejeição da "*clivagem* subjetiva"**, isto é, sobre a rejeição da "**patologia**" do tempo arcaico *singular*. No nível *consciente* individual e coletivo, existe uma lógica que universaliza a "realidade imaginarizando-a" como princípio, e para retomar os termos da fonte freudiana, esta lógica universal instaura-se a partir da rejeição do *princípio do prazer* e da pena. Para evocar a expressão lacaniana, o grande "Outro" coletivo designa a ordem simbólica determinando o sujeito. Esta instância do "Outro" existe antes mesmo do discurso dos indivíduos, ela é, portanto, a linguagem. O sujeito imagina então uma instância – o grande Outro – como o *lugar do reconhecimento* de acordo com modalidades simbólicas. É o lugar da palavra determinante da subjetividade.

A Psicanálise é uma ciência do sujeito que traz o olhar ocultado pelas ciências objetivas: "*uma ciência tendo sabido, ao mesmo tempo, se abrir à alma humana e às complexidades dos sujeitos humanos*"[(585)]. Ela nos mostra que estas duas lógicas, singular e universal, inconsciente e consciente, são contraditórias, mas podem, também, ser complementares por meio de diversas *soluções de compromisso*. Elas caracterizam o homem na experiência da morte, um "Eu" consciente que busca dela escapar, e um "Si" que poderia não escapar da morte, mas que busca ignorá-la. A Psicanálise, então, apreende a **presença ativa da morte** no **coração da vida** e **da civilização**. Ela introduz **a estrutura linguística no âmago da *instância* da Lei**, e então da condição subjetiva humana.

A lei moral que universaliza não aspira distinguir nenhuma particularidade, nenhuma circunstância da clivagem subjetiva e, portanto, da sexualidade. Mas, há sempre uma certa paranoia da lei, um gozo paranoico, e eis porque é preciso haver juízes para interpretá-la. Há também um sadismo da lei, a lei faz sofrer, e eis porque é preciso haver juízes para humanizá-la. Um mundo sem juiz, no qual a lei não teria intérprete, no qual a desumanidade universalizante da lei aplicar-se-ia sem consideração ao particular, não seria um mundo de Kant, mas um mundo de Kafka.

Esperamos, portanto, oferecer nossa contribuição original à promoção científica, assim como à casuística jurídica. Tendo em vista que o universo simbólico e psíquico humano na pós-modernidade não se apoia mais sobre estruturas simbólicas coletivas e tradicionais, em razão das contínuas e profundas mutações devidas à aparição de múltiplas referências éticas, religiosas e racionais, pensamos que é necessário dar continuação ao aprofundamento das pesquisas sobre os ***efeitos dos discursos* familiais e sociais, a propósito da "homossexualidade" na subjetividade dos adotados**, por meio da "experiência homoparental", considerando, principalmente, a ***especificidade de cada idade* na qual a adoção ocorreu**.

Diferentemente das pesquisas estatísticas da psicologia comportamentalista, a leitura psicanalítica faz-se a partir dos casos clínicos teorizados sobre a questão das *identificações* no período do Complexo de Édipo. Neste período, ao redor de quatro anos, a criança vive a experiência de ser excedida por um desejo sexual incontrolável. Ela precisa aprender a limitar seu entusiasmo e a ajustá-lo nos limites de sua imaturidade, de sua consciência nascente, de seu medo, e enfim, nos limites de uma Lei tácita, a qual lhe ordena a **renunciar aos seus pais como objetos sexuais**. Ela precisa, finalmente, incorporá-los como **objeto de identificação**, e definir sua **identidade sexual**, a partir de suas **identificações primárias** e **secundárias**. Trata-se, portanto, de trazer ao campo do Direito as pesquisas teóricas já realizadas pelos psicanalistas na clínica da "homoparentalidade". E isso, com um acento particular colocado sobre o "**desejo *de* criança**", sobre os **efeitos discursivos na subjetividade do adotado**, uma vez que **os casais "homoparentais", diferentemente dos casais heterossexuais, não confrontam a criança, no cotidiano, à diferença real de incompletude entre os sexos**. Uma reflexão e uma interrogação sobre as consequências eventuais para as crianças concernidas na "homoparentalidade", mas também para o conjunto da sociedade, do "**projeto de apagar a diferença dos sexos da filiação**".

Esperamos oferecer um esclarecimento psicanalítico para o campo do Direito, em relação aos *impasses da construção da subjetividade nos discursos*. O discurso liberalista produz uma ilusão generalizada no sentido

---

(585) MORIN, Edgar. Mes philosophes. Meaux : Éditions Germina, 2011, p. 101 [tradução livre da autora].

de conseguir ultrapassar a *Representação Terceira* que funciona conforme o Nome-do-Pai, da qual realça o ***processo identificatório*** para todo sujeito humano. Os atuais discursos liberais produzem um imaginário dos gozos plenos, nos quais tudo é possível, e também de ***indiferença dos sexos*** na montagem da **filiação** e do **parentesco**. Contudo, é preciso compreender que o direito de "**adotar uma criança**" faz parte da **problemática genealógica**. A montagem da filiação supõe, segundo Legendre[(586)] "*que sejam reconhecidas a especificidade do humano como **ser** de **linguagem**, a **alteridade** como fundada sobre uma **lógica das identificações**, e a própria **normatividade** como assujeitada ao imperativo de uma **reprodução***" do **Interdito**.

Portanto, seria melhor, antes de legalizar o "homoparentesco", compreender que a **criança** pode ser tomada como o ***lugar do gozo*** para além da significação fálica, isto é, para além da **Interdição**, em um imaginário de possibilidade de completude, mortífera e narcísica. Seria necessário também e, sobretudo compreender que "*Antes de ser crianças dos nossos parentes de carne ou adotivos, nós somos crianças de Texto*"[(587)].

Há um determinismo simbólico atuando na cultura, e precisamente é ao nível do fenômeno da **interpretação** que começa a **instituição do sujeito**, para dominar a representação do **Abismo** entre a **morte** e a **vida**, entre a divisão **psico/soma**, entre o **sujeito/**e **Outro sexo**. A condição humana do pensamento, de pensar sobre si mesmo e de pensar sobre o sujeito-Outro, apoia-se sobre um "**princípio do *vazio***", isto é, sobre uma "*falta-a-ser*", uma carência, um abismo que caracteriza um sistema lógico complexo, antagonista e complementar, da ***diferenciação***. Fora desta lógica da ***Referência Terceira*** inconsciente, traço de união que liga estes dois termos **psico/soma**, há uma genealogia de consumo e da dessubjetivação de massa porquanto a vida para o ser humano está ligada ao fenômeno da palavra e às representações. Na derrelição das Leis da Linguagem, e sua estreita relação com o *real* e o *imaginário*, surgem consequências indesejadas, eis que podemos fazer uso **metafórico** ou **metonímico** das **referências**. Mas, não podemos esquecer que a faísca criadora da **metáfora**, segundo Lacan, não brota da confrontação de dois significantes igualmente atualizados na palavra. "***Ela brota entre dois significantes dos quais um substituiu o outro, assumindo seu lugar na cadeia significante***"[(588)].

Contudo, o significante oculto permanece presente em sua conexão (metonímica) no resto da cadeia. Por conseguinte, a questão da "interdição do incesto" acontece ao nível da representação dos lugares mediante palavras adequadas, muito mais que ao nível de sua realização concreta sexual. Portanto ,estes lugares significantes de pai-mãe-criança não podem ser desviados do sentido tal qual eles funcionam para cada um de nós no real da procriação sempre e ainda bissexuado. Entre um significante e outro significante, o sujeito institui-se como o último surgido. Fora da lógica coerente dos significantes fálicos em sua relação ao real da anatomia, aparece o puro imaginário da crença na ausência de limite que faz advir manipulações institucionais simplesmente fundadas sobre o princípio do bom prazer... E então podem ocorrer aberrações. Podemos produzir jogos metafóricos ao dizer: "meu cachorro é meu bebê", mas o significante ocultado "criança" continua presente na cadeia, e, por conseguinte, estando no diálogo trinitário consciente que universaliza sujeito/espécie/sociedade, não podemos convencer-nos "verdadeiramente" de que o cachorro é um bebê... ou de que uma mulher é um pai, ou um homem uma mãe.

Então, uma vez que **os significantes se transmitem de geração em geração**, e segundo Freud, esta transmissão é inconsciente, "***de superego a superego***"[(589)], considerando Winter[(590)] e outros psicanalistas advertidos, nós insistimos também para que se tome um tempo de reflexão antes de se precipitar a legalizar a "homoparentalidade". Antes que a Lei se faça modificar pelos sujeitos, a Sociedade deve interrogar-se: "*De que, o que está ocorrendo seria o sintoma?*"[(591)].

Nós não saberíamos ter acessado a esta reflexão sobre o ***ato do sujeito na transferência***, na pós-modernidade, sem nos darmos os meios de estudar os **fundamentos** da **Lei da Linguagem**, consciente e *inconsciente* ao Nome-do-Pai, que são também os **fundamentos** primeiros da **normatividade do Direito**. Aplicamos este estudo aprofundado à questão da filiação, pois ela está no cerne dos sistemas institucionais para toda a humanidade. Segundo Legendre:

(586) LEGENDRE, Pierre. Filiation : fondement généalogique de la psychanalyse..., p. 170 [tradução livre da autora].
(587) LEGENDRE, Pierre. Filiation : fondement généalogique de la psychanalyse..., p. 187 [tradução livre da autora].
(588) LACAN, Jacques. L'instance de la lettre dans l'inconscient ou la raison depuis Freud..., p. 504 [tradução livre da autora].
(589) WINTER, Jean-Pierre. Homoparenté..., p. 71-81 [tradução livre da autora].
(590) WINTER, Jean-Pierre. Homoparenté..., p. 89.
(591) WINTER, Jean-Pierre. Homoparenté..., p. 81 [tradução livre da autora].

A filiação tem por horizonte a sobrevivência, a vida, a expansão e a morte na espécie; por modalidades, as técnicas inventadas e reinventadas da reprodução dos filhos – filho de um e de outro sexo, segundo a fórmula do legalismo latino; por instância, em cada homem, o desejo e sua espiral indefinida.

Múltiplos são então os caminhos que se abrem para o estudo destes registros encruzilhados, como são diversos os sistemas de interpretação que no planeta construíram nosso habitat, mediante em toda parte os mesmos fundamentos que não se pode desarraigar: ***a morte, o poder, a palavra****. Eu poderia dizer ainda: como em toda parte e em todos os tempos, é preciso ao homem, com esta serragem de madeira mastigada e novamente mastigada que Kafka evocava (o direito, dizia ele),* ***fabricar o homem, isto é instituí-lo, pela operação dogmática que ata em conjunto o biológico, o social e o inconsciente****.*

Esta ***operação dogmática****, tão variável historicamente que seja, atende em toda parte à mesma necessidade – a necessidade de* ***fundar o interdito*** *e de* ***fazer reproduzir neste discurso o efeito normativo esperado****, o que nós, os Ocidentais, denominamos* ***o direito****. Também, o direito não possui como último fundamento senão* ***a manobra dogmática que estabelece o interdito fundador de toda norma****. Esta elaboração, por natureza tautológica, visa o* ***princípio da filiação****, o qual tem por tradução concreta a* ***ordem genealógica, reserva inesgotável na qual os indivíduos vêm buscar, para viver, a bagagem de sua identidade****. Deveria dizer de preferência: as categorias elementares de sua identidade, que, antes de se tornarem a bagagem efetiva de sua vida, passam pelas mãos dos intermediários, por estes fabricantes de imagens – as* ***imagens identificatórias*** *–,* ***os parentes****.*

Assim, neste mecanismo da filiação, o comércio familial não é único em causa nem mesmo – observação essencial, século e na cultura em que estamos – o princípio operatório. ***"Antes de ser crianças de nossos parentes de carne ou adotivos, nós somos crianças de Texto"****.*[592]

Tendo-se em vista que a **genealogia** é um saber de conservação da espécie humana, que permite ao ser enquanto *ser de linguagem*, habitar o *Abismo* que o separa da Natureza, afirmamos que **as atuais práticas médicas de procriação assistida criam a ilusão de que não existe mais mistério nem morte no coração da subjetividade e da sexualidade**. Neste quadro a emergência de um **novo "direito a ter criança fora da sexualidade"**, e num questionável "**desejo *de* criança**", por meio de técnicas laboratoriais, força o **Sistema do Direito** a mudar a noção de **filiação** e de **parentesco** para todos e todas. Em saindo de um **sistema genealógico** baseado nos **dois sexos naturais** e nas referências dos *lugares* **geracionais**, resta apenas lutar por um trabalho cultural de ***interdição*** pulsional para encontrar um enquadramento legal à comercialização de gametas e à utilização médica de partes do corpo humano. Nesta mudança de ***coordenada fundamental simbólica*** decorrente da **separação do sexual da procriação**, na qual a **identidade sexual** não vem mais mantendo laço ao **corpo real**, num **imaginário de gênero**, resta às correntes de pensamento jurídico refletir se existe um "direito a fabricar crianças" e sobre que *lugar* e *função* jurídicos o sistema do Direito reconhecerá aos *terceiros doadores de gametas ou gestantes de substituição*, participantes dos novos projetos de famílias intencionais, ditas novas "socialidades", ou seja, se vai ocultá-los ou ***priorizar o laço originário da criança*** regrando a **Adoção**. Se vai, neste novo contexto de **socialidades**, priorizar o **Direito da criança a nascer mediante de técnicas medicais,** os genitores ou portadoras, os pais de intenção, ou o *interesse geral* da Sociedade na continuidade da espécie humana, não apenas criada, mas *gerada* enquanto *ser de linguagem*.

Enfim, trabalhamos por um Direito mais justo e institucional da subjetividade, em uma função mais ***interditiva*** e *eletiva de valores*, que proibitiva. Trabalhamos por um Direito menos imaginário e segregacionista, buscando novas soluções de compromisso para os conflitos sociais e familiais, sem colocar, contudo, em perigo a humanização de hoje e de amanhã.

Procuramos um caminho de esperança no qual a deusa *Psique*, "deusa da alma", possa iluminar com seus alados a espada da deusa Diké e o véu da deusa Justitia. Pocuramos um novo estilo de justiça, em tempos em que a espada e o véu possam ser substituídos pelo amor e pela luz da alma.

Apostamos na experiência de um novo estilo de Direito que considere e influencie a instituição da *singularidade subjetiva inconsciente*. Uma redescoberta essencial da ***Referência Terceira***, e da participação do "terceiro legal laico" na função de salvaguarda do sujeito falante. Um restabelecimento da *função* do Direito e de sua responsabilidade, como **escala institucional da humanidade**, a fim de **evitar** a **desintegração** da ideia de **filiação** e **parentesco**, baseados sobre a **norma** da **diferença dos sexos**. Isto para evitar a ausência de lugar para o *significante do impossível*, este impossível a dizer que é a diferença dos sexos, a fim de não reencontrá-lo no Real.

Uma razão à luz da ética do *desejo* e da *alteridade*, visando preservar o capital simbólico da humanidade.

---

(592) LEGENDRE, Pierre. Filiation : fondement généalogique de la psychanalyse..., p. 186-187 [tradução livre da autora].

ESQUEMAS DOS DISCURSOS

ESTRUTURAS DOS QUATRO DISCURSOS LACANIANOS

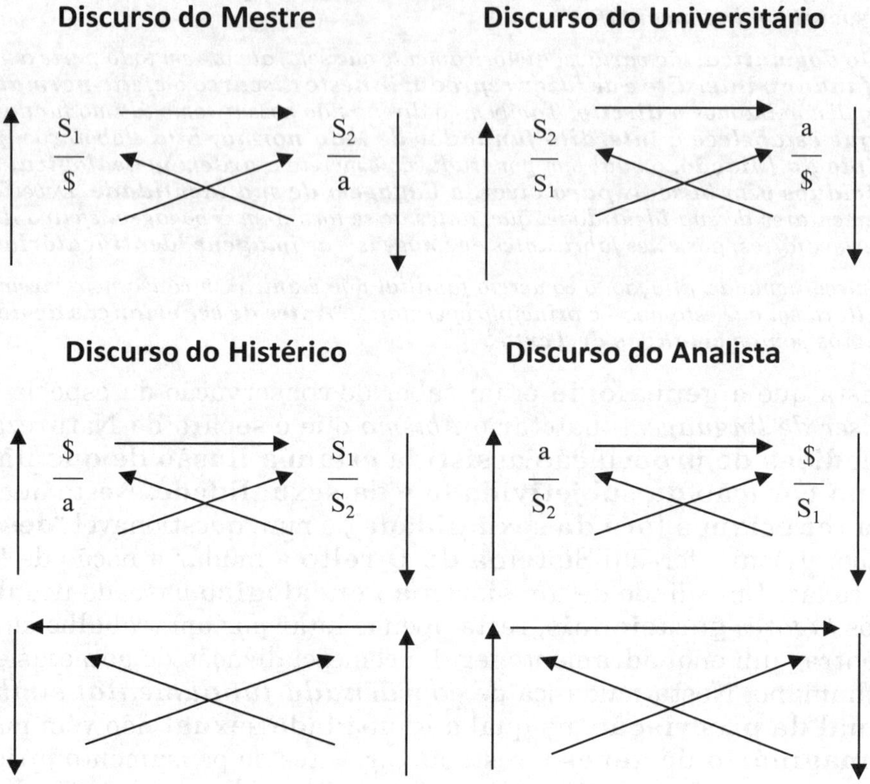

SURGIMENTO DA QUINTA FÓRMULA DISCURSIVA

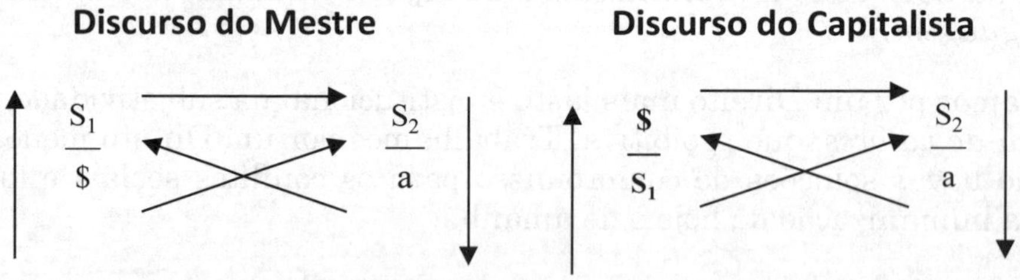

Quatro estruturas discursivas inutilizadas por causa da inversão produzida pelo Discurso do Capitalista. Surgimento, segundo Lesourd, de novas posições de Discursos tomados como laços sociais: Discursos da Ecologia, da Tecnologia, da Publicidade, do Guru, da Psiquiatria.

Novos Discursos a partir da inversão da estrutura mínima de linguagem $S_1 \rightarrow S_2$

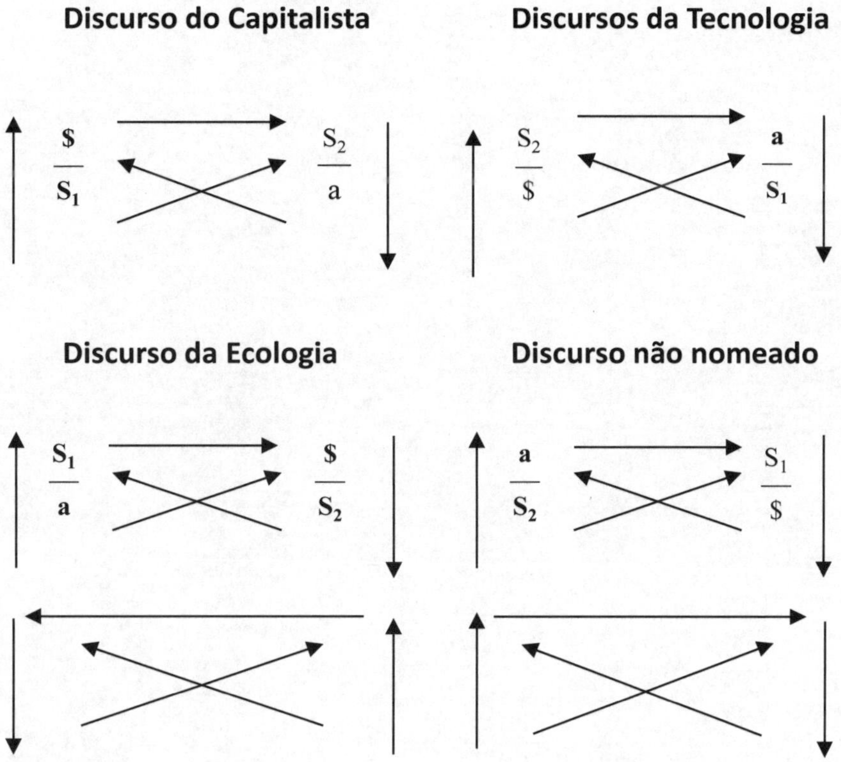

Esquema de algoritmos, por nós proposto, para explicar a aproximação do Discurso do Direito com o Discurso Psicanalítico, a partir do primeiro **paradigma lacaniano dos Quatro Discursos**, sem, no entanto, a ocorrência do processo de coalescência e de alienação.

$$\frac{S_1 \,/\, [a]}{\$ \,/\, [S_2]} \qquad \frac{S_2 \,/\, [\$]}{\cancel{A} \,/\, [S_1]}$$

Discurso do Direito / [Discurso Psicanalítico]

Campo Simbólico / [Campo Real]

REFERÊNCIAS BIBLIOGRÁFICAS

AGACINSKI, Sylviane. L'homoparentalité en question, par Sylviane Agacinski. *Le Monde*, 21.06.2007. Disponible sur : <http://www.lemonde.fr/idees/article/2007/06/21/l-homoparentalite-en-question-par-sylviane-agacinski_926550_3232.html>. Accès : 09 mar. 2012.

ARENDT, Hannah. *La crise de la culture*. Trad. de l'anglais (États-Unis) par un collectif de traducteurs. Édition de Patrick Lévy. Paris : Gallimard, 1972. (Coll. FolioEssais, n. 113).

BARRETTO, Vicente de Paulo. *Bioética e ordem jurídica* (p. 18-23). XV CONFERÊNCIA NACIONAL DA ORDEM DOS ADVOGADOS DO BRASIL. Ethica, Democratia, Justitia. 04 a 08 de setembro de 1994, Foz do Iguaçu, Paraná. Anais... Teses Avulsas. Conselho Federal da Ordem dos Advogados do Brasil.

BENTATA, Hervé. *Parentalités d'aujourd'hui* : vers un père semblant? La Clinique Lacanienne, 2007, vol. 1, n. 12, p. 101-109, Paris : Éditions Érès. DOI : 10.3917/cla.012.0101. Disponible sur : <www.cairn.info/revue-la-clinique-lacanienne-2007-1-page-101.htm>. Accès : 09 mar. 2012.

BENTATA, Hervé. Parentalités d'aujourd'hui... et d'ailleurs. La Clinique Lacanienne, 2007, vol. 1, n. 12, p. 9-12, Paris : Éditions Érès. DOI : 10.3917/cla.012.0009. Disponible sur : <www.cairn.info/revue-la-clinique-lacanienne-2007-1-page-9.htm>. Accès : 09 mar. 2012.

BÍBLIA ONLINE. Êxodo, 20,13. Disponível em: <http://www.bibliaonline.com.br/acf/ex/20>. Acesso em: 09 mar. 2012.

BORRILLO, Daniel. « La protection juridique des nouvelles formas familiales : le cas des familles homoparentales », dans Mouvements, sociétés, politique, culture, n° 8, mars-avril, Paris : La Découverte, 2000, p. 59 *apud* GAVARINI, Laurence. *La sexualité dans l'ombre*. Discours sociaux sur les nouvelles normes et formes de lien familial. La Clinique Lacanienne : Parentalités d'aujourd'hui... et d'ailleurs, 2007, vol. 1, n. 12, p. 27-47, Paris : Éditions Érès. DOI : 10.3917/cla.012.0027. Disponible sur : <www.cairn.info/revue-la-clinique-lacanienne-2007-1-page-27.htm>. Accès : 09 mar. 2012.

CAMON, Fernadino. La maladie humaine. Paris : Folio-Gallimard, 1973 *apud* LESOURD, Serge. Impasses de la construction subjective chez l'enfant et l'adolescent. *l'Information Psychiatrique*, vol. 84, n. 1, p. 29-34, janvier 2008, troubles de la personnalité. DOI : 10.1684/ipe.2008.0276. Disponible sur : <http://www.jle.com/fr/revues/medecine/ipe/e-docs/00/04/39/8E/article.phtml>. Accès : 09 mar. 2012.

CHEMAMA, Roland; VANDERMERSCH, Bernard. *Dictionnaire de la Psychanalyse*. Paris : Larousse, 2007.

COULON, Jean-Marie. *Introduction au principe de précaution en droit*. Mardi, 13 mai 2008, p. 37-40. Disponible sur : <http://www.institut-servier.com/download/pprecaution/4.pdf>. Accès : 09 mar. 2012.

DOR, Joël. *Introduction à la lecture de Lacan*. 1ère Partie : L'inconscient structuré comme un langage – 2ème Partie. La structure du sujet. Paris : Éditions Denoël, 2002.

DUFOUR, Dany-Robert. Le troisième parent. *La clinique lacanienne* : Parentalités d'aujourd'hui... et d'ailleurs, 2007, vol. 1, n. 12, p. 49-60. Paris : Éditions Érès. DOI : 10.3917/cla.012.0049. Disponible sur : <www.cairn.info/revue-la-clinique-lacanienne-2007-1-page-49.htm>. Accès : 09 mar. 2012.

DUSSEL, Enrique. *Ética da libertação*: na idade da globalização e da exclusão. 2. ed. Petrópolis, RJ: Vozes, 2002.

EINSTEIN, Albert ; FREUD, Sigmund. *Pourquoi la guerre*? (1933). Résultats, idées problèmes. Paris : PUF, Presses Universitaires de France, 1995, vol. II. [Le texte original de MM Albert Einstein et Sigmund Freud a été traduit en français par M.Blaise Briod et édité par l'Institut International de Coopération Intellectuelle – Société des nations – 1933]. Disponible sur : <http://squiggle.be/PDF_Matiere/Pourquoi%20la%20guerre_Freud%20et%20Einstein.pdf>. Accès : 09 mar. 2012.

ÉLIADE, Mircea. *Le sacré et le profane*. Paris : Éditions Gallimard, 1965. (Collection Folio essais, n. 82).

FERRAZ JUNIOR, Tércio Sampaio. *Introdução ao estudo do direito*: técnica, decisão, dominação. 3. ed. São Paulo: Atlas, 2001.

FOUCAULT, Michel et al. *Moi Pierre Rivière, ayant égorgé ma mère, ma sœur et mon frère...* Un cas de parricide au XIXème siècle présenté par Michel Foucault. Paris : Gallimard, 2007.

FREUD, Sigmund. *Malaise dans la civilisation* (1930). Paris : PUF, 1971.

_______. *Moisés e o Monoteísmo, Esboço de Psicanálise e outros trabalhos.* O Trabalho Prático. Parte II. A Técnica da Psicanálise. Capítulo VI. Obras Psicológicas Completas de Sigmund Freud. 2. ed. Rio de Janeiro: Imago, 1987, vol. XXIII.

_______. *O futuro de uma ilusão e outros textos.* (1926-1929). Obras completas volume 17. Inibição, sintoma e angústia, o futuro de uma ilusão e outros textos. Tradução de Paulo César de Souza. São Paulo: Companhia das Letras, 2014.

_______. *O mal-estar na civilização e outros textos.* (1930-1936). Obras completas volume 18. O mal-estar na civilização, novas conferências introdutórias e outros textos. Tradução de Paulo César de Souza. São Paulo: Companhia das Letras, 2010.

_______. *Totem e tabu e outros trabalhos.* Obras Psicológicas Completas de Sigmund Freud. 2. ed. Rio de Janeiro: Imago, 1987, vol. XIII.

_______. *Trois essais sur la théorie sexuelle.* Trad. de l'allemand (Autriche) par Philippe Koeppel. Préface de Michel Gribinski. Collection Folio essais (n. 6), Gallimard.

_______. *Um caso de histeria e três ensaios sobre a teoria da sexualidade.* Obras Psicológicas Completas de Sigmund Freud. 2. ed. Rio de Janeiro: Imago, 1987, vol. VII.

GAUCHET, Marcel. Essai de psychologie contemporaine I. Un nouvel âge de la personnalité. Le débat, n. 99, mars-avril, Paris, Gallimard, 1998, p. 169 *apud* GAVARINI, Laurence. *La sexualité dans l'ombre.* Discours sociaux sur les nouvelles normes et formes de lien familial. *La Clinique Lacanienne* : Parentalités d'aujourd'hui... et d'ailleurs, 2007, vol. 1, n. 12, p. 27-47, Paris : Éditions Érès. DOI : 10.3917/cla.012.0027. Disponible sur : <www.cairn.info/revue-la-clinique-lacanienne-2007-1-page-27.htm>. Accès : 09 mar. 2012.

GAVARINI, Laurence. *La sexualité dans l'ombre.* Discours sociaux sur les nouvelles normes et formes de lien familial. La Clinique Lacanienne : parentalités d'aujourd'hui... et d'ailleurs, 2007, vol. 1, n. 12, p. 27-47, Paris : Éditions Érès. DOI : 10.3917/cla.012.0027. Disponible sur : <www.cairn.info/revue-la-clinique-lacanienne-2007-1-page-27.htm>. Accès : 09 mar. 2012.

GODELIER, Maurice. Systèmes de parenté, formes de famille. Quelques problèmes contemporains qui se posent en Europe occidentale et en Euro-Amérique. *La clinique lacanienne*, 2007, vol. 1, n. 12, p. 13-20, Paris : Éditions Érès. DOI : 10.3917/cla.012.0013. Disponible sur : <www.cairn.info/revue-la-clinique-lacanienne-2007-1-page-13.htm>. Accès : 09 mar. 2012.

HAMAD, Nazir. Qu'est-ce qui fait famille? L'exemple de l'adoption. *La clinique lacanienne* : l'adoption, 2004, vol. 1, no 7, p. 29-39. DOI : 10.3917/cla.007.0029. Disponible sur : <www.cairn.info/revue-la-clinique-lacanienne-2004-1-page-29.htm>. Accès : 09 mar. 2012.

KAUFMANN, Pierre. (sous la dir. de -). *L'apport freudien* : eléments pour une encyclopédie de la psychanalyse. Paris : Larousse, 1998.

LACAN, Jacques. A metáfora do sujeito. In: *Escritos* (p. 337-342). Tradução de Vera Ribeiro. Rio de Janeiro: Jorge Zahar, 1998.

_______. L'instance de la lettre dans l'inconscient ou la raison depuis Freud. In : *Écrits I* (p. 490-526). Paris : Éditions du Seuil, 1999.

_______. La métaphore du sujet (1961). In : *Écrits II.* (p. 359-363). Appendice II, Paris : Éditions du Seuil, 1999.

_______. *Le séminaire* : livre XVII. L'envers de la psychanalyse (1969-1970). Paris : Éditions du Seuil, mars 1991.

_______. *Le séminaire :* livre XVIII. D'un discours qui ne serait pas du semblant (1970-1971). Paris : Éditions du Seuil, octobre 2007.

_______. *Le séminaire* : livre XX. Encore (1972-1973). Paris : Éditions du Seuil, 1984.

_______. Nota sobre a criança (1969). In: *Outros escritos* (p. 369-370). Rio de Janeiro: Jorge Zahar, 2003.

_______. Note sur l'enfant [1969], note de Jacques Lacan remise à Jenny Aubry, (10/1969), texte paru initialement dans Aubry (J.) et coll., *Enfances abandonnées.* La carence de soins maternels, Paris, Scarabée-Métailié, 1983 ; dans Lacan (J.), *Autres écrits*, Paris; Le Seuil, 2001, p. 373-374.

_______. *O seminário*: Livro 10. A angústia (1962-1963). Tradução de Vera Ribeiro. Rio de Janeiro: Jorge Zahar, 2005.

LAROUSSE. *Le petit Larousse Grand Format.* Paris : Larousse, 2001.

LEBRUN, Jean-Pierre. *La Perversion ordinaire* : vivre ensemble sans autrui. Paris : Éditions Denoël, 2007.

_______. L'avenir de la haine. *La clinique lacanienne* : Questions cruciales pour la psychanalyse, 2007, vol. 1, n° 12, p. 127-143. Paris : Éditions Érès. DOI : 10.3917/cla.012.0127. Disponible sur : <www.cairn.info/revue-la-clinique-lacanienne-2007-1-page-127.htm>. Accès : 09 mar. 2012.

_______. *Um mundo sem limite*: ensaio para uma clínica psicanalítica do social. Tradução de Sandra Regina Felgueiras. Editor: José Nazar. Rio de Janeiro: Companhia de Freud, 2004.

_______. *Un monde sans limite.* Essai pour une clinique psychanalytique du social. Toulouse : Éditions Erès, 1997. Psychanalyse, 2009. Disponible sur : <http://www.cairn.info/un--monde-sans-limite--9782749210254.htm>. Accès : 09 mar. 2012.

LEGENDRE, Pierre. *Filiation* : fondement généalogique de la psychanalyse. (Leçons IV, suite 2). Paris : Éditions Fayard, 2005.

_______. *La fabrique de l'homme occidental*, suivi de *L'Homme en meurtrier.* Paris : Arte Éditions, 1996.

LESOURD, Serge. *Comment taire le sujet?* Des discours aux parlottes libérales. Toulouse : Humus, Érès, 2006.

_______. Impasses de la construction subjective chez l'enfant et l'adolescent. *L'Information Psychiatrique*, vol. 84, n. 1, p. 29-34, janvier 2008, troubles de la personnalité. DOI : 10.1684/ipe.2008.0276. Disponible sur : <http://www.cairn.info/revue-l-information-psychiatrique-2008-1-page-29.htm>. Accès : 09 mar. 2012.

_______. A elisão do sujeito no "palavrório" tecnocientífico da medicina. *Epistemo-somática*, Belo Horizonte – MG, dez. 2007, vol. 4, n. 2, p. 17-27. Disponible sur : <http://pepsic.bvsalud.org/scielo.php?script=sci_arttext&pi=S1980-20052007000200003&lng=pt&nrm=iso>. Accès : 09 mar. 2012.

_______. *La clinique de l'adolescence c'est le politique.* Adolescence, 2009, vol. 2, n° 68, p. 297-312, Editeur L'Esprit du temps, ISBN 9782847951561, DOI : 10.3917/ado.068.0297. Disponible sur : <www.cairn.info/revue-adolescence-2009-2-page-297.htm>. Accès : 09 mar. 2012.

_______. *La construction du sujet dans la modernité* : de la psychopathologie adolescente à une clinique de l'enfant dans le lien social. Université Paris 13 – Paris Nord, Paris, thèse Habilitation a Diriger des Recherches en psychologie. Conseillère Madame le Professeur M-C Fourment-Aptekman, soutenue le 15 décembre 2001, Tome 1.

_______. *La folie ordinaire des discours modernes. Figures de la psychanalyse*, vol. 2, n. 10, p. 105-110, 2004. DOI : 10.3917/fp.010.0105. Disponible sur : <www.cairn.info/revue-figures-de-la-psy-2004-2-page-105.htm>. Accès : 09 mar. 2012.

_______. La mélancolisation du sujet postmoderne ou la disparition de l'Autre. *Cliniques méditerranéennes*, 2007, vol. 1, nº. 75, p. 13-26. DOI : 10.3917/cm.075.0013. Disponible sur : <www.cairn.info/revue-cliniques-mediterraneennes--2007-1-page-13.htm>. Accès : 09 mar. 2012.

LÉVI-STRAUSS, Claude. *Antropologia estrutural*. São Paulo: Cosac Naify, 2008.

MARCHESINI, Silvane Maria. « Le suicide assisté : la nouvelle "peine de mort" induite par la société contemporaine ? Une analyse à la frontière entre droit et psychanalyse ». *In: Intervention prononcée le 19.11.2011, Colloque International « Mort et médecine »*, Atelier : 3. Le Droit face à la fin de vie, le 19 et 20 novembre 2011 à Strasbourg-France. Texte publiée dans la revue ÉTUDES sur la mort, Thanatologie (n. 141) « La peine de mort ». L'Esprit du Temps 2012. Disponível em: <http://www.cairn.info/resume.php?ID_ARTICLE=ESLM_141_0037> e em: <http://www.psyetdroit.eu/wp-content/uploads/2012/11/SMM-Le-suicide-assisté.pdf>.

_______. Le sujet du droit dans le transfert. Une perspective transdisciplinaire à travers la théorie lacanienne des Discours. La psychanalyse appliquée à la casuistique du Droit en rapport avec l'adoption homoparentale. Thèse soutenue le 5 juillet 2012 à l'Université de Nice-Sophia Antipolis. Disponible sur : <http://ciret-transdisciplinarity.org/biblio/biblio_pdf/Silvane_Marchesini_these-31-08-12.pdf>. Accès : 09 mar. 2012.

_______. *O sujeito de direito na transferência*. Uma perspectiva transdisciplinar através da Teoria Lacaniana dos Discursos. Curitiba: Juruá, 2010. Disponível em: <http://divacademico.blogspot.com.br/2012/03/o-sujeito-de-direito-na--transferencia.html>.

MARCUSE, Herbert. La notion de progrès à la lumière de la psychanalyse (1968). In : MARCUSE, Herbert. *Culture et société*. Tradução de Gérard Billy, Daniel Bresson, et Jean--Baptiste Grasset. Paris : Les Éditions de Minuit, 1970.

MELMAN, Charles. À quel saint se vouer? *La clinique lacanienne*, 2007, vol. 1, n. 12, p. 21-25, Paris : Éditions Érès. DOI : 10.3917/cla.012.0021. Disponible sur : <www.cairn.info/revue-la-clinique-lacanienne-2007-1-page-21.htm>. Accès : 09 mar. 2012.

_______. Débat sur l'homoparentalité. Faut-il une reconnaissance légale?, *Le Quotidien du Médecin*, 21/10/2005. Disponible sur : <http://www.apgl.fr/presse/quotmed20051024.pdf>. Accès : 09 mar. 2012.

MIJOLLA, Alain de (sous la dir. de -). *Dictionnaire international de la psychanalyse* : concepts, notions, biographies, œuvres, événements, institutions. Comité éditorial : Bernard Golse, Editeur (scientifique); Sophie de Mijolla-Mellor, Editeur (scientifique); Roger Perron, Editeur (scientifique). Paris : Hachette Littératures, 2005.

MORIN, Edgar. *Mes philosophes*. Meaux : Éditions Germina, 2011.

NICOLESCU, Basarab. *La Transdisciplinarité* : Manifeste. Paris : Éditions du Rocher, 1996.

_______. Le tiers inclus – de la physique quantique à l'ontologie. *Bulletin Interactif du Centre International de Recherches et ÉTUDES Transdisciplinaires,* n. 13, 24 novembre 1998. Disponible sur : <http://www.barbier-rd.nom.fr/B.Nicolescutiersinclus.html>. Accès : 09 mar. 2012.

OMS – Organização Mundial de Saúde. Constituição da Organização Mundial da Saúde (OMS/WHO) – Nova Iorque em 22 de julho de 1946. Disponível em: <http://www.direitoshumanos.usp.br/index.php/OMS-Organiza%C3%A7%C3%A3o-Mundial--da-Sa%C3%BAde/constituicao-da-organizacao-mundial-da-saude-omswho.html>. Acesso em: 09 mar. 2012.

PERELMAN, Chaïm. *Éthique et droit*. Bruxelles : Éditions de l'Université de Bruxelles, 1990.

PESLOUAN, Dominique Lucas de. Une critique éducative du libéralisme. *Critique du Libéralisme*, 15.03.2010, Professeur à l'IUFM Célestin Freinet de Nice. Disponible sur : <http://pt.calameo.com/read/000162058efc5d1384f59>. Accès : 09 mar. 2012.

POMMIER, Gérard. Légitimité de l'adoption. *La clinique lacanienne* : L'adoption, 2004, vol. 1, n. 7, p. 73-89, Paris : Éditions Érès. DOI : 10.3917/cla.007.0073. Disponible sur : <www.cairn.info/revue-la-clinique-lacanienne-2004-1-page-73.htm>. Accès : 09 mar. 2012.

PROUST, Marcel. La race maudite. In : PROUST, Marcel. *Contre Sainte-Beuve*. Paris : Gallimard, 1954. (Collection Folio/Essais). p. 311-336.

QUIGNARD, P. *Le sexe et l'effroi*. Paris : Ed de Minut, 1987.

SAUSSURE, Ferdinand de. *Cours de linguistique générale*. Paris : Payot & Rivages, 2005 (Original publié en 1916).

STIEGLER, Bernard. Aimer, s'aimer, nous aimer – du 11 septembre au 21 avril, Paris, Galilée, 2003, p. 30 *apud* DUFOUR, Dany-Robert. *Le troisième parent*. *La clinique lacanienne* : Parentalités d'aujourd'hui... et d'ailleurs, 2007, vol. 1, n. 12, p. 49-60. Paris : Éditions Érès. DOI : 10.3917/cla.012.0049. Disponible sur : <www.cairn.info/revue-la-clinique-lacanienne-2007-1-page-49.htm>. Accès : 09 mar. 2012.

TIMSIT, Gérard. *Les noms de la loi*. Paris : Presses Universitaires de France, 1991.

VEKEN, Cyril. Mon père est tailleur. La clinique lacanienne : L'adoption, 2004, vol. 1, n. 7, p. 51-60, Paris : Éditions Érès. DOI : 10.3917/cla.007.0051. Disponible sur : <www.cairn.info/revue-la-clinique-lacanienne-2004-1-page-51.htm>. Accès : 09 mar. 2012.

VINCENT, Thierry. *L'indifférence des sexes* : critique psychanalytique de Bourdieu et de l'idée de domination masculine. Strasbourg : Éditions Arcanes, Apertura, 2002.

WINTER, Jean-Pierre. *Homoparenté*. Paris : Éditions Albin Michel, 2010.

Algumas obras consultadas neste trabalho já têm a versão brasileira, fizemos a correlação:

Obra em francês	Obra em português
	CHEMAMA, Roland. *Dicionário de psicanálise*. Porto Alegre: Artes Médicas, 1995.
CHEMAMA, Roland; VANDERMERSCH, Bernard. *Dictionnaire de la Psychanalyse*. Paris : Larousse, 2007.	CHEMAMA, Roland; VANDERMERSCH, Bernard. *Dicionário de psicanálise*. São Leopoldo: Editora Unisinos, 2007.
DOR, Joël. *Introduction à la lecture de Lacan*. 1ère Partie : L'inconscient structuré comme un langage – 2ème Partie: La structure du sujet. Paris : Éditions Denoël, 2002.	DOR, Joël. *Introdução à leitura de Lacan*. v. 1: O inconsciente estruturado como linguagem. Tradução de Carlos Eduardo Reis. Porto Alegre: Artes Médicas, 1989.
ÉLIADE, Mircea. *Le sacré et le profane*. Paris : Éditions Gallimard, 1965. (Collection Folio essais, n. 82).	ÉLIADE, Mircea. *O sagrado e o profano*. Tradução de Rogério Fernandes. São Paulo: Martins Fontes, 1992.
FREUD, Sigmund. *Malaise dans la civilisation* (1930). Paris : PUF, 1971.	FREUD, Sigmund. O mal-estar na civilização e outros textos. (1930-1936). Obras completas volume 18. *O mal-estar na civilização*, novas conferências introdutórias e outros textos. Tradução de Paulo César de Souza. São Paulo: Companhia das Letras, 2010.
FREUD, Sigmund. *Trois essais sur la théorie sexuelle*. Trad. de l'allemand (Autriche) par Philippe Koeppel. Préface de Michel Gribinski. Collection Folio essais (n° 6), Gallimard.	FREUD, Sigmund. Um caso de histeria e três ensaios sobre a teoria da sexualidade. *Obras Psicológicas Completas de Sigmund Freud*. 2. ed. Rio de Janeiro: Imago, 1987, vol. VII.
LACAN, Jacques. L'instance de la lettre dans l'inconscient ou la raison depuis Freud. In : *Écrits I* (p. 490-526). Paris : Éditions du Seuil, 1999.	LACAN, Jacques. A instância da letra no inconsciente ou a razão desde Freud. In: *Escritos* (p. 496-533). Tradução de Vera Ribeiro. Rio de Janeiro: Jorge Zahar, 1998.
LACAN, Jacques. La métaphore du sujet (1961). In : *Écrits II*. (p. 359-363). Appendice II, Paris : Éditions du Seuil, 1999.	LACAN, Jacques. A metáfora do sujeito. In: *Escritos* (p. 337-342). Tradução de Vera Ribeiro. Rio de Janeiro: Jorge Zahar, 1998.
LACAN, Jacques. *Le séminaire* : livre XVII. L'envers de la psychanalyse (1969-1970). Paris : Éditions du Seuil, mars 1991.	LACAN, Jacques. *O seminário*: Livro 17. O avesso da psicanálise (1969-1970). Tradução de Ary Roitman. Consultoria de Antonio Quinet. Rio de Janeiro: Jorge Zahar, 1992.
LACAN, Jacques. *Le séminaire* : livre XVIII. D'un discours qui ne serait pas du semblant (1970-1971). Paris : Éditions du Seuil, octobre 2007	LACAN, Jacques. *O Seminário*: Livro 18. De um discurso que não fosse semblante (1970-1971). Rio de Janeiro: Jorge Zahar, 2009.
LACAN, Jacques. *Le séminaire* : livre XX. Encore (1972-1973). Paris : Éditions du Seuil, 1984.	LACAN, Jacques. *O Seminário*: Livro 20. Mais, Ainda (1972-1973). Rio de Janeiro: Jorge Zahar, 2008.
LACAN, Jacques. Note sur l'enfant [1969], note de Jacques Lacan remise à Jenny Aubry, (10/1969), texte paru initialement dans Aubry (J.) et coll., Enfances abandonnées. La carence de soins maternels, Paris, Scarabée-Métailié, 1983 ; dans Lacan (J.), *Autres écrits,* Paris, Le Seuil, 2001, p. 373-374.	LACAN, Jacques. Nota sobre a criança (1969). In: *Outros escritos* (p. 369-370). Rio de Janeiro: Jorge Zahar, 2003.

Obra em francês	Obra em português
LEBRUN, Jean-Pierre. *Un monde sans limite*. Essai pour une clinique psychanalytique du social. Toulouse : Éditions Erès, 1997. Psychanalyse, 2009. Disponible sur : <http://www.cairn.info/un-monde-sans-limite--9782749210254.htm>. Accès : 09 mar. 2012.	LEBRUN, Jean-Pierre. *Um mundo sem limite*: ensaio para uma clínica psicanalítica do social. Tradução de Sandra Regina Felgueiras. Editor : José Nazar. Rio de Janeiro: Companhia de Freud, 2004.
MARCUSE, Herbert. La notion de progrès à la lumière de la psychanalyse (1968). In : MARCUSE, Herbert. *Culture et société*. Tradução de Gérard Billy,Daniel Bresson, et Jean-Baptiste Grasset. Paris : Les Éditions de Minuit, 1970.	MARCUSE, Herbert. A noção de progresso à luz da psicanálise. In: MARCUSE, Herbert. *Cultura e psicanálise*. Tradução de Wolfgang Leo Maar, Robespierre de Oliveira e Isabel Loureiro. Rio de Janeiro: Paz e Terra, 2004, p. 112-139.
MIJOLLA, Alain de (sous la dir. de -). *Dictionnaire international de la psychanalyse* : concepts, notions, biographies, œuvres, événements, institutions. Comité éditorial : Bernard Golse, Editeur (scientifique); Sophie de Mijolla-Mellor, Editeur (scientifique); Roger Perron, Editeur (scientifique). Paris : Hachette Littératures, 2005.	MIJOLLA, Alain de. (Dir.). *Dicionário Internacional da Psicanálise:* Conceitos, noções, biografias, obras, eventos, instituições. Direção geral de Alain de Mijolla, Comitê editorial Sophie de Mijolla-Mellor, Roger Perron e Bernard Golse. Tradução de Álvaro Cabral; 2 volumes. Rio de Janeiro: Imago, 2005.
NICOLESCU, Basarab. *La Transdisciplinarité* : Manifeste. Paris : Éditions du Rocher, 1996.	NICOLESCU, Basarab. *O manifesto da transdisciplinaridade*. Tradução de Lúcia Pereira de Souza. São Paulo: Triom, 1999.
PERELMAN, Chaïm. *Éthique et droit*. Bruxelles : Éditions de l'Université de Bruxelles, 1990.	PERELMAN, Chaïm. *Ética e Direito*. Tradução de Maria Ermantina Galvão G. Pereira. São Paulo: Martins Fontes, 1996.
SAUSSURE, Ferdinand de. *Cours de linguistique générale. Paris* : Payot & Rivages, 2005 (Original publié en 1916).	SAUSSURE, Ferdinand de. *Curso de linguística geral*. São Paulo: Cultrix, 1999.

"Castração (complexo de-)"

Em psicanálise, a palavra "castração" está associada a vários termos que a especificam e que ela, por sua vez, também os torna mais precisos: angústia, ameaça, simbólico, medo, terror, negação etc., e, sobretudo, complexo. Para além das acepções correntes, a definição psicanalítica de castração inspira-se, de fato, no que as crianças do sexo masculino temem: a ablação do pênis. A palavra está essencialmente vinculada à de complexo, no sentido em que complexo de castração, acoplado ao Complexo de Édipo, é o organizador da psicossexualidade e, *lato sensu*, da vida psíquica.

A colocação metapsicológica do complexo de castração é relativamente tardia na obra de Freud, mas a palavra "castração" aparece mais cedo, ligada a diversas noções psicanalíticas cujo levantamento permite seguir cronologicamente o encaminhamento teórico. [...] Nos "Três ensaios sobre a teoria da sexualidade" (1905d), Freud trata de aberrações sexuais, da sexualidade infantil e das metamorfoses da puberdade. O medo e a angústia de castração são repetidamente citados, e ainda mais nas edições ulteriores. Em 1915 e 1920, a problemática da castração é claramente explicitada no contexto edipiano, e o complexo de castração é tido na conta de importante noção teórico-clínica.

Em relação às respostas dilatórias dos pais às perguntas que as crianças fazem sobre "de onde vêm os bebês" e a sexualidade em geral, Freud assinala em "Sobre as teorias sexuais das crianças" (1908c) a coexistência nas crianças (primeira clivagem no funcionamento psíquico) de uma versão oficial, a dos pais, e a de um conjunto de "teorias" de cuja veracidade elas estão convencidas. A primeira dessas "teorias" consiste em acreditar que todos os seres humanos possuem um pênis. É o desmoronamento dessa convicção que vai induzir à ideia de castração. Observe-se que, de início, o modelo psicossexual escolhido é o do rapaz; o que levará Freud a explicar ulteriormente a psicossexualidade feminina em relação a esse modelo. Em todo caso, já se fala nesse texto sobre a "atrofia do clitóris" como pequeno pênis e da mulher "mutilada".

A "*Análise de uma fobia em um menino de cinco anos (o pequeno Hans)*" (1909b) ilustra e completa as "teorias sexuais infantis". O complexo de castração é, ainda em 1909, no espírito de Freud uma espécie de núcleo psicopatológico frequente que deixa, por outro lado, "traços impressionantes nos mitos". É ampliado em seguida pelo segundo tempo da ameaça, **o tempo do visto**, ou seja, quando Hans (três anos e meio) constata que sua irmã, que acaba de nascer, não tem pênis. Essa constatação induz um desmentido (negação): quando sua irmã crescer, seu pênis ficara maior. [...]

Em "*Totem e Tabu*" (1912-13a), Freud desenvolve o mito que ele sustenta ser o fundador da socialização humana. Ameaça de castração e parricídio são os temas constantemente presentes nos textos dessa linha, ao longo de sua obra, até "*Moisés e o Monoteísmo*" (1939a). [...] O Homem dos lobos aspira a uma **identificação com a posição passiva de sua mãe durante o coito**; ele escolhe, portanto a fantasia de penetração anal pelo pai, o que implica uma fantasia de castração. Nesse texto, são adotadas diversas opções teóricas a respeito da castração: definição da feminilidade, castração simultaneamente temida enquanto **ferida narcísica** e, no entanto, desejada como condição para ser penetrado pelo pai, recalque, deslocamento erógeno para o intestino, clivagem das correntes de pensamentos e de representação, e desmentido (**negação**) radical (*Verwerfung*, traduzido por Jacques Lacan sob o termo de *forclusion*). [...]

"*A organização genital infantil*" (1923e) apresenta-se como a continuação e o desenvolvimento dos "*Três ensaios sobre a teoria da sexualidade*". Freud sublinha aí a diferença fundamental entre as organizações pré-genitais da libido e, na instauração difásica da sexualidade, a organização genital infantil. Esta é marcada pelo **primado do investimento do órgão genital masculino nos dois sexos**. A evolução do pensamento freudiano **não implica apenas, portanto, a constatação anatômica da diferença dos sexos, mas também o fato de que é a presença ou ausência do órgão masculino que confere um sentido a essa diferença**. "Não existe, pois, um primado genital, mas um **primado do falo**". A substituição da palavra "pênis" pela palavra "falo" marca essa nova perspectiva. Além disso, e logicamente, enfatiza-se que o complexo de castração "só assume o seu exato valor na condição de levar em conta sua ocorrência na fase do primado do falo". A oposição pré-genital sádico-anal entre ativo e passivo sucede a oposição entre fálico e castrado. A polaridade sexual só coincidirá com o masculino e o feminino a partir da puberdade.

"A dissolução do Complexo de Édipo" (1924d) repete argumentos já conhecidos, mas coloca-os na perspectiva fálica descrita no texto precedente. A organização genital fálica da criança sucumbe à **ameaça de castração. Essa ameaça passa pelo visto e o ouvido**; quando ela atinge seu pleno efeito, a criança "desvia-se do Complexo de Édipo". Mas os investimentos objetais assim abandonados são substituídos por **identificações**. Começa o período de latência: as tendências libidinais são dessexualizadas e sublimadas; **a introjeção da autoridade paterna forma o núcleo do Supereu.**

Persiste, porém, uma questão importante: a da sexualidade feminina, incluindo o Complexo de Édipo, Supereu e a latência. Pode atribuir-lhe também uma organização fálica e um complexo de castração? Ao constatar que o clitóris não vale um pênis, a menina aceita a castração como um fato já consumado. Ameaça e Supereu são menores. A ameaça, mais global, é a da **perda do amor**. **A inveja do pênis será substituída pelo desejo de ter um filho edipiano do pai.**

Se, em *"Algumas consequências psíquicas da distinção anatômica entre os sexos"* (1925j), a castração é vivenciada pelo menino essencialmente sob a forma de uma ameaça, para a menina ela é considerada como uma realidade já vivida. Essa opção deriva diretamente do "primado do falo" nos dois sexos. Quando a menina vê um menino e seu pênis, ela sabe que não o tem e quer tê-lo. Pior, ela pode desenvolver um complexo de masculinidade (ser como um homem), ou, num grau superior, proceder a um desmentido negação: ela "recusa-se a aceitar o fato de sua castração". Esse cenário tem, evidentemente, consequências por vezes graves, que vão desde o sentimento de prejuízo até à ferida narcísica, do ciúme à fantasia onânica descrita em *"Uma criança é espancada"* (1919e). A mãe, não obstante ser o primeiro objeto de amor, é então vista como responsável por essa castração efetiva.

Entretanto, com a puberdade, um importante surto repressivo vai afetar de forma substancial tudo o que na menina era atividade sexual "masculina" (masturbação clitoriana), o que permite o desenvolvimento de sua feminilidade passiva e receptiva. Além disso, ou simultaneamente, ela adota seu pai como objeto de amor edipiano e transforma sua inveja do pênis em desejo de ter um filho do pai. Na menina, em suma, "o Complexo de Édipo é uma formação secundária. É precedido e preparado pelas sequelas do complexo de castração".

Com efeito, segundo Freud, a diferença é anatômica, mas sua interpretação é a mesma para a menina e para o menino. Essa noção freudiana de sexualidade feminina tem sido a mais criticada de todas as concepções.

"Inibição, sintoma e ansiedade" (angoisse = angústia) (1926d) inaugura a segunda teoria da angústia: não é mais a teoria da representação recalcada cujo afeto se converte em angústia; agora, a angústia é que é o sinal de alarme deflagrando o recalque. A angústia e o complexo de castração estão eminentemente presentes nesta nova conceituação. Citando de novo os casos do *"Pequeno Hans"* e do *"Homem dos lobos"*, Freud especifica que o "**motor do recalque**" é a angústia **diante de uma ameaça de castração**. Ele acrescenta que o medo de ser devorado, mordido etc., assim como as fobias de animais e as fobias em geral, medos imaginários, são atribuíveis à **angústia de castração** que, a qual consiste, ela sim, num medo diante do perigo que é tido por muito real (*Realangst*). Esse esquema teórico explica as três **neuroses, histérica, fóbica e obsessiva**; em todas as três, a angústia de castração é o que conduz o Eu a erguer-se contra o processo pulsional do Eu. De resto, seja nas formas mais pré-genitais (experiências de separação do seio ou das fezes), seja nas formas mais evoluídas (angústia social ou moral sob a indução do Supereu), o que se teme é o perigo de castração e não, em todo caso, **o perigo de morte**, que **não tem representação no inconsciente**. Tampouco é o "trauma do nascimento", segundo Otto Rank, o que está em jogo.

O protótipo da angústia é o estado de aflição e desamparo do bebê na ausência de sua mãe, por "recrudecimento da tensão de necessidade", situação econômica correlativa do estado de sofrimento biológico. O pivô da angústia é, *a posteriori*, em relação à precedente, o complexo da castração. O herdeiro deste é a angústia diante do Supereu. Para as mulheres, é a **angústia da perda do amor do objeto**, a qual tem a mesma função que a angústia de castração nos homens.

O que está em jogo em *"O fetichismo"* (1927e), é a negação da castração feminina. *"Não é provavelmente poupado a nenhum ser masculino sentir o terror da castração quando vê o orgão genital feminino"*. Para o fetichista, onde deveria existir um pênis, há realmente um, sob as formas diversas mais frequentemente brilhantes de um **fetiche pessoal** cuja presença e utilização se manifestam numa **clivagem do Eu: uma parte afirma a castração da mulher e a outra a desmente negação**, isso num movimento perpétuo que **coloca o fetiche ao abrigo do terror da castração**. Em [...] *"Novas Conferências introdutórias sobre a psicanálise"* (1933a [1932]), mais particularmente nas conferências 32 e 33, intituladas, respectivamente, *"Angústia e vida pulsional"* e *"Feminilidade"*, Freud reafirma a **importância estruturante do complexo de castração** e reitera sua tomada de posição geral: *"O perigo do estado de impotência para ajudar-se a si mesmo (Hilflosigkeit) concorda com o estado de imaturidade do Eu em sua primeira idade, o perigo da perda do objeto (perda do amor) harmoniza-se com a falta de independência dos primeiros anos da infância, o perigo da castração na fase fálica, enfim, a angústia diante do Supereu, que ocupa um lugar especial no período de latência"*.

As últimas páginas de *"Análise terminável e interminável"* (1937c) visam o que, para Freud, subsiste como o enigma e, poder-se-ia dizer, o escândalo antianalítico: os homens não compreendem que a submissão passiva a um senhor não é o equivalente de uma castração e as mulheres não admitem que sejam desprovidas de pênis e que seja essa a sua natureza. Em suma, **o medo da castração nos homens e o desejo do pênis nas mulheres traduzem nos dois sexos uma recusa do feminino** (ou seja, da castração) que está inscrito na rocha do biológico.

A castração sob todas as formas onde aparece na vida psíquica, tal como é teoricamente interpretada por Freud, é onipresente, em relação direta com o Complexo de Édipo, vacilando um pouco a propósito da sexualidade feminina, mas ancorada na diferença dos sexos e na das gerações. A partir de observações realistas, como as do "pequeno Hans", Freud realizou um percurso teórico que o levou a suplantar a clínica para desembocar em considerações epistemológicas fundamentais. **A castração não é somente uma fantasia de criança ameaçada**; essa fantasia, inclusive num complexo e na situação edipiana, mostra-se não só **organizadora da vida psíquica** do indivíduo, mas também protótipo do "corte" que, ao contrário da fusão, permite a individuação e os processos secundários (temporalidade, sucessão, linguagem, elaboração psíquica, pensamento etc.). Nessa perspectiva, Jacques Lacan insistiu sobre a castração simbólica, reconhecendo ao **falo** seu valor organizador da diferença, portanto, do corte e da ordem simbólica, sem deixar de preservar para esta sua aura sexual específica da condição humana. [...].

Enquanto organizador da vida psíquica, o complexo de castração conhece falhas, seja porque não foi suficientemente elaborado para ser eficiente, seja porque parece ter ido além dos limites do seu papel. O sujeito vê-se então em crise direta sobre o deslindamento pulsional e submetido às **pulsões de destruição**. Nos funcionamentos **psicóticos**, longe de ser estruturante, a angústia de castração constitui um terror no mesmo registro que as angústias arcaicas de desmembração.

Trata-se, na verdade, de dois planos diferentes. É indiscutível que, para Freud, o complexo de castração é fundamentalmente organizador da vida psíquica enquanto etapa que retoma *a posteriori* as angústias e aflições anteriores, incluindo as mais precoces, mas etapa também na constituição do Supereu. É a partir do papel deste último que se efetuarão as eventuais renúncias pulsionais sob a pressão do **sentimento inconsciente de culpa e necessidade de punição**.

Se essas **renúncias pulsionais** são frequentemente desvantajosas ou nocivas para o indivíduo, elas são, em contrapartida, **necessárias ao "processo civilizador"**, ou seja, à produção da consciência e do pensamento. Esse processo está sujeito, tal como estão os indivíduos, à dualidade pulsional, sobre a qual não se pode esquecer que ela é, ao mesmo tempo, um antagonismo e uma intricação das pulsões de vida e das pulsões de morte. É essa a grande lição de *"O mal-estar na civilização"* (1930a): "Esse conflito eclodiu a partir do instante em que se impôs aos homens a tarefa de viver em comum". Ora, **viver em comum exige**, pelo menos, **marcas simbólicas de sacrifícios** (a circuncisão, por exemplo). Marcas que são inscritas no corpo sexuado, o que demonstra bem o valor da ideia de castração nos diversos registros do humano[593].

"CASTRAÇÃO DO SUJEITO"

As proposições lacanianas a respeito da castração estão vinculadas às relativas à frustração, à privação, à falta e à doação, às relações de objeto. Elas correspondem a um determinado desfecho da história da reflexão psicanalítica a esse respeito; para uma melhor definição de sua importância, é útil reconstituir os seus principais momentos.

---

(593) MIJOLLA, Alain de (sous la dir. de -). *Dictionnaire international de la psychanalyse...* [J. Cournut], p. 290-294 [tradução livre da autora].

Freud estabelece em 1905 os fundamentos de uma concepção das relações de objeto na medida em que elas estariam ligadas às fases do desenvolvimento libidinal *(Freud S., 1905d); proporá em seguida considerar a perda de excrementos como um momento precursor do complexo de castração (Freud S., 1916-7e). A concepção freudiana é, pois, 'absolutamente realista'. [...] Jacques Lacan revolucionou essa tradição. Para ele, fundamentalmente, a castração é pertinente à subjetividade do sujeito. É dívida simbólica, ligada à interdição do incesto e do assassinato. No real, o que o sujeito constata é a privação do pênis na mulher. A relação com o objeto é ao mesmo tempo uma relação com a falta do objeto. O objeto existe tanto por sua presença quanto por sua ausência.*

*Lacan justifica o imperativo dessa revolução do que passará a ser 'o heteróclito da castração'. Propõe o seu grafo completo, onde se leem, em cada extremidade, o inconsciente e o Outro, de uma parte, o sujeito barrado, da outra parte, em seguida, sucessivamente, o significante e a voz, depois o gozo e a castração relacionada 'a pulsão como tesouro dos significantes'. '**A castração quer dizer que é preciso que o gozo seja recusado, para que possa ser alcançado na escala invertida da Lei do desejo**' (Lacan J., 1957).*

*Para os dois sexos, 'o falo é o significante destinado a designar, em seu conjunto, os efeitos do significante' e 'o significante do desejo do Outro' (Lacan J., 1958). Como tal, a castração não se articula com a realidade do pênis. Com efeito, essa articulação é problemática e exige várias operações: 'Assim é que o órgão erétil vem a simbolizar o lugar do gozo, não como ele mesmo nem tão pouco como imagem, mas como **parte faltante na imagem desejada**', ou seja, a **função da falta do significante** (-1). 'A passagem do (-φ) (phi minúsculo) da **imagem fálica** de um lado ao outro da equação do imaginário e do simbólico **positiva-o**, de qualquer modo, ainda que ele venha a preencher uma falta. Por mais que seja suporte de (-1) ele se transforma ali em Φ (phi maiúsculo), o **falo simbólico** impossível de negativar, significante do gozo' (Lacan J., 1958). O complexo de castração é 'provocado' pelo objeto (-φ), que designa este em sua função imaginária.*

*A revolução lacaniana corresponde à plena emancipação da dialética da intersubjetividade, núcleo do pensamento freudiano. Essa dialética exprime-se no esquema RSI, ou seja, aquele que articula o real, o simbólico e o imaginário. A **castração*** aí se inscreve, articulada com a ***frustração** e a **privação**, como o mostra o seminário sobre as relações de objeto (Lacan J., 1956-57).*"[594].

"CONSTITUIÇÃO"

A noção de constituição refere-se ao conjunto de caracteres e tendências, tanto somáticos quanto psíquicos, que o indivíduo traz consigo ao nascer. Ela diz respeito ao que é inato, herdado, ou seja, ao que é geneticamente determinado. Opõe-se classicamente a tudo o que é adquirido no curso da vida, ao acidental.

No campo da psicopatologia, certas tendências doutrinais apoiaram-se na noção de constituição para definir tipos de personalidades com predisposição para determinadas afecções psiquiátricas, em especial psicóticas.

A noção de constituição está presente na obra de Freud e podemos distinguir dois tempos em sua elaboração teórica. Antes de 1905, ela confunde-se com a de disposição hereditária. Trata-se para Freud de uma condição geral e universal no **determinismo patogênico de todas as afecções** e particularmente nas **afecções neuróticas**. Na etiologia destas últimas, a disposição hereditária está necessariamente associada a causas específicas, **de natureza sexual**, segundo as regras de uma série complementar. Assim "as mesmas causas específicas agindo sobre um indivíduo saudável não produziriam nenhum efeito patológico manifesto, enquanto numa pessoa predisposta a sua ação faria eclodir a neurose, cujo desenvolvimento em intensidade e extensão estará em conformidade com o grau dessa condição hereditária" ("*A hereditariedade e a etiologia das neuroses*", 1896a).

Depois de 1905, a concepção freudiana da noção de constituição torna-se indissociável da doutrina sexual decorrente das investigações psicanalíticas e cujo resultado mais tangível é a ênfase de uma sexualidade infantil em todo ser humano. Com efeito, em seus "*Três ensaios sobre a teoria da sexualidade*" (1905d), Freud coloca pulsões parciais na origem da sexualidade infantil, perversas em sua natureza, dado que procuram satisfazer-se independentemente umas das outras e definem assim, para cada indivíduo, uma "**predisposição perversa polimorfa**". "Estamos hoje em condições, escreveu ele então, de concluir que existe, de fato, **algo de inato na base das perversões**, mas algo de que **todos os homens compartilham** e que, como predisposição, é suscetível de variar em sua intensidade e esperar ser posto em relevo pelas influências da existência. Assim, a constituição sexual vem tomar o lugar da disposição hereditária geral.

Na conferência XXIII das "*Conferências Introdutórias sobre a psicanálise*" (1916-17a), intitulada

(594) MIJOLLA, Alain de (sous la dir. de -). *Dictionnaire international de la psychanalyse...* [L. E. P. Oliveira], p. 294-295 [tradução livre da autora].

"Os modos de formação de sintomas", Freud enriquece a noção de **constituição sexual** com a de **fixação da libido**. São, com efeito, as fixações representantes do passado constitucional do indivíduo, para as quais a libido regride em consequência dos recalques que lhe são impostos na neurose. Essas fixações, segundo Freud, são em parte os vestígios da herança filogenética[595].

"DESEJO"

n.m. (ingl. *Wish*; fr. *Désir*; alem. *Begierde, Begehren, Wunsch*) *"Falta inscrita na palavra e efeito da marca do significante sobre o ser falante.*

ENCYCL. *O lugar donde o sujeito recebe sua mensagem linguageira é chamado Outro, parental ou social. Todavia, o desejo do sujeito falante é o desejo do Outro. Se a partir dele ele se constitui, ele é uma* ***falta articulada na palavra e na linguagem*** *que o sujeito não saberá ignorar sem perdas. Como tal, ele é a* ***margem que separa, pelo fato da linguagem, o sujeito de um objeto supostamente perdido****. Este objeto 'a' é a causa do desejo e o suporte do fantasma do sujeito."*[596].

"EU-IDEAL"

As duas noções de "Eu-ideal" e "Ideal-do-Eu" parecem ser utilizadas por Freud de maneira indiferenciada. Entretanto, sua primeira aparição em *"Sobre o Narcisismo – Uma introdução"* (1914c) mostra de imediato uma diferença, na medida em que o Ideal-Eu é dado como destinatário do amor de si de que desfrutava na infância o Eu-ideal. A distinção incide, portanto, sobre a realidade e a idealização dessa realidade, tornada duradoura ao ser apresentada como um fato consumado. O Ideal-do-Eu é, em contrapartida, uma noção dinâmica: o sujeito, escreve Freud, procura recuperar a perfeição narcísica de sua infância sob a nova forma do Ideal-do-Eu, que ele projeta à sua frente como um objetivo a atingir num tempo futuro. Pode-se ver, portanto, no Eu-ideal a sobrevivência nostálgica do narcisismo perdido e, no Ideal-do-Eu, a formação dinâmica que sustenta a aspiração ao progresso.

O Eu-ideal é um desenvolvimento do narcisismo infantil e da onipotência que o acompanha. O que vai diferenciá-lo do Ideal-do-Eu é que, para obter a autoestima que deseja, o Eu é levado a obedecer às ordens do que Freud denominara ulteriormente o Supereu. Pelo contrário, o Eu-ideal, se não está em total concomitância com o Eu, posto que a onipotência se perdeu com o narcisismo infantil, vai reconstituir, em contrapartida, essa proximidade pela fantasia e o devaneio diurno, que vão fazer dele um herói e um vitorioso. Percebe-se aqui a diferença com o Ideal-do-Eu, próximo do Supereu, o qual não se forma segundo o modelo dessa onipotência ilusória, mas pelo dos pais e, mais precisamente, pelo Supereu e os ideais deles. O Eu-ideal apresenta-se como uma maneira de abreviar o trabalho e a tensão que o Ideal-do-Eu exige, afirmando seus objetivos ou de outros que lhe seriam ainda superiores como já alcançados.

Hermann Nunberg definiu o Eu-ideal como a união do Eu com o Isso. Essa instância resulta diretamente do narcisismo onipotente e manifesta-se na patologia. Daniel Lagache (1961) desenvolveu as implicações da noção de Eu-ideal, sobretudo diante da delinquência. O Eu-ideal aparece como oposto ao Supereu, está vinculado à **identificação primária com um outro ser investido de onipotência, ou seja, neste caso, a mãe fálica da criança muito pequena**. Na adolescência, sublinha Lagache, *"O Eu-ideal é reinvestido ou seu investimento é reforçado, muitas vezes com o apoio de novas identificações com personagens de prestígio. O adolescente identifica-se de novo com o Eu-ideal e tenta assim desligar-se do Supereu e do Ideal de Eu"*. Além disso, Lagache mostra que, na mania, é com o Eu-ideal, representante das pulsões, que o maníaco se identifica.

Jacques Lacan retoma a análise de Lagache nestes termos: *"Na relação do sujeito com o outro da* ***autoridade****, o Ideal-do-Eu, seguindo a lei de agradar, leva o sujeito a desgostar-se com a ordem que lhe é imposta; o Eu-ideal correndo o risco de desagradar, só triunfa quando agrada, a despeito da ordem"* (1966). Para Lacan, o Eu-ideal é uma formação narcísica ligada ao estágio do espelho[597].

"EU-IDEAL /IDEAL-DO-EU"

Em *"Sobre o narcisismo – Uma introdução"* (1914c), Freud fala primeiro do Eu-ideal (*"Idealich"*) como uma figura de projeção do ideal narcísico. Mais tarde, em *"O Ego e o Id"* (1923b), atribui alternativamente ao que chama Eu-ideal, depois Ideal-do-Eu (*"Ichideal"*), funções de censura e de repressão que ele considera decorrentes da idealização. Essas instâncias *"ideais"* vão permanecer pouco diferenciadas na elaboração da sua segunda tópica (depois de 1920), onde elas participam de forma conjunta no conceito global de Supereu (ÜberIch).

Daniel Lagache foi o primeiro a empreender, em *"A psicanálise e a estrutura da personalidade"*

(595) MIJOLLA, Alain de (sous la dir. de -). Dictionnaire international de la psychanalyse... [C. Smadja], p. 375-376 [tradução livre da autora].
(596) CHEMAMA, Roland; VANDERMERSCH, Bernard. Dictionnaire de la Psychanalyse..., p. 92 [tradução livre da autora].
(597) MIJOLLA, Alain de (sous la dir. de -). Dictionnaire international de la psychanalyse... [S. de Mijolla-Mellor], p. 1.090-1.091 [tradução livre

(1958), uma diferenciação sistemática entre essas instâncias (superegóicas) que ele considera ligadas, no início, à formação do Eu. Propõe que se considere que *"o Supereu corresponde à autoridade e o Ideal-do-Eu à maneira como o sujeito deve comportar-se para responder à expectativa da autoridade".* Quanto ao Eu-ideal, parece-lhe resultar de uma *"identificação primária com um outro ser investido de onipotência, quer dizer, a mãe; ele propõe então o uso da expressão identificação heroica".*

Jacques Lacan amplia ainda mais essa especificação com os seus "*Comentários sobre o relatório de Daniel Lagache*", apresentados em 1958 no Colóquio de Royaumont. Considera também o Eu-ideal – que ele escreve i(a) – como de essência narcísica. Concebe sua origem no que ele chama o estágio do espelho, conjuntamente com a primeira estruturação do Eu. Além disso, essa instância ideal (mais ou menos inconsciente) situa-se para ele no que designa por categoria do "*Imaginário*", ou seja, a representação mental formal, de ordem espaço-corporal. As figuras do Eu-ideal atuam, em suma, como suporte para representar as promessas de síntese unificada e de continuidade da pessoa, corpo ideal para o qual o Eu tende incessantemente – modelo ilusório, sem dúvida, e, no entanto, essencial para um certo registro da vida psíquica. É através desse Eu-ideal que irá persistir, ao longo da vida, algo da onipotência imaginária que cercou os primeiros desenvolvimentos do Eu, quando este se encontrava ainda **confundido com o outro materno**.

O Ideal-do-Eu ("*Ichideal*") é, pelo contrário, visto desde muito cedo por Lacan como de uma natureza diferente. Ele concebe inicialmente esse **Ideal-do-Eu** de um modo muito próximo do que Freud chamou o "**Supereu paterno**"; **introjeção identificadora da potência do pai**, incitando como tal a busca de modalidades **sublimadoras** de satisfação pulsional.

A partir da publicação do primeiro Seminário ("*Os escritos técnicos de Freud*", 1953-54), Lacan desenvolve seu "**esquema ótico**" por meio do qual realiza uma distinção sistemática entre o Eu-ideal e o Ideal-do-Eu. Especifica este último – que ele escreve I(A) – como "**introjeção simbólica**" que ele diferencia da **projeção imaginária** em que consiste o Eu-ideal. É toda a diferença que se pode conceber entre **identificar-se com uma imagem** e **identificar-se com uma função.**

Lacan desenvolve isso mais adiante, em seus Seminários "*A relação de objeto*" (1957-58) e "*A transferência*" (1960-61), nos quais menciona o Ideal-do-Eu como "**significante**" de referência por meio do qual se pode **internalizar o registro da Lei** (paterna). Essa referência significante constitui no intrapsíquico um guia que orienta e rege a maneira como o próprio sujeito pode inscrever-se na ordem simbólica e a partir do que poderão se **organizar as identificações secundárias** funcionalmente portadoras da ***"resolução do Complexo de Édipo"***.

É interessante observar que essa relação entre as duas instâncias ideais do psiquismo humano é concebida por Lacan como da ordem de uma contiguidade complementar. Assim em "*Subversão do sujeito e dialética do desejo no Inconsciente freudiano*" (1960), ele diz que o Eu-ideal se manifesta a partir "do ponto em que o sujeito se detém como Ideal-do-Eu". Pode-se entender com isso que a função de preenchimento imaginário das figuras ideais (os ídolos) vem a surgir precisamente no ponto onde se detém a eficácia dessa operação simbólica que é o Ideal-do-Eu.

Nunca deixando de considerar a realidade psíquica como constituída de uma "atadura" entre três registros complementares, Real, Simbólico e Imaginário, Lacan chega a caracterizar cada uma das três instâncias do Supereu como dependendo, antes, de um desses registros. Assim o Eu-ideal deve ser concebido essencialmente como projeção imaginária da corporeidade ideal, ao passo que o Supereu teria suas raízes no registro perceptivo, a partir da experiência (real) do limite manifesto do amor e da complacência dos pais; o Ideal-do-Eu, dependeria mais do registro simbólico, na medida em que o seu estofamento se efetua a partir da inscrição na psique de indícios significativos da potência parental efetiva – muito particularmente das capacidades psíquicas do pai para tratar o real[598].

"FALO"

Designa-se pelo termo "falo" [do grego *phallos*] a representação do pênis em ereção, chamado a desempenhar um significativo papel chave no intra e intersubjetivo. Freud distinguiu pouco entre falo e pênis. Qualificou como "fálico" período em que a criança dos dois sexos, entre os três e os cinco anos, vê o seu imaginário dominado pelas peripécias decorrentes da possessão do pênis e o concomitante gozo masturbatório (clitoriano na menina). A mãe é até então imaginada como "fálica",

(598) MIJOLLA, Alain de (sous la dir. de -). *Dictionnaire international de la psychanalyse...* [B. Penot], p. 1.091-1.092 [tradução livre da autora].

e é a descoberta de que falta a ela o pênis que vai precipitar o complexo de castração, ultrapassando a negação inicial.

Jacques Lacan optou por chamar "falo" à representação imaginária e simbólica do pênis para melhor salientar o seu papel na vida fantasmática dos dois sexos, para além de sua presença anatômica. A famosa "equação simbólica" formulada por Freud (1918b, 1916-17a, 1924d) – seio, fezes, pênis, bebê – já caminha neste sentido.

A imagem do falo representa no começo, segundo Lacan, o que polariza o desejo da mãe para além do bebê; de modo que se instaura um triângulo imaginário (pré-edipiano): mãe-falo-criança. Esta última esforça-se inicialmente por ser aí o falo para a mãe, até esta mutação capital pela qual, de uma imagem estática de completude e de suficiência, o falo passa a representar o desejo da mãe e, portanto, a sua falta. É a partir daí a forma de uma falta ("-φ") que o falo assumirá em toda a demarcação imaginária e, portanto, libidinal (cf.: esquema ótico).

Ele poderá assim desempenhar, diz Lacan, o seu papel de "significante" do desejo. A intermitência específica de sua ereção, sua aptidão para a fadiga e a impotência (a afânise de Ernest Jones) e, é claro, o fato de que metade dos seres humanos está privada dele, levaram o pênis ereto a simbolizar as vicissitudes cruciais do ser (sujeito) e do ter nos dois sexos, e a constituir o elemento-chave dessa repartição dissimétrica que caracteriza todo sistema simbólico (Roman Jakobson).

Que o falo acede ao papel de significante implica que o sujeito o apreenda no Outro: "lugar" do conjunto dos significantes que determinam o sujeito. É então o desejo desse Outro que ele vai significar aí, ou seja, o Outro marcado pela confissão (a não negação) de sua incompletude. O falo será a partir daí significante da própria submissão desse Outro às regras da troca simbólica, sua destotalitarização, por assim dizer, condição para a emancipação do sujeito num gozo que lhe seja próprio.

No seu Seminário 20 "*Mais, ainda*" (1972-73), Lacan especifica o gozo a que chama "fálico". Utiliza o significante-falo ("grande phi Φ") nas "fórmulas da sexuação" em que todo humano tem de se inscrever de um modo ou de outro: uma mulher sempre deterá algo do falo (ela "não está toda" na castração) e quanto ao homem só se presume que o "tem" por sua castração assumida. A função fálica formaliza o papel de "suplência" que o complexo de castração deve cumprir pelo fato "de que não existe relação sexual", diz Lacan, ou seja, nenhuma equação inscritível da relação dos sexos[599].

"FANTASMA OU FANTASIA"

(alem. *Phantaisie*; fr. *Fantasme*; ingl. *Fantasy* ou *phantasy*). Para S. Freud, **representação**, argumento imaginário, consciente (devaneio), pré-consciente ou inconsciente, implicando um ou vários personagens, que coloca em cena um desejo, de forma mais ou menos disfarçada.

O fantasma é, ao mesmo tempo, efeito do desejo arcaico inconsciente e matriz dos desejos atuais, conscientes e inconscientes. Continuando Freud, J. Lacan destacou a **natureza essencialmente de linguagem do fantasma**. Também demostrou que os personagens do fantasma valiam nele muito mais por certos elementos isolados (palavras, fonemas e objetos associados, partes do corpo, traços de comportamento etc.) do que por sua totalidade. Ele propôs o seguinte matema: $ ✧ a, que se lê: S barrado punção de pequeno a. Este matema designa a relação particular de um sujeito do inconsciente, barrado e irredutivelmente dividido pela sua entrada no universo dos significantes, com o objeto *a*, que constitui a causa inconsciente do seu desejo[600].

"NOME-DO-PAI"

"[...] *Formalização em dois tempos. O primeiro realiza a elisão do desejo da mãe, colocando em seu lugar a função do pai a que ela conduz, através do apelo ao seu nome, pela identificação com o pai (segundo a primeira descrição de Freud) e pela retirada do sujeito para fora do campo do desejo da mãe. Esse primeiro tempo, decisivo, regula, com todas as dificuldades decorrentes de cada história, o devir da dialética edípica. Ele condiciona o que se convencionou chamar de 'normalidade fálica', ou seja, a estrutura neurótica resultante da inscrição de um sujeito, por meio do recalcamento originário. No segundo tempo, o Nome-do-Pai, enquanto significante, vai duplicar o lugar do Outro inconsciente. Ele dramatiza, em seu justo lugar, a relação com o significante fálico originalmente recalcado e institui a palavra, sob os efeitos do recalcamento e da castração simbólica, condição sem a qual um sujeito não conseguiria assumir validamente seu desejo na ordem de seu sexo*"[601].

(599) MIJOLLA, Alain de (sous la dir. de -). *Dictionnaire international de la psychanalyse*... [B. Penot], p. 1.280-1.281 [tradução livre da autora].
(600) CHEMAMA, Roland; VANDERMERSCH, *Bernard. Dictionnaire de la psychanalyse*..., p. 130 [tradução livre da autora].
(601) CHEMAMA, Roland. *Dicionário de psicanálise.* Porto Alegre: Artes Médicas, 1995. p. 148.[autora]

"OBJETO A"

Dá-se o nome de objeto **a** ao objeto causa do desejo (a letra aparenta-o à logica ao evitar o efeito de sentido de uma denominação).

Lacan designa por *a*, em primeiro lugar, o outro minúsculo [= **le petit autre*], o semelhante, enquanto objeto erótico ("*As formações do Inconsciente*", O Seminário, Livro 5, 1957-58) depois, tendo mostrado que é uma falta o que o faz objeto erótico, designa por *a* aquilo que simboliza essa falta e também, subsequentemente, a própria **falta**.

Em "*O desejo e sua interpretação*" (O seminário, Livro 6, 1958-59) Lacan designa por *a* a parte do corpo cedida em **sacrifício simbólico**. Ela está em relação de disjunção-conjunção com o sujeito barrado, relação que constitui a fantasia: $ ✧ a. **Sua disjunção** do sujeito não faz dela um objeto visado pelo desejo, ela **organiza o plano imaginário da fantasia onde o desejo se fixa**: 'a' é a causa do desejo ("*A Angústia*", O seminário, Livro 10, 1962-63). Sua conjunção com o sujeito não é reunião nem conhecimento por este último, ela é abolição transitória do sujeito (afânise) na medida em que não é seu complemento, mas seu dobramento.

Antes da perda do objeto e constituição da fantasia, a base de apoio do sujeito original é demarcada por Lacan ao nível do **objeto transicional** descrito por Winnicott, e, num estádio ulterior, o carretel do jogo de *Fort-Da* é visto por ele como o símbolo da parte do corpo a ponto de separar-se (e não como o símbolo da mãe, visto que, para Lacan, a separação não ocorre entre a criança e a mãe, mas no *objeto a* para cada um deles).

Lacan distingue quatro *objetos a*, ao que dá o nome de "fragmentos do corpo": seio, excremento, olhar e voz, em relação com os orifícios do corpo e aos quais correspondem as pulsões parciais. Eles não estão ordenados segundo uma perspectiva genética, mas designados pela mesma letra porque têm todos a mesma função que é de **simbolizar a castração**. O *objeto a* é objeto parcial, mas não existe objeto total, uma vez que *a*, enquanto falta, **bloqueia a totalização**.

O **objeto perdido** pode, sem dúvida, ser apreendido no registro imaginário (o seio de que a criança foi separada no desmame, o excremento que ela expulsou), mas isso não deve ocultar o fato de que o que Lacan designa por *a* participa em primeiro lugar do **real** no que ele é inarticulável pela palavra (assim o seio como *objeto a*, é o resto inarticulado da demanda oral). Ele também está fora do campo fenomenal, **não perceptível na imagem do corpo** nem na dos **objetos do mundo**.

É por isso que 'a' é "o objeto sobre o qual não existe ideia" (nenhuma representação) e que só pode ser abordado ou definido por uma via lógica ou topológica. Desde muito cedo, Lacan chamou "**objeto metonímico**" aquilo que o discurso produz de **indefinível**, o que **se insinua e desliza entre os significantes**. Em seguida ele formaliza 'a' como o buraco aberto pela repetição da demanda (modelo do toro), como o disco que faz a disjunção do recorte do significante (modelo do *cross-cap*, figura topológica sem borda, utilizada por Lacan para definir as **relações do sujeito com o objeto**, causa do desejo), depois como a perda produzida pela articulação de S_1 e S_2. **Essa perda é subtração de gozo pelo discurso**, denominada "**mais de gozar**" ela é homóloga à da **mais-valia** demarcada por Karl Marx. Mas o equívoco do termo indica que alguma coisa desse gozo é recuperada no funcionamento da pulsão que "faz a volta" do *objeto a*. A partir de 1975, no nó borromeano, *a* é o ponto de junção das três consistências, R, S, I (Real, Simbólico, Imaginário), ponto ao qual todo gozo está conectado.

Lacan situa sua elaboração do *objeto a* no prolongamento das descobertas de Abraham e de Winnicott, e em oposição com a teoria da relação de objeto, confinada tão somente, segundo ele, ao registro imaginário. Essa elaboração retoma a divisão freudiana entre **libido narcísica** e **libido objetal**, não fazendo mais da segunda a parte transvasada da primeira, mas assinalando a sua distinção estrutural. Ela dedica-se a especificar o mecanismo de diversas manifestações (a angústia é relacionada ao surgimento do *a*: tal como do olhar na angústia) e a estabelecer distinções clínicas (o neurótico procura obter o *objeto a* pela demanda; para o perverso, *a* é a condição absoluta do desejo; o psicótico tem seus *objetos a* "no bolso"). Essa elaboração tem suas consequências na prática, visto que ela orienta o tratamento no sentido de uma separação entre a identificação com o Ideal-do-Eu e a identificação com o *objeto a*, podendo o final do tratamento permitir ao analisante saber que objeto ele é em sua fantasia[602].

---

(602) MIJOLLA, Alain de (sous la dir. de -). Dictionnaire international de la psychanalyse... [V. Nusinovici], p. 1.198-1.199 [tradução livre autora]

"PERVERSÃO"

n.f. (ingl. *perversion*; fr. *perversion*; alem. *perversion*). Experiência de uma paixão humana, na qual o desejo suporta o ideal de um **objeto inanimado**.

ENCYCL. A perversão não é uma simples aberração da conjunção sexual em relação aos critérios sociais estabelecidos. Ela coloca em ação o **primado do falo, realizando uma fixação do gozo em um objeto imaginário** – frequentemente errático – **em lugar da função fálica simbólica**, que organiza o *desejo* por intermédio da *castração* e da *falta*. A perversão isola a função do objeto, em sua relação com o complexo de castração, enquanto este objeto é enunciado como a causa que dita a dialética do desejo no neurótico. S. Freud observou *"que a predisposição às perversões era a predisposição original e universal da pulsão sexual"* (*"Três Ensaios sobre a teoria da sexualidade"*, 1905). Essa proximidade é a razão da dificuldade de separar de forma distinta a especificidade da perversão em sua generalidade[603].

"PSICANÁLISE APLICADA"

A agregação destes dois termos provém do título "Ensaios de psicanálise aplicada" dado a coletânea de uma sequência de artigos de Freud, reunidos e traduzidos para o francês por Marie Bonaparte em 1933. Entre estes artigos, na maioria escritos entre 1910 e 1923, constam "O Moisés de Michel-Angelo", "O sentido oposto de palavras primitivas", "O tema dos três cofres", "Uma lembrança de criança de Goethe"[604].

"SIMBÓLICO"

"Posição de insistência [...] Certamente não poderíamos negligenciar neste caso a influência de Jakobson, cujos Fondamentals of Language foram publicados e em 1956, isto é, no período intermediário entre o seminário sobre 'A carta roubada' e sua reescrita. A noção de cadeia significante, que deu fundamento à categoria do simbólico, situa-se em sua esfera; e é na medida em que lhe são atribuídos os efeitos de 'in-sistência' e de 'ex-sistência' característicos da experiência psicanalítica que Lacan se afasta então de sua concepção anterior de uma combinatória simbólica de inconsciente, derivada de Lévi-Strauss.

No ano seguinte, a conferência retomada sob o título de 'A instância da letra no inconsciente' associará a isso a consistência. Aliás, em uma nota ao mesmo texto, a propósito da metonímia, Lacan faz questão de prestar homenagem a Jakobson, sublinhando que um psicanalista 'encontra a todo o instante em seus trabalhos com que estruturar sua experiência'. Novamente em 1960: 'O inconsciente, a partir de Freud', é uma cadeia de significantes que, em algum lugar (numa outra cena, escreve ele), se repete e insiste em interferir nos cortes que lhe oferece o discurso efetivo e a cogitação que dá forma.

Nesta fórmula, que só é nossa por estar em conformidade tanto com o texto freudiano quanto com a experiência que ele inaugurou, o termo crucial

é o significante, restaurado da retórica antiga pela linguística moderna, numa doutrina cujas etapas só podemos aqui marcar, mas da qual os nomes de Ferdinand de Saussure e de Roman Jakobson indicarão a aurora e a culminação atual, lembrando que a ciência-piloto do estruturalismo no Ocidente tem suas raízes na Rússia onde floresceu o formalismo. Genebra 1910, Pétrograd 1920 explicam o suficiente porque esse instrumento faltou a Freud. Mas essa falha da história só torna mais instrutivo o fato de que os mecanismos descritos por Freud, como os do processo primário, em que o inconsciente encontra seu regime, recobrem exatamente as funções que, segundo essa escola, determinam as vertentes as mais radicais dos efeitos da linguagem, sobretudo a metáfora e a metonímia, em outras palavras, os efeitos de substituição e de combinação do significante nas dimensões respectivamente sincrônica e diacrônica em que aparecem no discurso.

Ao termos reconhecido a estrutura da linguagem no inconsciente, que tipo de sujeito podemos conceber para ele? Podemos tentar partir aqui, em atenção ao método, de uma definição estritamente linguística do eu (Je) como significante: na qual ele não é nada além do shifter ou indicativo que, no sujeito do enunciado, designa o sujeito na medida em que ele fala nesse momento. Isso fica evidente no fato de que pode faltar no enunciado todo e qualquer significante do sujeito da enunciação, além de haver significantes do sujeito que diferem do eu (Je), e não somente no que chamamos imprecisamente de

(603) CHEMAMA, Roland; VANDERMERSCH, Bernard. Dictionnaire de la Psychanalyse..., p. 310-312 [tradução livre da autora].
(604) CHEMAMA, Roland; VANDERMERSCH, Bernard. Dictionnaire de la Psychanalyse..., p. 326-327 [tradução livre da autora].

o caso da primeira pessoa do singular, a isso deve se acrescentar sua morada da invocação plural, e mesmo no Si da autossugestão."[605].

"SUBLIMAÇÃO"

n.f. (ingl. *Sublimation*; alem. *Sublimierung*). Processo psíquico inconsciente que informa, segundo Freud, sobre a aptidão da pulsão sexual de substituir um objeto sexual por um objeto não sexual (conotado de certos valores e ideiais sociais) e a trocar seu propósito sexual inicial por um outro propósito, não sexual, sem perder notadamente em intensidade.

ENCYCL. Assim definido, o processo de sublimação da pulsão põe em relevo a **origem sexual** de um conjunto de atividades (científicas, artísticas etc.) e de realizações (obras de arte, poesia etc.) que parecem sem nenhuma relação com a vida sexual. Assim se explica como a mais intensa sublimação de elementos pulsionais (**sublimação que é o mais raro e o mais perfeito destino pulsional**) permite, notadamente, a realização das maiores obras culturais. M. Klein e J. Lacan, como S. Freud, insistem sobre este ponto: alguma coisa que engaja a dimensão psíquica da **perda** e da **falta**, respondendo à **interiorização de coordenadas simbólicas**, comanda o processo da sublimação[606].

"SUPEREU"

O Supereu constitui uma das três instâncias do aparelho psíquico na segunda tópica de Freud (1923b). Ele resulta, quanto ao essencial, da **interiorização da autoridade parental**.

Desde a origem, ao destacar o conflito defensivo decorrente da existência do Inconsciente reprimido (sexualidade infantil), a psicanálise deparou-se com o problema do repressor, de uma "censura" ligada à autoestima. Contra a hipnose que adormece a censura, a regra fundamental visa ao reconhecimento e à elaboração das resistências do Eu. Em "*Sobre o narcisismo: uma introdução*" (Freud, S., 1914c), o Ideal-do-Eu já está autonomizado. Mas são os dois textos da virada da década de 1920 que impõem a diferenciação Eu-Supereu (Ideal-do-Eu), ligando-a ao conjunto de remanejamentos metapsicológicos desse período.

"*Psicologia de grupo e a análise do Eu*" (Freud S., 1921c) recorre a uma conceituação generalizada da **identificação** para descrever a estrutura **grupal**, na qual os indivíduos identificaram seus "Eu" por meio da participação em comum de **um ideal encarnado pelo líder**. "*O Ego e o Id*" (Freud, 1923b) vai ligar a qualidade da instância do Supereu ao reconhecimento de que **a maior parte do Eu é inconsciente**. O Supereu torna perenes no aparelho psíquico os efeitos da dependência infantil em relação aos objetos primários: ele mostra-se tão irredutível à completa integração egóica quanto o Isso e suas moções pulsionais. O próprio termo "**Supereu**" assinala que ele **domina o Eu**, manifestando-se a tensão entre as duas instâncias como **angústia moral**.

Freud não dissociará o Supereu do ideal (uma de suas funções). O Supereu traduz a coação que a cultura exerce sobre o indivíduo para impor as renúncias pulsionais necessárias e eventualmente excessivas; mas também é **vetor de uma herança cultural de que o sujeito deve senhorear-se, a fim de a possuir** (Goethe), por meio dos processos de idealização dos objetos e de sublimação das pulsões. O essencial, do ponto de vista dinâmico, é o trabalho conflitual da diferenciação Eu-Supereu. As modalidades de sua transmissão (**o Superego forma-se da imagem do Supereu dos pais**); assim como de sua instauração e de seu desenvolvimento fazem com que o Supereu freudiano se apresente, em última análise, como uma instância transubjetiva e transgeracional.

Ao expor, em "*O mal-estar na civilização*" (1930a), a problemática de um **Supereu cultural** (coletivo), Freud retoma a sua pesquisa ("*Totem e Tabu*", 1912-13a) sobre a origem da civilização: o mito da horda primitiva associava o assassinato do pai primitivo à proibição do incesto. Após a investigação sobre o nascimento do sentimento de culpa em "*O mal-estar na civilização*", Freud tenta em "*Moisés e o monoteísmo*" (1939a) responder ao problema da força da tradição.

Com o Supereu, ele volta a abordar o difícil tema do que há de elevado, de sublime no homem. Contra toda perspectiva espiritualista, apesar de tão solicitada pelo tema da "**consciência moral**", Freud faz valer a gênese concreta e a dimensão pulsional da instância superegóica.

Para destacar a dimensão estrutural da **clivagem** Eu-Supereu, ele apoia-se em dois fenômenos patológicos: o **delírio de observação**, em que a instância interior que vigia e julga é reprojetada no exterior; e a **psicose maníaco-depressiva** que ilustra o funcionamento periódico da consciência moral e as mudanças das relações Eu-Supereu: **o Supereu persegue o Eu na autoacusação melancólica**, ao passo que a **euforia maníaca** traduz a **coincidência do Eu com o Eu-ideal** (como na festa ritual do **carnaval**).

---

(605) KAUFMANN, Pierre. (sous la dir. de -). *L'apport freudien...*, p. 561 [tradução livre da autora].

(606) CHEMAMA, Roland; VANDERMERSCH, Bernard. *Dictionnaire de la psychanalyse...*, p. 412-413 [tradução livre da autora].

De um ponto de vista ontogenético, o Supereu é "o herdeiro do **Complexo de Édipo**" e cumpre entender, em primeiro lugar, que tal asserção, ao mesmo tempo em que assimila o término (relativo) das relações afetivas mais cruciais do período infantil, também as prolonga ao tornar perenes as condições a que o Supereu deve sua instauração. **As identificações que o constituem são portadoras das proibições parentais** e, simultaneamente, dos **investimentos pulsionais relativos aos objetos parentais** que elas substituem em função de uma **lógica regressiva** em que **o desejo "de ser como" substitui o desejo "de ter"**: falando globalmente, as identificações do Supereu devem sua autonomia, seu estatuto restritivo para o Eu, ao caráter vital da dependência da criança em relação aos seus objetos. "*Na origem, o mal, é aquilo por que se é ameaçado de perder o amor*" (1930a). Se a instauração do Supereu por meio da identificação constitui uma "aquisição prenhe de consequências", é porque **a relação do Eu ao Supereu reproduz a relação da criança com os pais onipotentes**. A angústia real diante deles é transformada em "angústia moral", fruto da tensão entre o Eu e um Supereu que não distingue o desejo do ato. O Supereu apresenta-se, portanto, primeiro como o efeito de um **processo defensivo regressivo** que tende a tornar perene na **realidade psíquica** um mundo regido, antes de tudo, pelo desejo e a **proteção dos pais**. Freud concebe a **crença religiosa como sustentada pela reprojeção do Supereu infantil**, inspirada pela **nostalgia do pai**. É por isso que a tarefa do Eu (na **adolescência**) consiste em **subtrair-se à autoridade** do Supereu.

De fato, a descrição metapsicológica detalhada da gênese e da evolução do Supereu impõe-se à concepção de um processo de superegoização em ação muito precocemente, o qual envolve **remanejamentos** identificatórios permanentes e modifica o próprio *status* das identificações, de modo a torná-las menos narcísicas e mais simbólicas.

É assim que a um registro superegoico precoce (Melanie Klein) assente em mecanismos arcaicos (identificação com o agressor, talião) opõe-se um registro francamente pós-edipiano, em que o Supereu bissexuado ("constituído por duas identificações – paterna e materna – harmonizadas de alguma forma") é marcado pelas sutis elaborações psíquicas que especificam, para Freud, a fase fálica e o Édipo "completo" (amor e ódio a cada um dos pais, identificação aos dois). Os efeitos organizadores do complexo de castração e integração da fantasia da cena primitiva permitem à instância superegóica de desempenhar o papel resolutório e protetor em relação a desejos que se tornam incestuosos. A evolução favorável assinala-se pelos benefícios culturais retirados da fase de latência e a capacidade de atravessar a reativação adolescente para chegar à autonomia. Uma tal evolução supõe uma redução das exigências do Supereu às regras sociais essenciais, e sua progressiva abstração. Esta tende a fazer do Supereu uma instância mais puramente simbólica, cuja essência paterna (Freud) foi prolongada por Jacques Lacan como "Nome-do-Pai". Ela tem como correlato a possibilidade de um Ideal-do-Eu mais pessoal. O conjunto das modificações repousa sobre a dessexualização inerente ao processo identificatório, a partir da qual se desenvolve a área de um narcisismo secundário em que as capacidades de idealização e de sublimação sustentam o investimento de novos objetos e de laços sociais.

No plano clínico, bastará recordar que a instanciação do Supereu foi uma das respostas teóricas às questões difíceis apresentadas na prática por certos tipos de resistência: necessidade de punição, reação terapêutica negativa, masoquismo moral, que traduzem a extensão dos registros da culpa inconsciente. Freud constata a generalidade de uma predileção do Supereu pela crueldade, a severidade sem proporção com a da educação recebida. Ponto crucial que leva ao reconhecimento de uma origem endógena, pulsional da crueldade. Assim se formulou e se ressaltou a hipótese das pulsões de morte, de destruição, que devem exercer seus efeitos no interior e no exterior.

A **culpabilidade** inconsciente apresenta-se então, sobretudo, como a volta contra si mesmo dessa destrutividade, o que esclarece o fato paradoxal deque o Supereu se reforça com as renúncias que exige e de que a carga em angústia aumenta em consequência das malfeitorias não concretizadas (cf. os criminosos pelo sentimento de culpa). O processo identificatório constitutivo do Supereu contém, em virtude da dessexualização narcísica, o risco de uma desintricação pulsional por meio da qual o Supereu tende a concentrar a pulsão de morte liberada ("pura cultura de pulsão de morte" na melancolia).

A funcionalidade do Supereu pós-edipiano, aquela que acompanha a conflitualidade dinâmica da relação entre Eu e o Supereu, supõe, portanto que o meio ambiente realizou um papel intrincativo,

por meio da dosagem ideal de amor e de severidade. **A coerência do Supereu seria a prova de uma culpa temperada, apta a apoiar o sentimento-de responsabilidade do sujeito**[(607)].

(607) MIJOLLA, Alain de (sous la dir. de -). Dictionnaire international de la psychanalyse... [J.-L. Donnet], p. 1.754-1.756 [tradução livre da autora]..

SOBRE A TESE

A tese sustentada, em 05 de julho de 2012, para obter o grau de doutor em Psicologia pela Université Nice Sophia Antipolis.

Foi dirigida por: Monsieur Xavier-Serge Lesourd.

O Juri foi composto por:

- Monsieur le Professeur Xavier-Serge Lesourd, Psychanalyste, Professeur de Psychologie Clinique et Psychopathologie, Université de Nice-Sophia Antipolis;
- Madame le Professeur Marta Marília Tonin, Docteur en Droit des Relations Sociales, Faculdades Integradas do Brasil – UniBrasil;
- Monsieur le Professeur Jean-Michel Vives, Professeur de Psychologie Clinique et Psychopathologie, Université Nice-Sophia Antipolis;
- Madame le Professeur Delphine Scotto Di Vettimo, Maître de Conférences Habilitée à Diriger les Recherches, Université d'Aix-Marseille 1.

O SUJEITO DE DIREITO NA TRANSFERÊNCIA.

UMA PERSPECTIVA TRANSDISCIPLINAR ATRAVÉS DA TEORIA LACANIANA DOS DISCURSOS*.

A PSICANÁLISE APLICADA À CASUÍSTICA DO DIREITO EM RELAÇÃO COM A ADOÇÃO HOMOPARENTAL**

RESUMO

Esta tese amplia a noção do sujeito de direito em o concebendo como efeito da metáfora do Nome--do-Pai. Ela analisa a proposição de Lacan de três quartos de giro a partir do discurso do analista, no paradigma dos Quatro Discursos, para fazer surgir um novo estilo de significante de Direito. Ela apresenta como pedra angular dessa aproximação transdisciplinar o diálogo estabelecido entre Chaïm Perelman e Jaques Lacan no texto "A metáfora do sujeito", onde este último demonstrou a influência da lógica do inconsciente sobre a razão prática. Esta tese analisa a inversão dos termos móveis que aparece no Discurso do Mestre a partir da quinta fórmula lacaniana do Discurso do Capitalista. Esta báscula muda o paradigma mínimo da linguagem e produz efeitos de metonimização nos discursos correntes e nos laços sociais. Os discursos liberais têm outras relações com as novas loucuras ordinárias. Nesta inversão, o sistema do Direito, como instância que reparte o que disso é do gozo na sociedade, aparece mais ao serviço do liberalismo que ao serviço dos Interditos de humanização. A Psicanálise aplicada a casuística do Direito em relação com a adoção homoparental demonstra que aí pode ter riscos de desmetaforização para as futuras gerações. A homossexualidade não sendo uma identidade, ela não pode então ser erigida em estatuto legal da pessoa. O princípio da precaução é indicado para fazer frente aos riscos da mudança do sistema simbólico de parentesco e de filiação para todos. O sistema genealógico tem uma relação real ao Outro Sexo. Esta mudança normativa pode então causar uma capitis diminutio aos Direitos da Criança.

PALAVRAS-CHAVE

Sujeito de Direito; Metáfora do Nome-do-Pai; Teoria lacaniana dos quatro discursos; Discurso do Capitalista; Adoção Homoparental; Direito a ter criança; Direitos da Criança; Princípio de precaução; Psicanálise e Direito.

O sujeito de direito na transferência. Uma perspectiva transdisciplinar através da Teoria Lacaniana dos Discursos. (Primeira parte da tese já publicada no Brasil, em 2010, pela Editora Juruá, Curitiba – Paraná – Brasil). Disponível em: <http://divacademico.blogspot.com.br/2012/03/o-sujeito-de-direito-na-transferencia.html>.

** *Le sujet du droit dans le transfert. Une perspective transdisciplinaire à travers la théorie lacanienne des Discours. La psychanalyse appliquée à la casuistique du Droit en rapport avec l'adoption homoparentale.* Thèse soutenue le 5 juillet 2012 à l'Université de Nice-Sophia Antipolis. Disponível em: <http://ciret-transdisciplinarity.org/biblio/biblio_pdf/Silvane_Marchesini_these-31-08-12.pdf>.

---

* *O sujeito de direito na transferência. Uma perspectiva transdisciplinar através da Teoria Lacaniana dos Discursos.* (Primeira parte da tese já publicada no Brasil, em 2010, pela Editora Juruá, Curitiba – Paraná – Brasil). Disponível em: <http://divacademico.blogspot.com.br/2012/03/o-sujeito-de-direito-na-transferencia.html>.

** *Le sujet du droit dans le transfert. Une perspective transdisciplinaire à travers la théorie lacanienne des Discours. La psychanalyse appliquée à la casuistique du Droit en rapport avec l'adoption homoparentale.* Thèse soutenue le 5 juillet 2012 à l'Université de Nice-Sophia Antipolis. Disponível em: <http://ciret-transdisciplinarity.org/biblio/biblio_pdf/Silvane_Marchesini_these-31-08-12.pdf>.

"A genealogia permanece sendo a articulação graças a qual uma sociedade civiliza o inconsciente."

Pierre LEGENDRE